Hergart Wilmanns

Blumen im Beton

Russlandreisen mit und ohne Pass

Mit einem Vorwort von
Rita Süssmuth

Spätlese Verlag Nürnberg

Meiner Tochter Xenia gewidmet,
die mich bei der Vollendung dieses Buches unermüdlich unterstützt hat.

Vorwort

Im vorliegenden Buch berichtet die Verfasserin Hergart Wilmanns spannend, präzise und nicht ohne Humor von Begegnungen mit Menschen Osteuropas in Zeiten des 2. Weltkrieges, danach und während des Kalten Krieges.

In ihrem Elternhaus, einer angesehenen Akademikerfamilie, wurde bereits während des 2. Weltkrieges die offiziell verordnete Ablehnung und Missachtung gegenüber Missliebigen, Fremden und Feinden mit Toleranz und menschlicher Anteilnahme unterlaufen.

In der sowjetischen Besatzungszone stimmte das Entgegenkommen mit Sprachkenntnissen, medizinischer Hilfe und Musik die Besatzer ihrerseits freundlich und förderte das gegenseitige Verständnis auch ohne politische Gemeinsamkeit. Natürlich passte das nicht in das Konzept gewisser KGB–Agenten in den Zeiten des Personenkults. So wurde die Autorin als Schülerin nach entsprechenden Verhören im inneren Gefängnis von Potsdam – Leistikovstraße – als „potentieller Gegner" zur Umerziehung ins GULag geschickt.

Unter den ungemein harten Verhältnissen in Vorkuta lernte sie zunächst unter Kriminellen und dann im politischen Zwangsarbeiterlager zu überleben. Immer wieder haben Menschen mit Verständnis und Gemütswärme sie vor dem psychischen und physischen Untergang bewahrt.

Bei späteren Besuchen in der UdSSR und in Polen an Universitäten und den Akademien der Wissenschaften verstanden es die gastgebenden Wissenschaftler, die Hürden der Bürokratie im noch andauernden Kalten Krieg zu umgehen und die Autorin in ihren politisch nicht unproblematischen wissenschaftlichen Anliegen wirksam zu unterstützen, wobei wiederum ihre bewältigten Erfahrungen das gegenseitige Verständnis begünstigten. Ungeachtet aller Schwierigkeiten erwies man ihr fachliche Anerkennung und freundschaftliche Verbundenheit.

Im Laufe der Geschichte sind zwischen den Völkern immer wieder politisch motivierte tiefe Gräben feindseliger Entfremdung entstanden. Vor allem Unkenntnis hat Ängste, Ablehnung und Aggressivität gegenüber Fremden begünstigt; Isolation, Misshandlung, ja sogar Vernichtung der Unterlegenen waren häufig die Folge. Besonders in Deutschland, Polen und Russland haben totalitäre Regime diesbezüglich verheerende Spuren hinterlassen.

Deshalb halte ich diesen Bericht für wertvoll und sinnvoll, besonders auch für die junge kommende Generation.

Prof. Dr. Rita Süssmuth

Certior est memoria, quae nullum extra se subsidium habet.
Am sichersten ist das Gedächtnis, das keiner Stütze bedarf außer seiner selbst.

Prolog

Gelegentlich einer Audienz 1954 in der Villa Hammerschmid schilderte ich dem Bundespräsidenten Professor Heuß, wie ich als Schülerin, vom KGB nach Vorkuta zur Zwangsarbeit verschleppt, dort die ersten Jahre unter ‚unverbesserlichen‘ Schwerverbrechern zugebracht hatte.

„Sie waren im Hohen Norden. Sie sind die erste Frau, die mir von solcher Erfahrung berichtet. Aber hatten Sie unter den Kriminellen dort nicht sehr gute Freunde?" Seine Zwischenfrage überraschte mich. „In der Tat, ohne die Hilfe dieser Menschen wäre ich heute wohl nicht hier. Aber solch einen Kommentar hat noch niemand gemacht." „Ja, ich habe mich wissenschaftlich ein wenig mit gesellschaftlichen Randgruppen befasst." Heuß hatte sich etwa eine Stunde Zeit genommen und stellte einfühlsame Fragen. Beim Aufbruch fragte er, ob mir Professor Gollwitzer ein Begriff wäre. Ich bejahte wenig begeistert; denn Gollwitzer war in seinem berühmten Buch über sowjetische Gefangenschaft *Und führen, wohin du nicht willst* für mein damaliges Empfinden zu sehr auf marxistische Theoreme eingegangen.

Heuß mochte meine Ablehnung gefühlt haben. So schuf er ganz einfach vollendete Tatsachen. „Ich sehe Herrn Gollwitzer heute Abend, ich werde ihn bitten, dass er sich mit Ihnen in Verbindung setzt. Übrigens, Sie sollten unbedingt schreiben, es ist wichtig. Sie haben etwas zu sagen. Ich wünsche Ihnen alles Gute." Freundlich aufmunternd verabschiedete mich der Bundespräsident. Die Begegnung mit dieser ungemein kultivierten, liberalen und integeren Persönlichkeit, die interessierte Anteilnahme und gleichwohl echte Toleranz gegenüber Andersdenkenden ausstrahlte, beeindruckte mich tief und blieb mir unvergesslich.

Wenige Tage später kam eine Einladung zum Tee auf den Venusberg, wo Gollwitzer damals wohnte. Entgegen meinen Befürchtungen ergab sich ein lockeres, interessantes Gespräch mit ihm und seiner Frau. Der Professor forderte mich auf, einen Beitrag für seinen Sammelband zu schreiben und vor allem Aufzeichnungen über meine Erlebnisse im Sinne des Bundespräsidenten ja nicht hinauszuschieben.

Geborgen in der Familie

Kindheit in Bonn, Jena und Leipzig □ Bomben, Schutt und Asche □ Zuflucht im Heidehaus □ Russisch als Umgangssprache □ Das Massaker

Wenn der Dampfer Godesberg verlassen und die sanfte Linksbiegung nach Bonn umrundet hat, kommen nach der Gronau die drei letzten romantischen Parkgärten der Bonner Südstadt aus der Mitte des 19. Jahrhunderts ins Blickfeld, die das Rheinufer prägen. Nach dem Palais Schaumburg, dem ehemaligen Bundeskanzleramt, schließen nach Norden die großzügigen Anlagen der Villa Hammerschmid, früher Sitz des Bundespräsidenten, an. Im nächsten Parkgrundstück über der Bonner Rheinpromenade liegt die Villa Prieger, umgeben von exotischen Baumriesen und Ziergewächsen. Nur für Sekunden geben die Bäume die Sicht vom Wasser aus frei auf das zeitlos schöne Haus mit dem flachgeneigten Dach.

Hans Prieger, der Hausherr in diesem Familiensitz, war in kinderloser Ehe mit Hella, der älteren Schwester meiner Mutter, verheiratet. Er gab ihren früh verwaisten jüngeren Schwestern als Vormund ein Zuhause, adoptierte dann später meinen ältesten Bruder Einhart und vertrat bei uns allen quasi Großvaterstelle.

Hier wurde ich an einem sonnigen Augustsonntag als drittes von sechs Kindern geboren. Nach zwei Söhnen hatten meine Eltern offensichtlich nicht mit einem Mädchen gerechnet; denn auf meinem Geburtsschein wurde ‚Kind ohne Name‘ vermerkt und erst später der wenig bekannte Name Hergart aus dem Gudrunlied nachgetragen. Nomen est omen: mein Vorname wurde immer wieder für männlich gehalten mit zuweilen verblüffenden Auswirkungen.

Mein Vater, ein gut aussehender, sensibler Gelehrtentyp, war über mittelgroß, blond und blauäugig und blieb bis zu seinem Tode schlank und elastisch. Während des Ersten Weltkriegs hatte er als Leutnant der Reserve bei den Husaren gedient. Nach Kriegsende nahm er das begonnene Bergfach nicht wieder auf, sondern studierte Landwirtschaft an der Bonner Universität. Dort lernte er als Assistent 1923 Mutter kennen. Sie heirateten unmittelbar nach Mutters medizinischem Staatsexamen am letzten Tag der Inflation, bei welcher Gelegenheit Onkel Ernst Benfey, der Bankier, dem Mietkellner ein Trinkgeld von einer Billion Mark gab. Meine Eltern bezogen das sehr gemütliche Dachgeschoss im Hause Prieger. Vater konnte sich in einem großen Arbeitszimmer mit herrlicher Aussicht auf Rhein und Siebengebirge ungestört seiner wissenschaftlichen Arbeit widmen.

Als ich acht Jahre alt war, begann er, mich auf seine Mittagsspaziergänge mitzunehmen. Dabei erzählte er mir vieles über das Leben, dessen tieferen Sinn ich freilich oft erst viel später erkannte. Geistreich, witzig und mit feiner Ironie kommentierte er bei Tisch aktuelle Ereignisse und liebte es, uns Kinder zu necken, wobei er besonderen Wert auf schlagfertige Antworten legte.

Meine Mutter Gerda war eine aparte Schönheit mit schmalem Kopf, großen, hellbraunen Augen, einer zierlichen, schmalen Nase und dunklen, glänzenden Haaren, die sie in zwei dicke Zöpfe geflochten zu einem breiten Nest im Nacken zusammensteckte. Sie verband hervorragende Intelligenz mit einem phänomenalen visuellen Gedächtnis, das ihr beim Studium, bei der Haushaltsführung und später bei ihrer ärztlichen Tätigkeit sehr zustatten kam. Mutter war außerordentlich belesen in klassischer und moderner internationaler, auch russischer Literatur und Philosophie. Das Wort stand ihr zu Gebote; ob für Schulaufsätze oder wissenschaftliche Vorträge, stets fanden wir bei ihr die passende Hilfe.

Das Bonner Haus, die Villa Prieger, hatte der damals namhafte Architekt und Stadtplaner der Bonner Südstadt, Thomann, im Stil eines italienischen Landhauses in den 60er Jahren des 19. Jahrhunderts über der Rheinpromenade erbaut. Bauherr war der Kreuznacher Arzt Oskar Prieger, der Vater Hans Priegers. Das mit klassischer Strenge und sorgsam gewählten Details gestaltete Haus strahlte Harmonie und Schönheit aus. Kanelierte jonische Säulen und Pilaster aus rosa Sandstein schmückten die Außenwände und die Terrassen. Im Salon und in der Bibliothek waren über der etwa ein Meter hohen Holztäfelung Tapeten aus Seidendamast und aus gemustertem Samt gespannt. Mehrfarbig eingelegte Parkettfußböden, kassettierte Decken und Türen in reich geschnitzten Rahmen mit getriebenen Griffen sowie die frei hängende Marmortreppe durch alle Stockwerke mit dem elegant geschwungenen, vergoldeten Geländer und die passende Möblierung boten ein Ambiente, das nicht nur ein Kindergemüt zum Bewundern oder Träumen anregte.

Im geräumigen Esszimmer mit goldbedruckter Ledertapete und eingelegten Spiegelschränken wurde nur bei festlichen Anlässen gegessen. Dort gab es Platz zum Musizieren und mit Goldbrokat bezogene Sitzgelegenheiten zum Zuhören. Am Fenster mit Blick auf den Rhein stand der Steinway-Flügel. Mit etwa vier Jahren wagte ich erstmals, allein den Deckel aufzuschlagen, um die mit Elfenbein belegten weißen, sehr glatten, und die etwas raueren schwarzen Ebenholztasten zu berühren.

In der nach Westen gelegenen Halle mit reich kassettierter Decke war weißer Marmorfußboden eingelegt mit schwarzen Bändern, bunten Mustern und einem Stern in der Mitte. Zwei korinthische weiße Marmorsäulen mit grauer Äderung auf schwarzem Sockel hoben sich malerisch von den in pompejanischem Rot gehaltenen Wänden und den schwarzgolden kassettierten Türen ab. Unsere Haustaufen fanden dort statt. Die Mahlzeiten wurden in dem milden Bonner Klima meist auf einer der Terrassen nach Süden oder nach Osten zur Rheinseite eingenommen. Sonst aßen wir in der Halle am runden Tisch.

Viele verschieden große Schubladen und Spielflächen auf mehreren Ebenen im Kinderspielzimmer ermöglichten ein friedliches Nebeneinander, und außerdem gab es ein riesiges Sofa, das aller Beanspruchung gewachsen war. In der Bibliothek entzückte mich eine traumhaft weiche Pelzdecke mit der typischen rhombusartigen Zeichnung des sibirischen Steppenwolfs, ein Geschenk des in St. Petersburg geborenen Bonner Ornithologen und Museumsgründers Alexander König, der der Patenonkel meines ältesten Bruders war.

Die Anlage des Parks war das Kunstwerk des Stadtgarteninspektors Sinning, der damals, 1864, auch den botanischen Garten der Universität Bonn gestaltete. Vor der Westterrasse erstreckte sich der Vordergarten mit einer zauberhaften Baumkulisse bis zur heutigen Adenauerallee. Drei riesige Wellingtonien mit samtweicher Rinde links vom Rasen vor der parallel verlaufenden Allee von Edelkastanien wurden nur von einer afrikanischen Zeder überragt, deren flache, ein wenig schiefe Krone besonders malerisch gegen den Abendhimmel kontrastierte. Rechts vorn reckte sich neben einem Tulpenbaum ein hochwüchsiger Gingko mit apart geformten und im Herbst prächtig gefärbten Blättern. Im südlich hinter einer Mauer angrenzenden Wirtschaftsgarten gediehen Gemüse und jegliche Art von Obstbäumen, Beerensträuchern und Blumen.

Am Rande des östlichen Gartens lag versteckt oberhalb der Rheinpromenade ein mit Sandsteinsäulen geschmücktes, zweistöckiges, neoromanisches Gartenhaus mit Loggien und Dachterrasse. Von hier konnte man die Spaziergänger auf der Uferpromenade und das südlich hinter der Flussbiegung gelegene Siebengebirge betrachten. Über eine in der Mauer versteckte Treppe und ein verschlossenes Gittertor gelangte man hinunter an den Fluss.

Nach Norden umschloss ein klassizistisches Gebäude mit Pferdestall und Wagenremisen den durch eine überdeckte Durchfahrt mit dem Haus verbundenen, gepflasterten Wirtschaftshof. Mutter war als Kandidatin der Medizin noch mit dem Dogkart zum Kolleg kutschiert worden, bevor man 1923 die Pferde abschaffte. Manchmal, wenn die Stalltüre offenstand, schlich ich mich zu den Boxen und träumte von den früheren Bewohnern.

Gegenüber, im Souterrain des Hauses, lag die große Küche mit den Wirtschafts- und Vorratsräumen, wo Köchin Elise, genannt Sisse, herrschte und den Hof im Blick hatte. Tagsüber war uns der direkte Zutritt zur Küche verwehrt. Jedoch pflegten wir durch die dicken Eisengitter der Küchenfenster die Beziehungen zu Sisse, um zwischen den Mahlzeiten irgendeine Leckerei zu erbetteln.

Gleich neben dem Rücheneingang befand sich in einer geschützten Ecke an der Treppe zur Ostterrasse unter einer Buche der Hundezwinger. Zu meiner Zeit bekamen die Airedailes Balduin und später Borus dort ihr Futter und verschliefen geruhsam die Nachmittage. Nachts hatten sie ihren Platz in der Halle und begleiteten meinen Onkel, wenn er spät abends das Tor zur Straße schloss und seine Kontrollgänge durchs Haus machte.

Im damaligen Bonn war Hans Prieger eine bekannte Persönlichkeit. Schlank und 1,96 m groß bewahrte er bis ins hohe Alter eine straffe Haltung, wozu er auch uns Kinder anhielt. Sein gut geschnittenes schmales Gesicht mit dem dichten weißen, stets korrekt frisierten Haar, buschigen Augenbrauen, einer markanten Adlernase und einem gepflegten weißen Schnurrbart hatte einen ungemein freundlichen Ausdruck. Der Lieblingsspruch des weisen Grandseigneurs alter Schule war: „Die Hälfte ist mehr als das Ganze". Er verstand viel von Hunden, Pferden und von Musik. Davon profitierte ich besonders, weil er meine Wissbegierde in allen drei Bereichen ernst nahm.

Erst mit sechzig Jahren hatte Hans Prieger geheiratet und lebte mit der 30 Jahre jüngeren Hella, die als die schönste Frau von Bonn galt, in harmonischer Gemeinschaft bis zu seinem friedlichen Tod im Heidehaus im März 1946. Sie waren ein hinreißend elegantes Paar. Auch hochgewachsen und schlank, trug Hella ihr dunkles, früh von einzelnen weißen Haarsträhnen durchzogenes Haar locker gewellt und am Hinterkopf zusammengesteckt in einer stets gleichbleibenden Frisur, die ihren Kopf einer klassischen Gemme ähnlich erscheinen ließ. Sie verfügte über Organisationstalent, Durchsetzungsvermögen sowie beste Umgangsformen, was ihr starkes karitatives Engagement begünstigte.

So sehr ich Hella Prieger bewunderte, versuchte ich doch schon früh, auf Grund unserer unterschiedlichen Auffassungen von Gleichberechtigung, mich ihrem durchaus liebevoll gemeinten Diktat zu entziehen. Tief wirkte der Stachel in meiner Seele, dass sie mir nicht die gleichen Rechte wie meinen Brüdern zugestand, sondern im Gegenteil mich schon mit kaum vier Jahren veranlasste, den Tisch zu decken wie auch hinter ihnen aufzuräumen und ihre Spielsachen zu ordnen. „Männer machen Unordnung, Frauen müssen aufräumen", lautete ihr häufig wiederholter Kommentar.

In der Villa Prieger war die Musik zuhause. Hans' älterer Bruder Erich war Musikwissenschaftler gewesen und hatte Musikautographen, vor allem von Beethoven, gesammelt. Mehrere Erstausgaben und die Uraufführung der Leonoren-

Ouvertüre in Berlin 1905 gehen auf ihn zurück. Bis unter das Dach stapelten sich die Sammlungen. Hans Prieger half seinem Bruder und betreute später seinen Nachlass. Noch zu seinen Lebzeiten übergab Erich viele dieser Kostbarkeiten der Berliner Staatssammlung und unterstützte auch das Bonner Beethovenarchiv. Einen Großteil der Autographen erstand das British Museum 1923 in einer Auktion in Köln. Von der Portraitzeichnung, zu der Beethoven 1817 nachweislich seinem Malerfreund August von Kloeber gesessen hatte und die sich jetzt im Beethovenarchiv in Bonn befindet, ließ Erich Lithographien machen, die er an Freunde verschenkte. Ein Exemplar überstand den Krieg und hängt heute über meinem Flügel. Hans Prieger wusste uns Kindern mit Kopien von Skizzenblättern Beethovens, die persönliche Bemerkungen des Komponisten enthielten, schon früh das Genie menschlich näher zu bringen.

Nach dem Abendessen wurde häufig Hausmusik gemacht. Während die Erwachsenen musizierten, sollten wir zwar schon schlafen. Leise drang die Musik zu uns. Besonders liebte ich Beethovens *Elegie auf den Tod eines Pudels*. Mitunter fanden auch Hauskonzerte statt, Künstler brachten Soli und Kammermusik zu Gehör. Während der Bonner Beethovenwoche weilte seit den 20er Jahren die als herausragende Interpretin gefeierte Pianistin Elly Ney jedes Jahr als Gast im Hause. Bei Proben mit dem Geiger Max Strub, dem Vater meiner späteren Freundin Barbara, und dem Cellisten Ludwig Hoelscher erlebte ich ihr Zusammenspiel und ihre Kommentare aus nächster Nähe – ein unvergessliches musikalisches Glanzlicht.

Bis zum Kriege verbrachten wir die Zeit während der Universitätsferien und der wissenschaftlichen Forschungsreisen meines Vaters, die ihn für längere Zeit in den Fernen Osten und nach Nordamerika führten, stets am Rhein und besuchten in dieser Zeit Bonner Schulen.

1927 wurde Vater als Professor für Landwirtschaftliche Betriebslehre an die Universität Jena berufen. Wir wohnten malerisch am Stadtrand auf dem Beutenberg über dem Saaletal. Das umgebende Thüringer Land war reich an landschaftlicher Schönheit. Als Dreijährige lernte ich in der Saale schwimmen, die mir damals zugänglicher erschien als der gewaltige, majestätische Rheinstrom, an dem wir die andere Hälfte des Jahres verbrachten. Tiefgrün und sehr geheimnisvoll floss sie zwischen den Bäumen, eindrucksvoller Schauplatz für Märchen und Geschichten, die Mutter uns erzählte. Jenseits der Saale lagen Tennisplätze, die im Winter als Eisplätze zum Schlittschuhlaufen gespritzt wurden. Mutter zog uns vier Hosen übereinander an und schickte uns aufs Eis mit den Worten: „Wenn ihr fünfzigmal hingefallen seid, kommt ihr wieder zu mir." Ich konnte nicht bis fünfzig zählen, aber es war mir klar, dass wir auf uns selbst angewiesen waren, während sie

Eiskunstlauf übte. Wir verließen Jena 1934, als Vater an die Universität Leipzig berufen wurde. Des Rufs nach Berlin wurde er damals nicht für würdig befunden. Onkel Carlos Wilmanns, der als Psychiater an der Universität Heidelberg lehrte, hatte in seiner Vorlesung Anfang der dreißiger Jahre Hitler als Beispiel für hochgradige Hysterie angeführt und deshalb 1933 seinen Lehrstuhl verloren. Seine jüdische Frau emigrierte rechtzeitig mit den Kindern in die USA. Außerdem war Vaters Schwester Else mit dem jüdischen Bankier Ernst Benfey verheiratet, der – obschon dekorierter Teilnehmer im Weltkrieg 1914-18 – gleichwohl 1943 in das KZ Theresienstadt deportiert wurde, wohin sie ihn begleitete. Beide kehrten unversehrt nach Göttingen zurück.

Unser Leipziger Zuhause war die Dienstwohnung des Direktors der landwirtschaftlichen Institute in der Johannisallee. In einer geräumigen Villa der Jahrhundertwende bewohnten wir über dem Institut für landwirtschaftliche Betriebslehre den ersten Stock. Durch einen Verbindungsgang waren die übrigen Institute, Labors, der Versuchskuhstall und der Versuchsgarten angeschlossen, ein interessantes Labyrinth für uns Kinder. Mit dem Sohn des Hausmeisters übten wir heimlich Skispringen im Bienengarten am Rande des Johannistales; er stibitzte den Schlüssel dazu bei seinem Vater.

Mutter verstand es, mit wenigen schönen Möbeln und Teppichen eine stilvolle, persönliche Atmosphäre zu schaffen, in der Ahnenbilder und Erbstücke mit ihrer Geschichte unsere Phantasie beflügelten. Früh entwickelten wir Interesse an den Vorfahren. Als freie Bauern saßen Vorfahren väterlicher- und mütterlicherseits auf westfälischen Höfen, der Schrakamphof bei Mettingen besteht noch heute. Evangelische Patrizier wirkten in Bremen, das Familienwappen befindet sich dort im Rathaus, und katholische Patrizier waren in Münster am Prinzipalmarkt ansässig. Von Überseekaufherren, Offizieren, Ärzten, Pfarrern, Orgelbauern erfuhren wir, ebenso von Privatgelehrten und einer Reihe von Universitätslehrern seit dem 18. Jahrhundert, deren Wirken auch über ihre Zeit hinaus Geltung behielt.

Großvater Wilhelm Wilmanns, 1844 geboren, unterrichtete nach dem Studium am Grauen Kloster, Berlins berühmtem Gymnasium, das er auch als Schüler besucht hatte. Auf Grund zahlreicher Veröffentlichungen wurde er als Professor für Germanistik an die Universität Greifswald und später nach Bonn berufen. Seine Vorlesungen und Hauseinladungen besuchte auch der Kronprinz und spätere letzte Kaiser Wilhelm II; gleichwohl lehnte der Großvater die Erhebung in den Adelsstand ab. Sein Ehrengrab wird in Bonn gepflegt.

Mutters Vater, Wilhelm Schrakamp, war, früh verwaist, im Heerdekolleg, einer Familienstiftung in Münster, erzogen worden. Der elegante, liebenswürdige

Berufsoffizier ohne Vermögen hatte durch Verzinsung hohe Schulden, als er der schönen Julie Weidtman begegnete. Es war bei beiden Liebe auf den ersten Blick. Der 36-Jährige nahm seinen Abschied, arbeitete sich in die Kommunalverwaltung ein und leitete dann das Amt Löhne in Westfalen, wo er auch ein Ehrengrab hat.

In Leipzig achtete Mutter auf die Pflege der Musik und hielt uns zu regelmäßigem Üben an. Früh bekamen Bruder Ingo und ich Stücke zum Zusammenspielen auf, was immer wieder zu lebhaften Auseinandersetzungen über Tempi oder Töne führte. Das Musikzimmer mit dem Blüthner-Flügel lag über dem Seminarraum des Instituts, weshalb wir während nachmittäglicher Lehrveranstaltungen dort keinen Lärm machen sollten. Indes vergaßen wir das mitunter, dann klopfte man unten mahnend mit dem Zeigestock an die Decke. Einmal erschien Vater sogar höchstpersönlich und fuchsteufelswild, wie er das nannte, um uns zur Ordnung zu rufen und ernstere Maßnahmen mit dem Rohrstock anzukündigen. Solche Ereignisse wurden dann im Jahresüberblick beim Institutsfest von seinen Assistenten genüsslich in Erinnerung gebracht. Abends vor dem Schlafengehen kam Vater ins Musikzimmer und wir sangen klassische Volkslieder und geistliche Lieder, die Mutter auf der Laute oder am Flügel und mit der zweiten Stimme begleitete.

Uns Kindern wurde freilich früh bewusst, dass die in unserer Familie gepflegten liberalen, weltoffenen, geistigen und schöngeistigen Interessen und Traditionen durchaus unvereinbar waren mit dem, was in den dreißiger und vierziger Jahren des Jahrhunderts außerhalb des Hauses in der Schule und darüber hinaus vor sich ging. Nachhaltig schärfte man uns ein, Widersprüche hinzunehmen und zu schweigen bei offiziellen Themen, zu denen zuhause andere Meinungen vertreten wurden.

Unsere Freizeit war voll besetzt mit Musik, Sport und Fremdsprachen. Befreundet war ich mit Kätchen Weichel, deren Vater Flugzeuge bei Junckers einflog. Die Atmosphäre in ihrem Zuhause war großzügig und angenehm. Kätchen war älter als ich und nahm die Schule ungemein lässig. Das imponierte mir sehr und so gewöhnte ich mir manche Ängste ab. Ihre Freundschaft erwies sich in einer schwierigen Lage. Im Gymnasium wurde der Beitritt zu den JM überprüft, weshalb ich in der Quinta zwar nicht begeistert, aber zunächst noch einigermaßen arglos zu diesem Verein ging. Umgehend bekam ich die unangenehmste Aufgabe aufgehalst, nämlich zweimal in der Woche Befehle auszutragen, so hieß die Aufforderung, zu den Veranstaltungen der JM zu erscheinen. Dafür musste ich die Mädchen aufsuchen, um ihre Kenntnisnahme unterschreiben zu lassen. Auch berührte mich der Inhalt der nachmittäglichen Veranstaltungen ebenso unangenehm wie öde. Kätchen schaffte es als Sportbeauftragte bei den JM, mich als Sportwart zu sich in den Westen Leipzigs zu holen. Auf einem großen Sportplatz am Rosental musste ich Sportgeräte ausgeben und für die Rückgabe aller Gerätschaften sorgen. Das war unpolitisch, wenngleich zeitaufwendig. Nach einer Lungenentzündung wurde ich mit einem ärztlichen Attest von weiterem JM-Dienst befreit.

Meine Eltern führten ein offenes Haus, besonders ausländische Akademiker und Künstler gingen tagsüber ein und aus. Zu unseren nahen Freunden zählten wir den drahtigen, amüsant bissigen britischen Vizekonsul Charles Stewart Watkinson, genannt Cheeky, Georg Strasser, einen charmanten, geistreichen ungarisch-jüdischen Chemiker, und seine Frau Ilona, eine Cellistin von ungemein spritziger, wenngleich sehr launischer Wesensart, sowie die zarte, sehr hübsche amerikanische Geigerin, Mary Ann Culmer, die sich nach der Konzertreife für Violine auf das Dirigentenexamen vorbereitete. Mary Ann hatte stets knallrot geschminkte Lippen, die sie häufig mit Hilfe ihres Taschenspiegels nachzog. Mutter begleitete sie mitunter auf unserem Blüthner-Flügel und verstand es, ihr heftiges Lampenfieber etwas zu dämpfen. Cheeky und Onkel Strasser nahmen uns derweil in die berühmten Leipziger Caféhäuser Felsche und Hennersdorf oder zum Schwimmen in das mondäne Ipa-Bad mit; solche Abwechslung genossen wir sehr. Und wir hörten englische und amerikanische Schlager, die in Deutschland verboten waren.

☐

Kurz vor dem Krieg hatten wir von Onkel Gustav, der bei AGFA in Wolfen den Farbfilm entwickelt hatte, das Heidehaus übernommen. Dort verbrachten wir die Wochenenden. Der elegant gestaltete, preisgekrönte, jedoch keineswegs winterfeste und technischen Komforts entbehrende Holzbungalow lag in der Dübener Heide, einem waldigen Naturschutzgebiet zwischen Bitterfeld und Wittenberg mit Badeseen, Sandstränden und vielen wilden Beeren und Pilzen. Es gab nur Petroleumlampen, keine Elektrizität, das Wasser mussten wir beim 100 m entfernten Nachbarn holen und das gewisse Häuschen mit Eimer stand am Zaun. Gekocht wurde mit einem Spirituskocher oder auf dem winzigen Herd mit einer Feuerstelle.

Mehrmals im Jahr und vor Weihnachten gaben meine Eltern größere Teeeinladungen für ausländische Akademiker der Universität. In fünf Zimmern waren größere und kleinere Tische gedeckt. Wir Kinder durften dabei sein, servieren helfen und mit Hausmusik und ungeachtet der Missbilligung seitens der Nazis im Advent mit einem Krippenspiel zum Programm beitragen.

Inzwischen nahmen die politischen Zwänge fühlbar zu. Im August 1939 war Cheeky von der Gestapo verhaftet worden, weil er Juden geholfen hatte, auszureisen und Vermögenswerte mitzunehmen. Auch Mutter verhörten sie dazu. Es ging gut aus, ihrer liebenswürdigen Gelassenheit waren die beiden Schergen nicht gewachsen. Cheeky wurde nach kurzer Zeit in ein Internierungslager für britische Staatsbürger gebracht und dann ausgetauscht. Das Ehepaar Strasser, dessen jüdische Identität verborgen geblieben war, wurde rechtzeitig gewarnt, um sich nach Schweden zurückzuziehen. Leider ging dort ihre Spur verloren (wie wir später von Cheeky hörten). Mary Ann verließ Deutschland mit den letzten amerikanischen Diplomaten 1942. Der bei aller Vorsicht noch mögliche lockere Umgang mit Ausländern in den ersten Kriegsjahren und ihre freiheitlichen, von der offiziellen Nazi-Linie abweichenden Meinungen prägten unsere Einstellung.

Der Ernst des Kriegsgeschehens warf bald auch für uns Kinder erkennbare Schatten. Im Frühjahr 1941 erschien ein chinesischer Jurist, Liao Chingchung, zum Ausländertee. Seine Hände waren sehr mager und zitterten, als er die Teetasse in die Hand nahm, Kuchen und Plätzchen lehnte er ab. Mutter bat ihn in ein Nebenzimmer und fragte ihn nach dem Grund seiner Schwäche. Wegen des Kriegszustandes war sein Stipendium von China seit Monaten nicht mehr überwiesen worden. Gleichwohl mochte er, obwohl bereits vom Hunger gezeichnet, diese missliche Lage nicht melden. „Daran seht ihr, was es für einen Chinesen bedeutet, das Gesicht zu wahren", bemerkte Vater dazu, der während seines Chinaaufenthaltes 1936 die Kultur des Landes kennen und schätzen gelernt hatte. Ich wurde losgeschickt, Liao zum Reisessen zu uns abzuholen. Nach längerem Überreden kam er mit mir und Mutter päppelte ihn in zwei Wochen vorsichtig soweit auf, dass er das Mensaessen wieder vertragen konnte. Liao hatte äußerst höfliche Umgangsformen, die mir insgeheim ziemlich umständlich erschienen, aber doch Eindruck machten. Unterdessen hatte Vater ihm wegen der abgebrochenen Verbindungen mit China als feindlichem Ausland eine Zwischenfinanzierung von der Universität besorgt, wie er Liao sagte. Über die Schweiz gelang es, ihm eine der letzten Schiffspassagen in den Fernen Osten zu vermitteln. Trotz der Kriegswirren informierte uns nach mehr als einem Jahr ein Kartengruß über die glückliche Heimkehr.

Inzwischen wurden die Lebensmittel knapp. Vater als äußerst korrekter Beamter hielt auch im Krieg nichts davon, auf dem Versuchsgut zusätzliche Nahrungsmittel außer Kartoffeln zu beschaffen. Das mussten Mutter und wir Kinder ohne sein Wissen organisieren. Ab und zu durfte einer von uns nachmittags Vater zum Versuchsgut Cunersdorf begleiten, um die Jungtiere in den Ställen zu betrachten. Die Inspektorsfrau, die Vaters Einstellung kannte, packte uns je nach Vorrat insgeheim etwas Schmalz oder Wurst ein.

In den ersten Kriegsjahren hatte sich die Familie noch in den großen Ferien und zu Weihnachten in Bonn versammelt. 1943 aber erfolgten einschneidende Veränderungen: Beide älteren Brüder wurden eingezogen, Einhart kam vom Arbeitsdienst zu einer Panzerdivision nach Bielefeld, der 16-jährige Ingo war als Luftwaffenhelfer einer Flakeinheit zugeteilt worden. Fast wäre Ingo übrigens seine Körpergröße von fast 1,90 m zum Verhängnis geworden. Während des Unterrichts an einem Freitag kamen Offiziere der Waffen-SS, um Nachwuchs anzuwerben und wollten den widerstrebenden Ingo unbedingt verpflichten. Mit einer seiner treffenden frechen Repliken hatte er sie auch noch geärgert. So verlangten sie sein Erscheinen für den folgenden Montag in ihrer Dienststelle. Ingo bekam von seinem mitfühlenden Vorgesetzten sofort dienstfrei, um Vater von diesem drohenden Unheil in Kenntnis zu setzen, der seinerseits umgehend den Kommandeur seines Traditionsregiments aus dem Ersten Weltkrieg anrief. Dieser Oberst v.T. empfahl, noch mit dem Nachtzug nach Westfalen zu kommen, und registrierte Ingo am nächsten Morgen als Kriegsfreiwilligen, der sich so im letzten Moment dem Zugriff der Waffen-SS entziehen konnte.

Mutter hatte in den ersten Kriegsjahren halbtags in der Universitäts-Kinderklinik gearbeitet; deshalb bewilligte das Arbeitsamt 1941 als Hilfe für unseren Haushalt mit Kindern außer einer deutschen Haustochter noch ein Mädchen aus den besetzten Ostländern. Als Erste kam die Polin Katharina, eine ziemlich scheue Bauerntochter aus der Umgebung von Lemberg. Sie war ein hübsches Mädchen mit runden, sehr hellen blauen Augen und glatten, semmelblonden Haaren, lernte rasch und der Umgang mit uns Kindern half ihr, sich trotz Heimweh gut einzugewöhnen.

Katharina konnte herrliche kleine Kartoffelklößchen machen, und wenn wir ohne die Eltern mit ihr allein im Heidehaus waren, aßen Bruder Ingo und ich ihre Klutzki um die Wette. Mit 20 Stück Höchstleistung blieb er unbesiegbar. Sonntags besuchte Katharina, wenn wir nicht im Heidehaus waren, stets den Gottesdienst in der Russischen Kirche in Leipzig, wo sie wohl auch Landsleute treffen konnte. Da wir Kinder zur gleichen Zeit in die evangelische Kirche geschickt wurden, gelang es mir nur einmal, sie dorthin zu begleiten. Die Kirche schien mir sehr feierlich, aber doch sehr fremdartig, und ich wagte nicht, zum Gottesdienst zu bleiben.

Katharinas Unermüdlichkeit verdankten wir die Rettung mancher unersetzlicher Familienerbstücke. Vater war zwar gegen das offiziell verbotene Auslagern, aber mit Katharinas Hilfe brachte Mutter doch bei unzähligen Wochenend- und Ferienfahrten vieles Nützliche und Schöne ins Heidehaus. Im Sommer 1943 durfte Katharina nach Hause fahren und kehrte nicht mehr zurück.

Wegen der zunehmenden Bombenangriffe hielt sich Mutter seit dem Frühling 1943 mit den Kleinen und einer Haustochter im Heidehaus auf. Sie pendelte jede Woche für zwei bis drei Tage nach Leipzig, arbeitete noch in der Klinik und kümmerte sich um den Resthaushalt, damit Vater und eine studierende Cousine, die bei uns wohnte, zurechtkamen. Meine Tante Hella Prieger hielt in Bonn einen noch immer gepflegten Haushalt aufrecht und so besuchte ich seit Frühsommer 1943 dort das Gymnasium in der Loestraße.

Am 22. November 1943 übernahm Vater das Rektorat der Universität Leipzig. Zu dieser Feierlichkeit durfte ich nach Leipzig fahren. Die traditionsreiche Zeremonie in der alten Aula der Universität und Vater im seigneuralen Hermelinmantel mit der imposanten schweren goldenen Rektoratskette faszinierten mich ungemein. (14 Tage später versanken Leipzigs Zentrum, die Universität und unser Zuhause in Schutt und Asche.) Obwohl ich von dem Rechenschaftsbericht kaum etwas verstand, wurde mir der rhetorisch brillante Vortrag des scheidenden Rektors, eines namhaften Althistorikers, mit seiner eleganten Wortwahl zu einem unvergesslichen Erlebnis. Der allgemeine Teil von Vaters Rede war, um üblichen Forderungen nach ideologischer Verbrämung zuvorzukommen, unter das Goethewort „Was fruchtbar ist, allein ist wahr" als Leitgedanken gestellt. Vater, dem der damalige Reichsstatthalter von Sachsen, Mutschmann, trotz mehrmaliger Nachfrage das Placet zur Ernennung erst eine Stunde vor Beginn der Zeremonie erteilt hatte, spielte in seinem Vortrag zum grimmigen Vergnügen der Eingeweihten auf diese und einige andere Parteiintrigen mit der ihm eigenen feinen Ironie an. Auch uns Kindern war nicht entgangen, dass Vater unermüdlich und auf Kosten seiner Sicherheit und Gesundheit ständige Angriffe gegen die Freiheit von Lehre und Forschung an der Universität und die Verfolgung nicht linientreuer Kollegen durch die Partei abzuwehren suchte. Über diese Fälle pflegte er Mutter während des Mittagessens fremdsprachlich in Kenntnis zu setzen. Bei einer solchen Gelegenheit hatte ich mir geschworen, einmal eine den anderen nicht geläufige Fremdsprache zu lernen; dass das Russisch sein würde, ahnte ich damals noch nicht.

Unsere deutsche Haustochter verheiratete sich und als Ersatz kam Anastasia, eine rundliche, gutmütige, wiewohl etwas einfältige Ukrainerin ins Haus, die noch von Katharina angelernt wurde. Nach deren Weggang beschränkte sich aber die Verständigung mit Anastasia in der Hauptsache auf Zeichensprache und einzelne Worte. Daraus entstanden zahlreiche Missverständnisse und Missgeschicke, für die man ihr allerdings wegen ihrer entwaffnenden Gutmütigkeit kaum böse sein konnte. In ihren ausdrucksvollen runden Augen spiegelten sich ihre Gefühle spontan. Die Arbeit begriff sie eher als Spiel: So trug sie in der wärmeren Jahreszeit die großen Wäschestücke zum Spülen an den Badesee, warf eins hinein und sprang hinterher. Beim Auftauchen hielt sie siegreich schnaubend die Beute hoch und kletterte heraus, um das nächste in der nämlichen, freilich ein wenig zeitraubenden Weise zu bearbeiten.

Sonntag nachmittags hatte Anastasia frei und spazierte, ihr langes Haar mit Hilfe unzähliger Lümpchen zu ebenso vielen Korkenziehern gelockt, stolz wie eine kleine Königin mit ihren Landsleuten aus der Umgebung ins nächste Dorf Radis. Eifrig gestikulierend erklärte sie mir, dass es in Radis schöne Musik gäbe und sie mich mitnehmen wolle. Nach anfänglichem Zögern entschloss ich mich, sie am letzten Feriensonntag einmal auf dem Fahrrad zu begleiten, um nicht wegen längerer Abwesenheit zuhause Erklärungen geben zu müssen. Da für persönlichen Umgang mit Ausländern KZ drohte, hätten meine Eltern diesen riskanten Ausflug sicher nicht erlaubt. Es regnete in Strömen, deshalb begegneten wir zu meiner Beruhigung niemandem. Anastasia führte mich zu einer leer stehenden Scheune am Dorfrand von Radis, wo sich Zivilarbeiter aus den Ostländern Sonntag nachmittags trafen. Von innen war Musik zu hören. An der Tür standen zwei Männer mit Ausländerabzeichen, die Anastasia offensichtlich meinetwegen etwas fragten. Sie ließ sich indes nicht aufhalten und zog mich in den ziemlich dunklen Raum, wo es nach Tabak und Nässe roch. Licht kam nur durch die Bretterritzen. Ringsherum an den Wänden standen und saßen die Leute, einige tanzten auf dem feucht-glitschigen Lehmboden. Der Musiker, ein schwarzhaariger Pole mit in sich gekehrtem Blick, entlockte seinem Akkordeon schwermütige Tangomelodien; spielen konnte er wirklich gut. Die Mädchen waren in weite, lange Röcke, lange Jacken und große, helle Tücher gekleidet, die Männer trugen meist hohe Stiefel, Jacketts und Schirmmützen, Gebirgler aus den Karpathen hatten auch jetzt im Sommer zum Teil ziemlich zottelige, kurze Schaffellmäntel an.

Unser Erscheinen erregte zu meiner nicht geringen Verlegenheit ziemliches Aufsehen. Anastasia erzählte eifrig gestikulierend. Nach einer Viertelstunde hielt ich die Zeit für gekommen, mich zurückzuziehen. Ich verließ die Scheune und winkte aus der offenen Tür zurück. Diese meine erste Begegnung mit Menschen aus dem Osten hinterließ auf beiden Seiten einen freundlichen Eindruck dank Anastasias Vermittlung, die das Misstrauen der anderen zu überwinden half und bei mir gar nicht erst hochkommen ließ. Ein Jahr später, als ich nach Wittenberg zur Schule fuhr, sprachen sie mich auf dem Schulweg um Medikamente oder um Vermittlung ärztlicher Hilfe durch meine Mutter an, die seit der Zerstörung unserer Wohnung in Leipzig ihre ärztliche Praxis im Heidehaus begonnen hatte. Die Versorgung dieses neuen, ebenso hilfsbedürftigen wie problematischen Patientenkreises musste, weil unerlaubt, so unauffällig wie möglich erfolgen. So weitete sich Mutters ärztliches Engagement ständig aus. Freilich wurde sie als attraktive Ehefrau des Rector magnificus von den Kollegen in den Leipziger Universitätskliniken großzügig mit Informationen und wichtigen neuen und knappen Medikamenten versorgt, was ihrer leidenden und in der Regel kaum zahlungsfähigen Klientel vor allem bei chronischen Hautleiden und bei von Ungeziefer und Unterernährung herrührenden Krankheiten zugute kam.

Das Schuljahr in Bonn war für mich trotz häufigen Fliegeralarms ungemein fruchtbar. Ich kam in der Schule gut vorwärts, durfte viele Konzerte besuchen und Hella Prieger drillte mich in Etikette und Haushaltsführung. Sie verstand es hervorragend, mir Disziplin und Liebenswürdigkeit anzugewöhnen. Ich lernte vor allem, Lästigkeiten hinzunehmen, ohne die Miene zu verziehen; dieses Training befähigte mich, später auch keine Angst zu zeigen, wenn mir danach zumute war. Von einer hervorragenden Musikpädagogin wurde ich im Klavierspiel technisch entscheidend gefördert. Außerdem ließ sich Hans Prieger, mittlerweile 86-jährig, von mir zu Geige und Gesang begleiten, auch die unvergessene *Elegie auf den Tod eines Pudels* von Beethoven war dabei. Vor allem aber verbesserte er meinen Anschlag mit musikalischen Korrekturvorschlägen, die den Klavierunterricht aufs Beste ergänzten. Schlager, zu denen mir ein Nachbarssohn Noten geliehen hatte, durfte ich aber nicht spielen.

Einmal wöchentlich kam Herr Kloke, der sich an der Musikhochschule in Köln auf das Dirigentenexamen vorbereitete, zum Essen und brachte am Flügel auch Kompositionen von Rachmaninov, Tschaikovski und Glinka zu Gehör, die in Konzerten nicht gespielt wurden. In der Bibliothek im Bonner Haus entdeckte ich Übersetzungen russischer Klassiker. Gedichte und Prosa von Puschkin, Lermontov und Tschechov gefielen mir sehr; demgegenüber fand ich die Probleme der *Brüder Karamasov* von Dostojevski und in Tolstois *Krieg und Frieden* zu schwierig. In krassem Widerspruch zu dieser fremdartigen, aber ungemein fesselnden Kultur stand die offizielle politische Meinung über die Russen. Allerdings waren uns Konflikte dieser Art nur zu geläufig.

Zu Ostern 1944 fand sich die Familie anlässlich meiner Konfirmation zum letzten Mal vollzählig in der Villa Prieger zusammen. Bei einem Fliegerangriff am 22. Oktober des gleichen Jahres wurde sie durch einen Dachstuhlbrand zerstört; wegen Wassermangels konnte nicht gelöscht werden, obwohl der Rhein am Haus vorbeifloss. Einige wenige Kisten mit Büchern, Noten, Porzellan und sonstigen schönen Dingen bepackt, erreichten das Heidehaus und wurden in der Nähe bei einem Förster eingelagert.

□

Nach langen Bemühungen hatte Vater endlich die Genehmigung erhalten, dass neben dem nicht winterfesten Heidehaus eine in den Außenmaßen festgelegte Notunterkunft gebaut werden durfte. Das sogenannte Doppelbehelfsheim mit drei Zimmern wurde sogar vorschriftswidrig unterkellert und bot so zusätzlich Raum für eine Küche, ein Badezimmer mit separater Toilette und einen Vorratsraum mit Wasserpumpe. Außerdem verband ein geräumiges, gemauertes Entree mit zwei Ausgängen die beiden Häuser und eine Treppe führte nach unten zu den Wirtschaftsräumen. Vor diesem Entree lag, dem Holzhaus gegenüber, ein niedriger Schuppen, in dem sowohl Auto, Fahrräder und der Kanadier wie auch Säge und Holzspalterei bei schlechtem Wetter untergebracht waren. Alles schmiegte sich sehr bescheiden zusammen und wenn man sich von der Straße näherte, war auch der elegante Zuschnitt des Holzhauses mit großer Glaswand und Terrasse nicht einzusehen.

Diesen Bau führte Herr Lange, ein uns wohlgesonnener Fabrikant transportabler Kachelöfen, mit russischen Kriegsgefangenen durch, die schon seit mehreren Jahren in seiner Fabrik in Radis arbeiteten. Trotz kriegsbedingter Engpässe gelang es ihm, alles für unser Häuschen Notwendige rechtzeitig zu besorgen.

Im Spätsommer 1944 rückten jeden Morgen per Lkw in Begleitung eines frontuntauglichen Postens einige russische Kriegsgefangene an, die die Baugrube aushoben, unter Anleitung eines russlanddeutschen Mauerpoliers die Ziegelwände hochzogen, einen Brunnen gruben und fachgerecht eine Sickergrube für Abwasser anlegten. Die Russen arbeiteten sehr zügig, das Wetter war uns hold und in wenigen Wochen hatte das Haus ein Dach. Da die Baustelle zwei Meter von unserem Kücheneingang entfernt lag und der größte Teil der Hausarbeit wegen Platzmangels im Holzhaus vor der Tür erledigt wurde, entstand auf beiden Seiten bald eine freundliche Vertrautheit, die sich auch durch kleine gegenseitige Hilfeleistungen schnell verfestigte. Mutter half ärztlich, wir Kinder brachten ihnen Trinkwasser, Streichhölzer, bekamen Unterstützung beim Flicken der Fahrradreifen und anderer einer Reparatur bedürftigen Spielsachen und kannten sie bald mit ihren Namen. Eike, der Vierjährige, fand bei den kinderlieben Männern den ganzen Tag Unterhaltung und freundliche Zuwendung. Der Aufsicht führende Posten verbrachte derweil den größten Teil der Zeit hinter dem Holzhaus auf einem bequemen Gartenstuhl. Wenn die mit Holzgeneratoren betriebenen Lkw und Pkw der Fabrik unterwegs waren, wurden Baumaterial und Mittagessen für die Gefangenen von Radis mit dem Pferdewagen geschickt. Der Kutscher Dmitri, ein hübscher Bursche vom Lande, besaß ein Händchen für Pferde und Wagen, war indes ziemlich launenhaft und bevorzugte in seinem Hang zur Gemütlichkeit ruhige

Eckchen, um ungestört rauchen oder ein Schläfchen halten zu können, womit er aber gelegentlich aneckte. Deutsch hatte er ganz gut gelernt und er schwatzte gerne beim Fahren. Wenn er zwischendurch seinen mürrischen Tag hatte, trieb er die Pferde mit vielen Schimpfworten und der Peitsche an, wozu ich verstimmt schwieg. „Sie sind doch nur Viecher, Schindmähren", meinte er dann entschuldigend. Inzwischen tat ihm seine Grobheit auch schon Leid, aber wenig später hatte er alles wieder vergessen.

Die Russen sangen viel bei der Arbeit, nicht selten mehrstimmig. Ihre gefühlvollen, mal melancholisch sehnsüchtigen, mal fröhlich übermütigen Volks- und Soldatenlieder gingen mir zu Herzen und ich konnte mich nicht satt daran hören. Nikolay, der Setzer, sang fast ebenso unermüdlich wie er arbeitete. Mit seiner ein wenig rauen, kehligen Stimme und unpathetischen, natürlichen Musikalität konnte er verschiedene Stimmungen ausdrücken, und es fehlte etwas, wenn er schwieg. Nikolay stammte aus der Kursker Gegend. Dem mittelgroßen Mann sah man seine erstaunlichen Kräfte nicht an. Seine aufmerksamen Augen ließen interessierte Teilnahme erkennen. Nikolay zeigte sich uns gegenüber stets freundlich und hilfsbereit. Er arbeitete sichtlich gerne, außerordentlich flink und sehr geschickt. Savva, dunkeläugig und schwarzhaarig, ein schmächtiges, aber eifriges Kerlchen, arbeitete Nikolay wortlos zu und übernahm beim Singen mit Nikolay meist die zweite Stimme. Brüderchen Eike, der Vierjährige, hatte Savva besonders gerne und schleppte alles Mögliche heran, um es ihm zu zeigen. Dann redeten die beiden miteinander, jeder in seiner Sprache, aber es ergab offenbar eine gute Beziehung. Vom Zuhören behielt ich die Melodien und Nikolay wiederholte mir geduldig Liedertexte. Ein Lied, Tschubtschik – Lockenkopf, gefiel mir so gut, dass ich sie immer wieder aufforderte, es zu singen. Binnen kurzem hatte ich den Spitznamen ‚Tschubtschik'. Nun konnten die Gefangenen mich jederzeit rufen und nur die Eingeweihten wussten, wer mit Tschubtschik gemeint war. Das war günstig, weil ich als der ‚kleine Doktor' Botendienste als Mutters Hilfe bei gesundheitlichen Problemen leistete.

Einige Gefangene, die Offiziere gewesen waren, hatten das mit Erfolg geheim halten können. Der Dolmetscher Matvey, ein Absolvent des Instituts für Germanistik im damaligen Leningrad, beherrschte Deutsch und erledigte deshalb zur Entlastung der Bewacher Schriftliches und Buchhaltungsarbeiten, die die Belange des Lagers zwischen Fabrik und STALAG–Verwaltung betrafen. Sein Auftreten erinnerte dann eher an einen umständlich besorgten Hausvater, während er den Wachposten in Anerkennung ihrer Wichtigkeit ausführlich über Banalitäten berichtete. Sein intelligenter, wacher Blick hinter Brillengläsern in einem improvisierten Gestell aus einfachem Draht verriet Humor.

Leonid, ein großer, stiller, magerer Mann mit traurig hoffnungslosem Ausdruck im länglichen, blassen Gesicht kam zu uns als Zimmermann, um den Dachstuhl zu bauen, Fenster und Türen einzusetzen und die Fußböden zu dielen. Mutters Blick fiel eines Morgens auf Leonid, der an der Wand lehnte und sich eine Zigarette drehen wollte. Sein Gesicht war verzerrt und seine Hände zitterten. Mutter fragte ihn: „Wo haben Sie Schmerzen?" „Das Herz tut weh", antwortete Leonid mit einer müden Stimme. Mutter zog ihr Stethoskop heraus, winkte ihm mitzukommen und untersuchte ihn. Nach einer kleinen Weile sagte sie: „Im Moment geht es Ihnen nicht gut, ein Vorstadium von Angina pectoris. Sie müssen sich etwas ausruhen. Ich werde Ihrem Vorarbeiter Bescheid sagen. Neben dem Haus steht ein Liegestuhl, legen Sie sich etwas hin." Der volksdeutsche Vorarbeiter, der Mutter mit Frau und Kindern selbst ärztlich konsultierte, hatte daher auch keine Einwände, Leonid für ein paar Stunden freizustellen. Auf meine Frage, was ihm fehle, meinte Mutter: „Er ist heimwehkrank, das kann einen Menschen gesundheitlich sehr schwächen." Wie Recht sie mit ihrer Diagnose hatte, zeigte sich etwa ein halbes Jahr später. Der Krieg war schon zu Ende. Mutter war gerade allein vor dem Hause, als sie ein Auto mit mehreren sowjetischen Militärs sehr rasch und zielsicher über unsere Zufahrt kommen sah, was ohne Ortskenntnis nicht möglich gewesen wäre. Einer sprang aus dem Wagen, lief auf meine überraschte Mutter zu und ergriff fröhlich lachend ihre Hände: „Doktor, kak dyela? – wie geht's? Ich Leonid, Sie verstehen, Zimmermann von Ofenfabrik. Ich nix vergessen, Sie sehr gut mit russischen Kriegsgefangenen." Nun erkannte sie den Ehemaligen. „Jetzt alles chorosho, serdce ne bolit - das Herz tut nicht mehr weh", bemühte Mutter ihr bescheidenes Vokabular, er nickte zustimmend und beide lächelten sich verständnisinnig an. Dann schüttelte er ihr nochmals kräftig die Hand. Die anderen winkten freundlich und weg waren sie. „Wie sehr die wiedergewonnene Freiheit diesen Leonid doch verändert hat, mit seinem lebensfrohen Gesicht war er kaum wieder zu erkennen", meinte Mutter nachdenklich. Leonid hatte als Einziger damals, Wochen nach Kriegsende, noch einmal den Weg zu uns gefunden.

Unter den Kriegsgefangenen war Ivan der Meister, wie er genannt wurde, eine Respektsperson. Er hatte ein blasses, eher eckiges, von Pockennarben bedecktes sehr männliches Gesicht, schwarze, wellige Haare und tiefliegende, unter geraden Augenbrauen meist halb von den Lidern verborgene Augen, denen nichts entging. Der große, kräftige Mann strahlte Energie und Autorität aus. Mit verschlossenem, eher finsterem Gesicht, aber ruhiger, befehlsgewohnter Stimme teilte er am ersten Tag seine Landsleute für die verschiedenen Arbeiten ein. Aufmerksam und nicht ohne eine gewisse Distanziertheit beobachtete er den Verlauf der Arbeiten, gab leise Anweisungen und griff hier und da zu. Als sich einer der Gefangenen eine stark blutende Wunde zugezogen hatte, half ich Mutter beim Verbinden. Sehr höflich und mit einem gewinnend warmen Blick bedankte sich der Meister für ihn. Später, als ich Kartoffeln schälte, trat er näher und begann ein kleines Gespräch, so gut es sein Deutsch erlaubte. Er erkundigte sich nach den einzelnen Geschwistern und wie es in der Schule ginge. Mit der Zeit hellte sich sein Gesicht ein wenig auf, wenn ich auftauchte. Als die Maurerarbeiten begannen, verabschiedete sich Ivan und kam nicht mehr zu uns, da er als Meister in der Fabrik unentbehrlich war.

□

Vom täglichen Hören des Russischen, dessen musikalischer Wohlklang mich ungeachtet der rauen Stimmen faszinierte, blieb mehr in meinem Gedächtnis haften, als ich ahnte. Anfangs hatte ich einfach wahllos die Bedeutung einzelner Wörter erfragt. Dabei geriet ich zwar mitunter in Verlegenheit; denn Dmitri, der lose Spaßvogel, hatte mir einige nicht ganz stubenreine Ausdrücke beigebracht, die ich dann arglos anwendete und unerwartete Lachsalven herausforderte. Dadurch ließ ich mich jedoch nicht entmutigen. In einem russischen Lehrbuch aus Tante Adelheids Schulbibliothek, damals eine Rarität, fand sich neben grammatischen Grundzügen ein kleines Wörterbuch, in dem zwar solche Ausdrücke nicht vorkamen, dafür aber die korrekte Schreibweise der Wörter. Akkustisch behielt ich ganze Sätze im Gedächtnis, die ich genauer zu verstehen und dann anzuwenden begann.

Eines Tages kam Nikolay, schaute sich vorsichtig um und gab mir ein kleines, zu einem Dreieck wie russische Feldpostbriefe gefaltetes Papier von Ivan, dem Meister. Das war der erste russische Brief an mich. Der Text war in Druckbuchstaben geschrieben und lautete: „Guten Tag, Kleiner Doktor, bitte schicke mir einige Tabletten gegen Grippe, ich fühle mich sehr schlecht. Bolschoy privet – Einen großen Gruß. I." Langsam entzifferte ich mit Nikolays Hilfe den Inhalt, holte bei Mutter Tabletten für den Meister und übergab sie Nikolay mit einem „großen Gruß" zur guten Besserung. Zwei Tage später bekam ich wieder einen kleinen Brief des Inhalts, dass Ivan herzlich danke und wiederhergestellt sei.

Inzwischen waren die Ferien zu Ende gegangen und mit Beginn des neuen Schuljahres wurde ich wegen der Luftangriffe auf Bonn nun nach Wittenberg zur Schule geschickt. In Bonn hatte ich eine Klasse übersprungen und besuchte jetzt die siebte und damit letzte Klasse, denn die Oberprima musste bereits in einer Munitionsfabrik arbeiten. Der Schulweg nach Wittenberg war mühselig, fünf Kilometer mit dem Fahrrad bis zum Bahnhof Radis, danach drei Stationen mit dem Zug, der im Laufe des letzten Kriegswinters immer seltener und unregelmäßiger verkehrte. Häufig hatten wir Reifenpannen. Schwester Christa, die inzwischen die erste Gymnasialklasse besuchte, setzte sich dann vor mich auf die Stange des brüderlichen Fahrrades und so radelten wir am frühen Morgen ohne Licht durch den Wald über Baumwurzeln und durch zahllose Löcher und Pfützen im Sandboden.

Wegen der Verständigungsprobleme hatte Mutter sich von Anastasia getrennt, die in einem landwirtschaftlichen Betrieb in der weiteren Umgebung unterkam, wo Landsleute ihr halfen. So hatten wir auch nach der Schule alle Hände voll zu tun. Mutters ärztliche Hilfe wurde zunehmend in Anspruch genommen, es fielen Besorgungen an, Beeren und Pilze mussten gesammelt werden, um den kargen Speisezettel aufzubessern, und neben den Schulaufgaben gab es nicht wenig Hausarbeit zu erledigen. Entsprechend groß war die Freude, als Vater doch noch einmal eine Haushaltshilfe angeboten wurde.

In den Herbstferien schickte Mutter mich nach Leipzig, um Nina abzuholen. Am verabredeten Ort im Arbeitsamt lächelte mir eine gut aussehende, schlanke, junge Frau mit blondem, lockigem Haar und lebhaften, blauen Augen entgegen. Nur der Aufnäher ‚Ost‘ verriet die Ausländerin. Sobald sie ins Haus gekommen war, entfernten wir umgehend den Aufnäher, zumal Nina recht gut Deutsch sprach, das sie noch in Charkov auf der Schule gelernt hatte. Ihr Vater war Ingenieur, ihre Mutter hatte sie früh verloren. Als die Deutschen in Charkov einrückten, arbeitete Nina zunächst als Dolmetscherin. 1942 kam sie nach Deutschland. Als Haushaltshilfe eines kinderlosen Schauspielerehepaars in Leipzig war sie gut behandelt worden, hatte sich aber sehr einsam gefühlt. Bei uns fand sie nun ausgiebig Gelegenheit, mit ihren kriegsgefangenen Landsleuten zu schwatzen, denen sie selbstredend gut gefiel. Der zweite Lkw-Chauffeur Michail verliebte sich bis über beide Ohren in die hübsche Nina. Er war ein netter Kerl mit hellen Haaren und schmalen, hellblauen Augen, sehr gutmütig und hilfsbereit. Nina erlaubte ihm, ihr den Hof zu machen, obwohl sie nur freundschaftliche Gefühle für ihn hegte. Michail hatte als Fahrer zwar mehr Bewegungsfreiheit als seine Landsleute, durfte indes nur fahren, wenn der andere Fahrer, Jean, ein französischer Kriegsgefangener, nicht verfügbar war.

Jean chauffierte Herrn Lange schon seit Anfang des Krieges, besaß sein Vertrauen und durfte meist ohne Posten über Land fahren. Der etwa 25 Jahre alte Bretone vom Cap Finistère sah mit seinen schwarzen Haaren, großen, blauen, von dunklen Wimpern umrahmten Augen und einer Adlernase auffallend gut aus. Er bekam regelmäßig Post und Pakete vom Roten Kreuz mit Zigaretten und Schokolade. Einmal schenkte er uns ein Stückchen. Jean war äußerst geschickt und vielseitig, sprach fast akzentfrei deutsch und konnte sich auch ganz gut russisch verständigen. In den Ladepausen, wenn er Fuhren mit Baumaterialien gebracht hatte, lernten wir ihn ein wenig kennen. Ähnlich wie sein Chef organisierte, besorgte und arrangierte auch Jean nahezu Unmögliches. Er brachte Reste unseres Eigentums, das Bomben und Feuer im Keller in Leipzig überlebt hatte, und einige Möbel, die Vater noch auf Bezugschein zugeteilt worden waren, mit dem Lkw über die Löcher, Steine und Baumwurzeln der Heidewege unversehrt bis zu uns. Mutter erlaubte ihm, bei uns Radio zu hören, eine riskante Sache, die mit KZ geahndet wurde. Indes, so vieles war verboten. Jean hatte auch eine Freundin in Radis. Ihre Liaison blieb durch die ganzen Kriegsjahre unentdeckt.

Oft versuchten wir nach der Schule, an der Ofenfabrik eine Fuhre zu uns nachhause abzupassen, um die fünf Kilometer Radfahrt zu sparen. Im Fabrikhof beschäftigte Gefangene berichteten unsere Ankunft sofort, um möglichen Bedarf an Medikamenten anzumelden. Wenn Michail nicht selbst zu uns fahren konnte, versuchte er bei solchen Gelegenheiten, mir ein Briefchen für Nina zuzustecken. Allerdings folgten uns dort nicht nur wohlwollende Augen. Eines Abends kam Vater ziemlich erregt nach Hause. „Hör zu, du musst jetzt ganz vorsichtig sein. Gegen dich ist Anzeige erstattet worden von einer der Buchhalterinnen der Fabrik. Du hättest im Fabrikhof wiederholt mit russischen Gefangenen und Zivilarbeitern geredet. Du weißt doch, dass das streng verboten ist. Bitte, denk daran, solche Kontakte, selbst mit Nina, über das sachliche Minimum hinaus, können dir als staatsfeindliches Verhalten ausgelegt werden und darauf steht KZ. Übrigens ist es diesmal noch nicht weitergeleitet worden, das konnte verhindert werden. Sei vorsichtig. Man darf nicht auffallen."

Diese Eröffnung versetzte mich doch in ziemliche Aufregung, weil ich zwar die Gestapo fürchtete, aber den ohnehin spärlichen Kontakt mit den Russen nicht abbrechen wollte. Deshalb informierte ich auch Michail: „Jemand hat versucht, mich zu verpfeifen; man muss sehr vorsichtig sein." Michails Gesicht drückte erschreckte Besorgnis aus.

Mit Herrn Lange, dem Fabrikanten, war ich gut Freund und erbat mir die Erlaubnis, bis zur Abfahrt des Autos in die Fertigungshalle gehen zu dürfen. Dieser Bereich war vom Kontor nicht einzusehen und die Gefangenen passten auf. Auf dem Weg begegnete ich mitunter dem einbeinigen, deutschen Fabrikaufseher, der bei den Gefangenen den Spitznamen ‚Chromoy' – Hinkebein – hatte. Das Hinkebein war wegen seiner Strenge gefürchtet. Wer seine Arbeit ordentlich machte, den ließ er in der Regel in Ruhe. Aber wenn er Schmerzen hatte, war er bissig. Als ich ihn im Fabrikhof traf, schaute er mich forschend an, dann erinnerte er sich, mich mit meinem Vater und Herrn Lange gesehen zu haben, und so grüßte er mich sehr höflich. Es erwies sich bald als wertvoll, den Alten als Verbündeten zu haben. Er sagte nie etwas, wenn er mich mit einem der Gefangenen sprechen sah.

Nach der Schule kehrten wir in Wittenberg häufig bei sehr gastfreundlichen, an Musik interessierten Verwandten ein, auf deren Klavier ich auch üben durfte. Onkel Hans und Tante Henns waren Lehrer. Die sympathische Kusine Putti hatte eine schöne Stimme und spielte Geige. Wir besuchten die gleiche Klasse und machten zusammen Musik. Mit dem 14-jährigen Vetter Albrecht, der Cello spielte, musizierten wir im Winter 44/45 mehrmals für Verwundete in Lazaretten in der Umgebung. Im Duo brachten wir Schubertlieder zu Gehör, im Trio Händel und Soli von Chopin und Schubert.

Ich nahm weiter Klavierunterricht, auch noch einige Stunden bei Professor Weissmann, der die Meisterklasse an der Musikhochschule in Leipzig unterrichtete. Jedoch besaßen wir kein eigenes Instrument mehr, der Steinway in Bonn war ebenso wie Mutters Blüthner-Flügel in Leipzig bei Fliegerangriffen verbrannt. An den Kauf eines Instruments war nicht zu denken, jedoch war ein Leipziger Geschäft bereit, uns ein Klavier zu leihen, das mit dem Lkw der Ofenfabrik Lange noch rechtzeitig zu Weihnachten eintraf. Nun wagte ich es auch, die russischen Melodien nachzuspielen, die ich von Nina und den Kriegsgefangenen gehört hatte. Durch ihren oft mehrstimmigen Gesang hatten sich mir die für diese Volkslieder typischen Harmonien eingeprägt.

Etwa zwei Monate vor Kriegsende kam ich eines Abends vom Klavierunterricht aus Leipzig und ging an der Fabrik vorbei, um die für die Gefangenen versprochene Hefe abzugeben. Von weitem schon signalisierte mir Ivan der Meister, zum Pferdestall zu kommen. In der Nähe war nur Michail mit Autowäsche beschäftigt. Ivan stand im Stall, während ich vor der Tür blieb, und machte mir flüsternd eine überraschende Eröffnung: „Ich muss dir etwas sagen, nur dir, verstehst du. Ich werde wohl nicht mehr lange hier sein. Die Front ist schon sehr nahe, ich muss fort. Siehst du, hier meine Kameraden wissen nicht, dass ich eine besondere Funktion hatte. Bis jetzt habe ich versucht, ihnen zu helfen, dass sie einigermaßen durchkommen. Aber ich kann nicht in einem Lager sein, wenn die Rote Armee hierher kommt. Ich liebe mein Land sehr und möchte es wiedersehen. Ich fühle, dass du mir Freund bist und ich möchte dir, kleiner Doktor, und deiner wunderbaren Familie danken für alles, was Ihr für uns getan habt. Ich weiß nicht wann, aber vielleicht eines Tages …" In diesem Augenblick zischte Michail durch die Zähne: „Das Hinkebein kommt." Augenblicklich drehte ich dem Meister den Rücken zu und ging langsam zu Michail, während Ivan sich in den Pferdestall zurückzog. Ich begrüßte das Hinkebein, der mir besorgt von der schweren Erkrankung seiner Tochter erzählte.

Das kurze Gespräch mit dem Meister fand ich noch im nachhinein sehr aufregend. Wenige Tage später brachte mir Nina einen kleinen Brief. Darin stand: „Lebewohl, kleiner Doktor. Schade, dass ich mich nicht von dir verabschieden konnte. Vielen Dank für alles, was Ihr für uns getan habt. Alles Gute. I." Nina meinte beunruhigt: „Wo mag er bloß hingegangen sein. Es ist doch seltsam: Der Krieg ist bald zu Ende und Unsere" – damit meinte sie die Rote Armee – „werden kommen. Ich verstehe nicht, wofür er sein Leben aufs Spiel setzt." Aber niemand wusste etwas und nach ein paar Tagen verschärfter Aufsicht war wieder alles im alten Gleis.

April 1945 – Plötzlich herrschte Stille, eine seltsame, fast bleierne Geräuschlosigkeit wurde uns bewusst. Züge verkehrten kaum mehr, der Schulunterricht war eingestellt. Viele Leute, auch die Verwandten, hatten Wittenberg verlassen. Bis vor kurzem waren endlose Flüchtlingstrecks über die Landstraßen in Richtung Westen gehastet, vor allem nachts war das Trappeln der Pferdehufe weit zu hören. Auch aus unserer Gegend hatten sich nicht Wenige noch im letzten Moment zur Flucht entschlossen. Vor zwei Tagen war Vater noch mit dem DKW aus Leipzig gekommen, die Panzerspitzen der Amerikaner standen bereits am Südwestrand der Stadt. Ungeachtet der allgemeinen Aufbruchsstimmung entschieden sich die Eltern doch, im Heidehaus zu bleiben: „Womit und wohin sollen wir mit drei Kindern fliehen? Benzin gibt es nicht, in dem kleinen DKW wäre praktisch kein Platz für Gepäck. An Ort und Stelle haben wir ein Dach über dem Kopf und die anderen wissen, wo sie uns wiederfinden können." Einhart war schwer verwundet mit dem letzten Verwundetentransport aus Lodz ins Lazarett St. Georg nach Leipzig verlegt worden. Von Ingo gab es seit längerem kein Lebenszeichen mehr. In den Nachrichten der BBC wurde nur von den Kämpfen um Berlin berichtet. Ob der Krieg endlich zu Ende gehen würde? Und was kam danach?

Im Süden standen die Amerikaner bereits in etwa 20 Kilometer Entfernung an der Mulde in Bitterfeld und die Rote Armee ebenso nah im Norden in Wittenberg-Lutherstadt jenseits der Elbe. Wir befanden uns zwischen beiden Flüssen in einem schmalen Streifen, sozusagen einer Art Niemandsland. Tiefer in den Wäldern der Dübener Heide waren offensichtlich noch einzelne deutsche Kommandostäbe versteckt. Nachts hörten wir Autos auf den Waldwegen herumfahren. Mittags war ein fremder Zivilist durchs Tor gekommen. Vater war ihm entgegen gegangen, sie redeten eine Weile, dann verschwand der andere wieder. „Der Sicherheitsdienst SD ist hinter Ausländern her", berichtete Vater ziemlich kurz angebunden, „sie drohen, auch Deutsche zu erschießen, die Ausländer nicht anzeigen. Nina darf das Haus nicht mehr verlassen, auch die Nachbarn dürfen sie nicht sehen."

Trotz aller Unsicherheiten schickte Mutter mich doch los, um Milch und Brot oder sonst etwas Essbares in der Umgebung aufzutreiben; sechs Esser waren wir mit Nina. Im nächsten Dorf Uthausen, in dem es keinen Laden gab, bekam ich beim Bürgermeister Apitzsch Milch. Neues wusste auch er nicht zu berichten. Sein Amtstelefon war tot, die Vermittlung in Wittenberg funktionierte nicht mehr. Vier Kilometer weiter in Reuden fuhr ich zur Mühle in der Hoffnung, dass sie dort wieder mal Brot gebacken hätten. Der Müller Waldemar Schmid, einer von Mutters Patienten, litt an den Folgen eines Kopfschusses und war mitunter, wenn ihn Schmerzen plagten, schwer ansprechbar. Aber Waldemar schwatzte gut gelaunt draußen vor seiner Mühle mit einem Nachbarn. Er holte mir ein großes Brot heraus, das kaum auf den Gepäckträger passte, und ein Säckchen Mehl. „Wer weiß, wie es weiter geht. Hoffentlich sind die Amerikaner bald da. Grüß die Mutter und sei nur vorsichtig auf dem Heimweg."

Wieder drängte sich mir beim Radeln die Stille auf, nicht friedlich, sondern bedrückend und unheimlich legte sie sich aufs Gemüt. Dabei war es Mittagszeit, kein Mensch zu sehen, auch kein Flugzeug zu hören, kein Zug, alles wie leer gefegt. Kurz vor Uthausen kam mir plötzlich ein Jeep entgegen mit vier fremdartig khakifarben gewandeten Uniformierten, die bunte Zeichen auf ihren Ärmeln und flachere Stahlhelme trugen als die Deutschen. Am Steuer saß ein Dunkelhäutiger. Ein Soldat hielt eine ziemlich lange Schußwaffe im Anschlag. Sie fuhren ganz gemächlich daher; mich beachteten sie nicht. Zuhause wussten sie schon mehr. Amerikaner hatten inzwischen dem Bürgermeister Apitzsch einen, wie er erzählte, kurzen, sehr freundlichen Besuch gemacht, ließen jedoch Fragen, wer unser Gebiet besetzen würde, unbeantwortet.

□

Am frühen Nachmittag kam Michail im Lkw der Ofenfabrik mit Nikolay, dem Sänger, und ein paar anderen angefahren. Am Vormittag hatten die Amerikaner die Kriegsgefangenen in Radis befreit und zwei Diensthabende der Wachmannschaft mitgenommen. Sie beschlagnahmten für die Russen den Gasthof zum Wilden Mann und übergaben ihnen Kisten mit Konserven und Getränken; dann waren sie wieder verschwunden. Jetzt wollten die Russen Nina zum Feiern holen. Michail lud auch uns zu der Befreiungsfeier ein, was die Eltern dankend ablehnten. Vater nahm ihn beiseite und mahnte ihn eingedenk des Besuchs vom Vortag zur Vorsicht im Wald. Inzwischen bat aber Nina sehr dringend, ob nicht wenigstens ich sie für eine Stunde zu der Feier begleiten könnte, allein fürchtete sie sich vor dem Rückweg und wohl auch davor, dass Michail sie am liebsten auf der Stelle ,heiraten' würde. Für eine Stunde wurde ich dann mitgeschickt. Vor der Gastwirtschaft angekommen, verschwand Nina in einem Knäuel von Männern, die sie alle zugleich umarmen und küssen wollten. Auch mir drückten sie von allen Seiten zu mehreren die Hände, klopften mir auf die Schulter: „Kleiner Doktor, wir sind frei, kein SU mehr auf dem Rücken, kein Stacheldraht, wir fahren heim." Mit fast fiebrig glänzenden Augen redeten alle gleichzeitig, niemand hörte wirklich zu, was gesagt wurde. Sie waren so glücklich, endlich frei zu sein, nachhause zu kommen. „Unsere sind ganz nah, vielleicht können wir schon bald mit einem Zug in die Heimat fahren." Obwohl ich mich mit ihnen freute, dass ihre Gefangenschaft überstanden war, beschlichen mich drückende Zweifel an der Zukunft.

Nikolay entriss mich meinen trüben Gefühlen, packte mich an den Schultern, verpasste mir drei kräftige russische Schmatze und schob mich vor sich her ins Gasthaus. Im Schankraum standen Fleischkonserven, Dosen mit zerlassener Butter, offene Kisten und eine Menge Flaschen mit geistigen Getränken verschiedenster Art. Die Wirtsleute hatten das Haus verlassen, Matvey, der Dolmetscher, führte das Regiment. Die unbesetzte Theke, das leere Haus berührten mich eigentümlich. Ich zog mir einen Hocker ans Klavier, in die Nähe von etwas Vertrautem. In Biergläsern wurde der Alkohol ausgeschenkt. Merkwürdig, in der Wirtschaft hatten sich nur die Kriegsgefangenen versammelt, kein Zivilarbeiter war zu sehen, auch keine der Frauen aus dem Osten. Nikolay drückte mir ein Glas voll Likör in die Hand. „Na zdorovye, Schwesterchen Tschubtschik", winkte er mir mit seinem Glas zu. „Nikolay, warum habt ihr die Zivilisten nicht eingeladen?", fragte ich harmlos. Nikolay, der immer so freundlich war, bekam unversehens einen harten Gesichtsausdruck und meinte in überraschend verächtlichem Ton: „Sie haben sich nicht um uns gekümmert, als wir hinter dem Stacheldraht waren. Nun brauchen wir sie auch nicht. Und jetzt, Schwesterchen Tschubtschik, trink auf unser Wohl und auf unsere Freiheit." Nach einem Schluck wollte ich mein Glas abstellen, aber das ließen die anderen nicht gelten: „Trink, Tschubtschik, trink auf unsere Freiheit." Unschlüssig betrachtete ich das Glas. Was tun? Schon den einen Schluck spürte ich in allen Adern. Jetzt befiel mich größte Angst, betrunken zu werden. Nina hatte auch ein Bierglas in der Hand. Hartnäckig nötigten sie weiter: „Trink, Tschubtschik!" Bruder Einharts Bericht von Besäufnissen im Offizierskasino kam mir ins Gedächtnis. Er hatte das Problem einfach auf der Toilette gelöst: „Finger in den Hals stecken und am besten vorher oder gleich danach einen Löffel Öl schlucken." Schleunigst fischte ich mir einen Happen Schmelzbutter. Dann ergriff ich das Glas, trank das beißende, süße Zeug ohne abzusetzen in einem Zug und rannte hinaus zu dem noch freien WC. Draußen, an die Wand gelehnt, holte ich tief Luft. Einem Wasserhahn verdankte ich die Rückkehr weiterer Lebensgeister. In der Gaststube schluckte ich noch einen Löffel mit Butter und schickte ein ordentliches Stück Fleisch hinterher. Dann klappte ich das Klavier auf und spielte ‚Katyuscha‘, eines der Lieder, das Nikolay so oft gesungen hatte. Umgehend setzte er ein, Savva und andere am Tisch folgten. Als ich mit meinem Repertoire am Ende war, sangen sie ohne Begleitung weiter.

Jetzt hielt ich Ausschau nach Nina. Eine Stunde war verstrichen, wir mussten an den Rückweg denken. Nina saß in einer Ecke, angelehnt an Michail und schaute zu meinem Schrecken gegenstandslos vor sich hin. „Nina, komm mal mit“, versuchte ich, sie zum Aufstehen zu bewegen. Zunächst reagierte sie nicht, erst meine Ankündigung, allein nach Hause zurückzukehren, brachte sie auf die Beine. Aber sie schwankte erheblich. „Oh, ich kann nicht gehen.“ „Nina, du musst hinaus und alles erbrechen.“ „Nein, ich kann nicht.“ Meine Unruhe stieg. „Bitte, Nina, versuch‘s doch.“ „Lass mich nicht allein“, sonst brachte sie nichts heraus.

Da nahte Hilfe, Jean, der Franzose. Er nahm kurzerhand dem schlafenden Michail die Autoschlüssel aus der Tasche und fuhr uns mit dem Lkw der Ofenfabrik zurück. Eingedenk des bedrohlichen morgendlichen Kontrollbesuchs bat ich ihn, noch vor unserem Wald zu halten. Den letzten halben Kilometer schafften wir, ohne jemandem zu begegnen. Mutter erfasste die Lage, brachte Nina gleich ins Bett und nahm unsere Verspätung zu meiner Erleichterung kommentarlos hin. Ich berichtete ihr, wie es in Radis gewesen war. Sie schwieg dazu. Wir kannten die Zukunft nicht. Indes würde mir für viele Jahre der Geschmack von Alkohol fast automatisch das Gefühl vermitteln, nun besonders aufmerksam sein zu müssen.

Etwa gegen vier Uhr morgens weckte mich plötzlich ein Klopfen am Fensterladen. Draußen hörte ich Michails Stimme: „Bitte, schnell öffnen, kein Licht machen.“ Im Dunkeln sah ich mehrere Gestalten. Ich öffnete die Terrassentür. Mutter war auch schon auf den Beinen. Michail und drei seiner Landsleute betraten den Raum, zogen sofort die Tür hinter sich zu und die Vorhänge vor. Sie standen offensichtlich unter Schock. „Viele Kameraden tot, Überfall auf das Lager heute Nacht mit Handgranaten“, brachte Michail mit Mühe hervor. Ein schreckliches Massaker hatte stattgefunden. Am Abend waren die meisten Kriegsgefangenen nach dem Feiern zum Schlafen zurück ins Lager gegangen. Alles schien ruhig zu sein. „Ivan und ich haben in der Fabrik geschlafen, Nikolay und Savva im Pferdestall, deshalb haben sie uns nicht erwischt. Wir hörten plötzlich die Explosionen und Schüsse. 17 Mann sind tot. Matvey und drei andere konnten in den Wald hinter der Bahnstrecke flüchten. Wir sind zu euch gekommen, könnt ihr uns helfen?" Inzwischen kam auch Vater aus seinem Zimmer im Steinhaus. Tee wurde gemacht und beraten. Wegen der gefährlichen Situation mussten sie so versteckt werden, dass vor allem die Kleineren nichts merkten. In der Ecke des Holzhauses gab es eine Schlafkoje mit Etagenbett, deren Zugang in der Holztäfelung kaum sichtbar und mit Mänteln gut als Garderobe zu tarnen war. Hier sollten sich die Vier und auch Nina tagsüber aufhalten. Es war sehr eng, bot aber doch eine Chance.

Mit dem Notvorrat an Graupen und Mehl ließen sich am Tag wenigstens zwei sättigende Mahlzeiten herstellen. Christa wurde mit Eike zum Spielen hinausgeschickt, die Garderobe beiseite geräumt und ich brachte Teller, Löffel und den Suppentopf vor die Koje. Bis alles wieder weggeräumt und der Kojeneingang wieder verhängt war, hielten sich die Eltern draußen auf, um eventuell überraschende Besucher aufzuhalten. Am übernächsten Tag tauchte etwa eine Viertelstunde nach dem Essen ein Mann im Regenmantel am Tor auf. Christa wusste, dass man auf fremde Leute achten müsste und rief so laut sie konnte: „Vater, ein Mann ist gekommen!" „Oh", sagte Vater, der durchs Türfenster geschaut hatte, mit einem merkwürdigen Unterton in der Stimme, „das ist wieder der Mann vom SD." Vater ging auf den Besucher zu. Der Mann sagte, er müsste kontrollieren, ob Ausländer oder versprengte Soldaten in der Gegend wären, die letzteren sollten in einer neuen Einheit zusammengefasst werden. Vater kam mit ihm über die Terrassentür ins Holzhaus. Der Mann ging auf Mutters Schlafkoje zu und öffnete sie. Mir klopfte das Herz bis zum Hals, hinter der nächsten Tür waren die Fünf. Wir hofften inständig, dass sie unhörbar blieben. Nach einem weiteren Blick in die Koje gegenüber sagte der ungebetene Besucher: „Entschuldigen Sie die Störung, das war's. Ich verzichte auf weitere Kontrollen bei Ihnen. Wir warten auf besondere Befehle. Der Krieg ist noch nicht vorbei oder verloren. Deshalb muss inzwischen alles Notwendige getan werden, um den Endsieg zu erringen." Damit verschwand er, und diesmal Gott sei Dank auf Nimmerwiedersehen.

Bei der nächsten Mahlzeit kam Christa dazu, als ich gerade den Suppentopf und fünf Teller mit Löffeln ins Holzhaus trug. „Warum schleppst du den Topf hierher ins Holzhaus, wir essen doch drüben. Und was sollen die großen Löffel, und überhaupt, soviel Graupensuppe! Jetzt haben wir schon vier Mal Graupensuppe gegessen, gibt es nichts anderes mehr?" Ich versuchte, sie zu beruhigen und wieder hinauszuschicken. Aber inzwischen hatte Michail die Tür geöffnet, um mir beim Tragen zu helfen. „Oh, Mischa", schrie die total überraschte Christa ziemlich laut, wofür ich ihr einen Schubs gab, „du bist hier, wie nett. Warum habt ihr mir nichts gesagt?" Damit schob sie sich an uns vorbei und stand bereits an der geöffneten Tür. „Nina, hier bist du, und Savva, Ivan und Nikolay sind auch da?!" „Wo ist Eike", war meine Gegenfrage, während ich mich zu fassen suchte." „Er spielt draußen in der Sandkuhle, er ist sehr beschäftigt." Nun erzählte ich ihr unter Hinweis auf den Mann, der vormittags da gewesen war, dass die Fünf in Lebensgefahr wären und wir sie deshalb hier versteckt hätten. Christa war tiefbewegt und von nun an eine sehr wachsame, intelligente Hilfe. Die behütete Kindheit war mit einem Schlag vorbei.

Die Tage vergingen, einer nach dem anderen, nichts ereignete sich, ein zermürbender, lähmender Stillstand. Wenn es dunkel wurde, konnten die Fünf wenigstens ihr Versteck verlassen, frische Luft schnappen und sich bewegen. Spärlichen Nachrichtenfetzen aus dem Radio war nur zu entnehmen, dass noch immer die Schlacht um Berlin tobte. In Uthausen holte ich täglich Milch, statt Neuigkeiten grassierten Gerüchte und wilde Spekulationen. Inzwischen schmolzen die Vorräte. Am sechsten Tag beschlossen Michail und Nikolay loszugehen und herauszufinden, was draußen in der Welt los wäre. Michail besaß eine Ziviljacke, Nikolay bekam ein Jackett von Vater und am frühen Nachmittag fuhren die beiden mit unseren Fahrrädern los. Als Mischa und Nikolay abends und am nächsten Morgen noch immer ausblieben, waren auch Savva und Ivan nicht mehr zu halten. Sie wollten, obwohl sie zu Fuß gehen mussten, nicht einmal mehr bis zur Dämmerung warten, sondern verschwanden nach herzlichem, gestenreichem Abschied in den Wäldern und wir waren wieder allein mit Nina. Die Stimmung war gedrückt. Auch Nina quälte die Ungewissheit, sie wusste nicht, was sie tun sollte.

Indes forderten die täglichen banalen Bedürfnisse ihr Recht und vor allem musste etwas zum Essen besorgt werden. Der Hunger nagte und so wollte ich wieder bei dem Müller Waldemar in Reuden nach Brot fragen. Christa begleitete mich. Kaum waren wir auf der Landstraße, da näherte sich der wohlbekannte Lkw der Ofenfabrik mit Michail am Steuer und Nikolay daneben; außen rechts und links neben der Fahrerkabine auf den Trittbrettern standen zwei Soldaten in unbekannten Uniformen mit Maschinenpistolen und ein dritter hielt seine Waffe im Anschlag oben über der Kabine. Michail und Nikolay begrüßten uns erfreut. „Savva und Ivan sind auch fort, Nina ist zu Hause." „Wir müssen noch nach Radis, in ein bis zwei Stunden kommen wir und bringen eure Fahrräder zurück." Auf meine neugierige Frage, warum sie den Umweg machten, antwortete Nikolay mit einem unversehens verfinsterten Ausdruck: „Wir haben da noch etwas zu tun." Mir verging die Lust, weiter zu fragen. Wir beschlossen, mit diesen Neuigkeiten zurück zu kehren und zu Hause auf unsere Fahrräder zu warten.

Nina fragte ganz aufgeregt, was die Soldaten gesagt und wie sie ausgesehen hätten. Ich musste sie ans Packen erinnern, da die anderen sie abholen wollten. Inzwischen hörte man den Lkw schon rangieren, Michail und Nikolay kamen zum Haus und schüttelten uns zum Abschied die Hände. Sie trugen noch immer ihre Gefangenenhosen mit den zivilen Jacketts. „Sicher werden wir bald wieder in die Armee eingegliedert und mit Uniformen versorgt", äußerten sie hoffnungsvoll. Sie hatten die Fahrräder mitgebracht und drückten mir eine Speckseite und ein Säckchen mit Mehl in die Hand. „Mehr konnten wir nicht auftreiben", entschuldigte Nikolay sich fast verlegen. Viele Häuser und Geschäfte in Wittenberg wären verlassen, die Brücken gesprengt und die Elbwiesen überflutet. „Jetzt müssen wir losfahren, weil die drei Soldaten sich wieder in Wittenberg melden müssen. Vielen Dank für alles." Ich begleitete Nina und die beiden zum Auto, das sie etwas weiter entfernt geparkt hatten. Die drei bestiegen die Fahrerkabine. Die Trennung von diesen Menschen, besonders auch von Nina, empfand ich als einen Verlust. Die beiden sowjetischen Soldaten nahmen wieder neben der Fahrerkabine Aufstellung und der dritte Posten stand mit dem Gewehr im Anschlag oben. Diesmal schaute er auf den offenen Laderaum, aus dem zwei Köpfe aufragten. Während sich der Lkw langsam durch die Kurve wand und Michail „Do svidanya, Schwesterchen" rief, erkannte ich von der Seite in dem einen den Bürgermeister von Radis. Der andere schaute im selben Augenblick in meine Richtung, das Hinkebein. Unbeschreiblich war der Ausdruck in seinen Augen. Patienten hatten erzählt, dass der Bürgermeister und das Hinkebein gemeinsam mit Fremden das Massaker im Lager der befreiten Russen in Radis verübt hatten. Langsam verschwand der Lkw hinter der Wegbiegung zwischen den Bäumen in der sinkenden Sonne. Einmal mehr erschien mir die Welt zutiefst grausam, abgründig und fragwürdig.

Bonn. Villa Prieger, 1940

Die Halle mit dem Esstisch, 1940

Taufe unterm Tannenbaum, 1940
vorn: Mutter Gerda mit Eike, Christa, Hergart, Tante Hella
hinten: Ingo, Einhart, Vater Wolfgang, Onkel Hans

Beethoven, Lithographie
nach August von Kloeber, 1817

Beethovens Neunte Symphonie und ihre
Wächter mit Erich Prieger

Hergart Wilmanns vor der
Bonner Universität, 1932

Hergart vor der Verhaftung, 1947

Porträt Bruder Eike, 1942
von Elisabeth Voigt

Bruder Eike vor dem Heidehaus, 1942

Überleben in der SBZ

Einmarsch der Roten Armee □ Mutters Arztpraxis in der Kommandantur Kemberg □ Vater als Gutsverwalter für den KGB in Rackith □ Grenzübergang Bitterfeld □ Alltag in der SBZ

„Es ist Zeit, nach Uthausen zu fahren", mahnte Mutter, „du musst genügend schlafen." Seit einigen Tagen verbrachte ich die Nächte auf der Couch im Wohnzimmer des Bürgermeisters. Er hatte die Eltern darum gebeten, weil noch immer die endgültige Besetzung durch Amerikaner oder Russen ausstand und er mich als Dolmetscher für beide Sprachen haben wollte. An diesem Abend spürte ich eine seltsame Unruhe in mir und keine Lust loszufahren. Es war schon später als sonst. Mutter lag bereits im Bett. Fertig angezogen war ich, über meinem Schlafanzug trug ich wie in den Bombennächten einen Trainingsanzug, um bei einer Störung keine Zeit mit Anziehen zu verlieren. Die Zähne waren bereits geputzt. Was könnte ich jetzt noch tun, um die Abfahrt hinauszuzögern? Ich kramte in meinen Sachen nach einem Zettel von Nikolay, in dem er unsere Hilfe für die Kriegsgefangenen bestätigt hatte. „Heb das Papierchen auf", hatte er fürsorglich gemeint, „vielleicht hilft es euch mal, wenn wir nicht mehr da sind." Für alle Fälle steckte ich es in Mutters Arztkittel.

Mutter mit ihrem Durchguck schaute mich nicht wirklich fragend an: „Offensichtlich magst du nicht nach Uthausen fahren. Niemand zwingt dich. Es ist schließlich nur deine Hilfsbereitschaft für die Leute. Allerdings wäre es sicher passender gewesen, Herrn Apitzsch vorher in Kenntnis zu setzen, dass du nicht mehr kommst." Das gab den Ausschlag; ich entschloss mich erleichtert, nur noch diese Nacht dort zu verbringen, und fuhr los. Im Fenster sah ich Mutters Silhouette. Mit dem Waldweg war ich so vertraut, dass ich ohne Licht fuhr. Einmal hielt ich an. In der Ferne glaubte ich, das Getrappel von vielen Pferden zu vernehmen. Aber Wind kam auf und nur das vertraute Rauschen in den Kiefernkronen war zu hören. Am südlichen Dorfende lag hinter mehreren kleinen Häusern der Hof des Bürgermeisters am Waldrand. Die Haustür war unverschlossen, Apitzschs schliefen bereits. Ich zog schnell meinen Mantel aus und eine Wolldecke über mich. Beim Einschlafen fühlte ich wieder diese merkwürdige Unruhe, aber dann schlief ich ein mit der Vorstellung, wie Mutter mir aus dem Fenster zuwinkte.

Ein sonderbarer Ton weckte mich. Eine Frau heulte draußen auf der Straße. „Huuuh, die Russen sind da, die Russen sind da." Ich rannte an die Tür und machte Licht. Vor dem Haus erkannte ich die Bäuerin vom letzten Hof am anderen Dorfende, nahe der Durchgangsstraße Berlin-Leipzig. Nur mit einem Hemd und einem Strumpf war sie bekleidet, ihr kurzer Zopf baumelte auf dem Rücken. Um eine möglichst ruhige Stimme bemüht, fragte ich: „Was tun sie?" Sie starrte mich mit angstvoll aufgerissenen Augen an: „Ich weiß nicht, aber sie kommen. Als ich sie im Haus hörte, bin ich durchs Fenster in den Garten gesprungen und hierher gekommen." „Kommen Sie schnell herein. Ich sage eben dem Bürgermeister Bescheid, dass er herunter kommt." Das Ehepaar war bereits auf und während Herr Apitzsch sich fertig anzog, fragte seine Frau mit zitternder Stimme: „Oh Gott, was, glaubst du, werden sie mit uns machen?" Ich wusste nicht, was ich darauf sagen sollte, und hielt mich an das Nächstliegende; sie sollte sich anziehen und auch herunter kommen. Dann ging ich an die Haustür und horchte in die Nacht. Nur das Gebell der Hofhunde verriet das Näherkommen der unsichtbaren Bedrohlichkeit. Jetzt schlug der Hund im Eckhof, nur noch wenige Häuser entfernt, an. Kaum hatte ich das in der Küche mitgeteilt, da wurde auch schon laut an der Haustür geklopft. Der Bürgermeister, ein mittelgroßer, starker Mann mit einem imposanten Bauernschädel und sehr gutmütigen Gesicht öffnete und drei Soldaten mit Käppi betraten, gefolgt von einem Offizier mit Tellermütze, das Haus. Nun riss ich mich zusammen und begrüßte sie auf Russisch: „Sdravstvuyte, tovarischtschi? – was wünscht Ihr? Das ist der Bürgermeister." Offensichtlich überrascht, erwiderten sie den Gruß. Zwei von ihnen gingen voraus in das Amtszimmer und schauten herum, Herr Apitzsch und ich folgten, die beiden anderen blieben in der Tür stehen. „Sprosi u nego, yest-li oruzhie? – Frag ihn, ob er Waffen hat?" Ich übersetzte, aber leider unterlief dem Bürgermeister nun eine riskante Dummheit. Er verneinte die Frage. Während ich das gerade übersetzte, beugte sich einer der Soldaten unter den Schreibtisch und zog vier Jagdgewehre hervor. „Und was ist das?", fragte aus dem Hintergrund der Offizier mit drei Sternen auf den Epauletten. „Warum haben Sie die Frage verneint, wo Sie doch Waffen haben?", fragte ich den inzwischen erbleichten Bürgermeister. „Es sind Jagdgewehre, die mir die Amerikaner vor ein paar Wochen als Souvenir geschenkt haben." „Er hat die Jagdgewehre vergessen, er hat ja auch keine Munition", versuchte ich den Soldaten die Sache als harmlos darzustellen. Immerhin hörten sie mir zu. „Aber es sind trotzdem Waffen, er sollte nicht lügen. Sind übrigens Soldaten im Haus?" Diese Frage beantwortete ich direkt mit Nein. Hierauf verließen sie das Haus, ohne die übrigen Räume inspiziert zu haben.

Nun wollte ich sofort nach Hause fahren. „Ich nehme den hinteren Hofausgang und den kleinen Waldpfad", kündigte ich meine Abfahrt an. „Ach bitte, bleib doch noch ein bisschen", beschwor mich Herr Apitzsch, „vielleicht kommen sie noch mal zurück. Ohne dich bin ich doch verloren." Wider mein Gefühl ließ ich mich breitschlagen. Und nun nahm das Schicksal seinen Lauf. Wenige Minuten später kehrte einer der Soldaten zurück und fragte nach der Dolmetscherin. „Starschi Leytenant Vas vysyvayet – Der Oberleutnant wünscht Ihr Erscheinen", sagte der Soldat höflich und bestimmt. Schon auf den Treppenstufen wurden meine Knie unangenehm weich. Auf der Straße standen die drei anderen Uniformierten. Es war noch dunkel, aber am Himmel kündigte sich die Dämmerung an. Der Offizier drehte sich zu mir: „Wir benötigen einen Dolmetscher, um den Leuten in den Häusern zu sagen, dass sie sich nicht fürchten müssen. Sag ihnen, wir kontrollieren nur wegen Soldaten oder Waffen." Zunächst lief alles ganz ruhig. Beim Nachbarhaus rief ich den Leuten an der Tür zu, was man mir aufgetragen hatte. Zwei Soldaten sahen sich kurz im Haus um, wir anderen warteten draußen. Auch im nächsten Haus erkannten die Leute meine Stimme, und weil ich normal sprach, beruhigten sie sich, und die Kontrolle war schnell erledigt. Inzwischen tippte der Offizier auf mein polnisches Stoffabzeichen. „Du bist Polin und du sprichst Russisch, das ist gut."

Das polnische Abzeichen, ich hatte es schon fast vergessen. Vor zwei Tagen hatte mich abends auf dem Weg zu Apitzsch Andrey, einer der polnischen Zivilarbeiter, angehalten. „Hier nimm das", sagte er und steckte mir eine Sicherheitsnadel mit einem kleinen roten und einem weißen Bändchen oben ans Mantelrevers. „Das ist alles, was ich für dich tun kann, es ist unser polnisches Nationalabzeichen. Es soll dich schützen vor Misshandlung oder Vergewaltigung, wenn die Russen kommen. Wir werden dich auch schützen, wenn wir in der Nähe sind. Du warst gut zu unseren Leuten, deshalb, bitte, nimm es an." Damit war er fortgegangen. Merkwürdig, dieser Andrey mit seinen zwar intelligenten, aber stechenden Augen im blassen Gesicht war mir nicht sonderlich sympathisch gewesen. Seine Landsleute begegneten ihm mit Respekt trotz seiner häufig abfällig klingenden Art. Vor seinem Spott war auch seine Freundin Pascha, eine ukrainische Polin, nicht sicher. Als ich ihn einmal nach ihr fragte, weil sie krank war, reagierte er mit einem verächtlichen Ausdruck. „Aber Andrey, das ist doch deine Freundin", hatte ich ihn verwundert erinnert. „Bah, ich spiele nur mit ihr, sie hatte zuviele Freunde, ihr Ruf ist hin." Damit war er seines Weges gegangen. Die Tragweite seines großzügigen Angebots konnte ich freilich erst später ermessen.

Inzwischen hatten wir das nächste Haus erreicht. Niemand antwortete auf mein Klopfen. Dann öffnete ich die Tür. Alles schien leer. Hinter der nächsten Tür sah ich ein offensichtlich vor kurzem verlassenes Ehebett und wollte mich schnell wieder zurückziehen. Aber im gleichen Augenblick fühlte ich einen kleinen Stoß. Als ich mich umdrehte, sah ich gerade, wie der Offizier den Türschlüssel aus dem Schloss zog und in seine Tasche steckte. Die Lage war eindeutig, doch scheinbar noch nicht aussichtslos, denn durch eine weitere Tür kam ich zum Hof. Aber dort stand einer der Soldaten und sagte nur: „Nasad idi – geh zurück." Ich flehte ihn an, mich doch durchzulassen; inzwischen kamen mir die Tränen. „Nel'zya. – unmöglich", war die Antwort. Er packte mich am Arm und schob mich mit brachialer Gewalt zurück zum Schlafzimmer. Der Offizier hatte sich bereits bis auf sein Unterhemd entkleidet und war gerade im Begriff, seine Stiefel auszuziehen. „Zieh dich aus", sagte er in einem ganz selbstverständlichen Ton. Eine grauenvolle Angst überkam mich und ich drückte mich in die Ecke des Zimmers. Dann drehte er sich nach mir um: „Razdeways! – Zieh dich aus!" Ich starrte ihn völlig entgeistert an, weil ich nicht einsah, warum ich mich ausziehen sollte. „Ihr Polinnen seid gut in der Liebe, sehr heiß. Komm los, zieh dich endlich aus." Er erhob sich vom Bett und griff mit beiden Händen nach meiner Taille, um mir meine Hosen herunterzuziehen, die leider nur Gummizug hatten. Im nächsten Moment fand ich mich auf dem Bett wieder, ohne Aussichten auf Rettung. Gleichwohl wollte ich nicht aufgeben und versuchte, ihn mit freundlichem Zureden etwas hinzuhalten, immerhin roch er sehr stark nach Alkohol und seine Bewegungen wirkten schon etwas unsicher. Ich murmelte immer „Ne snayu – ich weiß nicht", und rutschte jedesmal, wenn er auf mir lag, schnell etwas weiter. Diesem Manöver konnte er nicht ganz so schnell folgen, gab zwischendurch brummend seinen Unwillen kund und griff erneut nach mir. Dann fuhr ich ihm wieder mit der Hand begütigend über sein stoppeliges Gesicht und rutschte wieder weg. Langsam fühlte ich meine Kräfte schwinden unter seinem Gewicht und diesen ständig zupackenden Armen. Aber plötzlich kippte sein Kopf über meine Schulter und etwas warmes Feuchtes floss über meinen Oberschenkel. Der Ekel gab mir die Kraft, unter ihm wegzurutschen. Davon nahm er keine Notiz, sondern blieb unbewegt liegen. Ich wischte das weißliche Zeug mit dem Betttuch vom Bein, zog mich an und machte mich nun mit zusammengebissenen Zähnen daran, ihn zu wecken; denn ohne ihn konnte ich ja das Haus nicht verlassen. Er kam nur sehr langsam zu sich, so streifte ich ihm Hosen und Stiefel über und versuchte, seinen Pistolengürtel zu schließen. Den Zimmerschlüssel zog ich aus der rechten Manteltasche. Inzwischen war es schon halb sechs und ich sagte, dass ich jetzt nachhause müsste zum Kühemelken. Zunächst nickte er mit dem Kopf, aber dann war meine Hoffnung gleich wieder zunichte: „Nein", sagte er, „du kommst mit zum Stab."

Auf dem Weg durch das wie ausgestorbene Dorf wiederholte ich meine Bitte, mich doch gehen zu lassen, aber vergebens. Er betrat das letzte Bauernhaus am anderen Ende des Dorfes und öffnete eine Tür. In zwei Betten lagen Offiziere in voller Montur mit Stiefeln an den Füßen, vier andere schliefen auf dem Boden. Sofort begann mein Begleiter sie aufzuwecken und mich zu meinem Schrecken laut anzupreisen. Ich verstand nur, dass ich Polin und gut wäre und er könnte mich empfehlen. Dazwischen rief er mich an den Tisch, auf dem sich neben einem Haufen Salzheringe ein weiterer Haufen mit Bonbons sowie aufgetürmte Weißbrotstücke befanden, begann zu kauen und forderte mich auf, desgleichen zu tun. Ich blieb neben der Tür an die Wand gelehnt stehen. Mir steckte noch das Entsetzen der letzten Stunden in den Knochen, und hier sah ich mich einer sechsfachen neuen Bedrohung gegenüber. Aus einem Bett hatte sich inzwischen ein Offizier erhoben, ging auf die Tür zu mit den Worten: „Ya vozmu yeyo – ich nehme sie", und bedeutete mir mit einem Kopfnicken, dass ich mitzukommen hätte. Vor Schreck fast starr, setzte ich mich zunächst mechanisch in Bewegung. In der Tür hob ich langsam die Lider, um das nächste Unheil, das nun über mich kommen würde, ins Auge zu fassen. Ich begegnete einem scharfen prüfenden Blick aus hellen, aber ruhigen Augen in einem breiten Gesicht mit hohen Backenknochen. Dieser Mann wirkte nicht schrecklich, er mochte in den Vierzigen sein. Beim Öffnen der Haustür fragte er mich plötzlich auf Polnisch: „Aus welcher Stadt ist die Dame?" „Warschawa", mehr wusste ich dazu nicht zu sagen. Inzwischen waren wir draußen. Nun fragte er deutsch: „ Woher bist du?" „Ich bin da oben aus dem Wald, ich bin Deutsche." „Wer sind die Eltern?" Ich antwortete wahrheitsgemäß. Dann wollte er mein Alter wissen, während er aus seiner Tasche Bonbons zog. „Hier nimm. Meine Tochter so alt wie du. Du verstehen, ich will helfen. Jetzt ganz schnell nachhause laufen." Für die nächste Viertelstunde wäre Ruhe, aber danach könnte er mich vor den anderen nicht mehr schützen. „Renn schnell, wir Russen nicht alle schlecht. Aber jetzt Front, lass dich nicht fangen." Schleunigst rannte ich los in den Wald. Unterwegs traf ich keinen Menschen. Zuhause war alles unverändert friedlich. Sie frühstückten Graupensuppe. Ich fühlte keinen Hunger und wollte mich waschen. Mutter, von meiner Blässe beunruhigt, kam hinterher und fragte: „Was hast du und wo ist die Milch?" „Die Russen sind nach Uthausen gekommen, einer hat versucht, mich zu vergewaltigen. Bitte, gib mir einen Schnaps." Darum hatte ich noch nie gebeten.

Auch an diesem Tage kamen keine Soldaten zu uns und wir waren froh, dass wir versteckt im Wald lebten. Nur die Milch fehlte. Mutter sagte zwar nichts dazu, aber Eike, dessen Gesundheit wegen der schlechten Ernährung gelitten hatte, jammerte nach seiner Milch. Herr Apitzsch hatte unsere Bezugscheine. Indes, wer sollte jetzt Milch holen? Vater hätte man sicher gleich festgenommen, und die 10-jährige Christa kam auch nicht in Frage.

Ich entschloss mich, einen schmalen Pfad durch den Wald zu nehmen, auf dem ich direkt zu der Scheuneneinfahrt von Apitzschs Hof gelangte. Ich konnte nur von einem Haus aus gesehen werden, aber gerade da stand ein Soldat im Unterhemd mit seinem Gewehr. Er wollte mich anhalten, aber ich rannte los auf das Tor zu, während er bereits hinter mir her kam und schrie: „Stoy, ich schieße." Das Hoftor war nur angelehnt, aber der Hof drinnen war dicht besetzt mit Pferdewagen und Soldaten, die darauf lagen. Mein Verfolger ließ nicht ab, aber hier konnte er nicht mehr schießen, und so sprangen wir hintereinander über die ruhenden Soldaten und das Gepäck. Ich war bis zum Kücheneingang vorgedrungen, bevor mein Verfolger die anderen alarmieren konnte. Ein Offizier stand in der Küchentür, ich sprang vom letzten Wagen direkt vor seine Füße und brachte fast ohne Stimme heraus: „Dayte zaschtschitu! – Geben Sie mir Schutz!" Spontan trat er auf die Seite, ließ mich ins Haus und nahm wieder seinen Platz in der Türfüllung ein, als mein Verfolger eintraf. Aber der Offizier hielt ihn auf und fragte ihn, was los wäre. Außer sich vor Ärger stotterte er irgendetwas von ‚verdächtig', ich wäre aus dem Wald gekommen und vielleicht eine Spionin. Der Offizier schickte ihn weg und drehte sich dann zu mir. Das ganze Haus war voller Offiziere, und eine Menge Telefondrähte lagen herum. Alle waren äußerst beschäftigt und niemand nahm Notiz von mir außer dem einen, den ich um Hilfe gebeten hatte. Herr und Frau Apitzsch saßen in der Küche in eine Ecke gedrängt, während sich am Herd zwei Russinnen in Zivilkleidung zu schaffen machten. „Was ist geschehen, wer bist du und woher kommst du?", richtete der Blonde jetzt das Wort an mich. Mir fiel nichts ein als die Wahrheit zu sagen, dass ich vom Wald zum Milchholen gekommen wäre. Der Soldat hätte mich aufhalten wollen, aber des Morgens hätte schon jemand versucht, mich zu vergewaltigen, und ich fürchtete, der Soldat hätte das Gleiche beabsichtigt. „Und vielen Dank, dass Sie mich beschützt haben." Damit schloss ich meine Ausführungen. Leider waren inzwischen die beiden Frauen aus der Küche aufmerksam geworden. Keineswegs freundliche Blicke trafen mich, als meine deutsche Nationalität bekannt wurde. Die eine trat einen Schritt näher, zeigte auf das polnische Abzeichen und fragte: „Aber bist du nicht Polin?" Ich verneinte. „Ja, aber wieso trägst du ein polnisches Abzeichen?", meinte sie ebenso misstrauisch wie hasserfüllt, und wandte sich an den Offizier: „Das ist doch seltsam." Mit gesenkter Stimme redete sie sehr schnell auf ihn ein. Dann kehrte sie in die Küche zurück, während der Offizier, nun auch misstrauisch geworden, mir weitere Fragen stellte. Inzwischen wurden andere Offiziere aufmerksam. Mit einem „Jetzt erstatte ich Bericht, rühr dich nicht von der Stelle", verschwand der Blonde in Herrn Apitzschs Amtszimmer, wo offensichtlich ein Stab konferierte.

Für einen Augenblick schaute ein offensichtlich höherer Offizier mit meinem Beschützer aus der Tür in den engen Flur, in dem ich mich an die Wand drücken musste, um den ständig aus und ein hastenden Militärs nicht im Weg zu stehen. Ich konnte sein Gesicht sehen und empfand ungeachtet meiner prekären Lage plötzlich Vertrauen, dass dieser Mensch mir nichts Böses antun würde. Dann erschien mein Beschützer wieder: „Es tut mir leid, aber du kannst nicht nachhause zurück. Du bist festgenommen. Der Kommandeur hat jetzt keine Zeit, sich mit deinem Fall zu befassen. Deshalb musst du warten, bis er eine Entscheidung trifft, was mit dir wird. Komm hier in die Küche." Er zeigte auf die Couch neben dem Küchentisch: „Setz dich dahin." In der Ecke gegenüber schaute das Ehepaar Apitzsch sorgenvoll, was mir nun wohl zustoßen würde. Neben mir auf dem Sofa nahm ein Soldat mit Gewehr Platz und erklärte mir, ich solle mich weder bewegen noch mit den anderen reden. Trotzdem berichtete ich kurz Herrn Apitzsch, was vorgefallen war. Inzwischen geizten die beiden Russinnen nicht mit unfreundlichen Kommentaren, bis mein Aufpasser, der ständigen Stichelei wohl auch überdrüssig, den Frauen schließlich verbot, mich weiter anzusprechen. Stunden vergingen.

Es war schon fast dunkel, als plötzlich meine Schwester Christa in Begleitung eines Rotarmisten erschien. Sie sah den Posten neben mir, rannte aber sofort auf mich zu: „Was ist los, weshalb halten sie dich fest?" Mein Aufpasser verbot ihr, mit mir zu sprechen, weil er es nicht verstehen könne. Der Begleiter meiner Schwester erklärte ihm, dass seine Einheit im Wald unser Haus besetzt hätte und dass sein Kommandeur ihn nach mir geschickt hätte. Mein Aufpasser stellte dazu fest, er habe den Befehl, mich zu beaufsichtigen, bis sein Kommandeur zurückkehrte, daran könnte er nichts ändern. Außerdem wisse er nicht Bescheid, was für eine Entscheidung gefällt werden würde. Ein Soldat hätte mich verfolgt. Ich trüge ein polnisches Nationalabzeichen, wodurch ein Verdacht auf mich gefallen wäre. Der Soldat, der Christa begleitet hatte, richtete, Herrn Apitzsch zugewandt, seine Worte in Deutsch an mich: „Leider kann ich nichts für dich tun. Dieser Soldat lässt dich nicht gehen, und wir müssen zurück. Ich werde mich bemühen, dass später die Komandeure Kontakt aufnehmen. Hoffentlich können wir dir dann helfen. Für jetzt kann ich leider nichts ändern. Alles Gute." Damit ging er hinaus, Christa ergriff die Milchkanne und mit einem traurig ängstlichen Blick sagte sie im Vorbeigehen: „Bitte, komm bald nach Hause." „Grüße die andern und bete für mich", konnte ich noch antworten, dann verschwanden sie in der Dunkelheit. Enttäuscht, dass sich meine gefährliche Lage nicht geändert hatte, blieb ich zurück. Und doch war ich im Inneren überzeugt, nicht ganz verloren zu sein.

Etwa gegen 10 Uhr abends holte mich ein Soldat aus der Küche. Apitzschs schauten mir mitfühlend nach. Draußen war es so dunkel, dass der Soldat mich an der Hand fasste. Unterwegs versuchte ich, meinen Schritt zu verlangsamen. Auf meine Frage „Wohin?" zog er mich mit einem „Du wirst schon sehen!" hinter sich her. Inzwischen erkannte ich an den Bäumen und Biegungen einen schmalen Pfad, der zur Hütte eines uns bekannten Jagdpächters führte. Dort angekommen, ließ der Soldat meine Hand los und öffnete die Tür. „Geh gerade aus an den beiden ersten Türen vorbei zur dritten Tür dahinten." Ich wusste, dass dort das Wohnzimmer war, und öffnete vorsichtig die angegebene Tür. Helles Licht blendete mich zunächst. Drei Uniformierte saßen am Tisch in der Mitte des Zimmers. Zu meinem Erstaunen lächelten sie mir entgegen und der in der Mitte Sitzende begrüßte mich sehr freundlich mit einem russischen „Guten Abend. Bitte, nimm Platz." In ihm erkannte ich den Offizier, der mich nachmittags kurz in Apitzschs Zimmer in Augenschein genommen hatte. Ein Stuhl war frei am Tisch, auf dem mehrere Landkarten ausgebreitet waren. „Wir bedauern sehr, dass du solange warten musstest, aber wir waren unterwegs und sind erst jetzt zurückgekehrt." Mit diesen Worten begann der Kommandeur das Gespräch. Wegen des freundlichen Tones und des Lächelns der drei Militärs war ich zunächst etwas ratlos, wie ich mich verhalten sollte. Nach einer kleinen Pause meinte ich: „Das verstehe ich zwar, aber ich muss wirklich nach Hause. Meine Familie wartet schon so lange und ist beunruhigt, wo ich bleibe." „Das ist richtig; jedoch wir konnten nicht früher zurückkommen, und außerdem mussten wir noch herausfinden, wer du bist. Deine Mutter ist Ärztin und dein Vater Universitätsprofessor, nicht wahr?" Ich nickte. „Ja, wir wissen über dich Bescheid, aber noch einige Fragen sind zu klären, die uns sehr interessieren. Was ist HJ? Weißt du, was das heißt?" „Ja, natürlich weiß ich das." „Warst du in der Organisation?" „Nein, die ist für Jungen über 14 Jahre." „Gibt es eine ähnliche Organisation für Mädchen, und warst du darin?" „Ja, ich war im JM, aber nach zwei Jahren habe ich mich zurückgezogen." „Ging das so einfach, ohne Schwierigkeiten?" „Ich hatte ein Gesundheitsattest." Es folgten weitere Fragen über Parteiorganisationen und deren Vertreter. Da ich den Leuten so gut bekannt wäre, müsste ich doch darüber Bescheid wissen. „Nein. Man kennt mich nur als Hilfe in Mutters ärztlicher Praxis, und da interessiert nur die Gesundheit der Leute." „Kannst du uns aber vielleicht doch sagen, wer hier im Dorf Kommunist ist? Wir wüssten das gerne." Der Major begleitete diese Frage mit einem distanzierten Lächeln, „du weißt ja, wir sind selber Kommunisten." „Nein, ich kenne keinen, aber ich bin sicher, dass Sie darüber Bescheid wissen." Jetzt versuchte auch ich, vorsichtig ein Lächeln anzudeuten, war ich doch keineswegs sicher, wie meine Gesprächspartner reagieren würden. Indessen nickte der Major unverändert liebenswürdig und damit war die Politik erledigt. Nun fragte er nach der Schule, meinen Lieblingsfächern und Sport, und schließlich kam die Angelegenheit mit dem polnischen Nationalabzeichen ausführlich zur Sprache. „Die Polen im Dorf haben sehr gut von dir und deiner Familie gesprochen. Ihr habt auch russischen Kriegsgefangenen geholfen." Jetzt wich mir ein Riesendruck von der Seele. Als die Militärs Erkundigungen einzogen, hatte Andrzey, der Pole, der mir das Nationalabzeichen angesteckt hatte, Wort gehalten. Das war die Rettung, Gott sei Dank, nun glaubten sie mir.

Der Major drückte auch sein Bedauern über die Belästigung am Morgen aus. Darauf zuckte ich mit den Achseln, vertiefen mochte ich das schauerliche Thema nicht. Dieser Mann hatte ein herzerwärmendes offenes Lächeln, eine wohlwollende Ausstrahlung. Ein wenig erzählte er von sich, dass er aus Tula stamme, wo sein Vater Zuckerfabriken leitete. Er hatte früher auch Tennis gespielt, aber seit Kriegsbeginn diente er als Offizier an der Front. Die angstvolle Anspannung der letzten Stunden machte nun einer großen Müdigkeit Platz. Die beiden anderen Offiziere waren bereits seit einer Weile verschwunden. So fasste ich mir ein Herz: „Wann kann ich denn nach Hause gehen?" „Ja, leider erst morgen früh. Heute Nacht musst du hier bleiben. Jetzt sind überall Soldaten im Einsatz." Der Major müsste auch beim Telefon bleiben, wie er mir erklärte. In dieser Nacht durchkämmten sie die Wälder der Dübener Heide um uns herum im Abstand von 15 Metern. In Schützenlöchern eingegraben verbrachten die Soldaten die Nacht mit dem Befehl, niemanden passieren zu lassen. Erst morgens beim Wachwechsel könnte er den Befehl durchgeben, mich nach Hause gehen zu lassen. „Hier im Haus gibt es aber Betten, und du kannst jetzt bis sechs Uhr schlafen. Leg dich dort drüben hin." Er zeigte auf ein Bett in der Ecke und verließ den Raum. Eine schmale Holzbank auf der anderen Seite erschien mir unter diesen Umständen geeigneter. Von dem Major selbst befürchtete ich nichts. Er kam noch einmal ins Zimmer und entdeckte mich in einer Decke eingerollt auf der Holzbank. Mit einem kleinen Lächeln hob er mich wie ein Bündel auf und legte mich auf das Bett. „Du musst jetzt ausruhen. Um sechs Uhr wecke ich dich. Fürchte dich nicht, hier geschieht dir nichts. Schlaf jetzt ruhig." Im Handumdrehen war ich eingeschlafen. Pünktlich, wie angekündigt, weckte mich der Major. Sehr sanft, fast zärtlich strich er mir über den Kopf: „So, nun kannst du losgehen. Wenn jemand dich anhält, sagst du nur, ‚ich gehe nach Hause'. Sie haben Befehl, dich daraufhin durchzulassen." Mit einem festen Händedruck und einem unvergesslichen Lächeln war ich entlassen. Es geschah so, wie der Major gesagt hatte. Mehrmals kam ich an Reihen eingegrabener Soldaten vorbei, zweimal riefen sie mich an, aber ich konnte mit meiner einfachen Losung anstandslos passieren.

Auf der Wiese vor unserem Grundstück standen unzählige Pferdewagen, auf der Koppel dahinter wurden Pferde gefüttert. Von den Nachbarhäusern drangen bereits Kommandos und Geschrei herüber, bei uns zuhause herrschte noch Stille. Im Wohnraum des Holzhauses entdeckte ich etwa 20 schlafende Soldaten dicht nebeneinander auf dem Boden liegend, die Türen zu unseren Schlafkojen standen offen. Auf jedem Bett lagen zwei Mann, die ihre Stiefel fein säuberlich ausgezogen hatten. Kleiner persönlicher Krimskrams befand sich auf seinem Platz oder war ordentlich zusammengestellt. Drüben im Steinhaus schliefen die Kleinen noch fest. In der Küche herrschte ein unbeschreibliches Durcheinander. Zwei riesige Haufen Kartoffelschalen bedeckten den Fußboden. Dazwischen saß Mutter im weißen Arztkittel auf einem Stuhl mit dem Rücken zum Eingang und versorgte gerade die Wunde eines Soldaten. Beide schwiegen. In der anderen Ecke saß noch ein wartender Patient. Auf meinen Guten-Morgen-Gruß drehte Mutter den Kopf, um mich anzusehen. „Gut, dass du wieder da bist. Es ist alles gut gegangen, nicht wahr?" Ich schilderte ihr kurz den Verlauf der Ereignisse. „Zunächst", meinte sie, „als der Soldat mit Christa gestern Abend unverrichteter Sache zurückkam, habe ich mir größte Sorgen gemacht, aber nach einer Weile wurde ich ganz ruhig und war mir sicher, dass du bald zurückkämst." Mutters unerschütterlicher Glaube, dass ich zurückkommen würde, hat mir auch später in ausweglos scheinenden Situationen Kraft zum Durchhalten gegeben.

Dann berichtete Mutter: „Die Einheit, die hierher kam, muss offensichtlich von unseren ehemaligen Kriegsgefangenen gewusst haben. Ich habe als erstes dem Quartiermacher, der etwas Deutsch konnte, deinen Zettel von Nikolay gegeben. Er hat ihn den Soldaten vorgelesen. Wirklich erstaunlich, in ihrem eigenen Zuhause hätten sie sich nicht besser benehmen können. Sie überließen uns die Zimmer im Steinhaus und haben nicht einmal in den Schuppen geschaut, in dem doch das Auto steht. Hier wurden Kartoffeln geschält, gekocht haben sie drüben bei den Nachbarn. Uns haben sie später noch einen Topf voll Fleischsuppe gebracht. Es wurde ziemlich spät. Vater und die Kleinen schlafen sicher noch. Eigentlich wollte ich noch ein bisschen aufräumen, aber dann kam ein Soldat nach dem anderen zum Verbinden. Übrigens, bald ist das Verbandszeug zu Ende. Aber dann werden wir ein Betttuch zerschneiden, damit geht es auch. Ich denke, wenn sie weitergezogen sind, können wir auch mal wieder schlafen."

Drüben beim Nachbarn brachen die ersten Wagen bereits auf. Bei uns im Holzhaus schliefen sie noch immer. Schon merkwürdig, all diese fest schlafenden fremden Soldaten, etwa so alt wie unsere Jungen.

Mit dem Gedanken, die Soldaten mit russischen Melodien zu wecken, stieg ich über sie hinweg zum Klavier und schlug, ein Angstgefühl unterdrückend, die ersten Tasten an. Dann spielte ich einfach los. Das Vorhaben gelang besser, als ich zu hoffen gewagt hatte. Im Nu waren sie wach und bestürmten mich, ganz offensichtlich erfreut über diese Weckmusik, mit Fragen, wieso ich Russisch und die Lieder kannte, bis die Kommandos zum Abrücken dem ein Ende setzten. Christa und ich begleiteten sie dann zu den Pferdewagen. Auf einem Wagen hatten sie Zuckersäcke. Weil sie so freundlich waren, bettelten wir um etwas Zucker. „Ja, bringt mal eine große Schüssel, damit es sich auch lohnt!" Eine Waschschüssel voll Zucker, das entsprach den Kriegszuteilungen von mehreren Monaten, sofern es überhaupt Zucker gegeben hatte; dazu mehrere Packungen mit Streichholzschachteln. Ein Soldat rief, wir sollten einen großen Topf bringen. Den füllten sie drüben beim Nachbarn mit einer herrlichen dicken Suppe aus Kartoffeln und Schafffleisch, die im Waschkessel kochte. Dann zogen sie ab, ein Pferdewagen nach dem anderen, eine nicht endende Kette zog sich durch Wald und Lichtungen in Richtung Südosten zur großen Straße hin. Binnen kurzem war das Ganze vorbei wie ein Spuk und alles wieder ruhig. Wir konnten uns ans Aufräumen machen.

□

Nun begann unser Leben in der SBZ unter sowjetischer Besatzung. Durch einen Ausrufer wurde nach zwei Tagen mitgeteilt, dass Radios, Schreibmaschinen und Autos abzugeben wären. Vater entschied aber, wir sollten versuchen, das Auto zu retten, als Holzstoß hinter dem Haus mit Holzscheiten und Reisigbündeln getarnt. Im Schuppen fiele es doch bei einer Kontrolle sofort ins Auge. Wir machten uns umgehend ans Werk und wirklich, Vaters Idee wurde belohnt. Einem Trupp durchziehender Soldaten zeigten wir den leeren Schuppen, in dem noch Reifenspuren zu sehen waren. In seinem Versteck überlebte unser DKW bis zum Herbst. Dann erhielt Mutter als Ärztin die Erlaubnis, ein Auto zu halten.

Anfang Mai wurde befohlen, die Fahrräder auf der Kommandantur in Kemberg registrieren zu lassen. Bei herrlichem Wetter fuhren Mutter im Arztkittel und ich mit einer selbstgemachten Rot-Kreuz-Binde und weißer Schürze über den Berg die acht Kilometer bis Kemberg. Auf einer großen Wiese gegenüber der Kommandantur warteten schon Leute aus den umliegenden Dörfern. Eine Art Küchentisch mit einem Stuhl stand am Straßenrand, aber die Zeremonie hatte noch nicht begonnen. Ich ging zum Eingang der Kommandantur, vor dem zwei Posten standen, während aus den Fenstern verschiedene Uniformierte schauten: „Entschuldigen Sie, hier meine Mutter ist Ärztin, sie hat keine Zeit, viele Patienten warten und ich muss ihr helfen. Mutter kann nicht Russisch. Bitte registrieren Sie unsere Fahrräder gleich, damit wir weiterfahren können. Schwanger ist sie auch, wie man sieht; sie sollte nicht so lange stehen." Kaum hatte ich diesen Vers aufgesagt, da rief jemand aus dem Fenster über uns: „Die Ärztin soll hereinkommen und die Begleitung auch." „Aber unsere Fahrräder!" „Die Fahrräder in den Eingang stellen. Schnell!" Ein Posten nahm Mutters Rad, trug es in den Hauseingang, stellte dann meines davor und zeigte die Treppe hinauf: „Idi tuda na levo – geh nach links in die Tür."

„Guten Tag", sagte ich beim Eintreten für uns beide. Einige Offiziere waren im Raum, einer wandte sich vom Fenster an Mutter: „Sie sind Ärztin? Woher kommen Sie? Hier sind nirgends Ärzte!" „Wir sind nicht geflohen, wir wohnen im Wald." Ich übersetzte Mutters Antworten, so gut es ging. „Woher kannst du Russisch? Wie alt bist du? Welche Schulbildung?" Dann erklärte er: „Sag deiner Mutter, sie soll Soldaten behandeln, der Truppenarzt ist sehr beschäftigt und hat ein großes Gebiet, er kommt nicht oft genug. Verbandmaterial und Medikamente organisieren wir alles hier. Im ersten Stock in der Küche richten wir ein Ambulatorium ein."

Der Kommandant, ein Hauptmann, erteilte ein paar Befehle. Dann fragte er Mutter nach ihrem Ehemann und der übrigen Familie. Der großgewachsene Lehrer aus dem Ural hatte ein offenes, trotz der Falten jungenhaftes Gesicht mit großen, runden Augen und einem dicken Schnurrbart. Sein dichtes, dunkles Haar war glatt zurückgekämmt. Klein und zierlich war seine Frau, wohl seine Frontfrau. Etwa zehn Offiziere unterstanden ihm. Außerdem gab es noch einen Kapitan der politischen Abteilung, der von fast ablehnend distanzierter Wesensart sich meist schweigend im Hintergrund hielt. Er hatte helle, tiefliegende, überraschend kleine, gleichwohl sehr aufmerksame Augen im sonst wohlproportionierten länglichen Gesicht und schütteres, blondes Haar, ein eher farbloser, intellektueller Typ. Erst später ließ er merken, dass er recht gut Deutsch sprach, und gab dann auch mal ein paar persönliche Bemerkungen von sich.

Die Tür zum Esszimmer stand offen. Dort befand sich auch ein Klavier. „Kann man darauf spielen?" „Natürlich, versuch's mal", ermunterte mich der Kommandant. Ich fing aufs Geratewohl mit einem Schubert an, dann Chopin. Es wurde still hinter mir. Danach spielte ich die Lieder *Katjuscha* und *Tschubtschik*. Der Kommandant sagte lächelnd zu Mutter: „Gut Musikant." Auch Mutter lächelte. Auf zwei DIN A5-Zetteln unterschrieb er unsere Fahrradgenehmigungen. Diese Dokumente hatten einen dreieckigen Stempel und erwiesen sich als äußerst nützlich auch bei sonstigen Behörden und Kontrollen. „Morgen um 10 Uhr ist Sprechstunde hier, abgemacht?!" „Abgemacht", antwortete ich für uns beide und ganz zufrieden machten wir uns auf den Heimweg.

Von nun an hielt Mutter zweimal in der Woche Sprechstunde in der Kommandantur und an zwei weiteren Tagen vertrat ich sie, um Verbände zu erneuern und Tabletten auszugeben. Verbandsmaterial, Spritzen, sogar verschiedene Medikamente hatten die Russen in kürzester Zeit organisiert. Mutter behandelte Verletzungen verschiedenster Art, aber auch allgemeine Erkrankungen. Für diese Arbeit in der Kommandantur bekamen wir beide bessere Lebensmittelkarten. Die Soldaten organisierten nebenbei manches, was in unserer großen Familie gebraucht wurde. In einer Lagerhalle hatte eine auswärtige Fabrik Kisten eingelagert. Ein Soldat zeigte mir dort zwei Kisten voll mit weißem Pulver gefüllten Glasflaschen: „Schau mal, was das ist." Kardiazol stand auf dem Etikett. „Bring sie mir in die Kommandantur, ich glaube, es ist ein Medikament. Wir lassen es untersuchen." Später in der Apotheke in Wittenberg ergab sich, dass wir einen Schatz besaßen, das Konzentrat für ein äußerst rares Herzmittel. Jeden Tag nahm ich ein paar Flaschen mit nach Hause. Mit diesem Pulver war die Arzneimittelversorgung in Mutters Praxis auf Tauschbasis sichergestellt. Wir belieferten die Apotheken im Umkreis von Wittenberg bis Halle und Leipzig und bekamen im Gegenzug alles, was in der Praxis benötigt wurde, auch Sulfonamide und Fieberspritzen für Gonorrhöe, eine venerische Krankheit, die Mutter noch ungeahnten Zulauf bescheren sollte.

Der erste Fall war ein Fahrer der Kommandantur. Ohne sichtbare Verletzung druckste er in der Sprechstunde etwas verlegen herum, genierte sich, schaute zwischen Mutter und mir hin und her. Dann kam es heraus, er war bei einem Mädchen gewesen und nun hatte er Schmerzen und produzierte Eiter. Er bat dringend um ärztliche Hilfe; denn mit dieser Erkrankung würde ihn der Truppenarzt in die Seuchenstation schicken und er bekäme Urlaubssperre. Mutter musste ihre Abneigung gegen Riskantes überwinden und begann mit der Behandlung. Dabei ergab sich, dass die Erfahrungswerte der Dosierung nicht für die russischen Patienten galten. Sie reagierten erst auf die fünffache Dosis mit dem beabsichtigten Fieberschub, waren dafür jedoch in der Regel nach drei Behandlungen im Abstand von zwei bis drei Tagen wieder gesund, wenn sie sich nach Vorschrift verhielten. Aber gerade das widerstrebte manchen dieser Naturkinder, die verwöhnt durch eine schier unverwüstliche Gesundheit die Heimtücke einer falsch oder ungenügend behandelten venerischen Krankheit unterschätzten. Die lokale Therapie der Entzündung wollte Mutter ihnen zunächst mit Zeichensprache erklären, um mir solche Details noch zu ersparen. Zur Vermeidung von Missverständnissen musste ich dann aber doch die genaueren Umstände der Spülungen erläutern.

Seit Wochen lief Mutters Sprechstunde in der Kommandantur. Es war ruhiger geworden, wenige neue Erkrankungen. Manche Tage waren schon fast gemütlich. Die Tür zur Sprechstundenküche stand offen und dieser oder jener nahm die Gelegenheit wahr zu einem kleinen Plausch, wenn keine Patienten da waren. Nach und nach lernte ich die verschiedenen Offiziere kennen. Der Kommandant hatte erklärt, dass ich unter seinem Schutz stände, das wurde von fast allen respektiert. Auch der Stellvertreter des Kommandanten, Oberleutnant Fyodorov, im Zivilberuf auch Lehrer, klein und rundlich, aber sehr energisch, zeigte sich stets bereit, mich vor Zudringlichkeiten zu schützen. Aber da war der Unterleutnant Tolik, ein schwarzlockiger, hübscher Kerl mit einem sehr frechen Ausdruck in den Augen. Er schlich herum, wenn er nicht unterwegs war, und machte mir, wenn ich allein in der Küche war, Anträge, die von Mal zu Mal unverschämter ausfielen. Eines Tages gegen Mittag schloss er die Küchentür von innen ab und hatte im Handumdrehen den Schlüssel eingesteckt. Vor Schreck war ich zunächst sprachlos. Siegesgewiss grinsend meinte er: „Nun, jetzt wollen wir mal." Da fiel mir die Speisekammer als möglicher rettender Ausweg ein. Ich bat ihn mit ziemlich ruhiger Stimme, mir aus der Speisekammer vom obersten Fach eine Decke herunter zu holen, die es dort aber nicht gab. Offensichtlich angetan von meinem vermeintlichen Entgegenkommen, stieg er bereitwillig in der Speisekammer auf einen Schemel. Daraufhin schloss ich die Tür und drehte den Schlüssel um. Nun waren wir beide eingesperrt. Tolik tobte, erging sich in Racheankündigungen und versuchte, die Tür mit Gewalt aufzubrechen. Inzwischen klopfte ich, so laut es ging, gegen die Küchentür. Keine Frage, Tolik hatte den Zeitpunkt gut gewählt. Mindestens 10 Minuten hauten wir beide gegen die Türen, ohne dass jemand in der Kommandantur Notiz davon nahm. Schließlich verlangte eine unbekannte Stimme draußen, dass ich die Tür öffnen sollte. „Ich habe keinen Schlüssel, den hat Tolik". „Und wo ist Tolik?" „In der Speisekammer." „Soll herauskommen!" „Nein, das geht nicht, ich habe ihn eingeschlossen. Ich fürchte mich vor ihm, er ist wütend." Mittlerweile forderten bereits zwei Soldaten vor der Küchentür, dass ich öffnen sollte. Der Kommandant war abwesend, aber inzwischen war ein Oberleutnant dem Lärm nachgegangen. Nachdem ich die Lage geschildert hatte, forderte er schließlich Tolik auf, die Küchentür aufzuschließen und mich in Ruhe zu lassen. Tolik schrie wütend: „Niemand will ihr was." „Öffne jetzt die Tür zur Speisekammer", befahl mir nun der Offizier vor der Tür. Mit zitternden Fingern drehte ich den Schlüssel herum, Tolik ging an mir vorbei, verzog den Mund sogar zu einem etwas schiefen Lächeln. „Na und", ließ er verächtlich beim Hinausgehen verlauten, als ob nichts gewesen wäre. Der Offizier betrat die Küche, schaute kurz herum und entfernte sich wieder.

Eines Morgens erschien Tolik wieder an der Tür: „Mach dich fertig. Befehl vom Kommandanten, du sollst dolmetschen." „Wo ist der Kommandant?", wollte ich mich noch vergewissern. „Er ist schon weggefahren. Unten wartet der Wagen. Los, beeil dich. In einer Stunde bist du wieder hier." Im Wagen warteten bereits zwei andere Unterleutnants. Auf meine Frage nach dem Ziel bekam ich keine Antwort. Wir fuhren einige Kilometer, dann bog das Auto in einen Forstweg ein und hielt. Mitten im Wald, kein Haus zu sehen. Nun befahl mir Tolik auszusteigen. „Aber was ist hier? Wo sind die Leute?" „Hier bin ich, das ist genug, kannst dich davon überzeugen. Los komm." Schon hatte er mich in meinem weißen Mantel auf den Waldboden geworfen. Ich trug bei dem warmen Wetter nur Kleid und Schlüpfer, dessen schwacher Gummi beim ersten Ruck bereits nachgab. Ähnlich wie der Armenier roch auch Tolik stark nach Alkohol. Er kniete bereits über mir und versuchte in großer Hast, meine Beine auseinander zu ziehen, die ich bis zu den Füßen verschränkt hatte. Ich hielt dagegen mit meinen vom Reiten und Radfahren trainierten Muskeln, fühlte aber langsam meine Kräfte schwinden. Nun rief der frustrierte Tolik einem Kumpanen zu, er sollte mir die Beine festhalten. Indes waren sie sich gegenseitig im Wege, und Tolik, außer sich vor Wut, schlug mir mit einem herumliegenden Aststück zweimal auf den Kopf. Die Hiebe ließen bunte Sterne vor meinen Augen tanzen, sie taten erst später richtig weh. Das aus den Platzwunden an meinen Ohren entlang tropfende Blut brachte ihn offensichtlich wieder zur Besinnung, während ich mit Benommenheit kämpfte. Immerhin ließen sie mich dort nicht liegen, sondern stellten mich auf meine Beine, die mir ziemlich fremd vorkamen, brachten mich zum Wagen und fuhren zurück zur Kommandantur. Unterwegs befahl mir Tolik zu schweigen. Ich dürfte dem Kommandanten nichts sagen, sonst würden sie sich rächen. Aber ein Umstand veränderte die Lage zu meinen Gunsten, denn der Kommandant war früher als erwartet zurückgekehrt und schaute zufällig aus dem Fenster, als ich mich an der Hauswand entlang zum Eingang schleppte. Von oben sah er die Blutspuren am Kopf und den verschmutzten Mantel. „Was ist geschehen, woher kommst du?" Eingedenk der Drohung machte ich eine resignierte Bewegung mit der Hand und drückte mich durch die Tür. Der warmherzige Mann kam mir bereits auf der Treppe entgegen und trug mich in den Wohnraum, wo er mich vorsichtig auf das Sofa legte. Dann rief er nach seiner Frau und versuchte erneut, etwas von mir zu erfahren. Ich schüttelte den Kopf, legte den Finger an die Lippen, um das Redeverbot ohne Worte zu erklären. Während sich seine Frau bemühte, mit warmem Wasser Waldboden- und Blutreste abzuwaschen, erfuhr er von den Wachen, dass die drei Unterleutnants mit mir unterwegs gewesen waren, und schickte nach ihnen. Sie erschienen im Zimmer, wo auch ich lag. Zunächst fragte der Kommandant mit ruhiger Stimme, wo sie gewesen wären, und was ich auf ihrer Fahrt zu tun gehabt hätte. Tolik sagte, ich hätte mitfahren wollen. „Aber bei der Wache hat sie sich abgemeldet, dass sie auf Befehl des Kommandanten mit euch führe. Was für ein Befehl, frage ich Sie noch einmal?" Toliks versuchte offensichtlich, das Ganze als Lappalie abzutun. Doch da kam er an den Unrechten. Der Kommandant schrie ihn zornig an und versetzte ihm einen Faustschlag ins Gesicht. Auch die beiden anderen bekamen ihren Teil ab. Anschließend ließ er sie abführen wegen Vergehens gegen die Dienstordnung. Dann kam er zu mir: „Du musst jetzt zu deiner Mutter, die Verletzung behandeln lassen und auskurieren. Vorher kommst du nicht wieder her. Mein Fahrer bringt dich mit dem Auto nach Hause. Sag deiner Mutter, es tut mir sehr leid, dass das passiert ist. Komm bald wieder." Der Fahrer schnallte auch mein Fahrrad auf das Auto. Nach einer Woche waren die Kopfwunden wieder geschlossen und der Krampfschmerz in den Beinen vorbei. Als ich den Dienst wieder aufnahm, waren die drei Unterleutnants nicht mehr da.

□

Bald darauf ließ mich der Politoffizier Ustinov in sein Büro rufen. Er residierte abgelegen im letzten Raum des verwinkelten Korridors hinter einer Doppeltür an der Hofseite des Hauses. Die Kommissare bei den Sowjets und ihre Politverwaltung KGB erschienen mir bedrohlich, da Menschen spurlos verschwanden. Beim Öffnen der Tür sah ich zu meiner Erleichterung außer Ustinov auch den Kommandanten im Zimmer. Beide lächelten bei der Begrüßung, der Kommandant freundlich, Ustinov auf eine unbestimmbare Art. Der letztere kam gleich zur Sache: „Womit beschäftigt sich derzeit dein Vater, er ist doch Professor für Landwirtschaft?" Die Frage nach Vater trug nicht gerade zu meiner Beruhigung bei. „Vater ist nicht gesund, er hat Magengeschwüre. Er arbeitet wissenschaftlich und hofft, dass er bald wieder an die Universität zurückkehren kann", versuchte ich seine Existenz für politische Interessen möglichst harmlos darzustellen. „Ja, siehst du, wir suchen für einen Gutsbetrieb hier in der Nähe, der einer Militärdienststelle frische Nahrungsmittel liefert, eine verlässliche Aufsicht mit Fachkenntnissen. Das müsste dein Vater doch können, nicht wahr?" „Ja, ich denke schon, aber er hatte immer einen Verwalter auf seinem Versuchsgut." „Das glaube ich gerne, aber in diesem Fall wünschen wir, dass er für einen geregelten Wirtschaftsablauf die Verantwortung übernimmt." Das Ganze schien mir etwas merkwürdig, meine Angst um Vater wuchs. „Ist das ein Befehl?", fragte ich leise, um meine Aufregung zu unterdrücken. „Ja, schon", sagte Ustinov und deutete erneut ein Lächeln an. „Dort wird es ihm aber bestimmt besser gehen als zu Hause. Er wohnt beim Melker, der wird ihn auch verpflegen. Wie dir sicher bekannt ist, haben Melker wegen der Kühe immer genug zu essen. Also sag ihm, er soll morgen früh mit dir hierher kommen. Dann fahren wir zusammen nach Rackith. Übrigens, das Wohnhaus dort steht zwar leer, aber ein großer Konzertflügel ist noch da. Den kannst du dir ja morgen ansehen. Bis morgen." Damit war ich entlassen.

Vater nahm die Nachricht gelassen auf. Am nächsten Morgen erfragte Ustinov nach sehr höflicher Begrüßung von Vater noch verschiedene Angaben zur Person, hatte aber offensichtlich bereits Informationen über ihn. Dann fuhren wir mit Ustinovs Auto die 12 Kilometer nach Rackith. Hinter dem Ort, etwa zweihundert Meter abseits der Landstraße von Wittenberg nach Torgau, lag zwischen den Feldern einsam ein Herrenhaus mit großem Gutshof. An der Einfahrt zum Gutshof hielten zwei Soldaten Wache. Ustinov fragte nach dem Verantwortlichen. Ein Soldat kam dann mit dem Melker. Der etwa Vierzigjährige hatte mit seiner Schweizer Staatsbürgerschaft und einigen Kühen den Einmarsch der Roten Armee allem Anschein nach gut überstanden. Sein Gesicht wirkte trotz der gröblichen Züge nicht hässlich; indes quollen, wenn ihn die Wut packte, seine etwas vorstehenden, großen, blauen Augen unter einer dichten Tolle blonder Locken beängstigend hervor, und Wut bekam er offenbar häufig. Vater aber ging auf seine ungehobelt streitsüchtige Art nicht ein. Nachdem er ihm wegen einer nicht befolgten Anordnung gleich zu Anfang ruhig die Meinung gesagt hatte, ohne sich von seinem Wutausbruch beeindrucken zu lassen, respektierte der Melker ihn. Vaters Fähigkeit, missliche Situationen durch witzige Bemerkungen zu entschärfen, begünstigte das Klima. Das gute Einvernehmen zwischen beiden erwies sich als überlebenswichtig angesichts der gefährlichen Niederträchtigkeiten in diesem Betrieb.

Ustinov erklärte Vater noch, dass er ihn nur als Vermittler im Auftrag einer Dienststelle in Wittenberg einstellte. (Später erfuhr Vater vom Melker, dass es sich dabei um den KGB handelte.) Vaters Aufgabe wäre es, dafür zu sorgen, dass von den siebzehn Deputatkühen täglich die gewünschten Mengen an Butter und Sahne nach Wittenberg geliefert würden.

Inzwischen hatte sich ohne sonderliche Eile ein Mann in russischer Uniform mit Lederjacke, aber ohne Achselstücke oder Hoheitszeichen, der Gruppe hinzugesellt, auf den Ustinov offenbar bereits ungeduldig gewartet hatte. In dem hageren, unsympathischen Gesicht mit stechenden Augen lag ein lauernd spöttischer Ausdruck. Ustinov machte ihn mit Vater bekannt, „Herr Göring" – ‚Cháring' sprach Ustinov den Namen aus – „ist kommissarisch für die Verwaltung und die Arbeiter zuständig." Auf dem Gut arbeiteten rückkehrwillige Russlanddeutsche, denen etwa

20 weitere Kühe im Kuhstall gegenüber den Russenkühen als Deputat zugewiesen waren. Vater, fügte Ustinov noch hinzu, wäre Herrn Göring nicht unterstellt, sondern Göring sollte Vaters sachlich begründeten Forderungen nachkommen und etwa auftretende Engpässe beseitigen. Dann gab Ustinov seinem Fahrer das Zeichen zum Aufbruch, Vater blieb seinem Schicksal unter diesen fragwürdigen Ehrenmännern überlassen.

Unterwegs fragte ich Ustinov, ob Göring Offizier sei. „Er ist Zivilist, kein ‚Unsriger‘“, Ustinov verzog den Mund maliziös verächtlich, „einer von euren.“ „Aber er spricht ja kein korrektes Deutsch, seine Aussprache ist eher russisch“, wandte ich ein. „Trotzdem, er ist kein Unsriger“, beendete Ustinov das Thema. Kaum zwei Monate später entzog sich Göring durch Selbstmord seiner Verhaftung. Der ehemalige Leningrader hatte im Krieg als Doppelagent sowohl den Sowjets als auch den Deutschen zugearbeitet. Aber jetzt hier in Rackith gebärdete er sich als allmächtiger, unberechenbarer und äußerst eitler Kommissar. Vater musste versuchen, irgendwie mit ihm auszukommen; allerdings wurde das durch meine Person noch erschwert. Mehrere Annäherungsversuche hatte ich höflich abgelehnt, mir aber dadurch einen gefährlichen, rachsüchtigen Feind gemacht.

Eines Abends überbrachte Herr Apitzsch eine telefonische Botschaft von Vater. Ich sollte unbedingt am nächsten Morgen früh nach Rackith kommen, ein hoher Offizier hätte sich für den späteren Vormittag angesagt. Es stürben Rinder und sein Kopf wackelte. Typisch für Vater, gefährliche Unannehmlichkeiten ironisch anzudeuten. Wegen der Sperrstunde konnte ich erst früh morgens aufbrechen und traf Vater mit dem Melker beim Frühstück. Beiden war die Sorge anzusehen; kaum zwei Stunden zuvor hatten sie die dritte tote Kuh im Russenstall gefunden. Nachdem am Vortage das zweite Tier verendet war, – als Todesursache stellte sich später mit Nägeln und Glasscherben verunreinigtes Futter heraus – hatte sich ein Soldat an der Stalltür postiert. Wenig später war im Auto Terentyev, ein ebenso zackig wie aufgebracht auftretender Major, vorgefahren. Er steuerte nach kurzer Rücksprache mit den Soldaten auf Vater zu, der seinem nicht gerade freundlich klingenden russischen Redeschwall nur bedauernd „nicht verstehen“ entgegnete.

Daraufhin brachte der Russe es kurz und bündig in Deutsch auf den Punkt: „Professor, was ist das? Gestern meine Kuh kaputt, deine nix kaputt. Heute meine Kuh kaputt, deine nix kaputt! Morgen meine Kuh kaputt, du kaputt!“ Im übrigen käme am folgenden Tag sein Vorgesetzter, der Chef der Dienststelle, und würde die Schuldigen zur Rechenschaft ziehen. Damit entschwand Terentyev ebenso schnell, wie er gekommen war. Da der Kommissar Göring nicht aufzufinden war, rief Vater die für den Kuhstall zuständigen Arbeiter zusammen. Mit seinen Fragen und Ermahnungen stieß er jedoch auf Ablehnung. Er möge doch mit dem Kommissar sprechen, sie hätten damit nichts zu tun. Daraufhin machte Vater kurzen Prozess: „Wie Sie wissen", teilte er ihnen mit, „hat die sowjetische Dienststelle mir die Verantwortung für den Wirtschaftsablauf übertragen, und ebenso dürfte es Ihnen bekannt sein, dass ich keine Kuh besitze. Alle Kühe waren bisher gesund und nun hat ein Kuhsterben begonnen infolge verunreinigten Futters. Da aber nur Kühe der Dienststelle verendet sind, werde ich, wenn noch eine solche Kuh fällt, sie durch eine von Ihren Kühen ersetzen."

Ungeachtet dieser Ankündigung fand sich am folgenden Morgen auf der Russenseite erneut eine verendete Kuh. Vater und der Melker zogen den Kadaver heraus und banden die nächstbeste milchgebende Kuh von gegenüber auf der Russenseite fest. Der Posten am Stalltor hatte das Ganze von dort aus beobachtet, mischte sich aber nicht ein. Eine klare Lage mit höchst unklaren Aussichten.

Es blieb das Warten auf den von Terentyev angekündigten Besuch. Ich ging zu dem einsamen Bechstein-Flügel im Herrenhaus, der in dem leeren, aber nicht beschädigten Haus dastand wie vergessen nach einem Umzug. Eine kleine Kiste diente als Klavierhocker. In die Variationen von Mozarts Sonate A Dur vertieft, fühlte ich plötzlich, dass noch jemand im Raum sein musste. Schräg hinter mir, einige Meter entfernt, stand ein älterer, untersetzter Offizier, der mit einer knappen, unmissverständlichen Handbewegung „Weitermachen" signalisierte. Das war wohl der Chef, die Chance musste ich nutzen: Nach einem Potpourrie aus einem schnellen Schubert-Impromptu, der Zweiten Rhapsodie von Liszt und einem gefühlvollen Chopin sang ich mit rauer Stimme noch je einen Vers von *Katyuscha* und *Tschubtschik*. Dann sprang ich entschlossen auf: „Zdravstvuytye, ya dotsch professora – Ich grüße Sie, ich bin die Tochter des Professors. Sie sind zu meinem Vater gekommen." Der Oberst in eleganter grauer Uniform streckte mir lächelnd die Hand entgegen: „Woher kannst du Russisch? Gut hast du gespielt." Sichtlich gut gestimmt nahm er meine Antwort zur Kenntnis und wollte mehr wissen. Aber ich war schon an der Tür, drängte, um die gute Stimmung zu nutzen, hinaus zu Vater, der bereits an der Freitreppe stand. Mit liebenswürdigem Lächeln begrüßte Oberst Nikitin nun auch Vater, der ihn sofort um seine Entlassung bat. Er könnte es nicht verhindern, wenn jemand die Kühe umbringen wollte, wer immer daran ein Interesse haben könnte. Das wäre keine Arbeitsgrundlage. Er bäte dringend um Verständnis.

Indes klopfte ihm Nikitin auf die Schulter. „Nyet, Professor, Sie hier weiterarbeiten", und ließ ihm durch mich sagen, er wüsste, dass Vater nichts mit den toten Kühen zu tun hätte. Er wäre zufrieden, ihn dort zu haben, und damit basta. Wenn

Vater Schwierigkeiten sähe, sollte er es ihn wissen lassen. Inzwischen war Kommissar Göring aufgetaucht. Nikitin stellte ihm, völlig verändert, mit dienstlich verschlossenem Gesicht, in scharfem Ton Fragen wegen des Rindersterbens und gab Anordnungen. Dann verabschiedete sich der Oberst von uns. „Bitte deinen Vater um Erlaubnis, dass du einmal bei uns in Wittenberg Klavier spielen darfst. Meine Frau würde sich freuen, dich zu hören. Frag ihn schnell." Vater raffte sich höflich, obzwar nicht begeistert zu einem „wenn sich die Gelegenheit ergibt, selbstverständlich" auf. „Do Svidanya", rief uns Nikitin freundlich mit der Hand zum Abschied winkend zu. Das hatten sowohl die beiden Soldaten gesehen wie auch Göring. Ich gab mich der freilich trügerischen Hoffnung hin, dass Vaters Stellung nun gefestigt sein müsste. Russenkühe gingen nicht mehr ein und für eine Weile schien es sogar, als ob einigermaßen Ordnung eingekehrt wäre.

Eines Tages jedoch war plötzlich der Leiterwagen verschwunden, mit dem das Futter für die Kühe in den Stall gebracht wurde. Der Melker tobte, niemand wusste etwas. Es dauerte zu lange, das Futter auf einem Schubkarren heranzufahren. Aber Göring unternahm nichts. Vaters Anmahnungen nach einem Ersatz beantwortete er mit Achselzucken. Dann, unvermittelt, meinte er mit einem bösen Grinsen: „Schicken Sie doch Ihre Tochter nach Wittenberg, die hat vielleicht bessere Beziehungen." Es blieb keine Wahl, ich musste nach Wittenberg zu dem Oberst fahren.

Der KGB hatte Büro- und Gefängnistrakt in der Berliner Straße von der Gestapo übernommen, beiden Gebäuden sah man von außen ihr finsteres Innenleben nicht an. Aus der Schulzeit kannte ich die Gegend, das Gymnasium lag nicht weit vom Schlosspark. Ängste durfte ich jetzt nicht hochkommen lassen, Vater in Rackith brauchte Hilfe, hoffentlich konnte ich die bei Nikitin erreichen. Gegen zehn Uhr vormittags, hoffte ich, müsste er doch zu sprechen sein. Nichts Böses ahnend fuhr ich an der berüchtigten Adresse mit dem Fahrrad vor. Zu meiner Überraschung stand Göring grinsend neben einem Unterleutnant am Tor, als ob sie auf mich gewartet hätten. Was für ein unerfreuliches Zusammentreffen! Der Kommissar führte gewiss nichts Gutes im Schilde. Am liebsten wäre ich umgedreht, indes ich hatte keine Wahl und musste versuchen durchzukommen. Ich grüßte höflich, Göring schwieg, während der daneben stehende Offizier ohne Gruß ziemlich barsch fragte: „V tschem delo? – Was gibts?" „Ich möchte bitte den Oberst Nikitin sprechen." Unerwartet heftig fuhr mich der Unterleutnant an: „Ja so was, den Oberst will sie sprechen! Was bildest du dir denn ein? Der Oberst hat gerade Zeit, auf dich zu warten. Das wäre ja noch schöner. Mach schnell, dass du fortkommst, hier hast du nichts zu suchen!" Auf meine sehr höfliche Wiederholung der Bitte geriet er geradezu in Wut. „Ja also, was soll das? Kapierst du nicht, dass du hier überflüssig bist. Wenn du dich nicht sofort unsichtbar machst, lasse ich dich gleich hinter schwedischen Gardinen verschwinden." Görings hämisches Grinsen verriet kaum verhehlte Genugtuung. Das war offensichtlich sein Werk, er hatte das angezettelt. Hier konnte ich jetzt nichts erreichen. Ich wendete das Fahrrad und fuhr schleunigst um die nächste Ecke, um dem Blickfeld der beiden zu entkommen. Göring lachte vernehmlich hinter mir her.

Irgendwie musste ich den Oberst finden. An das Gefängnis und das Bürogebäude der hier kurvig verlaufenden Berliner Straße schlossen Villen an. Im ersten Haus wohnte Nikitin, das hatte er erwähnt bei seinem Besuch in Rackith. Die Berliner Straße war nur einseitig bebaut, gegenüber, auf der anderen Straßenseite, erstreckte sich der Schlosspark von Wittenberg mit Rasenflächen, alten Bäumen und von Hecken umgeben. Durch den Park führte ein Weg, der unmittelbar gegenüber Nikitins Haus endete. Ich versteckte das Rad in einem Gebüsch und stellte mich hinter einem dicken Baum verborgen auf. So hatte ich, nur durch die schmale Straße getrennt, den Eingang des Hauses, in dem Nikitin wohnte, im Blick und hoffte auf eine günstige Gelegenheit; einfach hinzugehen, fehlte mir der Mut.

Die Schlossturmuhr hatte bereits zwei geschlagen, als ein Offizier aus Nikitins Haustür trat. Mit vom Warten steifen Gliedern überquerte ich, so schnell es ohne zu rennen ging, die Straße und sprach ihn an: „Verzeihung, ist wohl Oberst Nikitin zuhause?" „Aber ja, er ist hier, ich komme gerade von ihm. Wen soll ich melden?" „Ich bin die Tochter des Professors, mein Vater schickt mich mit einer Botschaft zu ihm." Der Major ging zurück ins Haus und kehrte im nächsten Moment zurück, gefolgt von Nikitin, der mir lebhaft winkte und sich offensichtlich freute, mich zu sehen. „Wie schön, dass du kommst. Ist dir kalt? Du zitterst ja. Was ist los, was will der Vater?" „Ja, ich bin schon länger hier, aber ein Unterleutnant und der Kommissar Göring standen am Tor nebenan und ich wurde ziemlich unhöflich weggeschickt, ich hätte dort nichts zu suchen und auch mit Ihnen keinen Kontakt aufzunehmen. Aber in Rackith ist der letzte Futterwagen verschwunden, jetzt muss das Futter auf Schubkarren herangebracht werden. Vater hat Göring um Abhilfe gebeten, der hat es abgelehnt und gesagt, er könnte ja mich zu Ihnen schicken. Vater wollte Sie nicht belästigen, aber es ist nicht mehr möglich, den geregelten Stallbetrieb aufrecht zu halten." „Was sagst du da, der Göring und ein Unterleutnant? Das werden wir gleich haben." Telefonisch erkundigte sich Nikitin, und wenige Minuten später standen beide im Flur vor ihm. Durch die offene Zimmertür hörte ich, dass Nikitin beide sehr vernehmlich und deutlich rügte, ohne jedoch mir bekannte übliche Schimpfwörter zu bemühen. Außerdem drohte er Göring mit Konsequenzen für sein Verhalten. Er hätte sofort wieder ein Gefährt zu beschaffen, wie, das wäre seine Sache; höchstwahrscheinlich wüsste er ja, wo sich der verschwundene Wagen befände. Binnen 24 Stunden müsste der Arbeitsbetrieb auf dem Gut wieder reibungslos ablaufen. Er erwartete Rapport. Dann entließ er beide höchst ungnädig.

Diese Philippika zeitigte Erfolg, von nun an blieb Vaters Wirkungsbereich ungestört. Nikitin gab mir diesmal eine Telefonnummer, mit der er über die zivile und die Militärvermittlung zu erreichen sein würde, wenn Probleme anständen. Sein wohlwollender Schutz begleitete mich noch lange, nachdem er schon versetzt war. Dann rief er nach Tee und ich konnte mich mit Weißbrot und Butter stärken. Nach einer freundlichen Unterhaltung, zu der auch seine Frau erschien, meinte er: „Jetzt bist du schon da, nun kannst du doch etwas spielen. Meine Frau freut sich schon darauf." „Ja, aber ich muss noch Vater in Rackith informieren und dann nach Hause über Kemberg; vor der Sperrstunde muss ich 35 Kilometer geschafft haben." „Nun, spiel ein wenig und wenn es zu spät wird, bringt dich mein Fahrer nach Hause". Trotz Aufregung und Strapazen ging es ganz gut mit dem Klavierspielen und Nikitins Frau, rundlich und von gutmütiger Wesensart, forderte mich beim Abschied dringend auf, bald wieder zu kommen. Sie würde mich einen Tag vorher verständigen und auch für meine Beförderung sorgen. Vor dem Haus stand ein großer Personenwagen, an dem der Fahrer mein Fahrrad gerade festband. Der Oberst war hinter mir in die Tür getreten. „So, nun kommst du schnell und sicher zu deinem Vater und dann nach Hause. Bis demnächst."

In Rackith sahen auch die Soldaten, dass Vaters Tochter und ihr Fahrrad vom Fahrer ihres hohen Chefs transportiert wurden, ein Umstand, dessen Bedeutung für unsere Sicherheit ich damals nicht entfernt ahnte. Ende Juni, kurz vor ihrer Versetzung nach Halle, ließ mich dann Frau Nikitina zum Klavierspielen abholen. Sechs höhere Offiziere waren zum Tee gekommen, denen ich als erfreuliche Besonderheit vorgeführt wurde. Ich wusste nicht, dass ein Professor als Repräsentant der Oberklasse in der Sowjetischen Gesellschaft galt und dass gerade meine ohne Spezialschule erworbenen Russischkenntnisse und das Klavierspielen mich empfahlen. Die versammelten Offiziere übernahmen leitende Funktionen in den im Juli 1945 den Sowjets von den Amerikanern überlassenen Gebieten, und ihr Chef hatte mich mit ihnen in einer korrekten Situation bekannt gemacht. Sie gehörten zum ‚Oper Sektor'. Diese Einrichtung wurde offensichtlich von den Armeeangehörigen respektiert. Mehrfach geriet ich, als nicht repatriierte Russin verdächtigt, in Schwierigkeiten. Es genügte in der Regel, den Namen des Obersten und seine Telefonnummer anzugeben, und man ließ mich wieder laufen.

□

Nach langem Warten hatte die quälende Ungewissheit um das Schicksal der beiden Brüder ein Ende. Einhart hatte im Lazarett St. Georg in Leipzig seine Entlassung von den Amerikanern erhalten. Die Verwundung schränkte aber seine Beweglichkeit noch erheblich ein. Inzwischen war er bei Tante Adelheid untergekommen. Reste von Ingos Panzerdivision hatten sich im südlichen Sachsen ungeachtet der nahen sowjetischen Frontlinie noch zu den Amerikanern durchgeschlagen. Der Chef der US-Einheit, die sie entwaffnete, war Captain Morgenthau, ein Sohn des amerikanischen Landwirtschaftsministers. Ingo konnte im Lager dolmetschen und dem Captain gegenüber anbringen, dass sein Vater 1938 bei Vater Morgenthau in Washington eingeladen war. Mit seiner witzigen, unterhaltsamen Art amüsierte er den Captain, erhielt sehr bald seine Entlassungspapiere und traf noch vor der Roten Armee in Leipzig ein.

Die Universität war jedoch geschlossen, viele von Vaters Kollegen hatten mit den Amerikanern die Stadt in Richtung Westen verlassen. Obwohl beide Jungen im Krieg ein Trimester Medizin belegt hatten, gab es für Praktika keine Stellen. Die Zuteilungen auf Lebensmittelkarten waren knapp. Das Heidehaus war zwar nur 60 Kilometer entfernt, aber dazwischen verlief die Grenze, die auch nach dem Einmarsch der Roten Armee Anfang Juli 1945 noch längere Zeit geschlossen blieb. Ingo hatte bei Bitterfeld über die Mulde schwimmen wollen, aber vor seinen Augen wurde ein Schwimmer im Fluss von der Patrouille erschossen, und so war er unverrichteter Dinge wieder umgekehrt. So stand es mit den Reiseplänen der beiden nicht zum Besten. Ich sollte sie holen.

Durch Bitterfeld lief die Hauptdurchgangsstraße nach Berlin mit angeblich besonders strengen Kontrollen an der Muldebrücke. Am abseits gelegenen Elbübergang Roßlau vor Dessau hingegen sollte es Leuten schon öfters gelungen sein, den Fluss zu überqueren. Die Gegend kannte ich zwar nicht, aber ich erreichte in Wittenberg einen Zug, der bis einige Kilometer vor Roßlau fuhr. Dort endeten auch die Züge von Norden und Westen, die früher in Roßlau die Elbe überquert hatten; die Eisenbahnbrücke nach Süden war nicht passierbar.

Die Elbbrücke war mit einem Schlagbaum gesperrt. Überall patrouillierten Posten, auch oberhalb der Brücke und darunter. Vor einer Holzbude, in der Passierscheine ausgegeben wurden, wartete eine riesige Menschenschlange. So weit der Blick reichte, lagerten Menschen auf den Elbwiesen am Ufer. Ständig hörte man Posten schreien. Ab und zu fielen auch Schüsse in weiterer Entfernung. Eine Weile betrachtete ich dieses entmutigende Bild, nichts bewegte sich. „Wir haben doch Entlassungspapiere, wir wollen nur nach Hause. Wir warten eben, irgendwann müssen sie uns ja über die Brücke lassen", meinte ein älterer Mann. Ich hatte als Ausweis den Grundschein für Lebensrettung, der seinerzeit nach der Prüfung vor vier Jahren in Leipzig ausgestellt worden war und auf dem ich gut zu erkennen war. Aber zu mehr dürfte er kaum taugen.

Zwischen all diesen Menschen zu bleiben, erscheint mir sinnlos. Ich will elbabwärts gehen. Es ist ein sonniger, heißer Julitag. Durch eine unberührte, ungemein malerische Auenlandschaft windet sich die Elbe zwischen zahlreichen Buhnen. Dörfer sind nicht zu sehen. Hier auf der Nordseite ist das etwas abfallende rechte Ufer mit großen, silbrig glänzenden Weiden und hohem Schilf gesäumt, die jetzt bei dem niedrigen Wasserstand im Trockenen stehen. Dünenartige, grasbewachsene Erhebungen bilden schmale Buchten, die das Gelände ebenso abwechslungsreich wie unübersichtlich gestalten. Ein einsamer Trampelpfad führt über höher gelegene Wiesen, dazwischen Altwasserarme und trockene Kuhlen. In einem Tümpel blühen wunderschöne Seerosen.

Ich bin stundenlang flussabwärts gegangen. Jetzt ist es einsam, lagernde Leute oder Patrouillen sind nicht mehr zu sehen. Wieder etwas hoffnungsvoller klettere ich vom Trampelpfad zum Wasser hinunter, um die Ufer und meine Möglichkeiten in näheren Augenschein zu nehmen. Das Wasser fühlt sich angenehm warm an. Aber da kommt von rückwärts auf Russisch der Anruf: „Halt, nicht am Wasser stehen! Herkommen!" Lautlos aus dem Schilf aufgetaucht stehen zwei Soldaten mit Maschinenpistolen am Ufer. „Und warum nicht", versuche ich, in möglichst unbefangenem Ton die Lage zu peilen. „Es ist verboten, wir müssen das Ufer bewachen, damit niemand unberechtigt den Fluss überquert. Aber du sprichst ja Russisch, Landsmännin, was hast du denn hier verloren? Woher kommst du?" „Ja", beginne ich meine aus Dichtung und Wahrheit zurecht gelegte Geschichte, „ich bin keine Landsmännin, aber ich arbeite als Dolmetscherin und habe mich verspätet. Die anderen sind losgefahren nach Halle und Leipzig, und jetzt muss ich sehen, wie ich schnellstens hinkomme." Die beiden sind nicht unfreundlich, für die Verspätung haben sie Verständnis. „Aber jetzt geht gar nichts. Nachher kommt unser Patrouillenchef, den musst du fragen. Er könnte dich später durchlassen, wir haben auch ein Boot ein Stück weiter oben. Übrigens, hast du vielleicht Durst? Hier ist Wasser." Sie halten mir ihre Feldflasche hin. „Trink mal! Jetzt müssen wir weitergehen, aber gegen sechs Uhr beim Wachwechsel kommt der Unterleutnant. Ruh dich inzwischen aus. Später musst du erzählen, woher du kommst und Russisch gelernt hast." Die beiden verschwinden. Mich plagt die Neugier, ich gehe vorsichtig durch das Schilf auf Suche nach dem erwähnten Boot. Sie haben nicht gelogen. Einige Buchten weiter oberhalb liegt es angetäut, nur ist es ein ziemlich großer Kahn, in den bestimmt acht Personen passen. Den kann ich allein wohl kaum durch die Strömung über den Fluss bringen. Aber eine kleine Hoffnung habe ich jetzt. Zunächst muss ich mal, neben der Buhne gelagert, geduldig warten bis zum Abend. Inzwischen tauchen noch einige Deutsche, ehemalige Kriegsteilnehmer, auf. Ich eröffne ihnen, dass ich nach sechs Uhr abends, wenn der Wachwechsel ist, vielleicht ein Boot bekäme und sie dann mitnehmen könnte. Sie sollen derweil in der übernächsten Bucht möglichst ruhig abwarten. Gegen Abend erscheint wirklich ein Unterleutnant mit den beiden Soldaten vom Nachmittag. Er sieht sehr jung und ganz freundlich aus. Ungemein höflich erkundigt er sich nach meinem Alter, den Eltern, der Schulbildung und meinem Vorhaben und meint dann nach einer Weile: „Nach zehn Uhr abends ist es dunkel, dann könntest du das Boot nehmen. Vorher geht es nicht, weil es doch nicht so offiziell ist." „Aber das Boot ist groß und wie kriegt ihr es zurück?" „Zwei Mann können dich begleiten. Aber jetzt werden wir zu Abend essen. Wenn du schon hier bist, halte mit. Es ist natürlich nur unsere einfache Verpflegung."

Die Soldaten haben bereits ein Feuer gemacht, fördern Brot, Fleischkonserven, Zwiebeln und eine Flasche Fusel aus einem Säckchen zutage. Der Unterleutnant nimmt den ersten Schluck und gibt sie an mich weiter, es ist ein schauerliches Gesöff. Die Flasche hochhaltend, trinke ich ganz langsam einen kleinen Schluck, bei dem mir ob der Schärfe die Tränen kommen. Nur gut, dass eine Feldflasche mit Wasser nachgereicht wird. Inzwischen erzähle ich, wie ich Russisch gelernt habe. Dann will der Offizier wissen, wohin ich drüben will. Von der Frage lässt er sich nicht abbringen, und so erkläre ich ihm schließlich unter dem Siegel der Verschwiegenheit, dass ich zum Chef des Oper-Sektors müsste. Wie gewagt das ist, kann ich nur fühlen, aber was soll ich sonst sagen und schließlich hoffe ich, dass Nikitin mich bei einer Nachprüfung nicht im Stich lassen würde. Das magische Wort wirkt, weitere Fragen stellt er nicht. Er reagiert auch nicht wütend auf meine dezidierte Ablehnung seiner schüchternen, wortlosen Versuche, mir den Hof zu machen. Er ist ein netter Junge mit guten Manieren, mittelgroß, blauäugig, mit hohen Backenknochen und gutmütig gelassenem Gesichtsausdruck.

Langsam kühlt es ab, Wind kommt auf, der Unterleutnant bietet mir seinen Mantel an, in den ich mich dankend wickele. Das trockene Schilf sticht durch meine Kleidung. Vorsichtig ziehe ich immer mal einen Arm, mal ein Bein näher an mich aus der enger gewordenen Nachbarschaft. Inzwischen hat ein Soldat eine Mundharmonika herausgeholt, einer summt mit, Katyusha erklingt, da kann ich mithalten, und dann singen wir alle. Eine traumhafte, unvergessliche Stimmung entsteht am Lagerfeuer, der Fluss rauscht leise, kleine Windstöße bewegen die Zweige der alten Weide über mir, an die ich mich lehne. Mit zunehmender Dunkelheit wechseln die Farbtöne des Wassers von silbrig bis anthrazit. Fern am Horizont jenseits der Elbe blitzt es, aber das Gewitter kommt nicht näher, verschont uns. Mit ihren rauen, kehligen Stimmen singen die Soldaten die melancholischen Melodien ungemein gefühlvoll und der Wirklichkeit entrückt.

Im Laufe des Abends sind in Abständen Doppelposten vorbeigekommen. Inzwischen ist es gegen 23 Uhr, ich muss das Versprechen anmahnen. „Wer ist so freundlich, und begleitet mich mit dem Boot", frage ich in die Runde. Aber es wird wieder abgelehnt wegen der Kontrollen. Ein unangenehmer Offizier hätte Dienst. Um vier Uhr morgens wäre es sicherer. „Kann ich dann wirklich das Boot nehmen", versuche ich mich zu vergewissern. „Ja, dann schon, aber jetzt wäre es zu riskant." Enttäuschend finde ich das schon, aber ich muss es hinnehmen. Jetzt ist ohnehin Sperrstunde und mich überfällt eine enorme Müdigkeit. Ich ziehe den Militärmantel fester um mich und werfe mich einige Schritte abseits zum Schlafen in ein mit Weidensträuchern durchsetztes Schilfgebüsch. Nach einer Weile verstummt die Unterhaltung, ich höre dumpfe Geräusche, dann ist alles still. Vorsichtig schaue ich hoch. Um mich herum liegen sie und bewachen sich offensichtlich gegenseitig, wie sich im Laufe der Nacht ergibt: Kaum bewegt sich einer, gleich hebt ein anderer seinen Kopf. Ich empfinde dankbare Freude, dass ich so gutmütige Kerle getroffen habe.

Aus tiefem Schlaf weckt mich leichter Regen. Es ist halb vier. Nun muss ich versuchen, loszukommen. Ich lege den Militärmantel neben seinen Besitzer. Der Offizier schaut hoch, sieht mich und will weiterschlafen. „Ich möchte jetzt losfahren, ich nehme Zivilisten mit zum Rudern." „Na ja, mach schnell, viel Glück", murmelt er und schließt die Augen. Ich laufe nun zu den Deutschen, die weiter oben in der Bucht schlafen. „Hallo, aufstehen, schnell. Jetzt nehmen wir das Boot." Im Nu stehen acht Mann um mich herum. Ich betrachte sie etwas zweifelnd, ob das wohl gut geht, aber zurückweisen mag ich keinen. Wir schieben den Kahn ins Wasser, zum Rudern gibt es mehrere Knüppel, die mit Brettern benagelt sind. Noch zwei Bretter werden zum Paddeln genommen. Dann schieben wir das Boot ins tiefere Wasser. Hinter der Buhne ergreift die Strömung den Kahn, für mein Gefühl bewegt er sich nur zögernd in Richtung des anderen Ufers. Jetzt muss gleich die Bucht kommen, wo die Soldaten sind. Leider weicht die Dämmerung dem Tageslicht viel zu schnell. „Bitte, vier Mann müssen sich jetzt ducken hinter den Rand des Kahns." Aber zwei Soldaten sind auf und sehen, dass wir zu fünft sind. Das ist ihnen zu viel: „Umkehren, es wird geschossen!"

Ein paar Schüsse fallen, indes schießen sie doch wohl nur in die Luft zur möglichen Rechtfertigung. Wir erreichen unverletzt das andere Ufer. Beim Verlassen des Kahns robben die Männer vom Ufer weg. Ich gehe zunächst aufrecht, dann aber ducke ich mich vorsichtshalber doch. Das Ufer ist auf dieser Seite flacher. Der Wald beginnt erst etwa 30 Meter vom Wasser entfernt und hat viel Unterholz. Der verlassene Kahn, den ja keiner zurück rudert, erbost die Soldaten erneut, jetzt schießen sie schon flacher, aber Gott sei Dank nur ein paar Mal. Inzwischen haben wir Deckung hinter den Bäumen. Hier auf dieser Seite gehen keine Patrouillen, das haben die Soldaten abends erwähnt. Wir stapfen durch Wald und arg kratzendes Gestrüpp ungefähr in Richtung Dessau. Dann tauchen Bahngleise auf und schließlich der Bahnhof. Am späteren Vormittag fährt sogar ein Zug nach Leipzig. Erleichtert döse ich auf einer Holzbank vor mich hin. In der Nähe des Leipziger Hauptbahnhofs bleibt der Zug stehen. Man muss außen um das riesige, beschädigte Gebäude herum. In der zerstörten Stadt hat sich noch nichts geändert.

Zwischen Ruinen und Trümmerhaufen suche ich mir den Weg. Die trockene Hitze setzt mir zu, ich habe seit gestern nichts mehr getrunken. Neben der Universitätskirche, die noch unversehrt über die Trümmer hinausragt, suche ich das traditionsreiche Weinhaus Sturm auf, um die genaue Adresse der Jungen zu erfahren und auch, um etwas zu trinken zu bekommen. Mit den Besitzern bestand eine langjährige Bekanntschaft. In der 1943 stark zerstörten Stadt war das Weinhaus Sturm, wo Vater seitdem zu Mittag aß, unser zentral gelegener Familientreffpunkt gewesen. Dort gab es noch markenfrei Suppe, etwas zu trinken und wir konnten Nachrichten hinterlassen. Nach Kriegsende hatte das Ehepaar sein Restaurant wieder eröffnet und inzwischen begaben sich die Brüder regelmäßig dorthin, um Neuigkeiten zu erfahren und zu essen. Über diese Adresse hatte uns auch ihre Nachricht erreicht.

Beim Betreten des dunklen alten Schankraums halte ich einen Augenblick, noch vom Sonnenlicht geblendet, inne. Es sieht aus wie früher. Viele Tische sind besetzt. Plötzlich rumpelt es in einer Ecke und ein Stuhl fällt polternd um. Die Brüder stürzen auf mich zu. Im nächsten Moment liegen wir uns in den Armen. Obwohl nur einige Monate dazwischen liegen, ist die Freude über das Wiedersehen riesig.

Am nächsten Morgen fahren wir drei mit der Bahn nach Bitterfeld. Von dort sind es 25 Kilometer bis zum Heidehaus. Einhart bleibt im Bahnhof, Ingo und ich gehen zur Muldebrücke, die unverändert gesperrt ist. Nur sowjetische Militärlaster verkehren in beiden Richtungen. Wir müssen versuchen, per Autostop mit solch einem Militär-Lkw mitzukommen. An der Brücke unter den Augen der Patrouillen dürften die Fahrer ohnehin keine Zivilisten mitnehmen. In der Stadt einen Lkw anzuhalten, ist riskant, vielleicht fährt er nur um die nächste Ecke. Wir kehren zurück in die Bahnhofsgaststätte, um etwas zu trinken und zu überlegen.

An der Theke stehen zwei Soldaten und gestikulieren eifrig, aber die Verständigung mit dem Wirt klappt nicht. Sie wollen Salz für ihr Bier haben, damit es besser schäumt. Ich gehe hin und erkläre dem Wirt ihren Wunsch. Die beiden sind erfreut und wollen sich zu uns setzen. Ich erzähle, dass die Brüder Studenten der Medizin sind und dass Einhart eine schwere Verwundung hat. Sie interessieren sich auch für die frühere Waffengattung der Brüder: „Tankisty–Panzer“, nehmen sie anerkennend zur Kenntnis und fragen dann nach etwas Fachsimpeln, wohin wir wollen. „Wir wohnen nur 25 Kilometer von hier entfernt, aber dazwischen verläuft eben die Grenze, die Mulde.“ „Wir nehmen euch mit“, bieten sie an, „wir fahren heute Nachmittag über die Mulde nach Norden. Unser Konvoi von etwa 30 Lkw wird bis dahin zusammengestellt. Kurz bevor wir abfahren, kommt ihr, dann nehmen wir euch mit. Man muss sich nur vorsehen, dass die Offiziere es nicht merken.“ Wie wunderbar, das Angebot. Fast nicht zu glauben.

Wir schauen uns an, wo der Wagen steht. In einer Ecke des Bahnhofsgebäudes warten wir und hoffen, nicht aufzufallen. Die Bahnhofsuhr zeigt mittlerweile sechs Uhr, nichts bewegt sich. Stunde um Stunde vergeht. Um neun Uhr gehe ich noch einmal an der Kolonne entlang, um zu sehen, wo ‚unser‘ Wagen jetzt steht. Aber da redet mich ein Uniformierter an: „Was suchst du bei den Autos?“ „Hier ist der Bahnhof, ich warte.“ „Na, sieh zu, bald ist Sperrstunde, dann lass dich nicht erwischen. Der Bahnhof wird geräumt, dort kannst du nicht bleiben.“ Während ich mich zwischen den Lastern durchdränge, höre ich, wie nach der Kommandantur-Patrouille gerufen wird. Nun traue ich mich auch nicht mehr zu den Brüdern zurück. Zwar beginnen jetzt endlich die Lkws zu starten und zu rangieren, aber ich kann den gesuchten Wagen nicht finden; es ist schon zu dunkel, um die Nummer zu erkennen. Am anderen Ende des Bahnhofsplatzes taucht die Patrouille auf, ihre weißen Armbinden sind von weitem zu sehen, und nun heult auch noch die Sirene los. Sperrstunde. Jetzt darf mich keiner mehr finden, sonst sperren sie mich ein. Inzwischen sind die ersten Laster schon losgefahren, ich muss von der Straße weg, irgendwo einsteigen, hier kann ich nicht bleiben. Die Angst drückt mir fast die Luft ab. Wo mag bloß unser Lkw sein? Erst beim vorletzten Lastwagen wage ich mit dem Mut der Verzweiflung den Fahrer anzureden, der vor seiner Kabine steht: „Können Sie mich mitnehmen?“ Der Soldat nickt: „Steig ein.“ Ich kann sein Gesicht kaum sehen. Die Patrouille kommt näher. „Sie suchen nach mir.“ Er wirft mir ein Stück Plane zu, unter dem ich mich verkrieche. Ringsum haben sich alle Lkws in Bewegung gesetzt, nur dieser und einer dahinter stehen noch immer. Ich bin entsetzt, so ein Pech! Der andere Fahrer bastelt an der Abschleppstange. Die Patrouille kommt heran. Mein Fahrer stellt sich auf meiner Seite vor die Tür und macht sich daran zu schaffen, sie fragen ihn nach mir. Er habe niemanden gesehen, versetzt er in gleichgültigem Ton. Sie gehen weiter. „Irgendwo muss sie doch sein", höre ich den einen sagen. „Ach, dummes Zeug, irgendein Mädchen. Lassen wir das, gehen wir zurück zur Wache", löst der andere das Problem. Gott sei Dank, vorerst bin ich gerettet.

Mindestens eine halbe Stunde haben die Fahrer noch zu tun, bis wir endlich losfahren. Dann nähern wir uns der Muldebrücke, ich verschwinde wieder unter der Plane und wir passieren ohne weiteren Aufenthalt die Kontrolle. „Klettere raus", sagt dann der Fahrer, „erzähl mal, woher und wohin." Ich habe noch kaum eine Viertelstunde erzählt über das Russischlernen, dass ich bei einer Tante war und nun nach Hause möchte, da beginnt er zu meinem Schrecken, zudringlich zu werden. Ziemlich entsetzt versuche ich, ihn abzuwehren, aber jetzt reagiert er sofort äußerst gereizt: „Ach so, du denkst, die Russen sind Schweine. Zum Helfen bin ich gut genug, aber mir willst du nicht entgegenkommen. Na, so einfach geht das nicht." In seiner aufsteigenden Wut hat er nicht auf die Straße geachtet und gerät ins Schlingern, was den nachfolgenden an der Stange hängenden Fahrer zum Hupen veranlasst. Er verlangsamt und beugt sich aus der Tür, um dem anderen etwas zuzurufen. Diesen Augenblick benutze ich und springe aus dem fahrenden Lkw. Ziemlich unsanft falle ich auf den engen Straßenrand und rolle gleich in den Straßengraben daneben. Das ist mein Glück. Voller Wut springt der Soldat aus dem Wagen, ruft dem anderen zu, er müsse mich fangen und koppelt die Schleppstange ab. Dann fährt er mit aufgeblendeten Scheinwerfern zurück und im Kreis herum, suchend und fluchend. Das Vorderrad läuft auf der Grabenkante schräg über mir. Unendlich langsam taucht über mir die Laderampe auf, das schmale Band des unbefestigten Banketts knirscht sehr nah. Dann setzt er wieder etwas zurück und leuchtet die andere Seite ab. Er sieht mich nicht. Mittlerweile hat er die Fahrtrichtung wieder erreicht, da springt der andere Fahrer heraus und treibt zur Weiterfahrt an. Inzwischen bin ich weiter zurück gekrochen. Der zweite Lkw steht jetzt neben mir. Sie koppeln an und fahren weiter.

Ich mache mich auf den Weg, eine Weile zittern mir die Knie, aber kein weiteres Auto stört die Stille. Nach etwa einer halben Stunde habe ich Gräfenhainichen erreicht. Den Ort kann ich nicht umgehen; es ist unmöglich, in der Dunkelheit die feuchten Gräben zu überwinden. Allerdings gibt es dort auch eine Kommandantur mit nächtlichen Patrouillen. Nur eine Straße führt durch den Ort nach Norden, um das Zentrum herum teilt sie sich und bildet einen länglichen Ring. Deshalb muss ich horchen, wo die Kontrolleure unterwegs sein könnten.

Gut die Hälfte des Ortes habe ich durchquert. Vorsichtig schleiche ich von einem Hauseingang zum nächsten. Plötzlich höre ich Schritte: Das ist die Patrouille. Zwei Soldaten nähern sich auf der anderen Straßenseite. Sie unterhalten sich halblaut. Ich stehe gerade günstig in einem Eingang mit ummauerten Treppenstufen, aber wer weiß, ob sie auf der anderen Straßenseite bleiben oder genauer herüber schauen. Wie langsam sie sich doch fortbewegen! Aber endlich biegen sie um die Ecke. Jetzt kann ich weitergehen. Unbehelligt erreiche ich den Ortsrand und nach vier Kilometern Landstraße Radis, ohne Autos zu treffen. Die letzten vier Kilometer seitwärts durch die Pflaumenallee und den Wald finde ich mit geschlossenen Augen. Gegen drei Uhr klopfe ich an Mutters Fenster: „Sind die Jungen da?" „Nein, wo kommst du her?" Ich berichte ihr kurz. „Ach, wo sind die beiden bloß? Ich bin so müde, ich kann nicht mehr." Angezogen werfe ich mich auf mein Bett und schlafe sofort ein. Um sechs klopft es an der Tür: Welche Freude! Die Brüder sind eingetroffen. Ohne Mühe hatten sie den Lkw gefunden, fuhren zunächst auf dem Kasten unter einer Plane über die Brücke. Dann holte der Soldat sie in die Kabine. Traurig hätte er immer wieder gefragt: „Gdye sestra? – Wo ist die Schwester?" Bei Uthausen zeigten sie auf die Bremse und er hielt. Sie krochen für den Rest der Nacht in eine Getreidepuppe auf dem Feld vor dem Ort.

□

Der Überlebenskampf unter den harten Verhältnissen bewirkte eine gute Kameradschaft zwischen uns dreien, wir waren auch in unserer spärlichen Freizeit unzertrennlich und ergänzten uns aufs Erfreulichste. Anfang August wurde unsere jüngste Schwester geboren im Heidehaus, ohne Arzt oder Hebamme. Mutters Regieanweisungen an die Brüder sowie ihr sportliches Atmen ermöglichten eine rasche Geburt. Ende September 1945 bekam Mutter als praktizierende Landärztin die Zulassung für den DKW, den wir vorsichtshalber Kräpel nannten. Nach einem halben Jahr konnten wir ihn endlich aus seinem Versteck holen und wieder in Gebrauch nehmen. Es war ein Glück, dass in diesem Herbst und Winter die Brüder zu Hause waren. Als Panzersoldaten hatten sie gelernt, mit Kfzs aller Art zu improvisieren und zu basteln; ohne ihre Erfahrungen hätten wir in der SBZ nicht Auto fahren können.

Nach Erledigung aller bürokratischen Formalitäten und Beschaffung des Benzin-Öl-Gemischs war nun der Kräpel startklar; auf die weißen Türen war mit Bootslack ein riesiges rotes Kreuz gepinselt. Dann fuhren Mutter, Einhart und ich nach Wittenberg, wo Zulassung und Kennzeichen ohne weiteres erteilt wurden. Aber die Rückfahrt wurde zum Abenteuer. Auf einer engen Notbrücke aus Holz kam uns auf glitschiger Fahrbahn ein schleudernder Militärlaster entgegen. Um einen Frontalzusammenstoß zu vermeiden, wich Einhart seitlich aus, fuhr aber mit dem rechten Vorderrad gegen einen hochstehenden Eisenträger, wobei der Reifen glatt durchtrennt und die Felge verformt wurde. Einhart schaffte es, den Wagen bis zur nächsten Ortschaft weiter zu steuern, etwa zwei Kilometer über eine schlammige Rollbahn mit tiefen Fahrspuren durch die Flutwiesen bis zum Ortseingang, wo die Landstraße wieder erklommen wurde. Auf dem Pflaster schepperte die Vorderradfelge ohrenbetäubend in eiformbedingtem Schüttelrhythmus. Dann hielt er an: „Weiter kann ich das Auto nicht quälen, ein Wunder, dass wir es bis hierher geschafft haben. Aber was soll jetzt werden?" Mutter ließ einen unterdrückten Seufzer hören, dem die verständliche Klage folgte, in einer Stunde müsste die acht Wochen alte Jüngste gestillt werden, zuhause wäre keine Milch mehr.

Der Gasthof war besetzt vom sowjetischen Telefontrupp. Doch dann kam Hilfe. Michail Popov, ein Lkw-Fahrer dieser Einheit, half uns aus der Patsche. Zunächst organisierte er ein Fahrrad für Mutter. Ingo kam damit zurück und brachte den Ersatzreifen mit. Hinter dem Militär-Lkw verborgen wurde dann der Reifen gewechselt. Inzwischen hatte sich der Russe eingehend erkundigt, wer wir waren, woher ich Russisch konnte, und ich erzählte von den Kriegsgefangenen. Das musste ihm großen Eindruck gemacht haben, denn seine spontane Hilfsbereitschaft war imponierend. Später allerdings, nachdem er uns noch ein paar Liter Benzin eingefüllt hatte, versuchte er, uns vom Abfahren abzuhalten. Das erweckte wiederum mein Misstrauen und ich bestand darauf, vor der unmittelbar bevorstehenden Sperrstunde wegzufahren. Auf halbem Wege aber ereilte uns neues Ungemach: Der Reifen hielt die Luft nicht. In einem kleinen Waldstück fanden wir notdürftig Schutz für das Auto, Ingo lief zu Fuß nach Hause, um Mutter zu informieren und Flickzeug zu holen. Einhart und ich blieben beim Auto. Am Morgen, als der Reifen von der Felge abgewuchtet war, erwartete uns eine böse Überraschung. Der Schlauch war brüchig geworden, ließ sich nicht mehr flicken und einen Ersatzschlauch hatten wir nicht. Also musste ich mit Ingos Rad die etwa acht Kilometer nach Pratau zurück und versuchen, Michail noch einmal um Hilfe zu bitten. Als ich etwa gegen acht Uhr dort eintraf, stand Michail bereits wartend vor der Tür des Gasthofs, in dem die Soldaten wohnten.

„Wie weit seid ihr gekommen?", rief er mir entgegen. Etwas verstimmt gab ich meiner Überraschung Ausdruck. „Wieso wissen Sie das? Warum haben Sie nichts gesagt?" „Ich habe gesehen, dass der Reifen Luft verloren hat nach dem Aufpumpen. Darum habe ich euch zum Bleiben aufgefordert." Dazu wusste ich im Zwiespalt meiner Gefühle nichts zu sagen, bemerkte dann aber zu der jetzigen Lage:

„Unglücklicherweise ist der Schlauch nicht zu reparieren, er ist zerfallen." „Solche Schläuche habe ich natürlich nicht, aber ich gebe euch einen Lkw-Schlauch, eine Weile hält der. Ihr müsst doch von der Straße weg. Fahr los, ich komme mit einem Schlauch hinterher." Auf der Landstraße hinter dem Dorf lud Michail mein Fahrrad auf seinen Lkw. Er hatte auch die große Luftpumpe mitgebracht. Abends sollten wir sie ihm zurückbringen, er hätte dann auch noch etwas Benzin für uns. Die Reparatur gelang und dann konnten wir schlafen, bis uns Mutter weckte, um Michail die Pumpe zurückzubringen. Er erwartete uns wirklich mit einem ganzen Kanister Benzin. Er würde ihn sich, wenn er in unsere Gegend käme, wieder abholen.

Wenig später im Oktober bekam ich hohes Fieber. Mutter diagnostizierte Diphterie: „Du musst ins Krankenhaus nach Wittenberg", entschied sie am dritten Tag. „Wieviel Benzin ist noch da?" „Es reicht schon", sagte Einhart und behielt für sich, dass es nur für die Hinfahrt langte. „Vielleicht treffen wir Soldaten unterwegs und Hergart kann noch ein paar Liter organisieren", meinte er ganz nebenbei beim Losfahren. Den Sitz hatte er ausgebaut und mir eine Liegestatt improvisiert, sogar mit einer heißen Wärmflasche, um mich warm zu halten. Kurz vor Eutzsch trafen wir auf einen langen stehenden Militär-Konvoi. Einhart hielt an. „Versuch's mal", meinte er, „und frag auch nach einem Liter Öl." Ich schob mich auf gummiartigen Beinen an einem Lkw entlang bis zur Stoßstange des nächsten Lkw, neben dem einige Soldaten zusammenstanden, und rief sie an: „Towarischtschi, bitte, gebt uns ein paar Liter Benzin, ich bin auf dem Weg ins Krankenhaus, ich habe Blinddarmentzündung." Diphterie wollte ich lieber nicht erwähnen. Wir hatten Glück und bekamen Benzin und Öl geschenkt. Die Soldaten waren voller Mitgefühl, wollten aber doch auch wissen, wieso ich Russisch spräche. Das erklärte ich zwar in Kurzfassung, nur begann inzwischen der Boden unter mir zu schwanken. Gerade noch rechtzeitig fing Einhart mich auf und bugsierte mich ins Auto zurück. Immerhin war die Rückfahrt gesichert. Drei Wochen später holten sie mich wieder aus der Seuchenstation ab, diesmal mit Benzin, das Michail Popov ihnen gegeben hatte.

Während meiner Abwesenheit war Michail eines Abends spät mit Ivan, einem erkrankten Kameraden, am Heidehaus erschienen. Sie klopften, die Brüder öffneten die Tür. Vor ihnen stand Michail, die MP in der Hand, hinter ihm noch ein Soldat. Einhart rief, als ob alles so seine Ordnung hätte, zur Begrüßung seinen Namen, forderte die beiden mit einer entsprechenden Geste auf, ins Wohnzimmer im Holzhaus durchzugehen. Michail, den wir nur nüchtern kannten, musste sich wohl, nach seiner Fahne zu urteilen, Mut angetrunken haben, um abends spät zu uns in den Wald zu kommen. Dann steckte Mutter den Kopf aus ihrer Tür. „Doktor, einen Moment", rief Michail ihr zu und mit einem suchenden Blick fragte er: „Gdye sestra? – Wo ist die Schwester?" Mit den Begriffen Hospital und Diphterie wurde meine Abwesenheit erklärt und bedauernd zur Kenntnis genommen. Schließlich fand Mutter mit Zeichensprache und medizinischen Ausdrücken die GO-Erkrankung von Michails Begleiter sowie seine Behandlungsbedürftigkeit heraus. Hierauf erklärte Einhart anhand eines Kalenders und eines Zifferblatts den Zeitplan für die Behandlung mit Fieberspritzen und die Einnahme der Sulfonamide. Tabletten und Ampullen waren glücklicherweise gerade vorrätig und nachdem der Patient eine Injektion in die Pobacke bekommen hatte, zogen die beiden zufrieden ab. Bei ihrem nächsten Besuch war ich schon wieder zu Hause und konnte die offenen Fragen klären. Ivan, auch ein Lastwagenfahrer, war ein vernünftiger Patient, enthielt sich des Alkohols und war nach drei Injektionen wieder gesund. Er bezahlte großzügig mit Benzin, Butter und Speck und organisierte Schläuche, so dass wir eine Weile damit keine Sorgen hatten.

Weil die Behandlung von Rotarmisten offiziell verboten war, hatten wir Michail Popov klargemacht, dass Mutter keine Offiziere, sondern nur die politisch eher harmlosen Soldaten als Patienten annehmen wollte. Seine Einheit war für Verlegung und Überwachung der Feldtelefonleitungen zwischen Potsdam und Halle zuständig. Diese Soldaten lebten in den ersten Besatzungsjahren nicht in Kasernen und hatten mehr Kontaktmöglichkeiten mit der Bevölkerung in der SBZ. Wegen der nach Kriegsende grassierenden venerischen Krankheiten fanden deshalb neben Lkw-Chauffeuren und ihren Freunden nicht wenige Angehörige der Telefontrupps als Patienten den Weg zu Mutters Praxis im Walde. Schnell hatte es sich in diesen Kreisen herumgesprochen, dass Mutter Soldaten gesund machte, und es verging kaum eine Woche, in der nicht Patienten erschienen. Unsere russischen Besucher zeigten auch stets Freude an Musik, mit dem Klavier ließ sich immer gute Stimmung schaffen. Patienten und Begleiter sangen, und manche kamen aus Anhänglichkeit und wegen der Musik wieder vorbei.

Gegen einen Trugschluss mussten wir bei unseren Patienten freilich angehen: Sulfonamide hatten sich bei den Soldaten als wirksames Heilmittel herumgesprochen; daher wollten einige es gerne als Prophylaxe vor einer intimen Affaire einnehmen und waren kaum von diesem verhängnisvollen Irrtum abzubringen, der neben anderen negativen Folgen vor allem die Resistenz der Gonokokken förderte und damit die Behandlungserfolge in Frage stellte. Auch taten sich manche schwer, das absolute Alkoholverbot und sexuelle Enthaltsamkeit für etwa drei Wochen zu akzeptieren, nachdem sie bereits beschwerdefrei waren. Eine Behandlung, die solchermaßen beeinträchtigt wurde, zog sich unter Umständen in die Länge.

Aber nicht nur kranke Soldaten besuchten uns. Auch Naturwissenschaftler und Ingenieure kamen zu Besuch, die die Demontage der Stickstoffwerke Piesteritz und im Agfa-Werk Wolfen überwachten. Sie brachten ihrerseits Kollegen mit, darunter auch höhere Militärärzte, die mit Mutter moderne Behandlungsmethoden erörterten. In freimütigem Meinungs- und Erfahrungsaustausch lernten wir gebildete, vielseitig interessierte Menschen des riesigen Landes kennen. Oleg, ein ebenso unterhaltsamer wie nachdenklicher Chemiker aus Saratov mit einer sehr zarten, angenehmen Frau und zwei niedlichen Söhnen, bezeichnete sich als ein Staubkorn, das man nach der Revolution vergessen hätte, aufzukehren. Er sang gut und kam öfters mit Freunden zum Jagen und Musikmachen.

Volodya, ein Kollege Olegs, den Mutter von einem langwierigen Ekzem geheilt hatte, führte mich in der sowjetischen Verwaltung für Demontage und Reparationen in Dresden auf dem Weißen Hirsch ein, die General Trufanov leitete. Durch das Klavierspielen ergab sich eine sehr gute Atmosphäre. Zwei Textilfabrikanten im Vogtland konnte ich Reparationsaufträge vermitteln und die 100%ige Demontage ihrer Maschinen rückgängig machen. Die erfreuten Fabrikanten beschenkten mich mit reichlich Anzug- und Kostümstoff, aus dem ein Berliner Maßschneider für die Brüder und mich höchst gediegene Kleidung fertigte und mit dem Rest gut bezahlt war. Auch für Vater, der im September 1945 an die Universität zurückgerufen worden war, erbat ich in Dresden Geld für Forschungsaufträge, mit denen er sich auf dem Versuchsgut Cunersdorf der Universität Leipzig über Wasser halten konnte. Die kommunistische Leitung des Universitätsgutes versuchte gleichwohl wiederholt, Vater Ärger zu machen. So fuhr Oleg eines Tages mit uniformierten Freunden laut hupend in Cunersdorf vor, um Vater zu besuchen. Er zitierte die Leitenden zum Bericht und entließ sie dann recht abrupt. Die verunsicherten Genossen bemühten sich mit einem Essen um gutes Wetter, wurden aber nur Zeugen, dass Vater aufs höflichste befragt wurde, ob er auch in seiner Arbeit nicht behindert würde. Die Wirkung dieses Besuchs war eindrucksvoll, man ließ Vater von da an in Ruhe arbeiten.

Ein Ende mit Schrecken

Berliner Pläne □ Umzugsvorbereitungen □ Verhaftung und Verhöre □
Potsdam-Leistikovstraße □ Torgau

Die politische Ausrichtung in den Schulen und an der Universität bestärkte uns in dem Entschluss, die SBZ zu verlassen. Wir strebten einen geordneten Umzug an und wollten deshalb versuchen, in Berlin Fuß zu fassen. Ingo hatte bereits im Frühjahr 1946 sein Studium in Bonn aufgenommen.

Im Juni 1946 hatte ich die Aufnahme in den Abiturkurs der Waldschule Berlin-Charlottenburg im britischen Sektor beantragt; die Voraussetzung dafür, ein Zimmer und die Zuzugsgenehmigung zu bekommen, glückte. Im Besitz einer Übernachtungsmöglichkeit fuhren Einhart und ich nun mehrmals nach Berlin, um berufliche Möglichkeiten für die Eltern zu eruieren. Da für Vater als ehemaligem Rektor noch keine Aussicht auf einen Lehrstuhl bestand, verlegten wir uns auf Stellensuche für Mutter. In Karlshorst schickte mich ein hilfsbereiter Mitarbeiter von Oberst Tulpanov zur Zentralverwaltung für das Deutsche Gesundheitswesen. Präsident Konitzer bat um Mutters Bewerbung. Nun kam Mutter mit nach Berlin, um ihre Anstellung als Referentin zu unterschreiben. Aber leider hatte man an diesem Morgen Konitzer verhaftet. Dann erfuhren wir beim Magistrat der Stadt Berlin, dass im Wedding die Stelle des Amtsarztes frei wurde. Bedingung war, dass die Franzosen den Kandidaten akzeptierten. Der zuständige Capitain Nicolayeff war einverstanden; er sprach russisch.

Bei der Rückkehr aus Berlin erreichte uns die Hiobsbotschaft, dass die von Bonn ausgelagerten Kisten ausgeraubt worden waren. In Gniest behaupteten die neuen Bewohner des Forsthauses, Rotarmisten hätten alles beschlagnahmt. Indes erklärte der sowjetische Kommandant in Kemberg, bei dem ich vorstellig wurde: „Schaut euch bei euren Landsleuten um, unsere Leute haben damit nichts zu tun." Bald bekamen wir den Hinweis auf zwei Brüder, die vor kurzem zugezogen waren. Als angeblich politische Ex-Häftlinge durch die kommunale Verwaltung bevorzugt, hatte der eine das Forsthaus Gniest bezogen, in dessen Stallgebäude die Bonner Kisten lagerten, der andere bewohnte das inzwischen leerstehende Haus des Ofenfabrikanten Lange im Wald jenseits von Radis.

Dieser Bruder erkrankte an Bronchitis und schickte nach Mutters ärztlicher Hilfe. Ich begleitete sie die acht Kilometer auf dem Fahrrad. Der Patient erwartete uns am Küchentisch und trank aus einer riesigen Meißner Porzellantasse Tee. Mutter rief spontan und harmlos: „Genau so eine ´Tasse hatten wir früher." Ungespült wurde die Tasse zu meinem immer noch arglosen Befremden im Küchenschrank verstaut. Nun erklärte der Patient, es wäre zu kalt im Wohnzimmer, die Untersuchung sollte in der Küche stattfinden.

Ich ließ meine Blicke schweifen. Den Küchenschrank kannte ich von früher, als hier noch die energische, warmherzige Frau Lange, die Frau des Ofenfabrikanten, das Regiment führte. Ihr Ehemann war wenige Wochen nach dem Einmarsch der Roten Armee verhaftet worden. Ich hatte bei Komsikov in Wittenberg nachgefragt. Der Major entgegnete, dass einige Denunziationen gegen ihn vorlägen. Bei einer erneuten Vorsprache, um die mich die verzweifelte Frau gebeten hatte, versteinerte das Gesicht Komsikovs plötzlich. „Frag nicht mehr nach ihm, es ist sinnlos. Du kannst daran nichts ändern. Halt dich da endlich heraus." Nach dieser Auskunft hatte sich Frau Lange klugerweise mit ihren Kindern in den Westen abgesetzt.

Der Patient schaute mit einem unangenehm stechenden Blick, auch jetzt, wo er krank war. Während Mutter ihn mit dem Stethoskop untersuchte, saß ich am Küchentisch auf einer Couch mit Felldecke, an der ich gedankenverloren mit meinen Händen entlang strich. Ein merkwürdig widersprüchliches Gefühl stieg in mir hoch, da war etwas Fernes und doch Vertrautes, aber auch etwas Beunruhigendes. Dann durchfuhr es mich schlagartig, ich richtete vorsichtig den Blick auf den Pelz: Die Zeichnung mit dem hellen Rhombus im dunkleren grauen Fell war unverkennbar die des sibirischen Steppenwolfs, ich saß auf der bewunderten Decke aus der Bibliothek des Bonner Hauses. Inzwischen hatte sich Mutter auf einem Stuhl neben mir niedergelassen. Während sie mit Gruber über die Behandlung sprach, griff ich unter dem Tisch nach ihrer Hand und strich damit über die Felldecke. Aber Mutter hatte nicht solch eine Erinnerung an dieses Fell. Ein fragender Blick streifte mich. Kaum waren wir draußen auf dem Rückweg in sicherer Entfernung, erklärte ich ihr das Manöver auf der Pelzdecke.

Nun wussten wir, wer die Kisten ausgeräumt hatte. Indes mussten wir angesichts dieser Halunken zunächst so tun, als ob nichts wäre. Denn wir wohnten im Wald, und der rote Hahn war schnell aufs Dach gesetzt. Zähneknirschend beschlossen wir, den Mund zu halten und die Sache erst nach dem Umzug nach Berlin zu verfolgen.

Zunächst sollte Christa im Königin-Luisen-Stift in Dahlem untergebracht werden. Dafür brauchte sie die amerikanische Zuzugsgenehmigung nach Westberlin. Fast schien die unerreichbar. Aber nach lauter Absagen der verschiedenen Dienststellen sah uns auf der Treppe ein höherer amerikanischer Offizier, der in seinem Büro nach uns fragte und dann doch noch die Aufenthaltsgenehmigung für die zwölfjährige Christa erteilte, die nun gleich im Internat bleiben konnte.

Im April 1947 kam Ingo mit Reisegenehmigung aus Bonn, um die jüngste Schwester Julchen während des Umzugs bei Diakonissen im Lungstraßstift, einem Säuglingsheim in Bonn, unterzubringen, das Mutter mehrfach unentgeltlich ärztlich betreut hatte. Auf dem Weg nach Marienborn zum Interzonenzug ging uns das Benzin aus. Der Bahnhof lag noch etwa einen Kilometer entfernt. Nolens volens mussten wir den Wagen schieben. Wir ließen uns Zeit in der Annahme, den Zug doch nicht mehr erreichen zu können; um dann am Bahnhof gerade noch zuzusehen, wie sich der verspätete Zug in Bewegung setzte. Aber ein freundlicher Russe an der Passkontrolle versprach, Ingo mit dem nächsten Zug am folgenden Abend ausreisen zu lassen.

Das Problem der Übernachtung hier an der Grenze erwies sich als äußerst schwierig. In Marienborn gab es nur wenige Häuser; das einzige Gasthaus war beschlagnahmt vom Militär. Aber der Kommandant, der gerade im Wegfahren begriffen war, nahm meine Erklärungen zu Mutters Auftritt als Ärztin mit vier Kindern freundlich zur Kenntnis und erlaubte ihr entgegenkommend, mit dem Kleinkind in der Kommandantur, dem ehemaligen Gasthaus, zu übernachten. Außerdem wünschte er mich nach seiner Rückkehr noch zu sprechen. Endlich gegen 10 Uhr abends ließ der Kommandant mich rufen. Der ansehnliche Mittzwanziger entschuldigte sich zunächst umständlich wegen der späten Rückkehr, bevor er auf sein eigentliches Anliegen einging: Nach einer GO-Behandlung war er impotent geworden und wollte wissen, ob Mutter ihm nicht ein wirksames Aphrodisiakum besorgen könnte. Nun konnte ich ihm sagen, dass wir ohnehin Medikamente besorgen und während der Zeit für zwei Tage das Auto mangels Treibstoff bei ihm in der Kommandantur lassen wollten. Damit war er einverstanden. Am folgenden Tag lief endlich gegen sechs Uhr abends der sehnlichst erwartete Interzonenzug Berlin-Köln ein und der freundliche Sergeant ließ Ingo problemlos mit Kind und Koffer passieren.

Anschließend brachen wir drei in die gleiche Richtung nach Westen auf, allerdings ohne Genehmigung und zu Fuß. Wir wollten Cheeky, den ehemaligen Vizekonsul, besuchen, der jetzt nach dem Kriege nicht weit hinter der Grenze als britischer Besatzungsoffizier in Seesen stationiert war. Mutter hatte im Heidehaus seinen Brief erhalten. Unser Grenzübergang im Regen dauerte vier Stunden, im Dunkeln marschierten wir an der Bahnlinie entlang, ohne jemanden zu treffen. Einhart hielt sich großartig mit seinem versehrten Bein. Um Mitternacht langten wir am Bahnhof in Helmstedt an. Der Wartesaal war voll besetzt. Ich legte mich unter eine halb zerbrochene Bank, auf der Mutter sich vorsichtig niederließ. Trotz regennasser Klamotten schliefen wir sofort ein.

In Seesen gab es ein herzliches Wiedersehen mit Cheeky nach sieben Jahren. Der eingefleischte Junggeselle war seit kurzem verheiratet mit Nata, einer bildschönen Polin aus einem DP-Lager, die allerdings kaum Englisch sprach. Cheeky war unverändert, rührend freundschaftlich. Während er mit Mutter die Ereignisse vor und seit seiner Verhaftung durch die Gestapo rekapitulierte, unterhielten Nata und ich uns russisch. Am nächsten Morgen fuhr uns Cheeky zu einer Apotheke und anschließend zum Zug nach Helmstedt.

Die aufregende Situation des erneut illegalen Rückwegs in die russische Zone bei Tageslicht ließ wenig Raum für melancholische Betrachtungen. Gegen vier Uhr nachmittags trafen wir wohlbehalten in der Kommandantur ein. „Wir betanken euch den Wagen und geben euch noch Verpflegung mit", sagte der Kommandant, hoch zufrieden, nachdem Mutter ihm das Fläschchen mit dem Wundermittel – Johimbin – gegeben und ich ihm die Gebrauchsanweisung übersetzt hatte. Dann fuhren wir zurück in Richtung Heidehaus.

□

Mittwoch vor Pfingsten unterschrieb Mutter ihre Anstellung als Amtsärztin im Wedding. Die Franzosen, besonders Nikolayeff, waren uns wohlgewogen und hilfsbereit. Wir hatten eine Dreizimmer-Wohnung in Reinickendorf gefunden und eine Spedition beauftragt. Damit stand unserem Umzug nach West-Berlin nichts mehr im Wege. Einhart war zur Immatrikulation nach Bonn gefahren. Deshalb mussten wir den Rückweg zum Heidehaus per Autostop antreten.

Für die Pfingstferien hatten wir Christa aus dem Stift in Dahlem abgeholt und bestiegen in der Yorkstraße die S-Bahn nach Potsdam-Michendorf. Die Berliner Stationen zogen vorbei. Nun endlich war alles vorbereitet, um diesem Dasein, das einem Tanz auf einem Vulkan geähnelt hatte, geordnet zu entkommen, und ich hätte allen Grund gehabt, mich auf die Zukunft zu freuen. Indes, ungeachtet des herrlichen Frühlingswetters verdunkelte sich mein Gemüt, ich starrte aus dem Fenster, empfand eine mich fast absurd anmutende angstvolle Trauer und plötzlich kurz vor Potsdam begann ich zu weinen. Mutter sah mich beunruhigt an. Zwischen zwei Schluchzern brachte ich mühsam heraus: „Nun kann ich an unser Glück nicht glauben." Mutter versuchte, mich zu trösten. „Jetzt in West-Berlin hört das Zigeunerleben auf. Du kannst in die Schule gehen, wir können endlich ruhig schlafen und alles wird gut." Meine Zweifel waren zwar nicht besiegt, aber inzwischen hatten wir Michendorf erreicht und ich musste mich mit fröhlichem Gesicht um eine Fahrgelegenheit kümmern. Es klappte überraschend gut, ein Lkw fuhr nach Halle und setzte uns in Uthausen, zwei Kilometer vom Heidehaus ent-

fernt, ab. Vater hatte inzwischen Eike und das Haus versorgt. „Russen sind dagewesen, aber wir konnten uns nicht verständigen." „Wenn es wichtig war, werden
sie schon wiederkommen", meinte Mutter. Dann verabschiedete sich Vater, der
dringend an seinen Arbeitsplatz auf dem Versuchsgut zurückfahren musste, um
nach Pfingsten bei den Umzugsvorbereitungen helfen zu können.

□

Eine halbe Stunde später erschienen zwei Uniformierte an der Haustür. „Meine
Frau ist krank", wandte sich der eine, ein Oberleutnant mit großen runden, kalten
Augen und zwei riesigen Silberzähnen – Nikolay Kruglov – auf russisch an Mutter.
„Sag ihm, dass wir gerade zurückgekommen und müde sind, morgen früh kann ich
nach ihr sehen." „Aber meine Frau fühlt sich sehr schlecht und Deutsch kann sie
auch nicht. Ihre Tochter kann mit ihr reden", insistierte er, „und wenn der Fall
ernsthaft ist, holen wir Sie auch." Nur dieser letzte Satz entsprach der Wahrheit.
Dieser Oberleutnant war vor Wochen mit einem unserer Patienten da gewesen,
den er aber nicht aus den Augen gelassen hatte. Der Kranke war auffallend nervös
gewesen; denn Kruglov war der Politoffizier seiner Einheit. Nur wussten wir das
nicht und erkannten ihn auch an diesem Abend nicht wieder. Er bestand so beharrlich auf medizinischer Hilfe, dass ich schließlich einwilligte, noch abends nach der
Frau zu schauen. Ich zog Mutters langen Sommermantel an und sie warf mir ihr
Kopftuch zu. „Bewahr mir noch einen Pfannekuchen auf", rief ich ihr beim Hinausgehen zu. Der Begleiter war inzwischen verschwunden. Etwas misstrauisch
betrachtete ich das Motorrad und meinte: „Ich fahre sehr ungern mit einem
Motorrad, zweimal bin ich schon mitgenommen worden und jedesmal gab es
einen Sturz." Er führe sicher, bemerkte der Oberleutnant kurz, gab Gas, und so
fuhr ich mit ihm fort.

In Bergwitz setzte Kruglov mich bei den mir bekannten Soldaten vom Telefontrupp ab, die dort in einem einzeln stehenden Haus stationiert waren, und verschwand mit der Bemerkung, er wollte seine Frau holen. Die Zeit verging, er kam
nicht zurück. Ich war müde und wurde ungeduldig: „Wo bleibt denn euer Oberleutnant mit seiner kranken Frau?" „Er ist nicht von uns und eine Frau hat er auch
nicht", meinte dann einer der Soldaten in der Küche, wo ich warten sollte. „Dann
will ich aber sofort nach Hause. Macht's gut", verabschiedete ich mich kurz. Indes
hielt mich vor dem Haus ein fremder Soldat an, schob mich zurück in einen leeren
Raum und begann, mich abzutasten. Total überrascht und erschreckt protestierte
ich heftig. „Spar dir das", sagte er äußerst geschäftsmäßig, „ich muss nur nachse-
hen, ob du Waffen bei dir hast." Das verschlug mir die Sprache. Dann wies er auf

eine Matratze am Boden. „Schlaf jetzt!" Ohne weiteren Kommentar wurde die Tür abgeschlossen.

Da stand ich, aufgebracht, verzweifelt, hilflos, verstört. Im Innersten fühlte ich, dass etwas Entsetzliches passiert war. Nachts wurde leise die Tür geöffnet, Anton, einer unserer ehemaligen Patienten, kam herein, legte warnend den Finger auf die Lippen. „Sie bringen dich zum Stab. Ich weiß nicht, weshalb", flüsterte er. „Aber sei vorsichtig, jedes Wort gut überlegen. Hier hast du etwas Zucker. Es tut mir so leid, ich wollte dich warnen, neulich. Aber du warst nicht zuhause und schreiben war zu gefährlich, leider hat deine Mutter mich nicht verstanden." Anton hatte vor etwa 10 Tagen, als ich in Berlin auf Wohnungssuche war, morgens um vier Uhr bei Mutter ans Fenster geklopft und mich sprechen wollen. Sie sah sein verstörtes Aussehen. „Schreib doch." Sie hielt ihm einen Block hin. „Er war ganz blass. Mit einem traurigen Ausdruck hat er nur den Kopf geschüttelt und ist wieder im Wald verschwunden", hatte sie mir berichtet. Erfüllt und beschäftigt mit unseren Berliner Plänen hatte ich das Ganze schnell vergessen. Und so nahm das Verhängnis seinen Lauf. In dieser Nacht fand ich vor Aufregung keinen Schlaf.

Am nächsten Morgen brachte man mich nach Glindow bei Potsdam in einen Bauernhof am Ortsrand. In der mit kleinbäuerlichem Nippes ausgestatteten Stube eröffneten mir Oberleutnant Kruglov und ein Hauptmann Yusupov, ich wäre eine englische Spionin und deshalb festgenommen. Im Vollgefühl meiner Integrität glaubte ich, diesen ungeheuerlichen Vorwurf ohne weiteres entkräften zu können, aber dann begannen Kruglov und Yusupov mit ihren Verhören. Meist zu zweit unterzogen sie mich ebenso brutalen wie vielseitigen Befragungsmethoden. Dabei verfolgten sie offenbar mehrere Ziele: Einerseits sollte ich Spionagetätigkeit zugeben, andererseits wollte man mich zur Mitarbeit verpflichten. Zweiundsiebzig Stunden traktierten sie mich ohne nennenswerte Pausen, während sie sich abwechselten. Den zunächst akzeptierten Dolmetscher musste ich bald unterbrechen, weil er mehrfach sinnentstellend übersetzte, womit ich zusätzliche Wutausbrüche bei Kruglov und Yusupov hervorrief. „Ich sehe", meinte der Dolmetscher dann ziemlich unfreundlich, „Sie sprechen ausgezeichnet Russisch, meine Hilfe ist überflüssig", und ging. Zwischendurch wurde mir mehrfach ein Revolver in den Nacken gedrückt, den sie sicherten und entsicherten. Während der Nacht wiederholten sie dieses Manöver auch in einer Hofecke, stießen mir dann die Waffe anstatt abzudrücken unsanft ins Genick, um festzustellen, dass die Kugel zu schade für mich wäre. Ich hatte mit meinem Leben abgeschlossen. Ich wollte aber als anständiger Mensch sterben und mich nicht zu etwas Unehrenhaftem zwingen lassen.

Die fünfte Nacht brach an, denken konnte ich eigentlich nicht mehr, nur noch pauschal Ablehnung entgegensetzen. Wieder hatte sich ein Schwall von Beschimpfungen über mich ergossen. Plötzlich zog Kruglov einen Pass unter einer Akte hervor und hielt ihn mir aufgeschlagen hin: „Ist das nicht deine Mutter?" Ich glaubte meinen Augen nicht zu trauen, vor mir sah ich Mutters Passbild. Dann erschien der Dolmetscher und hielt mir einen Zettel hin: „Ein Brief von deiner Mutter." „Liebe Hergart", schrieb sie, „hoffentlich sehen wir uns bald. Einhart ist gekommen." Und gleich darunter: „Lipe Dochter, musst du sagen zu Oberleutenant und Kapitän alles, was ist bekannt um Engländer, und tun was dir sagen, warum was kannst du dann eher frei sein. Deine Mutder." Ich stutzte innerlich. Das war zwar Mutters Schrift und die ersten zwei Zeilen wirkten auch echt. Aber dann, die russische Syntax in den nächsten Zeilen konnte nicht von Mutter stammen, ganz abgesehen von den Schreibfehlern. Ob sie das überhaupt geschrieben hatte? „Das hat doch deine Mutter geschrieben, oder?", brüllte Kruglov von hinten. Ich überlegte fieberhaft, vielleicht wollten sie mich für dumm verkaufen mit solch einer plumpen Fälschung? Ich zog vor, in der Aufregung nichts bemerkt zu haben, wenn sie mich auf die Fehler festnageln wollten. „Ja, sie hat das wohl geschrieben." „Na also, dann bequemst du dich vielleicht jetzt, Lügen und Widerstand aufzugeben." Im übrigen kamen sie nicht wieder auf den Brief zurück.

„Nun denn, wirst du endlich unterschreiben? Wir erschießen deine Mutter ebenso wie dich." „Ach nein, bitte nicht, wer soll für die kleinen Geschwister sorgen." Diese Eröffnung erschreckte mich zutiefst, was meine Peiniger, vor mir stehend, mit zufriedenem Grinsen quittierten. „Na gut, dann unterschreibe, dass du für uns arbeiten wirst." „Nein." „Dann wolltest du also gegen uns arbeiten! Wenn du nicht unterschreibst, wird deine Mutter umgelegt! Klar?"

Eine Weile kämpfte ich noch. Wie sollte ich mich entscheiden? Die Zeit lief. Denken konnte ich kaum mehr, hinter den Augen war es leer. Schließlich, in der Hoffnung, Mutter damit zu retten, unterschrieb ich, dass ich beabsichtigte, gegen die Sowjetmacht zu arbeiten. Es war zwar eine Lüge, die zusammenhanglos im Raum stand, aber sie wollten mich ja ohnehin erschießen. In meiner Ahnungslosigkeit hoffte ich, dass ich damit endlich Ruhe vor weiteren Quälereien fände, und Mutter würden sie nun nichts mehr tun. Aber kaum hatte ich den Federhalter aus der Hand gelegt, da hielt mir Jusupov eine Zeitung hin. „Hier, lies mal." Fettgedruckt berichtete die Pravda vom 27.5.47: „Otmena smertnoy kazni – Abschaffung der Todesstrafe." „Ich widerrufe meine Unterschrift", schrie ich außer mir. „Morgen", sagten Jusupov und Kruglov wie aus einem Munde. Dann fühlte ich einen Schlag am Hinterkopf. Erst im Keller neben dem Waschkessel kehrte mein

Bewusstsein wieder zurück. Ziemlich benommen betrachtete ich meine Umgebung. Die Tür zum Hof war verriegelt. Auf dem Deckel des Waschkessels stand ein Teller mit Essen; indes Hunger fühlte ich nicht.

Warum war ich bloß immer noch am Leben? Ich musste weinen, hilflos, total erschöpft, der Hinterkopf tat weh. Nach einer Weile versiegten die Tränen, ich brütete vor mich hin. Dann fiel mir das Lied *Wer nur den Lieben Gott lässt walten und hoffet auf ihn alle Zeit* ein. Die erste Zeile des Kirchenliedes hatte ich in einer Verhörpause mit einem Löffel in die weiße Tünche über der Tür gekratzt. Sie hatten es nicht entdeckt, es stand noch da. Die Worte strömten eine wundersame Ruhe auf mich aus. Willkür und Brutalität gab es damals, als sie geschrieben wurden, auch.

□

Wieviel Uhr mochte es sein? Ob heute Mittwoch war? Ich hatte das Gefühl für die Zeit verloren. Plötzlich ging die Tür auf. Jemand rief von der Treppe: „Komm raus, schneller!" Etwas wackelig und mit schmerzendem Hinterkopf taumelte ich die fünf Stufen hinauf. Draußen stand ein Pkw. „Los, steig ein." Kaum war ich drin, wurden mir die Augen verbunden. Von unseren Fahrten erkannte ich dennoch Potsdamer Straßen. Ein Schlagbaum wurde passiert, Sperrgebiet. Dann hielt das Auto, man zerrte mich heraus und schob mich durch eine Tür, die hinter mir dröhnend zufiel.

Sie zogen mich durch eine weitere Tür und mehrere Treppen hinauf. Dann endlich wurde die Augenbinde abgerissen. Ich stand in einem kleinen Raum, einer äußerst karg eingerichteten Ambulanz: Ein Tisch, zwei Hocker auf der einen Seite, eine sehr schmale, kurze Holzliege und ein Hängeschrank, offensichtlich mit einigen wenigen Medikamenten und Gläsern mit Spatel und Thermometern. Vom Tisch erhob sich ein großer, vierschrötiger Uniformierter, salutierte vor jemandem, der hinter mir die Tür schloss und musterte mich näherkommend mit gleichgültigem Ausdruck. Bösartig wirkte er nicht, eher wie eine Dampfwalze. „Dragocennosti otdatj", kommandierte er russisch, ich sollte Schmucksachen, Ring und Brosche abgeben. Das kam mich hart an, weil es mit diesem kleinen Ring, einem Erbstück von meiner Großmutter, eine besondere Bewandtnis hatte. Er war mit vier Türkisen und sechs Perlen besetzt. Etwa zwei Monate vor der Verhaftung hatte eine Perle plötzlich ihren Glanz verloren und sich aufgelöst. Damit aber nicht genug, waren im Laufe dieser einen fürchterlichen Woche in Glindow, die hinter mir lag, vier weitere Perlen unter meinen Augen zerfallen. Mit dem Überleben der letzten Perle verknüpfte ich das Orakel, dass es dann auch mir gelingen würde, dieser Hölle lebend zu entkommen. Mit zitternden Fingern zog ich unentschlossen am Ring. Der Sergeant fühlte sich bemüßigt, mir die Lage zu erklären: „Hier ist kein Schmuck erlaubt. Er wird registriert und aufgehoben. Aber du sprichst Russisch, wo hast du das gelernt?" „Hier in Deutschland." „Du bist eine Spionin?" „Nein." Dann musste ich für den Schmuck unterschreiben. Mir kam das lächerlich vor. Und doch wurde mir der Schmuck dreiviertel Jahre später in Orel noch einmal gezeigt zur Bestätigung. Die letzte Perle schimmerte noch immer unversehrt, was mir insgeheim doch etwas Auftrieb gab.

Inzwischen nahm der Sergeant meine Personalien auf. Als ich mein Alter mit 18 Jahren angab, brummte er etwas ungehalten: „Hier wird kein Unsinn gemacht. 28 Jahre kämen der Wahrheit wohl näher." Zunächst verstand ich in meiner Aufregung nicht, was er damit sagen wollte, bis er mir einen Spiegel hinhielt. „Schau mal hinein, damit du weißt, was ich meine." Im Spiegel starrte mir ein nie gesehenes Gesicht entgegen, graugelb, verzerrt und verändert, erschreckte Augen, graue Haarsträhnen. Nicht wiederzuerkennen. Kaum zu glauben, dass ich das war. Resigniert legte ich den Spiegel hin. „Trotzdem bin ich 18 Jahre alt. Aber es ist doch ganz gleichgültig, wie ich aussehe, nicht wahr?" Er schwieg. Nach einer Weile hatte er die Schreiberei beendet. „Zieh dich aus, ich muss dich kontrollieren." Mein erneutes, wenngleich wortloses Erschrecken veranlasste ihn wohl zu der großmütigen Erlaubnis, dass ich Bluse und Unterzeug anbehalten durfte. Nur die Schuhe betrachtete er eingehend und trennte den Reißverschluss aus dem Rock. Anschließend händigte er mir Zahnbürste, Handtuch und Seife aus, die bei Mutters Verhaftung für mich verlangt worden waren. Dann wurde ich einen Stock tiefer zur Zelle 28 geführt.

In diesem Raum von eineinhalb mal zwei Metern, wohl ehemals einem Durchgang, erstreckte sich von Wand zu Wand eine Pritsche, lediglich vor der Tür war ein Zwischenraum von kaum einem halben Meter gelassen. Der durchdringende scharfe Gestank eines offenen Marmeladeneimers in der Ecke ließ keinen Zweifel über seine Funktion. Wenn man ihn zum Wasserlassen benutzen musste, gab das dünne Blech laut hallende Geräusche von sich. Anfänglich veranlasste das den Posten, ans Guckloch zu eilen, sein Auge auf mich zu richten und zu fragen, was ich da täte, woraufhin ich seiner Absicht entsprechend wiederum erschreckt innehielt. Später lernte ich es, solche Schikanen zu ignorieren.

Das offensichtlich improvisierte Gefängnis lag in einer ruhigen Villengegend mit vielen alten Bäumen, wie ich später sah. Von der Straße nicht erkennbar waren die hinteren Fenster und die an der rechten Seite bis auf kleine Öffnungen zugemauert und mit hölzernem Sichtschutz versehen. Der Ausblick durch die höchstens 30 cm breite mit Gitterstäben bewehrte Maueröffnung ohne Glas war am

Ende durch ein schräges Brett von unten eingeschränkt. Ein Widerschein der Sonne fand jedoch am späteren Nachmittag für einige Minuten in meine Zelle. Draußen ließen sich russische Kommandos vernehmen, Kasernenbetrieb, Soldaten wurden gedrillt. Täglich sangen sie und übten die Formel „Gesundheit wünschen wir dem Genossen Stalin" im Vierertakt. Hin und wieder drang wie ein freundlicher Gruß aus der Freiheit das Tuten eines Schiffs von Havel oder Wannsee durch.

Ab sechs Uhr morgens war aufrecht Sitzen befohlen, Gesicht und Hände musste der Posten Tag und Nacht sehen können und bis abends 10 Uhr durfte man nicht schlafen. Wenig später schaute der Koch durch die Klappe in die Zelle, dann wurde Brot, ein Stückchen Würfelzucker und ein Aluminiumbecher mit Tee ausgegeben. Kurze Zeit danach rasselte es laut am Schloss, die Tür ging auf und der Sergeant Yakubov, verantwortlich für die Hygiene der Zellen, zeigte auf den Marmeladeneimer und bellte: „Raus hier, schneller." Die morgendliche Leerung der Kübel war begleitet von viel Krach und Brülleffekten, während nur im Flüsterton zu den Verhören gerufen wurde. Yakubov hatte im eher blassen Gesicht große, runde, blaue Augen, die er drohend rollte, und dicke, wulstige Lippen. Dunkelhaarig, groß und muskulös brüllte er seine Befehle abgehackt mit einer tiefen, gutturalen, durchdringenden Stimme durch die Korridore, wobei er nach den Geräuschen zu urteilen, mit Püffen oder Tritten nicht sparte. Er dirigierte mich über die Treppe aus dem Gefängnisbau hinaus, den ich zum ersten Mal von außen sah. Knapp zwei Meter Zwischenraum trennten die gut zweieinhalb Meter hohe Bretterwand und die Hauswand. Beim Versuch, den Blick nach oben zu richten, kam sofort der Befehl: „Nicht herumschauen!" Neben der Haustür stand auf einem Schild ‚Evangelisches Schwesternheim'.

Dann musste ich rechts ums Haus gehen. Im ehemaligen Garten befanden sich im lehmigen Boden statt Rasen hie und da Löcher. Zu einem solchen Loch wurde ich geschickt, um den Eimer zu entleeren. Auf dem Weg dorthin hatte ich das Gefühl, auf moorig schwankendem Untergrund zu gehen. Etwas weiter weg sah ich zwei Männer in Drillichzeug eine weitere Grube ausheben, die Erde trugen sie dann näher heran, um sie auf bereits gefüllte Gruben zu schütten. Obwohl es sonst keinen Spaziergang gab, vergällte mir die Vorstellung, in den Untergrund einzusinken, den Genuss der frischen Luft doch sehr. In der Nähe des Bretterzauns waren einige offene Klobecken ohne Brillen auf Brettern eng nebeneinander über einer Grube installiert. An einer Holzwand davor, die etwa 60 cm hoch war, so dass die Posten alles im Blick hatten, waren drei Wasserhähne angeschraubt, aus denen Spülwasser für den Kübel, Waschwasser für die Morgenwäsche und Trinkwasser für die Zelle zu zapfen war. Gefangene verschiedener Zellen versuchten trotz der

Aufsicht von allen Seiten sich Nachrichten zukommen zu lassen, gelegentlich sogar mit Erfolg an den Latrinen versteckt. Meinen Marmeladeneimer trug ich mangels Henkel mit zwei Händen und konnte deshalb kein Trinkwasser für die Zelle holen. Bis ich alles zur Zufriedenheit der Aufsicht erledigt hatte, musste ich ohnehin diverse Anschnauzer über mich ergehen lassen. Die Nähe von Trinkwasser und Fäkalien fand ich bedrückend und nahm lieber die Rüffel der Küchensoldaten in Kauf, wenn ich in der Zelle um Wasser bettelte.

Eines Tages erschien Yakubov zu einer ungewohnten Zeit am Nachmittag. „Zum Baden, schnell", bellte er in gewohnt grober Manier und führte mich zum Keller des Nebenhauses, wo die Verhöre stattfanden. Dort waren mehrere Brausen installiert und einige Bänke standen an der Wand. Yakubov gab mir ein kleines Stück Seife und ließ sich auf einer Bank nieder. „Ausziehen, schneller!" In Erwartung, dass er mich nun verließe, blieb ich im Unterzeug stehen. „Wäschst du dich etwa im Hemd, los, runter mit den Lumpen." Es half nichts, ich schluckte, dachte an einen Arztbesuch, zog mich aus und drehte eine Dusche an. Das Wasser war angenehm warm und ich genoss dies erste Duschbad nach zwei Wochen. Auf die Frage des Sergeanten, ob ich einen Mann hätte, antwortete ich: „Nein, ich bin ja noch in die Schule gegangen." Darauf kamen in ungewohnt höflichem Ton die Fragen nach dem Alter und der Schulbildung. „Elf Klassen, hm", brummte Yakubov nachdenklich. Dann fragte er nach Vaters Beruf und ob ich Geschwister hätte. Plötzlich gab es ein Geräusch am Kellerfenster. Dort versuchten der Koch und ein Soldat tief gebückt hineinzuschauen. Yakubov sprang auf und verjagte sie. Dann meinte er: „Nimm dir Zeit zum Baden, ich hole dich nachher", ließ mich allein und ich hatte Ruhe und Zeit, Haare und Unterzeug zu waschen. Eine überraschende Auswirkung hatte das kurze Gespräch. Yakubov schrie mich nie wieder an, auf seine Weise war er sogar rücksichtsvoll und bewahrte mich mehrmals vor dem Kübeltragen, als ich später mit mehreren in einer Zelle war.

Die Verhöre fanden im links angrenzenden Gebäude statt. Der Haupteingang war an der rechten Hausecke. Vom parkettiertem Vestibül führte eine mit rotem Teppich belegte Treppe in die Beletage. In den folgenden Wochen wurde ich dort mehrmals von höheren Offizieren „interviewt" zu meiner Unterschrift bezüglich meiner beabsichtigten antisowjetischen Aktivitäten. Dazu fehlte ein Vorgang, dem stichhaltig zu entnehmen gewesen wäre, wieso es zu dieser Unterschrift kam. Mal ironisch bedauernd, mal verärgert oder ungeduldig an Realitätssinn oder Intelligenz appellierend, wollte man mir klar machen, dass eine solche brutale Erpressung von Unterschriften, wie von mir behauptet, in ihren „Organen" nicht üblich wäre und weder Kruglov noch Yusupov je derart ungehörigen Druck ausgeübt haben könnten. Hingegen sollte ich doch endlich meine antikommunistischen Aktivitäten oder Absichten bekennen, da man mich dann eher entlassen könnte. Ich war jedoch unter keinen Umständen zu weiteren Lügen bereit. Deshalb endeten diese Versuche, mich zu überreden, ergebnislos.

Nach etwa einem Monat wurde mir von einem älteren Staatsanwalt nach wenigen pro forma gestellten Fragen in pathetischem Ton und unter Verweis auf irgendwelche Paragraphen des Strafgesetzbuches mitgeteilt, dass ich nunmehr in Untersuchungshaft genommen wäre. Ich hatte keine Ahnung, was das bedeuten sollte, war ich doch schon über einen Monat eingesperrt (,festgehalten ohne Haftbefehl' im Fachjargon) und meiner naiven Ansicht nach gab es auch nichts mehr, das zu untersuchen sich gelohnt hätte. Aber da belehrte man mich bald eines anderen; die Verhörsmaschinerie des KGB ließ mich nicht los. Am folgenden Tag führte mich ein Posten wieder zum Nebenhaus, diesmal aber nach links durch den ehemaligen Dienstboteneingang über eine steile Holztreppe und wenig repräsentative Korridore. Im zweiten Stock öffnete er eine Tür, ließ mich einen Schritt weit ins Zimmer eintreten und kommandierte „Stoy! – Stillgestanden! -" In der hinteren Ecke des Raumes saß ein Offizier an einem mit rotem Tuch bedeckten Schreibtisch, quer davor stand ein weiterer Tisch mit einigen Stühlen und gegenüber gleich neben der Eingangstür ein Hocker an der Wand, auf den ich mich setzen musste. Das Zimmer hatte große Fenster, die offen standen, Baumzweige waren zu sehen.

Mit dem Namen Yermolov unterschrieb dieser Untersuchungsrichter die Protokolle. Ein kleiner, rundlicher, glatzköpfiger Endvierziger, unscheinbar, farblos und unbeweglich. In all den Monaten schaute er mich nie feindselig oder hasserfüllt an. Zwar empfand ich kein Vertrauen zu ihm und seinesgleichen, gleichwohl ließ sein Verhalten auf Reste menschlicher Qualitäten schließen. Das wurde mir aber erst im nachhinein bewusst.

In der Regel ließ mich Yermolov gleich gegen 10 Uhr morgens rufen. Nachdem er meine Akte aus einer Tasche gezogen hatte, fragte er, was ich zu berichten hätte. Ich hatte nichts zu berichten. Nach verschiedensten Anläufen, mich zum Reden zu bringen, beauftragte er mich, darüber nachzudenken, und begann Zeitung zu lesen. Nach einer Weile pflegte er erneut zu fragen, ob ich ihm endlich etwas Neues zu erzählen hätte. Nachdem ich das wieder verneint hatte, begann er mit Fragen, die sich gezielt auf den britischen Captain bezogen. Diese Fragen waren ebenso alt wie langweilig und enervierend für uns beide. Schließlich verlegte er sich darauf, die letzte Fassung des Protokolls wieder abzuschreiben, dazwischen aber ab und zu eine Frage zu stellen, um die Aussagen in ein besseres Licht zu rücken. Die beiden Peiniger von Glindow hatten mir abenteuerliche Aussagen unterstellt, von denen ich gar keine Ahnung hatte. Zwar waren mir ihre Niederschriften pro forma vorgelesen worden und jede Seite war von mir unterschrieben worden, aber ich durfte sie damals nicht selbst durchlesen. Offensichtlich bemühte sich Yermolov, mit der Zeit ganz behutsam das Protokoll zu meinen Gunsten umzuschreiben und die Verleumdungen zu reduzieren. Im Laufe der Zeit stellte er mir auch immer wieder Fragen über unser Leben zu Hause, darüber führte er offenbar kein Protokoll. In unregelmäßigen Abständen jedoch kehrte er, wenn er nicht allein war, unversehens ganz andere Seiten heraus. Hielt sich nämlich ein anderer Offizier oder ein Zivilist mit im Raum auf, so pflegte Yermolov sich vor mir aufzubauen und mich lauthals zu beschimpfen und anzubrüllen, das Theater müsste ein Ende haben, ich sollte schließlich und endlich meine Spionagepläne und andere antisowjetische Aktivitäten zugeben. Wenn er auch nie so brutal außer Fassung geriet wie Kruglov und Yusupov und mancher Auftritt etwas Inszeniertes hatte, ermüdete mich diese Behandlung doch bis zur Erschöpfung. Vor allem fand ich es schwer erträglich, immer wieder lautstark mit beleidigenden Verdächtigungen und ehrenrührigen Worten beschimpft zu werden. Grauenvoll war es auch, des Nachts zum Verhör gerufen zu werden. Obwohl meine Nachtverhöre meist ruhig verliefen, konnte ich doch nie sicher sein vor plötzlicher physischer oder psychischer Misshandlung. Hin und wieder vernahm ich Geräusche, die die Vielfalt der Methoden ahnen ließen, deren sich diese Maschinerie zur Entlarvung von aktiven, passiven, potentiellen oder vermeintlichen Gegnern des Systems bediente.

In der Zelle musste innerliche Selbstbehauptung ständig und mühsam neu erkämpft werden. Ich haderte mit dem Schicksal: Gerade jetzt hatten sie mich verschleppt, als die Familie mich dringend gebraucht hätte. Und immer wieder meinte ich, dieses Unglück in seiner ganzen Härte nicht hinnehmen zu können.

Nicht lange nach Beginn der Untersuchungshaft wurde ich aus der Einzelhaft einen Stock tiefer in die Zelle 15 mit sieben Frauen verlegt. Abgesehen von der Enge, der schlechten Luft infolge des extrem heißen Sommers und den widerwärtigen, äußerst mangelhaften sanitären Verhältnissen empfand ich das oberflächliche Gezänk und oft unkameradschaftliche Verhalten einiger Mitgefangener schwer erträglich. Vor allem fehlte ihnen geistiges Rüstzeug, um sich mit dieser Lage auseinanderzusetzen. In der Einzelhaft war es in den verhörfreien Zeiten leichter gewesen, zu einem klaren Kopf zu finden und standhalten zu können. Zudem waren die Spitzel eine gefährliche Beigabe, derentwegen ich selten persönliche Gespräche wagte. Zwischendurch versuchte ich die Zellengenossinnen abzulenken mit Krimis, die ich als Kind heimlich gelesen hatte, wie *Der Club zur blauen Apfelsi-*

ne und *Der geheimnisvolle Saphirring*. Da ich Russisch konnte, wurde ich von der Aufsicht auch noch für Ruhe und Ordnung in der Zelle verantwortlich erklärt. Als Jüngste konnte ich das nicht bei allen durchsetzen. Besonders eine Kranke machte mir absichtlich Ärger, so dass ich mehrfach stundenlang zur Strafe an der Wand stehen musste. Diese gewalttätige Frau tyrannisierte die ganze Zelle, behauptete, ihre Schmerzen kämen von Hämorrhoiden und bedrohte mich, weil ich Berührungen mit ihr aus dem Weg zu gehen suchte. Ihr charakteristischer Hautausschlag ließ mich befürchten, dass sie an Syphilis im zweiten, höchst ansteckenden Stadium litt. Es bedurfte jedoch wochenlangen geduldigen, beharrlichen Bittens, bis endlich statt des Feldschers ein Majorarzt kam, der genügend Latein verstand, so dass ich gefahrlos den Hinweis auf die Krankheit wagen konnte. Zur großen Erleichterung der Eingeweihten verschwand sie dann endlich aus der Zelle.

Im Gefängnis ergab sich trotz aller Abschottung doch die Möglichkeit, sich zwischen den Zellen durch das Klopfen von Buchstaben – A ein, B zwei, C drei Schläge, und so weiter – zu verständigen. Aus den rhythmischen Geräuschen, die von verschiedenen Seiten zu hören waren, lernte ich, Kontakt mit anderen Zellen aufzunehmen. In der Einzelzelle musste ich nur auf den Posten achten; später war das Klopfen gefährlicher, weil meist Spitzel mit in der Zelle waren. Aber auch das Mithören der Botschaften der anderen Zellen untereinander bildete eine willkommene Informationsquelle.

Die Sorge um das Schicksal der Familie hatte mich besonders in den ersten Monaten in Potsdam sehr bedrückt. Mit der Zeit fand ich zu meiner Beruhigung heraus, dass die Gefangenen in den erreichbaren Zellen niemandem unseres Namens begegnet waren. Eine sehr verstörte Russlanddeutsche, die auch von Kruglov und Yusupov in Glindow traktiert worden war und vorübergehend in meine Zelle kam, erzählte mir, dass ihr dort eine dunkelhaarige Frau mit vier Fingern versteckt zugewinkt hätte, eine Geste, die typisch für Mutter war. Anschließend hätten ihr die Posten gesagt, dass das eine deutsche Ärztin war, die man entlassen hatte. Mutter erzählte mir später, dass ihre Kenntnis der russischen Literatur ihre Rettung gewesen war. Der Dolmetscher hatte sie gefragt: „Prostitutka, was denkst du?" „Über deine Methoden denke ich nach." „Die sind geheim", hatte er eingewandt. „Nein, es steht alles im Großinquisitor von Dostoyewski." „Kennen Sie die russische Literatur?", hatte er ganz erstaunt gefragt und ein Gespräch begonnen. Drei Tage später wurde sie freigelassen.

Yermolov hatte in den letzten Tagen nur wenige Fragen gestellt. Eines Tages betrat ein junger Offizier das Zimmer, als Yermolov gerade mit Schreiben beschäftigt war. Ich befürchtete nun erneut lautstarke Anwürfe Yermolovs. Aber diesmal geschah nichts dergleichen. Er legte sein Schreibzeug nieder und wandte sich in sachlichem Ton an den Besucher: „Schau dir nur einmal diese britische Spionin an. Sie hat nichts zu sagen, obwohl ich sie bereits seit endlosen Zeiten verhöre. Sie scheint wirklich sehr gefährlich zu sein, sie verschweigt einfach alles." Der Neue schaute zu mir. „Ich bin keine Spionin und habe deshalb auch nichts zu berichten", fühlte ich mich bemüßigt festzustellen. „Hör dir das an", äußerte Yermolov daraufhin kopfschüttelnd. Sie schauten zusammen irgendwelche Schriftstücke durch. Nach einer Weile fragte der andere, wie alt ich wäre. „Ein Jammer, so jung und dann hier", meinte er dann, wobei befremdlicherweise in seiner Stimme vernehmbar Mitgefühl mitschwang. Ganz freundlich bot er mir eine Zigarette an.

Nach zwei weiteren Tagen – Yermolov hatte mich nicht mehr rufen lassen – begann ich Hoffnung zu schöpfen. Ob sie mich endlich in Ruhe lassen würden? Doch in der nächsten Nacht wurde mein Name wieder durch die Klappe geflüstert, mit geräuschvoll rasselndem Schlüsselbund das Türschloss betätigt und die Eisenstäbe gelöst, um die Zellentür zu öffnen.

Diesmal führte man mich durch den vorderen Eingang des Nachbarhauses in ein großes Zimmer der Beletage, das zwar in einer Ecke die übliche Möblierung der Verhörsräume – Schreibtisch und quer stehender Tisch mit Holzstühlen davor – aufwies, im übrigen aber mit üppigen Vorhängen, bequemen Ledersesseln und Perserteppichen ausgestattet war. Der am Schreibtisch sitzende Offizier in elegant geschneiderter Uniform deutete auf einen der Holzstühle am zweiten Tisch. „Kommen Sie näher, nehmen Sie Platz." Sein höflicher Ton ermangelte indes jeglicher wohlwollender Nuance. Über kaum zwei Meter Entfernung konnte ich mein Gegenüber betrachten, einen rothaarigen, gut mittelgroßen Mann mit großer fleischiger Nase im regelmäßigen Gesicht und intelligenten grüngrauen Augen hinter Brillengläsern, deren harter Ausdruck sich auch nicht veränderte, wenn er lächelte. Er hatte Manieren, spuckte nicht in den Papierkorb und gebrauchte mir gegenüber keine vulgären Schimpfworte. Im Vergleich zu den Umgangsformen der anderen empfand ich sein korrektes Verhalten zwar nicht weniger bedrohlich, aber wegen der adäquateren Sprache doch besser erträglich.

„In welcher Zelle sind Sie?" „In der 15." „Wer ist dort bei Ihnen? Namen!" „Ich weiß nicht, eine heißt, glaub ich, Gerda, vielleicht auch Gisela und die andere, wie heißt die noch mal", versuchte ich Nachdenken vorzutäuschen, während mein Gegenüber nicht erkennen ließ, ob er mein Manöver durchschaut hatte. „Schon gut, es ist nicht wichtig, aber sicherlich erinnern Sie sich an den Namen des britischen Offiziers, der Sie zur Spionage verpflichtete." „Niemand hat mich zur Spionage verpflichtet. Ich verstehe nicht, warum Sie mir das immer wieder vorhalten.

Die Briten sind doch schließlich ebenso Ihre Alliierten wie die Amerikaner und Franzosen." „Sie wissen doch sehr gut, dass keinerlei Freundschaft oder ähnliche Verbindung zwischen Ost und West bestehen kann. Alliiert waren wir nur, um Hitler-Deutschland zu zerschlagen, was wir übrigens ebenso gut ohne die anderen geschafft hätten. Die Kämpfe gegen die deutschen Truppen hat ja ohnehin die Rote Armee allein bestritten. Aber ganz abgesehen davon wissen Sie doch auch, dass Kapitalisten und Kommunisten nie Freunde sein können und dass eines Tages ein Krieg zwischen ihnen stattfinden wird." „Oh, das hätte ich nie gedacht", äußerte ich daraufhin und überlegte, worauf er damit hinaus wollte. „Ach, erzählen Sie mir so etwas nicht", fuhr er fort, „wenn Sie es nicht wussten, hat es Ihnen ganz sicher der British Secret Service gesagt. Deshalb hat man Sie auch als Spionin angeworben." „Aber nein, die Briten haben mich nicht zur Spionage angeworben. Sie hielten mich wegen meiner russischen Aussprache ähnlich wie sowjetische Kontrolleure für eine nicht repatriierte Russin mit falschen Papieren. Wie Sie wissen, suchte der British Grave Service, der gefallene britische Soldaten aus der SBZ auf Friedhöfe in ihrer Heimat überführt, für einige Wochen jemanden mit englischen und russischen Sprachkenntnissen. Die Briten aber hielten meine Papiere für gefälscht und glaubten mir nicht. Als mein Onkel, der Landesbischof von Berlin und Brandenburg, ihnen meine Identität bestätigte, ließen sie mich gehen. Aber von Spionage war keine Rede. Der British Secret Service ist wahrscheinlich deshalb so berühmt, weil er keine Jugendlichen als Spione engagiert."

„Nach unseren Gesetzen sind Sie längst erwachsen und in jeglicher Hinsicht voll verantwortlich. Aber darum geht es gar nicht. Woher wissen Sie das überhaupt? Wenn Sie nicht eine berufsmäßige Spionin wären, wüssten Sie so etwas gar nicht." „Ich habe das in Spionageromanen gelesen", versetzte ich wahrheitsgemäß. Aber nun erboste er sich zusehends. „Was für Bücher sollen das sein?" Er tat so, als ob er von solcher Unterhaltungsliteratur nichts wüsste. Mir hingegen war nicht bekannt, dass diese Art Lesestoff in der Sowjetunion nicht gerade verbreitet war. „Sie sind eine richtige Spionin und ich möchte wissen, wann Sie sich endlich herbeilassen werden, uns die Wahrheit zu bekennen." „Ich habe Ihnen die Wahrheit gesagt, ich bin keine Spionin, und mehr ist dazu nicht zu sagen." Jetzt klang seine Stimme versteckt drohend: „Nichts haben Sie uns gesagt, und ich rate Ihnen im Guten, gehen Sie in sich. Wir werden Sie solange hier festhalten, bis wir alles über Sie herausgefunden haben. Verstehen Sie doch", hier war er sichtlich wieder um eine wohlwollende Tonlage bemüht, „wir wollen doch Ihr Bestes. Seien Sie ein gutes Mädchen und sagen Sie endlich die Wahrheit. Bisher haben Sie überhaupt nichts ausgesagt, das wissen Sie ebenso gut wie wir. Dennoch, wir wollen Ihnen helfen, dass Sie möglichst bald hier herauskommen. Aber das geht nur, wenn Sie endlich aussagen. Denn", hier bekam seine Stimme wieder einen drohenden Unterton, „unsere Geduld ist nicht endlos und wir werden andere Maßnahmen ergreifen, wenn Sie weiter die Wahrheit verschweigen." „Aber stecken Sie mich doch in Ihren Karzer oder erschießen Sie mich. Ich habe trotzdem nichts auszusagen und im übrigen bin ich keine Spionin." „Was soll das, wir haben keine Karzer. Ihre Briten haben so etwas, wir arbeiten nicht mit solchen Methoden. Ich gebe zu, dass Sie keine Spionin sind, aber die Briten wollten, dass Sie eine würden. Alles, was Sie sagen müssen, ist, wie sie das anfingen. Wahrscheinlich hat man Sie irgendwie gezwungen, nicht wahr? Das ist üblich bei ihnen. Denken Sie nach, Sie müssen sich doch erinnern. Möglicherweise hat man Sie hintergangen, und Sie haben irgendetwas unterschrieben ohne zu wissen, um was für eine Art Vertrag es sich handelte. Ich verstehe, dass Sie nicht für Zigaretten arbeiteten, aber sicherlich hat man Ihnen irgendeine Summe Geldes gegeben. Und es wäre besser, wenn Sie es jetzt zugeben, weil es später schlechter für Sie sein wird."

Mit allen möglichen Nuancen, mal drohend, mal in vertraulichem Ton, einmal auf väterliche Weise, dann wieder sarkastisch spitz, aber stets äußerst eloquent versuchte er auf mich einzuwirken, dass ich etwas zugeben sollte, was ich doch nicht getan hatte: „Geben Sie zu, dass … Geben Sie zu, dass …". Dabei reicherte er seine Fragen mit Unterstellungen an, die ich nicht ignorieren konnte, auf die ich eingehen musste, vorsichtig und höflich, um ihn nicht unnötig zu reizen. Stunden vergingen. Endlich, kaum zwei Stunden vor dem Wecken in der Zelle, entließ er mich, nicht ohne mich zu ermahnen: „Überdenken Sie die Angelegenheit ja in der Zelle."

In der nächsten Nacht wiederholte sich das Ganze erneut. Zwischendurch hielt er mir vor, dass ich undankbar hinsichtlich der sowjetischen Wohltaten wäre und zu deutlich meinen Hass auf die Russen zeigte. Daraufhin erinnerte ich an unseren Umgang mit den Kriegsgefangenen und dass wir sie unter eigener Lebensgefahr versteckt hatten. Nun warf er mir vor, ich wäre so ablehnend und unaufrichtig, dass ich sogar sowjetfeindliche Gespräche in der Zelle leugnete. Daraufhin erwiderte ich, es wäre ja vor zwei Tagen wieder ein Spitzel in die Zelle gesetzt worden, was sie denn sonst noch von mir berichtet hätte. Ich war mir meiner Sache ziemlich sicher und brachte diese ungeheuerliche Frechheit sehr sachlich vor. Diesmal gab er vor, nicht zu verstehen, wovon ich sprach, und ließ sich noch eine ganze Weile über meine üble destruktive Einstellung aus; immerhin wurde die Betreffende am nächsten Tag aus der Zelle verlegt. Glücklicherweise folgte ein Samstag, an dem ich wieder einmal schlafen durfte, bevor er mich in der darauffolgenden Nacht erneut rufen ließ.

Diesmal zog er andere Seiten auf. Als ich eintrat und mechanisch einige Schritte vorwärts ging in Richtung des Tisches, sagte er unversehens mit schneidender Stimme: „Halt, gehen Sie zurück! Stellen Sie sich an die Wand. Sie zeigen nicht das Benehmen, wie man es von netten Leuten erwartet." Ich überlegte, warum er mich nun wieder wie ein ungezogenes Kind behandelte. Erneut drehte und wendete er seine Worte und Angriffe in endlosen Variationen. Dann zeigte er auf eine Pelzmütze und eine Tellermütze, die auf dem Tisch lagen: „Eto schapka i eto furaschka." Er benannte sie mit den richtigen Bezeichnungen. Danach aber zeigte er auf die Pelzmütze und bezeichnete sie nun als Tellermütze und umgekehrt. Das setzte er etwa eine halbe Stunde fort. Ich stand da, ebenso müde wie ratlos. „Geben Sie doch endlich zu, dass die Pelzmütze eine Tellermütze ist!" „Ich sehe es nicht so, die Tellermütze ist doch keine Pelzmütze." „Sie sind entsetzlich starrköpfig und haben einen schlechten, renitenten Charakter," schrie er mich an. „Geben Sie zu, dass die Pelzmütze eine Tellermütze ist!" und setzte das Spiel aufs unfreundlichste fort. Stundenlang ließ er mich stehen und forderte mich ständig auf, mich zu diesem offensichtlichen Blödsinn zu äußern. Ich wusste nicht, dass man mit solchen Methoden systematisch die Selbstbeherrschung zu untergraben und damit die Widerstandskraft zu lähmen beabsichtigte, bemühte mich aber, möglichst sachlich auf die wechselnden Taktiken einzugehen, um nicht noch mehr grobe Demütigungen herauszufordern. Weil mir die Knie weich wurden, versuchte ich schließlich dieser mir sinnentleert erscheinenden circulus-vitiosus-Tortur mit Pelz- und Tellermütze ein Ende zu machen, indem ich in möglichst ruhigem Ton hervorbrachte: „Entsprechend der von Ihnen geäußerten Meinung ist die Pelzmütze eine Tellermütze. Ich gebe also zu, dass nach Ihrer Meinung die Pelzmütze eine Tellermütze ist." Darauf hatte mein Gegenüber offenbar nur gewartet. Jetzt erhob er sich nämlich pathetisch aus seinem Sessel. „Sehen Sie, was für eine Lügnerin Sie sind, soeben haben Sie selber die Tellermütze als Pelzmütze bezeichnet. Selbstverständlich ist die Tellermütze keine Pelzmütze." „Ich habe Sie zitiert. Sie sagten, die Pelzmütze wäre eine Tellermütze." „Es ist ganz gleichgültig, was ich sagte! Was Sie sagten, ist wichtig." Jetzt gab er sich ungeduldig. „Wegen Verlogenheit und Renitenz lasse ich Sie verschärften Haftbedingungen unterziehen. Raus mit Ihnen." Der Posten erschien, aber es geschah nichts Ungewöhnliches, ich wurde in die Zelle zurückgebracht. Bevor ich einschlief, dachte ich, was für einen scheußlichen Beruf dieser Mann doch hatte.

In der folgenden Nacht musste ich mich auf den Hocker neben der Tür setzen. Eine Weile herrschte Schweigen. Dann fragte er mich in sachlichem Ton, als ob wir uns in einer allgemeinen Konversation befänden: „Glauben Sie an Gott?" Ich bejahte. Obwohl ich meine schwierigen Zweifel hatte, kam für mich hier nur ein Ja in Frage. „Sie sind kulturlos, ein Mensch von Kultur glaubt nicht an Gott. Ihr Vater ist Professor, ganz sicher glaubt er nicht an Gott, er weiß ebenso wie wir in der Sowjetunion, dass das alles erlogen ist und dass die Kirche die Menschen verdummt." Hier hatte ich eine Eingebung, ungeachtet meiner Müdigkeit: „Aber was ist Leben? Wie entsteht es? Ist es ein Zustand oder ein Prozess oder eine Zelle? Woher kommt die Energie?" Dazu führte er die damals gängige Eiweißtheorie an. „Das geht am Kern der Sache vorbei", beharrte ich, „es beantwortet meine Frage nicht." „Unsere Wissenschaft ist erst dreißig Jahre alt", räumte er immerhin ein, „wir haben noch nicht alles erforschen können, aber in naher Zukunft werden wir auch das beweisen." „Solange Sie mir das nicht beantworten können, haben Sie keinen Beweis gegen Gott als Lebensspender." „Ja, und wenn schon, was hilft es Ihnen", meinte er nun grinsend, „Sie behaupten, Sie säßen unschuldig in der Zelle. Warum verhilft er Ihnen nicht in die Freiheit? Ich glaube nicht an Gott. Mir geht es gut, ich habe meine Familie und ein schönes Leben, kann ins Theater gehen, Bücher lesen und tun, was mir gefällt."

Anschließend begann er wieder sein Fragenspiel. „Was für eine politische Einstellung haben Sie?" „Ich interessiere mich für demokratische und soziale Fragen", äußerte ich vorsichtig, „aber ich habe noch keine Klarheit." „Warum, was wollen Sie damit sagen?", bohrte er weiter. „Ich hätte gerne eine Demokratie, wo Menschen ungeachtet ihrer Herkunft weiterkommen können und nicht daran gehindert werden." „Genau so ist es bei uns im Sozialismus." „Kann sein, dass es bei Ihnen in der Sowjetunion so ist, aber hier dürfen Menschen nicht studieren, weil der Vater eine Stellung oder Besitz hatte. Und selbst wenn die Regierung mit neuen Gesetzen den Vater enteignet, warum darf der Sohn, der damit nichts zu tun hatte, nicht studieren? Das ist doch Sippenhaftung. Insofern kann man nicht sagen, dass gleiche Rechte für jedermann gelten. Und ich habe nicht gesehen, dass die Besatzungsmacht dagegen eingeschritten wäre." „Weil diese Leute eben nicht progressiv sind, sondern eine reaktionäre Einstellung haben. Wir wünschen nicht, solche Dornen in unserem Fleisch zu dulden. Wir fühlen uns den progressiven Deutschen verbunden und helfen ihnen, sich von allen feindseligen Elementen zu säubern, die einer Volksdemokratie im Wege stehen könnten. Wir sind schließlich nur in dieses Land gekommen, um die Deutschen von ihren Unterdrückern zu befreien und um ihnen allen den Sozialismus und später den Kommunismus zu bringen. Sie werden sich glücklich schätzen dürfen, wenn sie eines Tages etwas von der Kultur des sowjetischen Volkes übernehmen können, die auf der Grundlage kommunistischer Prinzipien entwickelt wurde." Jetzt wollte er mich doch wirklich für dumm verkaufen. „Waren denn Ihre Methoden nach der Revolution 1917 nicht ziemlich destruktiv? Haben Sie nicht die Mehrheit Ihrer Intellektuellen ausgelöscht? Das lässt uns doch etwas zögernd den Kommunismus betrachten." Es tat mir gut, endlich einmal meine Meinung gesagt zu haben; und wenn er mich jetzt anbrüllte, hätte er wenigstens einen Grund gehabt. Aber nein, diesmal blieb er sachlich: „In jener Zeit waren Opfer nötig und wir haben manchen Fehler gemacht." „Warum sind dann jetzt so viele Leute eingesperrt, die weder Nazis waren noch sonstige Verbrechen begangen haben, soweit das uns Deutsche betrifft?" „Bei ihnen handelt es sich um Gesetzesbrecher und wir ahnden alle Verbrechen, um der jungen deutschen Demokratie beim Aufbau ihrer politischen Strukturen zu helfen. Deshalb verfolgen wir die Faschisten und die Kapitalisten, die die Arbeiter ausgebeutet haben, und außerdem Spione. Und deshalb sind Sie hier. Ihre ganze Familie besteht aus Spionen. Nehmen Sie die Auslandsreisen Ihres Vaters. Wer hat die sanktioniert? Was hat er denn in China gemacht?" „Forschung." „Dass ich nicht lache. Und in USA wohl ebenso? Wir lassen Spione nicht in unser Land." „Ja, das ist eine Ausrede", entgegnete ich verärgert wegen der Verdächtigung Vaters, „weil Sie jede andere Nation beargwöhnen oder verachten." „Nein", hielt er mir triumphierenden Tones entgegen, „wir sind Internationalisten, wir lieben alle Völker. Sie sollen glücklich werden und gleiche Rechte haben. Wer das nicht will, ist unser Feind; hingegen, wer das auch will, kann nur ein Kommunist sein. Sie in den westlichen kapitalistischen Ländern, Sie wollen reich werden, indem Sie die Arbeiterklasse exploitieren, deshalb bekämpfen Sie den Kommunismus. Sie unterdrücken die Arbeiter als Sklaven und lassen ihnen keine Freiheit, Sie angloamerikanischer Vasall."

„Aber die Sklaverei ist abgeschafft", hielt ich entgegen, „und unsere Arbeiter leben nicht schlecht. Meine Eltern und ihre Kollegen arbeiten mit ihrem Kopf und wir haben kein Eigentum, das wir anderen gestohlen hätten." „Ach was, Sie hatten KZs und brachten Millionen Menschen um. Die Sowjetunion ist menschenfreundlich und hat Ihnen die Freiheit gebracht." „Warum darf dann aber nicht frei ohne Zensur publiziert werden und warum werden Leute eingesperrt, die nicht für Ihre politische Linie sind?" „Wir wollen die Menschen glücklich machen. Wir erlauben deshalb keine schlechten oder irreleitenden Einflüsse, die ihre gesunde Weltanschauung zerstören, bevor sie politisch reif sind und selbst urteilen können. Bis dahin zeigen wir ihnen den Weg zum guten Leben im Sozialismus auf dem Weg zum Kommunismus. Kindern erlaubt man auch nicht, alles anzusehen oder zu lesen, was sie wollen." „Nein, Kinder dürfen auch bei uns vieles nicht, aber Erwachsene, sagt mein Vater, werden in einer Demokratie nicht gezwungen, eine politische Linie, die die Regierung diktiert, zu übernehmen. Das wollten doch die Nazis, und meine Eltern und ihre Freunde litten darunter, dass sie nicht ihre Meinung äußern durften. In einer Demokratie wie in USA oder Großbritannien fürchtet man nicht die unterschiedlichen Meinungen der Bürger. Und was machen Sie mit Leuten, die den Kommunismus ablehnen?" „Nun, solche Leute werden wir von ordentlichen Menschen isolieren und sie umerziehen. Wir halten sie für krank. Es tut uns jedoch leid um sie. Wir haben humanitäre Prinzipien und bringen niemanden um, weil er unsere Ordnung ablehnt. Aber leider verstehen manche Menschen nicht, was gut für sie ist. Deshalb erziehen wir sie um, und wenn sie nicht lernen wollen, werden wir sie dazu zwingen. Sehen Sie, Sie kommen aus einer geistig tätigen Familie mit guten Prinzipien. Alle arbeiten und lernen, nur Sie sitzen hier in Untersuchungshaft. Sie sollten sich bewähren, damit wir Ihnen vertrauen können", kam er auf seine beabsichtigte moralische Nutzanwendung zurück. „Aber wie denn, welchen Schaden habe ich Ihnen denn zugefügt?" „Es geht da um potentiellen Schaden, den Sie uns zufügen, weil Sie nicht bewiesen haben, dass man Ihnen vertrauen kann. Bei uns hat ein Mensch viele Möglichkeiten, seine Einstellung nachprüfbar unter Beweis zu stellen. Und Sie sprechen schon Ost- und Westsprachen und hatten bereits Kontakt mit unseren Alliierten!"

„Ich glaube zu verstehen", erschreckt beeilte ich mich, auf seine Äußerung einzugehen, „dass gute diplomatische Kontakte zwischen den Staaten viele Missverständnisse und Spannungen ausräumen können. Aber ich bin Deutsche, außerdem noch unerfahren und habe weder die Schule noch ein Studium beendet. Deshalb komme ich so bald nicht für solch eine offizielle Betätigung in Frage. Inoffizielle Beobachtungen aller Art, ob Spionage oder sonstiges, das wurde uns zuhause schon als Kindern klargemacht, sind ehrenrührig und verwerflich und ich wäre unter gar keinen Umständen dazu bereit." „Nur leider denken Sie eben nicht daran, dass Sie verdächtig sind, selbst wenn Sie noch nichts mit Spionage zu tun gehabt hätten. Schon allein mit Ihrer tadelnswerten, kosmopolitisch kontaminierten Einstellung, die den potentiellen Gegner verrät, haben Sie das Recht verwirkt, unter freien demokratischen Menschen zu leben. Davon habe ich mich inzwischen zur Genüge überzeugen können." Damit beendete der Oberuntersuchungsrichter seine Ausführungen und schickte mich in meine Zelle zurück. Mir war ziemlich schwächlich zumute; dennoch hoffte ich, mich einigermaßen geschlagen und der Familie keine Schande gemacht zu haben.

Nach zwei Tagen Pause wurde ich wieder meinem vorherigen Verhörsoffizier vorgeführt. Diesmal rief Yermolov mich an den Tisch. In einem Ton, der ein gewisses Wohlwollen nicht verbarg, meinte er: „Na, was hast du dem Vorgesetzten

Neues berichtet?" „Es gibt nichts zu berichten", stellte ich lakonisch fest. „Ja, weißt du", meinte er unerwartet freundlich, „jetzt wird die Untersuchung beendet. Nur schade, dass du in diese Innere Abteilung geraten bist. Dein Fall wird deshalb in Moskau entschieden, und unter 10 Jahren Arbeitslager geht da nichts." Diese niederträchtige, folgenschwere ‚Aufmerksamkeit' hatte ich sicher Kruglov zu verdanken, der am Rande erwähnt hatte, dass sein Vater sowjetischer Innenminister wäre (Anm: Einen Innenminister dieses Namens gab es zu jener Zeit). „Vielleicht", fuhr Yermolov fort, „vielleicht dauert es ja auch nicht ganz so lange. Ich hätte dich lieber mit einem Stock nach Hause gejagt. Ich weiß ja, dass du an deiner Familie hängst." Er ließ mir indes keine Zeit, auf diese für mich ungeheuerliche Eröffnung einzugehen. „Übrigens, du hast doch deiner Mutter in der Ambulanz geholfen. Was für ein Examen war dafür nötig, etwa so ähnlich wie das für Krankenschwestern? Gab es nicht solche Kriegskurse? Solch eine Qualifikation könnte dir im Lager helfen, nicht nur auf allgemeiner Arbeit zu bleiben." Dass der Ausdruck ‚allgemeine Arbeit' schwerste körperliche Arbeit bedeutete, war mir natürlich nicht bekannt, aber auf sein Drängen gab ich Kurse für den Gesundheitsdienst an, die ich in Leipzig und in Bonn belegt hatte, um den Dienst bei dem BDM, der weiblichen Hitlerjugend, zu umgehen. An diesem letzten Tag zog Yermolov ein Mitbringsel für mich aus seiner Aktentasche. Etwas umständlich wickelte er eine in Teig gebackene Fleischpirogge aus und legte sie mit einer leicht verlegenen Geste vor mich: „Iss wenigstens." Nach dieser Mini-Henkersmahlzeit verabschiedete er mich.

□

Am 4. Oktober musste ich bei dem pathetischen Leitenden Staatsanwalt den § 206 unterschreiben. „Damit ist die Untersuchungshaft abgeschlossen", meinte jener lapidar. „Noch Fragen?" „Ja", nahm ich das Wort eingedenk dessen, was Yermolov mir eröffnet hatte, „wer kann mich eigentlich verurteilen? Ich habe keine Schuld zu bekennen." „Nun, dafür gibt es Leute und Wege auch ohne dein Einverständnis", beschied er mich wahrheitsgemäß. „Ja, aber warum?", ließ ich nicht locker, „ich habe doch kein Verbrechen begangen." Und dann kam der schicksalhafte Satz: „Aber du hättest uns sehr viel schaden können. Das wollen und müssen wir nicht dulden. Indes bist du noch so jung, und deshalb isolieren wir dich und werden dich zu einem positiven Mitglied einer progressiven Gesellschaft mit demokratischer Ordnung umerziehen." Diese Worte brannten sich mir ein.

Am Weihnachtsabend wurde ich zum Gefängniskommandanten gerufen. Er legte mir ein Blatt im DIN A5-Format vor: „Unterschreib!" Ich hatte zur Kenntnis zu nehmen, dass das Sondergericht OSO in Moskau mich am 22.11.1947 wegen des

Verdachts der Verbindung mit den Engländern zu 10 Jahren Arbeits-Umerziehungslager verurteilt hatte. So hatte es Yermolov vorausgesagt. Gleichwohl empfand ich diese Kundgabe einer Verurteilung ohne nachgewiesene Schuld schwarz auf weiß als ungeheuerlich. „Ziemlich viel, 10 Jahre für nichts", brachte ich heraus, so trocken ich konnte. „Sei zufrieden damit. Wenn du was verbrochen hättest, wären 25 Jahre fällig gewesen", kam der wohlmeinende Kommentar, der sogar den tatsächlichen Verhältnissen entsprach. Dann wurde ich in den Keller gebracht. Ein seltsamer, kurzer Weihnachtsabend folgte. In der düsteren Zelle für Verurteilte waren wir zu dritt, die beiden anderen hatten vom sowjetischen Kriegsgericht Potsdam 25 Jahre bekommen. Nach wenigen Sätzen versiegte das Gespräch.

Am nächsten Morgen ergänzte ein wohlwollender Uniformierter in der Kleiderkammer meine dürftige Ausstattung mit einer Gefängnisdecke, zwei neuen Männerunterhemden und -unterhosen, einem Uniformrock für Frauen und einem bunten, gehäkelten Kissenbezug. Dann wurden mir Handschellen angelegt. Ein mit zwanzig verurteilten russischen Soldaten und einem Deutschen beladener LKW, bewacht von einem Hund und zwei Posten mit Maschinenpistolen, lieferte uns gegen Abend am Weihnachtstag in der alten Soldatenfestung in Torgau ab. Von dort wurde ich am 13. Februar 1948 in einen großen Gefangenentransport nach Russland verladen.

Aber abseits, wer ist's? Hinter ihm schlagen die Büsche zusammen, kein Weg führt zu ihm.

J. W. Goethe

Ankunft im GULag-Archipel des Nordens

· Kirov: Wanzen und moderne Malerei ☐ Im ‚Waggon Sak' mit Dieben ☐ Vorkuta-Peresylka –
Tee bei Galina Dal ☐ Etappe im Schnee mit Sascha Mascha

Die Zellenwände aus roh behauenen Baumstämmen erinnern an das Innere einer Blockhütte. Durch eine winzige vergitterte Luke am Ende des schmalen, länglichen Raums dringt spärliches Tageslicht, das den düsteren Raum wie auch die Tag und Nacht brennende elektrische Birne über der Tür kaum zu erhellen vermag. Über allem liegt ein schmutziges Graubraun. Nur ein schmaler Gang trennt die an einer Längsseite übereinander angebrachten Pritschen von der gegenüberliegenden Wand. Die reichlich mit Eisen beschlagene Tür ist von zwei wichtigen Holzgefäßen eingerahmt: Auf einem Holzbock steht rechts der Trinkwasserbottich, mit abnehmbarem Deckel und einem Zapfhahn versehen. Gegenüber in der ausgesparten Ecke neben dem von außen zeitweilig beheizten Ofen befindet sich zu ebener Erde der Kübel. Während der Wasserbottich einem schmalen, hochkant stehenden Fass ähnelt, unterscheidet sich der Kübel von einem Holzeimer nur durch Griffe an beiden Seiten. Auch hier schirmt ein Holzdeckel den Blick auf seinen Inhalt ab, ist aber gegen seine Ausdünstungen so gut wie wirkungslos. Die Schwaden verschiedener Übelgerüche liegen miteinander im Wettstreit, selbst das als Desinfektionsmittel reichlich eingesetzte Chlor kommt gegen die jahrelang von Fäkalien durchtränkten Wände des Kübels nur vorübergehend an. Wegen der in dieser Zelle besonders gut gedeihenden Wanzen werden Bretter und Wände oft und ausgiebig mit Karbol getränkt, allerdings ohne erkennbaren Erfolg; denn die Wanzen stürzen sich des Nachts in unvermindertem Scharen auf ihre Beute. Ich bin von roten, juckenden Bissstellen übersät, die Plagegeister zu erschlagen oder zu zählen habe ich inzwischen aufgegeben. Erst in einigen Jahren werden sie mich links liegen lassen und sich am frischen Blut der Neuankömmlinge gütlich tun.

Die Folgen einer kaum überstandenen Ruhr zwingen mich, oft den Kübel aufzusuchen. Dazu muss ich von meiner Pritsche oben am Stützpfahl hinunterklettern und auch die zur Vermeidung größerer Katastrophen benötigte Zeit und Kraft richtig abschätzen, was manchmal aufgrund unvorhersehbarer Hindernisse durch Konkurrentinnen nur mühsam gelingt, eine erschöpfende, ekelerregende Prozedur.

„Nimm es nicht so schwer, du wirst dich schon gewöhnen." Meine Nachbarin, Tjotja Anya, eine einfache, ältere Frau aus der Gegend von Orel, schiebt mir ein paar getrocknete Brotstückchen und einen Becher mit noch dampfendem Wasser hin. In diesem Gefängnis gibt es statt Tee zweimal am Tag abgekochtes Wasser. Sie gibt mir ihren eigenen Blechbecher, sonst müsste ich auf den Zellenbecher warten. Bis da aber die Reihe an mich kommt, ist das Wasser nur noch lauwarm und allerlei undefinierbare Rückstände schwimmen darin herum. Die Trinkwasserration ist ziemlich knapp, und außer Brot gibt es noch jeden Tag eine mit Sojamehl gekochte Suppe, die mir aber nicht bekommt. Meine Nachbarin löffelt meinen Anteil mit. Wir hocken nebeneinander. Ich ziehe die Beine seitlich an und stütze mich mit dem Ellenbogen auf mein Bündel, ein Stück Gefängnisdecke, in dem ein winziges Kopfkissen – 10 x 20 cm – mit Federn, Mutters Mantel, eine Männerunterhose und ein paar andere Habseligkeiten zusammengewickelt sind. So bin ich einigermaßen bequem gelagert, ohne mit der stinkenden, klebrigen Wand in Berührung zu kommen. Tjotja Anya schenkt mir gelegentlich Suchari - Brotrinden aus ihrem Säckchen. Im Gefängnis in Orel hat sie in der Küche gearbeitet und vorsorglich Brot getrocknet und gespart. „Vielen Dank, Tjotja Anya, wenn ich Ihre Suchari nicht hätte." „Ach, Kindchen, die paar Rinden. Es ist ja so wenig. Du brauchtest ein Hafersüppchen und sonst etwas Kräftiges. In Orel war es viel besser, da hätte ich dir noch ein bisschen helfen können. In der Küche dort gab es öfters mal Reis. Gelegentlich hat mir auch meine Tochter etwas Gutes zugesteckt, Weißbrot und manchmal Zucker. Einmal hat sie sich sogar ein Stückchen Speck abgespart, das gute Kind. Sie bekommen draußen in der Freiheit auch nicht viel und sie hat noch Mann und Kind. Ach, wie schrecklich ist es hier doch", übermannt sie dann wieder der Kummer, „wäre ich doch wenigstens in der Heimat. In Orel durfte sie mich doch manchmal besuchen. Aber jetzt! Wohin sie uns schicken, dort ist ja nicht einmal mehr Russland. Wie soll ich wohl je wieder zurückkommen? Ach, lieber Gott, gib, dass ich dort nicht sterben muss. Ich möchte doch meine Tochter wiedersehen." Sie verstummt wieder, erneut vom Trennungsschmerz gequält, eines der unzähligen Opfer einer erbarmungslosen Nachkriegspolitik. In ihren grauen Röcken und dem großen, grauen Kopftuch schaut sie mit einem müden, hoffnungsarmen grauen Ausdruck in ihrem verarbeiteten, gutmütigsorgenvoll verknitterten Gesicht vor sich hin. Und doch hat sie noch Güte und menschliche Wärme zu verschenken.

In dieser Zelle gibt es nebeneinander zwei Welten. Hier um mich herum grauzerlumpte Namenlose, ausgeliefert der unwägbaren Willkür ihres leidvollen Schicksals. Weiter vorne im selben Raum ein kaum fassbarer Kontrast: Eine Gruppe von Damen verschiedenen Alters aus Moskau, deren lebhafte Unterhaltung in gepflegtem Russisch eher an einen Damentee erinnert. Von ihrer unmittelbaren Umgebung scheinen sie kaum Notiz zu nehmen. Sie tragen gut erhaltene eigene Kleidungsstücke und gehören offensichtlich zur besseren Moskauer Gesellschaft. Eigentlich überraschend gut aussehende Frauen, einige sind ausgesprochene Schönheiten.

Die burschikose Kira Pokrovskaja gibt sich erfrischend unbekümmert. In ihren aparten schrägstehenden slawischen Augen blitzt ab und an ein amüsiert lustiger Ausdruck auf. Sie hat schon im Zug von Moskau neben mir gelegen, mich ohne Umstände gleich ein wenig ausgefragt, mir aber auch sehr freimütig über sich und die anderen erzählt. Mit ihren schnellen, ironisch-schnoddrigen Bemerkungen – auch gegenüber dem Wachpersonal – macht sie einem immer mal Komisches an unserer Lage bewusst. „Weißt du, wir Jüngeren sind hierher geraten wegen Beziehungen zu irgendwelchen Ausländern aus dem Westen, die im Kriege und danach als Alliierte bei uns in Moskau stationiert waren. Unter den Ausländern waren ganz schicke Männer und es gab tolle Dinge zu essen und zu trinken, vieles kannten wir kaum dem Namen nach. Meist hat dann eine Liebesgeschichte den Ausschlag gegeben. Na, du weißt ja." Ich schaue sie fragend an. „Das allein war es nicht", fährt Kira in ihrer offenherzigen Art fort, „die Politabteilung verlangte Berichte über die persönlichen Kontakte, sie ließen einen kommen und hielten einem die politische Bedeutung vor. Aber was interessiert mich schon die Politik?"

„Wofür verurteilte man euch denn eigentlich?" „Oh, es fehlt ihnen nicht an Begründungen, sie handeln mit mehreren Paragraphen", meint Kira wegwerfend, „Sabotage, Vaterlandsverrat und so weiter. Aber meist schicken sie einen mit einem halbpolitischen Paragraphen als ‚sozial gefährliches Element' ins Lager. Der § 7.35 liefert fünf bis sieben Jahre als übliches Strafmaß. Aber, weißt du, die zu Hause werden schon was unternehmen. Das dauert hier sicher nicht lange."

Trotz der gefürchteten Geheimpolizei geben sich besonders die jungen Moskauerinnen gar nicht eingeschüchtert. Sie nehmen die Verurteilung zu mehrjähriger Zwangsarbeit offensichtlich nicht ganz ernst und sehen die Begleitumstände eher als vorübergehende Unannehmlichkeit und schon gar nicht als hoffnungslos an. „Weißt du, Galina und ich, wir kennen uns noch von der Schulbank." Kira deutet auf eine sehr anziehende, zierliche, blonde junge Frau ein paar Pritschen weiter. „Wir durften zwar anschließend nicht studieren, aber dank der Verbindungen unserer Eltern in Moskau bleiben. Mal haben wir in einer Fabrik und mal im Krankenhaus gejobt, wie es sich so ergab. Galina Manina-Fouqeau ist übrigens schon Witwe. Sie war kaum ein Jahr mit einem französischen Piloten verheiratet, der in Moskau stationiert war. Auf einem Tanzfest hatten sie sich kennengelernt. Er wollte sie mit nach Frankreich nehmen. Auf einem Flughafen in der Nähe von Moskau ist er bald nach der Hochzeit abgestürzt. Kurz darauf haben sie Galina verhaftet. Wer weiß, möglicherweise wollten sie verhindern, dass Galina nach Frankreich auswandert. Immerhin, die beiden waren richtig verheiratet, das wurde bei uns nur sehr selten erlaubt." Galinas blaue Augen haben einen sehr sanften, fast ein wenig entrückten Ausdruck, aber die Stupsnase in ihrem Gesicht ist lustig. Später erfuhr ich von Kira, dass Galinas Vater, ein leitender Funktionär in der Schwerindustrie, ihre Freilassung nach kaum zwei Jahren Lageraufenthalt erwirken konnte.

Die Musikstudentin Marina, Tochter eines hohen Ministerialbeamten, ist eine rassige Schönheit. Unter schmalen dunklen Augenbrauen große graue Augen, eine leicht geschwungene Adlernase und ein schön geschnittener Mund. Sie ist sehr angenehm anzuschauen. Marina ist im Vergleich zu den anderen sehr schweigsam. Wahrscheinlich kann sie ihre unglückliche Liebe und den Verlust des Musikstudiums nicht so leicht verwinden. Wie mag sie wohl aussehen, wenn sie glücklich und unbeschwert ist? Die rundliche, freche Natascha Lebedeva mit ihrem dicken blonden Zopf ist ebenfalls eine auffallend hübsche Erscheinung, allerdings nicht selten beeinträchtigt durch einen unübersehbaren Hang zur Schlampigkeit. Natascha, deren Vater Professor an der Moskauer Universität ist, schwärmt unbekümmert für Amerika, mitunter auch solchen Mitmenschen gegenüber, die das als sowjetfeindlich ansehen. Offensichtlich muss sie lange Narrenfreiheit gehabt haben. Scharfzüngig treffend bringt sie gerne Schwächen ihrer Mitmenschen unter die Leute, ein im Lager nicht ungefährliches Talent. Aber hier in Kirov ist noch Schonzeit, die Moskauerinnen sind sozusagen noch unter sich. Wenn sie sich über gemeinsame Bekannte und Ereignisse des Moskauer gesellschaftlichen Lebens unterhalten, hat es den Anschein, als ob sie sich nur auf einer Reise träfen und ihre wirkliche Umgebung vergessen hätten. In ihren Gesprächen ersteht ihnen ihr Zuhause, und offensichtlich fühlen sie sich weder als Verbannte noch entwurzelt. Dabei erinnern mich ihr Verhalten und ihre kultivierten Umgangsformen im persönlichen Bereich an früher. Selbst in dieser düsteren Zelle scheint mir ihr Dasein nicht ohne Licht, während ich die Fremde oft bedrückend dunkel empfinde.

Mich kennt niemand. Die Anonymität kränkt mich einerseits, und andererseits geniere ich mich doch immer wieder, wenn ich an den Moskauer Damen vorbei zum Kübel muss. Wohlerzogen und bedauernd fragen sie mich nach meinem Befinden. „Danke der liebenswürdigen Nachfrage, es geht schon." Hin und wieder gelingt mir sogar ein kleines konventionelles Lächeln.

Gegen das taedium vitae hilft nur, schleunigst an etwas anderes zu denken. Im Laufe der Zeit baue ich mir aus Erinnerungsstücken ein inneres Refugium auf. Neues, das ich in mancherlei Begegnungen erfahre, nehme ich dazu, vergleiche und beginne, nach dem Warum zu fragen. So gewinne ich langsam einen Schatz, der mir hilft, Heimweh, Einsamkeit, Hunger, Kälte und menschliche Enttäuschungen zu ertragen.

Ich werde aus meinen Gedanken gerissen. Die Tür wird aufgeschlossen und Namen werden aufgerufen. Tjotja Anya muss fort. Sie schenkt mir noch etwas Brot zum Abschied.

Wieder kommen Neue in die Zelle. Ich bin jetzt in die Ecke gerückt und froh, dass ich hier hinten unbehelligt bleibe. Bei den Moskauerinnen herrscht munteres Stimmengewirr. Einer älteren Dame, der Frau eines bekannten Redakteurs, wird nach lebhafter Begrüßung respektvoll der Eckplatz gegenüber der Tür freigemacht. Auch die Neuen kommen alle aus Moskau, nicht selten kennen sie sich oder haben gemeinsame Bekannte. Jetzt ist die Zelle wieder voll belegt, aber plötzlich geht die Tür doch noch einmal auf und ein halbes Dutzend halbwüchsiger Mädchen – etwa zwischen 13 und 15 Jahre alt – drängelt herein. Die Stimmen steigern sich zu erregter Auseinandersetzung mit den Neuen, bei denen es sich um junge Verwahrloste handelt. Sie versuchen, sich mit Gewalt auf die Pritschen zwischen die Moskauerinnen mit ihren verlockenden privaten Kleidungsstücken und Nahrungsmitteln von zuhause zu drängen. Aber diesmal ist den Diebinnen kein Erfolg beschieden, sie werden von den Pritschen vertrieben und eine resolute Dame erreicht sogar bei der Gefängnisverwaltung, dass sie am nächsten Morgen ganz aus der Zelle verschwinden. Inzwischen hocken sie eng zusammengerottet auf dem Fußboden und schicken noch für eine Weile Flüche und böse Blicke zu den anderen. In diesem Durchgangsgefängnis versorgen Kriminelle mit kurzen Haftstrafen die Zellen mit Wasser und wir werden zur Strafe dann bei der nächsten Waschwasserzuteilung mal vergessen, aber sonst treten sie hier nicht in Erscheinung.

Eine neue Nachbarin hat sich neben mir niedergelassen und verfolgt interessiert die Geschehnisse unten. Sie ist groß und hager und sieht eigentlich nicht wie eine Russin aus. Ihr längliches Gesicht, eine ebensolche schmale Nase, interessiert, aber kühl blickende graublaue Augen und ein blonder Knoten, den sie tief im Nacken trägt, würden eher eine Skandinavierin vermuten lassen. Nach einer Weile spricht sie mich an. „Woher kommen Sie?" „Aus Deutschland." „Oh, wie kommen Sie denn hierher, Sie sind doch noch sehr jung?" Ich erkläre kurz die Umstände meiner Verhaftung. Dann, nach einer kleinen Pause, fragt sie ganz unvermittelt: „Sind Sie mit der modernen deutschen Malerei vertraut?" „Nein, dafür habe ich mich nicht interessiert. Ich mag die Klassik und Romantik lieber. Eigentlich hört Kunst für mich mit dem 19. Jahrhundert auf", füge ich noch hinzu. „Schade", meint die Neue, „ich war zwar noch nie in Deutschland, aber ich kenne eine deutsche Malerin, d.h. ihre Bilder ziemlich gut. Die Umgebung hier, Farben und Licht erinnern mich an ihre Darstellungen. Sie heißt übrigens Elisabeth Voigt." „Nun ja, die kenne ich schon, sie ist eine Freundin meiner Mutter. Wirklich, die Mädchen unten in der Ecke erinnern an ihre Kinderbilder." Plötzlich stutze ich: Woher kennt wohl meine Nachbarin ihre Werke, die international doch gar nicht bekannt sind? Erinnerungen an meinen letzten Besuch bei Elisabeth Voigt im Frühjahr 1946 und an ein Bild auf ihrer Staffelei kommen mir ins Gedächtnis.

Als Elisabeth uns zum ersten Mal in Leipzig besuchte, war ich etwa 10 Jahre alt. Als Schülerin von Käthe Kollwitz überzeichnete sie, den mir noch unbekannten Gesetzen des Expressionismus folgend, die Wirklichkeit. Eines Tages malte sie dann meinen kleinen Bruder, das Bild gefiel mir und ich begann, mich für sie zu interessieren. Ihre Kinderszenen und Bauernfamilien in eher düsterer Beleuchtung auf dunklem Hintergrund mit sehr realistischen Einzelheiten, z. B. einem schmutzigen Kindergesicht, und ihre sehr warmen Farben verfehlten schließlich doch nicht ihren Eindruck auf mich. Ein Jahr nach Kriegsende besuchte meine Mutter sie mit mir in Leipzig. Elisabeth Voigt lebte zusammen mit ihrer Schwester, einer Opernsängerin, die einige Jahre wegen Äußerungen gegen das Hitlerregime im Konzentrationslager verbracht hatte. Auf Elisabeths Staffelei stand damals ein gerade vollendetes Bild, das mich sofort gefangen nahm. Es stellte einen Mann in mittleren Jahren dar, dessen kräftiges, unverkennbar russisches Gesicht Energie und überstandene Anstrengung ausdrückte. Besonders beeindruckten mich seine Augen, deren in die Ferne gerichteter Blick in der Tiefe eine leise Melancholie ahnen ließ. Inzwischen erzählte Elisabeth: „Ich lernte kürzlich den russischen Ingenieur Sascha aus Moskau kennen, der sich mit einem kurzfristigen Auftrag bei der sowjetischen Militärverwaltung hier aufhielt und mich bat, meine Bilder sehen zu dürfen. Ich war einverstanden, dass er sie fotografierte, denn er wollte ein Buch darüber schreiben. Dann habe ich ihn gemalt. Er stammte aus einer kultivierten Familie, aber ein politisch bedingtes tragisches Schicksal lastete auf seinem Elternhaus. Er vermied es, darüber zu sprechen, erzählte stattdessen, dass er sich oft in Kamtschatka und in Sibirien aufhielte und schwärmte von der dortigen Weite und Schönheit der Landschaft. Dann berichtete er von seiner Braut Elena, die in Moskau arbeitete, und dass nach dem Kriege einer Heirat Schwierigkeiten im Wege gestanden hätten. Elena wäre die einzige Frau, mit der er nach Sibirien reisen konnte, da sich im allgemeinen die Damen aus der Hauptstadt vor der Einsamkeit und den Lebensumständen in solchen entlegenen Gegenden fürchteten. Er selber müsste immer wieder hinaus aus der Enge der Stadt, um die Freiheit in der Steppe und in der Taiga zu fühlen. „Kürzlich ist er wieder nach Moskau zurückgekehrt", hatte Elisabeth abschließend erwähnt.

„Heißen Sie nicht Elena und Ihr Verlobter Sascha? Waren Sie nicht mit ihm in Tschukotka und Kamtschatka? Ja, Sie müssen das sein; denn er hat Elisabeth Voigt Ihr Aussehen beschrieben, und dass Sie schwedische Vorfahren hätten. Ich würde Sie auch eher für eine Skandinavierin halten." Erstaunt bestätigt meine Nachbarin, dass sie Elena heiße und bei ihrem Freund Sascha die Werke von Elisabeth Voigt kennengelernt habe. „Ja, meine Eltern waren Schweden, aber ich habe die sowjetische Staatsangehörigkeit, bin in Moskau aufgewachsen und war nie im Ausland." Elena Ilsen hatte Literaturwissenschaften studiert und spricht gut Deutsch und Englisch. Auf meine Frage nach den Gründen ihrer Verurteilung meint sie, dass sie schon seit längerem damit gerechnet hätte. „Ich bin mit Leuten befreundet, deren politische Auffassungen nicht der derzeitigen Parteilinie entsprechen. Meine Abstammung ist auch ein Stein des Anstoßes, obwohl meine Eltern schon lange tot sind. Ich habe Sascha gewarnt, er möge Moskau für die nächste Zeit meiden. Bis jetzt ist er wohl noch unbehelligt geblieben", fügt sie hinzu. Sie hat eine sehr ruhige, fast kühle Art zu sprechen, die gut zu ihrem Äußeren passt.

Zum ersten Mal seit ich im Gefängnis bin, erlebe ich eine unmittelbare Verbindung zu meiner Vergangenheit: Eine Art Brücke zwischen der totalen Anonymität über den Abgrund der Unwiederbringlichkeit zur verlorenen Welt der Freiheit, der Familie, der Heimat. So sehr es auch schmerzt, so faszinierend ist es doch, in diesen immerhin ungewöhnlichen Verhältnissen, zufällig angeregt durch den ‚lebensnahen' Anblick der aufgebrachten kleinen Diebinnen ein Gespräch über eine Künstlerin und ihr Werk zu führen. In Elena war mir ein Mensch begegnet, von dessen Leben und Schicksal ich noch zu Hause erfahren hatte, von deren Wesen ich damals versucht hatte, mir in meiner Phantasie eine Vorstellung zu machen, ohne annehmen zu können, sie je persönlich zu treffen. Und nun sind wir uns im Gespräch über die Kunst eben jener Malerin begegnet, die mir damals von Elena erzählt hatte, hier am ‚Bahnhof zum Ende der Welt', wie dieses Gefängnis genannt wird. Wir waren für verschiedene Lager bestimmt; Elena blieb nur wenige Tage in Kirov.

□

In der Zelle herrscht ständiger Wechsel. Nur ich bin immer noch da, die Soja-suppe gibt's auch noch und ich muss mich weiter an Brot und heißes Wasser halten. Die Zuckerzuteilung entfällt, obwohl sie einem zusteht, ein Transportproblem übrigens, wie mir eine Aufseherin auf meine Frage erläutert. Ich möchte endlich weg aus diesem Gefängnis, das als Endstation gilt für Sterbende, deren Weitertrans-port nicht mehr lohnt. Es ist mir ganz gleich, wohin, nur hinaus aus dieser finste-ren, dumpfen, stinkenden Zelle. Allerdings, bis jetzt steht es schlecht mit meinen Abfahrtsmöglichkeiten. Das sei auch ein Transportproblem, wird mir auf Nachfrage von der Aufsicht bedeutet. Aufgerufen wurde ich inzwischen schon mehrfach, aber erstaunlicherweise schicken sie mich jedesmal aus dem Sammelraum zurück. Befremdliche Kommentare, wie „He, eine Frau. Was soll das? Das ist doch kein Mann. Zurück mit ihr!", bestärken mich in der eigentümlichen Vermutung, dass mein Transportproblem bürokratisch begründet ist. Aus irgendeinem Grund muss ich hier in Kirov auf die Männerliste geraten sein. Nach einigem Grübeln über die Ursache dieses regelmäßig wiederkehrenden lrrtums dämmert mir, dass man mich wegen meines in kyrillischer Umschrift vielleicht für männlich gehaltenen Vorna-mens als Mann umregistriert haben könnte. Das Aufsichtspersonal kann ich mit dieser komplizierten Vermutung nicht überzeugen, sie halten mich offensichtlich für etwas verrückt. Dann aber, bei der nächsten Inspektion der Zelle, bitte ich einen Offizier, meinen Namen doch, wenn möglich, von der Männerliste auf die Frauen-liste zu übertragen, was er, wenn auch skeptisch, immerhin notiert. Und tatsächlich zeigt das Wirkung: Wenige Tage später werde ich aufgerufen und diesmal weisen sie mich nicht zurück. Und dann werden auch Frauen hereingeführt. Vielleicht ver-sucht man mit einem gemischten Transport, den für die Gefängnisleitung eher peinlichen Listenfehler – noch dazu mit einem politischen ausländischen Häftling – möglichst unauffällig auszugleichen, um wieder rechtmäßig einen Mann weniger und eine Frau mehr in der Gefängnisregistratur verwalten zu können?

Aber ein weiteres Hindernis ist für mich die ärztliche Kontrolle. Vor einer Etap-pe, so heißen die Transporte im GULag, muss ein Arzt feststellen, ob alle trans-portfähig sind; denn der Konvoi, die Transportbegleitmannschaft, nimmt keine Kranken mit. Die Darmschwäche hat zwar nachgelassen, aber seit einer Weile habe ich Fieber. Dem diensthabenden Arzt, er ist auch ein Häftling, bin ich von den medizinischen Zelleninspektionen mit diesen Fieberanfällen bekannt. Er hält mir das Thermometer bereits hin: „Messen!" Was jetzt? Fieber fühle ich auch ohne Thermometer. Damit nimmt mich keine Transportbegleitmannschaft an. Trotzdem muss ich versuchen, aus diesem Gefängnis heraus zu kommen; denn hier besteht kaum Aussicht, gesund zu werden.

In der Krankenstation ist kein Platz für mich. Auf der Etappe von Moskau nach Kirov war ich an Dysenterie erkrankt. Den Marsch vom Bahnhof bis zum Gefängnis hatte ich noch durchgehalten, wo ich in höchsten Nöten den Kübel ansteuerte. Aber zuerst waren alle Kontrollen zu durchlaufen. So nahm das Verhängnis seinen Lauf. Vor den Augen der diensthabenden Ärztin, an der die ankommenden Gefangenen zur Feststellung etwaiger ansteckender Krankheiten vorbeigehen mussten, verlor ich schließlich das Bewusstsein — wenige Meter vom dringend benötigten Kübel entfernt, ohne jedoch ganz bis zu ihm vordringen zu können. Ich kam erst in der Krankenstation wieder zu mir, als eine Pflegerin sich bemühte, mich auszuziehen. Ohne jegliche Formalitäten wurde ich gegen die Dysenterie behandelt und im übrigen in Ruhe gelassen. Nach einer guten Woche setzte sich die Ärztin eines Morgens mit Schreibutensilien neben mein Bett, um nun die Personalien aufzunehmen. „Schön, dass es dir jetzt besser geht, das Schlimmste ist überstanden. Also, wie heißt du?" Mit dem Namen ging es noch glatt, lettische Namen klingen ähnlich und meine Aussprache des Russischen verriet mich nicht als Deutsche. „Woher, von welcher Oblastj?", lautete die nächste Frage. „Ich komme aus Deutschland." Meine Antwort hatte eine ungeahnte Wirkung. Abrupt stand sie auf und verließ den Raum. Etwas später erschien sie noch einmal im Türrahmen: „Leider muss ich dich aus der Station entlassen. Ich brauche den Platz für eine unserer Schwerkranken." Damit war ich in die Zelle entlassen. Der diensthabende Arzt brachte mir ziemlich regelmäßig Medikamente gegen die Darmbeschwerden und das immer wiederkehrende Fieber. Einmal nahm er mich, während in der Zelle Wanzentilgung lief, mit in das Ambulatorium nach draußen. Bekümmert schüttelte er den Kopf: „Eigentlich gehörten Sie in die Krankenstation, aber es ist kein Platz. Woher kommen Sie?", erkundigte er sich. Ich erzählte auch von Mutters Arztpraxis. „Ich verstehe nicht, warum die Chefärztin mich so abrupt aus der Station entlassen hat, das war doch zu früh." „Ja, das hat sicher auch mit dem Krieg zu tun. Sie ist Jüdin mit einem schweren Schicksal, hat die Blockade Leningrads von Anfang bis Ende mitgemacht und dann noch einen politischen Paragraphen."

„Thermometer hergeben", kommt die Aufforderung. In der Aufregung fällt mir nur ein, aufs Ganze zu gehen: Vor den Augen des Arztes ziehe ich das Thermometer langsam heraus und reiche es ihm nach einem kurzen Ruck, um die Temperatur wenigstens etwas herunterzuschlagen: „Die Temperatur ist normal", behaupte ich dabei mit lauter Stimme und sehe ihn so flehend an, wie es mir in dieser Lage nur möglich ist: „Es ist so schrecklich hier", setze ich flüsternd hinzu. Kaum merklich zieht er die Augenbrauen hoch: „Hoffentlich stehen Sie es durch", erwidert er leise, „leider kann ich sonst nichts mehr für Sie tun. Alles Gute." „Danke vielmals."

Der Sammelraum ist geräumig, etwa 30 Meter lang und 10 Meter breit. An beiden Schmalseiten sind Türen mit bewaffneten Posten. In der Mitte sitzen an einem langen Tisch die Vertreter der Gefängnisverwaltung und die Soldaten des Transportkommandos. Vor ihnen liegen Stöße von grauen Aktendeckeln mit den Personalien, die auch die persönlichen Wertsachen enthalten. Bei jeder Kontrolle muss man den vollen Namen, das Geburtsjahr, den Paragraphen mit Unterpunkt, das Strafmaß und das Jahr der Entlassung nennen. Zuerst überprüft die Gefängnisverwaltung, dann wird alles noch einmal bei den Soldaten wiederholt. Damit ist die Übergabe erledigt. Dabei hatte man mir in den Gefängnissen bisher stets auch die persönlichen Wertsachen gezeigt und das mit Unterschrift bestätigen lassen, um sie dann wieder in einem Umschlag, der innen am Aktendeckel befestigt ist, zu verwahren. Diesmal ist dieser Teil der Zeremonie entfallen. Mir fällt mein Orakel ein. Ob die letzte Perle an dem Türkisring wohl noch lebt?

Der Wunsch, dieses Gefängnis endlich zu verlassen, verleiht mir die Kraft, mit Haltung am Konvoi, dem Begleitkommando, vorbeizugehen. Aber ein Soldat schaut mich genauer an: „Was für ein Fidibus! He, Doktor, ob die den Transport übersteht? Ist die wirklich gesund?" Angstvoll schaue ich den Arzt an. Was wird er jetzt sagen? „Ja, ja, sonst wäre sie doch im Krankenrevier, sie hat kein Fieber." Er blinzelt mir noch einmal verstohlen zu und schaut dann wieder in eine andere Richtung. Der Arzt hat Wort gehalten. Schade, nicht einmal bedanken kann ich mich, er hat ja etwas riskiert, um mir zu helfen. Der Soldat lässt mich passieren und weist auf eine leere Ecke. Gott sei Dank, jetzt habe ich es geschafft. Der Boden ist trocken und sogar einigermaßen sauber. Nach der Aufregung kann ich mich ausruhen und warte, auf mein Bündel gestützt, ganz hoffnungsvoll, bis schließlich das Kommando „Abmarsch" ertönt. Endlich wieder freier Himmel über mir, wenn auch grau verhangen. Zunächst empfinde ich die lange entbehrte frische Luft als Labsal und atme tief. Das macht mich euphorisch, ich vergesse meine Schlappheit und sehe den Ereignissen interessiert entgegen. Nach mehrfachem Zählen verlassen wir endlich die Gefängniszone, Pallisadenzäune und Stacheldraht. Soldaten gehen vor, dann folgen die Frauen. Im tiefen Schnee ist nur ein schmaler Trampelpfad gespurt. Die glatten Sohlen meiner Pumps rutschen. Vorsichtig mache ich einen Schritt nach dem anderen. Und dann holt mich die angeschlagene Gesundheit ein. Der Weg zum Bahnhof zieht sich in die Länge. Es fällt mir immer schwerer, mein Bündel zu tragen. Kaum ein paar hundert Meter sind wir durch den Schnee gestapft, da geben plötzlich meine Beine nach und der Boden kommt näher, wie im Zeitlupentempo, aber unaufhaltsam. Sofort dringt die Nässe durch meine dünnen Stoffhüllen. So schnell ich kann, raffe ich mich wieder auf, aber die Knie versagen. In dem schweren, nassen Schnee ist nirgends Halt zu finden. Wieder sinke ich zurück. Die Frauenkolonne zieht im Gänsemarsch an mir vorbei. Sie beachten mich nicht. Jetzt kommen schon die Männer. Meine Versuche, wieder auf die Beine zu kommen, sind ebenso vergeblich wie entmutigend und ich werde immer nässer. Inzwischen sind die Gefangenen vorbei, Soldaten folgen. Ein Posten entdeckt mich und schreit: „Das Ganze halt!", und bei näherem Hinschauen, „ach, der Fidibus!" Er flucht ausgiebig. Aber es ist der Mannschaft zu lästig umzukehren. Im übrigen muss die Kolonne rechtzeitig am Zug sein, so kommt der Befehl: „Hier mal anfassen, die kann nicht weiter." Zwei männliche Sträflinge verschränken ihre Arme und heben mich hoch, ein Dritter nimmt mein Bündel und weiter geht es.

Plötzlich schreien Frauen aus der vorderen Kolonne: „Was, wieso tragt Ihr der Vaterlandsverräterin, der verfluchten, die Klamotten?" Die Soldaten befehlen lautstark zu schweigen. Bisher hat mich niemand darüber aufgeklärt, dass im sowjetischen Strafvollzug die Berufsverbrecher alle anderen, besonders aber die politischen Häftlinge, bei jeder Gelegenheit drangsalieren, in der Regel mit Billigung der Lagerleitung.

Wir sind an Bahngleisen angekommen. Außer einem einzelnen Waggon, den die Soldaten umstellen, ist nichts zu sehen. „Halt, hinsetzen", ertönt das Kommando. Meine beiden Helfer setzen mich vorsichtig ab. Erleichtert, dass ich bis hierher gekommen bin, lasse ich mich auf meinem Bündel zwischen ihnen nieder. Lonya, der jüngere, sieht mich ganz freundlich an: „Na, Kleine, bist ja ganz schön herunter gekommen. Woher kommst du denn?" Ich gebe kurz Auskunft. Großes Staunen und Kopfschütteln. Auch der andere, der ziemlich finster vor sich hin schaut, würdigt mich jetzt eines Blicks. Dann erzählt Lonya. Sie sind beide ehemalige Soldaten. Während ihres Urlaubs hatten sie ihre Waffen Kumpanen geliehen, die angeblich auf die Jagd gehen wollten, in Wirklichkeit aber einen Überfall machten, bei dem sie erwischt wurden. Mit Hilfe der registrierten Zahlen an den Gewehren wurden deren Besitzer festgestellt, die man zur Abschreckung nach dem härtesten Paragraphen – Bandenwesen mit Mord – zu 15 Jahren Zwangsarbeit verurteilte. Im Strafvollzug wurden sie aufgrund dieses Paragraphen mit Berufsverbrechern zusammengelegt. Im letzten Lager im Süden hatten sie sich an einem Überfall mitbeteiligt. Nun würden sie nach Vorkuta verschickt, das als Abstellgleis für Rückfällige galt. „Hier sind alle auf Strafetappe", schließt Lonya seine Ausführungen. Einigermaßen verblüfft betrachte ich ihn. Er sieht eigentlich harmlos aus, einen Banditen stelle ich mir anders vor. Die Gesichter der anderen kann ich nicht sehen. „Wollen Sie denn nicht wieder ins zivile Leben zurückkehren?", frage ich etwas zaghaft. „Ach, bei dem Strafmaß, das ist hoffnungslos. Der Paragraph 59 wird nicht amnestiert. Man muss sich im Lager einrichten, so gut es geht. Wenn du erst eine Weile einsitzt, wirst du es einsehen. Man hat keine Wahl. Wegen des Paragraphen misstrauen uns die Nichtkriminellen." Der andere nickt dazu wortlos. Dann schweigen wir wieder. Ich versuche, meine Gedanken über diese Neuigkeiten zu ordnen. Die beiden müssen also im Lager mit den Schwerverbrechern zusammenhalten.

Das Kommando zum Einsteigen enthebt mich weiterer Denkversuchen. Aus dem Waggon dringt lautes Stimmengewirr. Lonyas Kumpan bahnt den Weg durch das Gedränge. Dieser Waggon-Sak (Gefängniswaggon der gemäßigten Art) hat normale Abteile ohne Fenster statt der Stolypin-Stahlkäfige in Abteilgröße, in denen ich von Brest bis Kirov transportiert wurde. Holzbänke rechts und links in drei Etagen sind in der Mitte und oben mit einer Klappe zu einer geschlossenen Liegefläche zu verbreitern. Im mittleren und oberen Stock sind zwischen den Abteilen keine Trennwände. So können die Posten den ganzen Waggon überschauen. Zwei Gänge laufen durch ein grobmaschiges Gitter getrennt nebeneinander. Im äußeren, mit normalen Zugfenstern patrouillieren die Posten, der innere verbindet die offenen Abteile. Jeweils am Ende des Ganges sind die Aborte, die aber nur mit Erlaubnis benutzt werden dürfen.

„He, die Kranke hierher", ruft ein Soldat nach mir. Lonya schiebt mich durch das Gewühl an den Frauen vorbei zur Wagenmitte. Der Soldat zeigt auf die geschlossene mittlere Liegefläche eines leeren Abteils. „Hierher!" Ich ziehe mich hinauf. „Mach oben die Klappe auf, sonst sehe ich nichts, verstanden." Er zeigt auf die Klappe zwischen den oberen Bänken. „Verstanden", murmele ich und stelle die Klappe hoch. Lonya und der andere sind inzwischen längst weitergegangen, und ich habe mich nicht einmal mehr bedanken können. Mein Bündel ist da, ich schiebe es unter den Kopf. Platz habe ich genug; normalerweise müssen sich drei Häftlinge in meine Liegefläche teilen. Ich kann auch nach draußen sehen, wenn das Fenster nicht vereist ist. Vor meinem Abteil steht ein Konvoi und verjagt alle, die auch hinein wollen. Unentwegt ertönt über das Durcheinander hinweg das Kommando: „Männer rechts, Frauen links." Zwischendurch gibt es großes Hallo, ein Mann wird auf der Frauenseite entdeckt und von den Soldaten verjagt. Bei den Männern gibt es keine Auseinandersetzungen, niemand hat den dreien rechts neben mir ihre Plätze streitig gemacht. Die Frauen führen über die Platzverteilung heftige Wortwechsel mit den Soldaten, die sie mit unflätigen, mir kaum verständlichen Schimpftiraden würzen. Im Abteil links neben mir, weisen die Posten drei älteren Frauen auf der mittleren Ebene Plätze an, aber drei junge Mädchen sind schneller. Sie werfen die Bündel der Älteren kurzerhand wieder hinunter in den

Gang und vertreiben alle Interessenten mit großem Stimmaufwand, Püffen und Fußtritten. Schließlich geben die Soldaten nach. Diese Mannschaft hier im Norden wirkt umgänglicher als die Konvois in Russland, bei denen es wesentlich rigider und brutaler zuging. Die jungen Kerls leisten hier im Norden ihren regulären Dienst an der Waffe bei der Grenztruppe ab.

Nachdem etwas Ruhe im Waggon eingekehrt ist, richtet einer der drei Männer zur Rechten das Wort an meine Nachbarinnen. Es sind Kriminelle, die nun über ihre Taten in Gefängnissen und Lagern berichten, wobei vor allem ihre Beinamen und die von gemeinsamen Bekannten für ihre Identität und Glaubwürdigkeit Bedeutung haben. Auf dem Platz gleich nebenan hat sich Fedya, mit Beinamen ‚Schwarzer Katorzhanin‘ (Kettensträfling) niedergelassen. Fedya, offensichtlich der Ranghöchste, ist mittelgroß und kräftig, hat sparsame aber rasche Bewegungen und sieht im Profil ganz gut aus. Seine kohlschwarzen Augen unter scharf gezeichneten gradlinigen Augenbrauen könnten als hübsch gelten, wäre da nicht sein unruhiger, fast unsteter Blick, der sehr im Gegensatz zu seiner auffallend gemessenen Sprechweise steht. Fedya strahlt etwas eigenartig Widersprüchliches aus, als ob er äußerlich und innerlich aus mehreren Stücken zusammengesetzt wäre. Er führt neun verschiedene Familiennamen und ist zum 16. Mal verurteilt, sein Ruf und seine Autorität unter den Blatnoy gründen auf einer beträchtlichen Zahl von Raubüberfällen, Morden und ähnlichen Aktivitäten unter seiner Initiative. Die Sammlung der Familiennamen kommt durch gefälschte Ausweise zustande, die Angehörigen der Verbrecherwelt nach Ausbrüchen oder in sonstigen Notsituationen von Freien besorgt werden. Sie unterhalten offenbar hervorragende Verbindungen zwischen Draußen und Drinnen, dabei ist ihre Gemeinschaft geprägt durch Hierarchie und rigide Regeln. Die Häufung von Namen zieht die Kontrollen in den Lagern oft sehr in die Länge, wenn sie – meist aus Schikane – nacheinander abgefragt werden. Nach der Beantwortung des als offiziell geltenden Namens heißt es dann oft: „Wie noch (lautet der Familienname) und wie noch“, solange, bis die ‚Blütenlese‘ den jeweiligen Wachhabenden zufriedengestellt hat oder ihm langweilig wird.

An der Unterhaltung mit meinen unmittelbaren Nachbarinnen beteiligen sich auch Fedyas Nachbarn, Volodya und Simka, sobald er ihnen das Wort erteilt oder einfach eine Pause macht. Volodya hat ein flächiges, mageres, blasses Gesicht, umrahmt von schwarzen Haar- und Bartstoppeln, das an Strichzeichnungen von Klee erinnert. Der Ausdruck seiner großen grauen Augen wechselt blitzartig zwischen düsterer Melancholie, drohender Feindseligkeit oder Verächtlichkeit. Simka, der Dritte, mit pockennarbigem Gesicht mit breiten Backenknochen, weißblonden

Augenbrauen und wulstigen Lippen unter einer breiten, flachen Nase, wirkt zwar schwerfällig, aber ungemein kräftig. Er schaut oft stur vor sich hin oder beobachtet irgendetwas unter halbgeschlossenen Lidern. Seine hellen grünblauen Augen, die er manchmal unversehens öffnet, haben einen merkwürdig unbewegten, mir ziemlich unheimlichen Ausdruck. Simka scheint Fedya besonders ergeben.

„Baby w lagere eto suki – Weiber im Lager, das sind Hündinnen", lässt sich Fedya gerade vernehmen. Er artikuliert sehr deutlich, spricht langsam und nicht ohne Pathos, als ob er mit diesem banalen Ausspruch irgend ein Dogma, einen Lehrsatz verkündete. Als unfreiwillige, ahnungslose Zuhörerin erhalte ich nun meine erste Lektion über das Lagerleben in Ganovensprache, in der normal klingende Schimpfworte wie im Rotwelsch eine besondere Bedeutung haben. Inzwischen beeilt sich meine Nachbarin zur Linken, Soya Winogradova, einzuwenden: „Ich habe überhaupt nur mit ehrlichen Dieben zusammengelebt." Sie beteuert, dass sie zwar intime Beziehungen mit verschiedenen Männern, aber eben nur mit ‚ehrlichen' Dieben hatte.

Fedya winkt offensichtlich gelangweilt ab, aber Soya lässt sich nicht unterbrechen und versucht, noch eins drauf zu setzen: „Schließlich schickt man uns auch für eine ‚nasse Sache' in den Norden. Es war ja Feme, dass wir eine Ssuka, eine Verräterin, verbrannt haben." Aufs genaueste schildert Soya nun, um sich bei Fedya ins rechte Licht zu setzen, den grauenvollen Sachverhalt, für den sie und ihre beiden Kumpaninnen mit einem zusätzlichen Strafmaß nach Vorkuta verlegt werden. „Meinst du, es wäre leicht gewesen, sie in der Zone bei lebendigem Leibe einzupacken, mit Petroleum zu übergießen und zu stopfen, damit sie auch verreckte?" Soyas detaillierte Darstellung der Einzelheiten verursacht mir Übelkeit und ein merkwürdiges Gefühl der Hilflosigkeit. Ihre grelle hohe Stimme berührt mich ohnehin höchst unangenehm. Ich liege halb auf der Seite mit Blick auf die Männer. Nur wenn ich flach auf dem Rücken liege, kann ich beide Seiten sehen. Aufrecht sitzend wäre ich ein Sichthindernis, was ich gefühlsmäßig vermeiden möchte, insbesondere wegen meiner mir offensichtlich nichts weniger als wohlgesonnenen Nachbarinnen. Gleich hinter Fedya haben sich Volodya und Simka mit Blick auf die Frauenseite gelagert. Hinter ihnen im nächsten Abteil sieht man weitere Köpfe, die schon dichter nebeneinander sich auch noch bemühen, Blicke auf die und von der Frauenseite zu erhaschen. Aber ihnen allen bleibt kaum Spielraum, Fedya und seine beiden Kumpane nutzen ihre bevorzugte Lage voll aus. Inzwischen erzählt Soya aus ihrem Leben. Mit ihren 22 Jahren war sie schon an sieben Morden beteiligt, wurde bislang immer nur zu kleineren Haftstrafen verurteilt und gelangte mehrmals in den Genuß von Amnestien. Irgendwie, auch mal mit Hilfe einer Schwangerschaft, schaffte sie es immer wieder freizukommen. „Ich war auch im Detdom-Waisenhaus und in der Kinderkolonie wie Galka und Schurka hier“, fährt Soya fort, „schuften mussten wir jede Menge und zu fressen gab es kaum etwas.“

Über die Waisenhäuser erzählten die Blatnoys immer wieder, es fehlte dort an allem. Die Kinder schlossen sich früh zu kleinen Banden zusammen. Soyas Anführer war ein Elfjähriger. Er lebte noch zuhause bei seiner Mutter, die ihn zum Stehlen schickte. In der allgemeinen Notlage Anfang der Dreißiger Jahre versuchten manche Eltern, die Familie durch Diebstähle der Kinder notdürftig über Wasser zu halten. Ein paar Mal machten sie vielleicht Beute, aber irgendwann wurden sie doch erwischt. Für die Kinder unter 12 Jahren bedeutete das die gerichtliche Einweisung in eine Erziehungsanstalt (Detkolonija). Dort ging es ziemlich rau und schonungslos zu. In den wenigsten dieser Anstalten hielt man sich wohl an das Beispiel des erfolgreichen Pädagogen Makarenko, der in vielen Fällen die Resozialisierung seiner Schutzbefohlenen auch durch die Wiederherstellung ihrer persönlichen Würde mittels entsprechender Behandlung erreicht hatte. Nur von einer Erzieherin, die die Kinder in einer Anstalt an der Wolga offenbar gütig und mit Verständnis betreut hatte, wurde mit einer rührenden Anhänglichkeit immer wieder berichtet. Keine der Ehemaligen, die dort gewesen waren, vergaß, sie zu erwähnen. Einige Kinder waren nicht zum ersten Male in solch eine Anstalt geraten und in der Regel auch nicht unbedingt wegen guter Führung entlassen worden, sondern sie hatten sich selbst ‚beurlaubt‘. Wenn sie wieder aufgegriffen wurden, gaben sie häufig falsche Namen an, und so gelang es der Leitung oft nicht, die Ausreißer zu identifizieren. Solche ‚Erfahrenen‘ in der Kolonie pflegten im übrigen die Neulinge aufzuklären, insbesondere auch darüber, wie man sich das Leben ‚erleichtern‘ könnte. Es fanden sich genügend interessierte Adepten, denn viele der Kinder versuchten, sich der Arbeit auf dem Feld und in Fabriken zu entziehen. So hatte auch Soya wohl schon früh ihre Lehre aus der harten, kargen Wirklichkeit gezogen und suchte zunächst Kontakt mit gleichgesinnten Kumpanen.

„Kartoffeln ‚holen‘, das ist ja noch nicht alles“, ergänzt später Schura diese Erinnerungen an die Kolonie, „wenn du genug Kartoffeln hast, dann musst du noch ein Feuerchen machen, um sie gar zu kriegen.“ Auch das dafür nötige Zubehör mussten die Kinder stehlen. Helfer fanden sie gelegentlich unter den Freien. „Wenn sie uns in der Kolonie beim Kartoffelstehlen erwischten, dann wurden wir geprügelt und es gab noch weniger zu essen. Nun, wir haben uns immer schnell zusammen gefunden, wir, d.h. solche, denen es ähnlich ergangen ist. Klein beigeben wollten wir auch nicht und so hielten wir Rat, wo was zu holen wäre. Und dann mit der Zeit wird man auch gerissener und vor allem lernst du, dass du dich nie erwischen lassen darfst. Ab 12 Jahren gilt schon das normale Strafrecht und im Lager bei den Erwachsenen ist es noch härter. Danach haben wir uns eben gerichtet." „Warum", setzt Schura ihre Erläuterungen fort, „warum soll auch einer, der mich jagt, besser leben als ich. Er braucht nicht zu stehlen und bedroht meine Freiheit. Ich kann ja nicht mit ihm reden, ihm erklären, worum es geht. Also muss ich ihn zum Schweigen bringen, unschädlich machen." „Das ist doch wohl nicht so einfach", wende ich bei der Gelegenheit ein, aber Schura meint kurz: „Meist hast du schon bei Älteren gesehen, wie man es macht. Schau mal, da kommt so ein Kerl daher und mischt sich in Sachen ein, die ihn nichts angehen; und wenn doch, umso schlimmer für ihn. Dann haut man ihm eins über den Kopf, aus Wut, vielleicht auch aus Angst. Eine Weile muss er ja k.o. sein. Aber dabei geht eben schon mal einer drauf. Und du musst sehen, dass du wegkommst." Ein Menschenleben bedeutet auch der 19-jährigen Schura zu wenig, als dass sie jemanden, der ihr im Wege stand, nicht umgebracht hätte.

Nach dem Kommando „Schlafen!" wird das Licht auf halbdunkel geschaltet. Die Männer gähnen und legen sich schlafen. Auf der Frauenseite wird noch eine Weile getuschelt. Ich staune, dass sich meine drei Nachbarinnen ganz ungeniert bis auf Schlüpfer und BH entblößen und dass sie überaus reich tätowiert sind: Auf den Armen mit Schlangen, Engeln, Flüchen oder Redensarten wie z. B. ‚Gedenke der Worte deiner Mutter' o.ä., auf dem Oberschenkel Männernamen. Auf meine Frage bei einer späteren Gelegenheit erfahre ich, das seien die Namen der verflossenen Verehrer. „Und was sagt der Nächste bei so vielen Vorgängern", wunderte ich mich. „Der ist stolz, dass er eine so begehrte Frau kriegt", war die Antwort der Diebin. Dann kehrt Stille ein.

Wenig später höre ich ein Flüstern hinter mir: „Hör mal, willst du Wasser?" Überrascht drehe ich mich um. Vor meinem Abteil steht ein Posten. „Ich kann kein kaltes Wasser trinken." Fieber und trockene Luft machen mich sehr durstig, aber ich habe die abendliche Wasserzuteilung abgelehnt, aus Furcht, dass meine Eingeweide rebellieren könnten. Der Soldat, ein Asiate, wie ich inzwischen erkennen kann, sagt nach einem kurzen Schweigen: „Sag mal, bist du nicht eine Usbekin? Du siehst genau so aus. Wir sind doch Landsleute, gib es zu." „Nein, ich bin Deutsche aus Westdeutschland." „Nein, du bist eine Usbekin", beharrt er hartnäckig in seinem gebrochenen Russisch. „Weißt du, es tut mir sehr leid, dass es dir so schlecht geht. An der nächsten Station werde ich hinauslaufen und heißes Wasser für dich holen. Aber sprich doch ein paar Worte Usbekisch. Ich habe so Heimweh. Die Heimat ist doch so schön und hier sind nirgendwo Landsleute." Er steht mit einem richtig wehmütigen Ausdruck vor dem Gitter. Um ihn abzulenken, erzähle ich ihm ein bisschen von meiner Heimat im fernen Westen, von Bonn am Rheinstrom und von den großen Bäumen und Blumen in unserem Garten. Aber es hilft nichts. Nach kurzer Zeit schüttelt er enttäuscht den Kopf. „Gib doch zu, dass du eine Usbekin bist." Dann geht er weiter.

Es ist still im Waggon, nur die Räder rattern gen Norden, ratata ratata. Die Luft ist zum Schneiden. Ich werfe mich hin und her. Rechts und links schlafen Banditen, Mörder. Ob das Leben banale Unannehmlichkeit oder unangenehme Banalität ist?

Noch einmal bleibt der Usbeke stehen: „Du bist doch eine Usbekin, sag doch was." Zuerst versuche ich wieder, meine Abstammung zu erklären. Dann plötzlich fasse ich mir ein Herz: „Bitte, würden Sie mir für sieben Rubel Zucker kaufen?" Er nickt, ich schiebe ihm das Geld durchs Gitter und denke, gut, dass alle schlafen. Aber das ist ein fataler Irrtum. Beim Umschauen treffe ich auf Soyas Blick. Sie schaut zu mir. Trotz der Dunkelheit fühle ich ihren lauernden Hass, der mir sofort bei der ersten Begegnung entgegenschlug und den sie mich auch in Zukunft, wo und wann immer möglich, spüren lässt. Sie ist klein, rundlich und sehr kräftig, ihr Gesicht ist nicht hässlich geschnitten, hat aber einen alles andere als gewinnenden Ausdruck. Kleine, weit auseinanderstehende wasserblaue Augen, die oft missgünstig dreinblicken. Darüber ein paar vereinzelte blonde Ponyfransen. Sie hat eine gerade, kleine Nase und einen eigentlich immer irgendwie verzogenen Mund. Außerdem ziemlich dünne Haare, die in zwei kurzen Rattenschwänzen rechts und links von ihrem gut proportionierten, rosafarbenen, sommersprossigen Gesicht abstehen. Für jetzt hat Soya jedenfalls mitgekriegt, dass ich dem Posten Geld für Zucker gegeben habe und ich werde das Gefühl nicht los, dass sie irgendetwas im Schilde führt. Aber dann scheint sie doch wieder eingeschlafen zu sein, nachdem etwas später der Usbeke mir zwar heißes Wasser, aber sonst nichts bringt. Ein bisschen getröstet sinke ich in den Schlaf.

„Hallo, du da. Hör mal!" Ich öffne meine Augen, es ist heller Morgen. „Wie heißt du?" Meine drei Nachbarinnen hocken nebeneinander und sind sichtlich bemüht, liebenswürdige Gesichter zu machen. „Fritz." Ich weiß inzwischen aus Erfahrung, dass dieses russische Schimpfwort für Deutsche den Deutschfeindlichen zunächst den Wind aus den Segeln nimmt. „Nein, sag mal deinen richtigen Namen, wir wollen uns mit dir bekannt machen", sagt Galka Kotschkina und Soya fährt fort: „Wir wollen nämlich ein Geschäft mit dir machen." „Nanu, was wollt ihr denn?" „Du isst doch deine Verpflegung nicht. Gib sie uns und wir geben dir im Tausch dafür einen Rock. Guck mal, ist das nicht ein schöner Rock?" Ein blauweiß karierter Rock wird vor mir ausgebreitet. Ich überlege, eigentlich gefällt mir der Rock ganz gut, und ich habe außer dem abgelegten Soldatenrock aus Torgau nichts anzuziehen. Trotzdem, irgendwie misstraue ich der Sache. Aber andererseits ist Brot auf solchen Etappen sehr teuer und ich kann wirklich kaum etwas davon essen. Schließlich gebe ich ihnen das Brot, etwas zögernd, aber ich bekomme den Rock. Irgendwie wundert es mich, dass sie nicht mehr zu handeln versuchen. Ich stopfe ihn in mein Bündel, damit es die drei nicht doch noch reut. Gleich darauf aber macht sich die neue Wirklichkeit mit einem herben Verlust bemerkbar: Meine Männerunterhose aus dem Gefängnis Potsdam, die ich in Ermangelung von Strümpfen als Kälteschutz trage, ist weg. Auf dem Marsch zum Zug in Kirov war sie im Schneewasser nass geworden, und ich hatte sie über Nacht an der Wand zum Trocknen aufgehängt. Ganz vorsichtig frage ich die Mädchen, ob sie zufällig meine Hose mit zu ihren Sachen gepackt hätten. „Du bist wohl verrückt", antwortet Soya sofort in ziemlich ruppigem Ton: „Was sollen wir mit deinen Lumpen?" Dann frage ich Fedya: „Haben Sie vielleicht gesehen, wer meine lange Unterhose genommen haben könnte. Ich kann es ja verstehen, keiner besitzt hier viel, aber ich friere ohne sie. Ich hätte sie gerne wieder." Sofort erhebt Fedya seine Stimme: „He ihr, wer hat hier die Unterhose gestemmt, ihr elenden Lumpensammler, der armen Kleinen ihre wenigen Klamotten wegzunehmen. Dass mir sofort die Hose wieder auftaucht!" Fedya wendet sich wieder zu mir: „Ich werde schon dafür sorgen, dass du deinen Kram wiederkriegst. Ich durchsuche den ganzen Waggon, wenn sie nicht freiwillig wieder hergegeben wird. Das wäre noch nicht dagewesen, dass Fedya etwas nicht wiedergefunden hätte. Übrigens, wie heißt du, Kleine?" „Lena", russifiziere ich meinen zweiten Vornamen vorsorglich. Dann nach einer Weile taucht Fedya, der inzwischen wirklich herumgekrochen ist, wieder auf, aber ohne Erfolg. „Deine Hosen sind nicht hier, dafür garantiere ich. Aber frag mal deine Nachbarinnen." „Sie sagen, sie hätten sie nicht." Nun wird Fedya deutlicher: „Ach, ihr miserablen Existenzen. Schämt euch, der armen Podzanka die Hose zu klauen. Und so was will Blatnaya sein. Her mit der Hose! Ich werde ..." Mit einem Schwall von Kraftausdrücken, die ich in ihrer Unaussprechlichkeit gar nicht erfassen kann, unterstreicht Fedya seine Forderung. Dennoch, die Hose bleibt verschwunden. Meine drei Nachbarinnen zeigen sich indessen mit meinem Verhalten höchst unzufrieden. „Schämst du dich nicht", zischt Soya mir halblaut zwischen den Zähnen zu, „die Männer wegen deiner Lumpen zu belästigen. Wahrscheinlich hast du eine solche Hose gar nicht besessen, und wenn, warum passt du nicht besser auf. Ich rate dir im Guten, lass Fedya ja damit in Ruhe. Überhaupt redet er viel zu viel mit dir, du bist doch nur eine verfluchte Faschistka. Ich verbiete dir, mit ihm oder den anderen Männern zu reden." Sie sieht mich so drohend an, dass mir ganz ungemütlich wird. Schließlich ist sie ja eine mehrfache Mörderin, ich muss erst lernen, mit so jemandem umzugehen. Während ihrer Schimpftirade ist es Soya entgangen, dass die Männer längst aufmerksam geworden sind. „Soyka, Soyka", mischt sich jetzt Volodya ein, „lass die Kleine zufrieden. Wir wünschen das. Ist das klar?" „Ich tue ihr ja nichts", meint Soya in beleidigtem Ton. „Ich werde überhaupt nichts mehr sagen. Lena", blinzelt sie mich an, mit ihren wimperlosen kleinen Augen fast komisch, „habe ich dir ein schlechtes Wort gesagt?" „Nein, nein, bitte, es ist doch nichts weiter", bemühe ich mich um Frieden. „Seht euch nur vor", beendet Fedya dieses Intermezzo, „sonst bekommt ihr es mit mir zu tun. Glaubt nicht, dass es immer so bleibt wie hier im Eisenbahnwaggon. Man kriegt euch schon wieder mal zu fassen. Lasst sie also in Ruhe." Damit ist der Burgfriede äußerlich wieder hergestellt. Trotzdem kann ich mich meiner gemischten Gefühle nicht erwehren.

Inzwischen hat mir der Usbeke für meine sieben Rubel fünf Stückchen Malzbonbon gebracht. Meine Enttäuschung über die kleine Menge sieht er mir an. „Ich musste überbezahlen, die Kioskfrau wollte die nicht einmal herausrücken. Aber ich dachte, du brauchst etwas Süßes." Ich bedanke mich und tröste mich damit, dass ich nun immerhin etwas Süßes zu dem heißen Wasser habe. Der Soldat bringt mir dann sogar schwarzen Tee, den die Wachmannschaft selber trinkt. Hochbeglückt ziehe ich ein Konfekt heraus. Doch mir werden umgehend Lagersitten beigebracht. „Lena, gib ein Bonbon her – dai konfetku," ertönt Soyas schrille Stimme von der Seite. „Mir auch", rufen Schura und Galka nacheinander. Ich überlege, zwei Tage dauert die Fahrt noch. „Ich kann euch nur eins geben, ich habe ja sonst nichts zu essen", versuche ich vergeblich an ihren Anstand zu appellieren. Aber jetzt verlegen sich alle drei so hemmungslos und wortreich aufs Betteln, dass ich ihnen, um endlich Ruhe zu haben, schließlich zwei Stückchen gebe.

Im Laufe der nächsten zwei Stunden bandeln Fedya und Galka an, ebenso Volodya mit Schura. Dann meint Galka: „Lena, mach doch das Obergeschoss zu, wir können uns da oben besser unterhalten." „Aber, das ist doch verboten." „Ach, jetzt ist gerade einer auf Wache, der sich nicht darum kümmert." Ich schließe die Klappe besorgt. Aber die Soldaten merken nichts. Galka und Fedya halten es da oben ziemlich lange aus. Zwischendurch steckt Fedya kurz seinen Kopf heraus: „Lena, das ist doch dein Konfekt, komm, nimm, da hast du es wieder. Du musst deine Bonbons nicht herschenken." Damit ist er wieder verschwunden. Ungläubig staune ich über die Rückerstattung meines Bonbons. Aber da dringt bereits Soyas Stimme an mein Ohr: „Du, Lena, das ist mein Konfekt, gib es mir zurück, du hast es mir doch geschenkt." Hier mischt sich Wolodya ein: „Du, Soya, lass ihr nur ja ihr Konfekt, sonst geht es dir schlecht." Offenbar hat er schlechte Laune. Die Unterhaltung von Galka und Fedya dauert ihm zu lange. Er will auch nach oben, um sich mit Schura zu treffen. In meiner Ahnungslosigkeit meine ich: „Da oben ist doch Platz genug, du kannst doch gleichzeitig mit Schura oben sein." „Aber nein, was denkst du, das geht nicht. Man kann Menschen doch nicht stören. Du Dummchen, sie spielen doch nicht Schach."

Die Posten lösen sich alle zwei Stunden ab. Bis auf einen, der bei Wachantritt immer gleich nachprüft, ob die Klappe auch offen steht, interessieren sie sich nicht dafür. Inzwischen hat noch ein Mann aus dem übernächsten Abteil Soya durch entsprechende Gebärden und Zurufe seine Zuneigung bekundet. Nach Postenwechsel schließe ich auf Soyas Geheiß die Klappe erneut und sie entschwindet nach oben. Ihr Verehrer folgt ihr auf dem Fuße. Ich bin froh, dass sie eine Weile fort ist. Inzwischen erweisen mir Fedya und Wolodya ihr Wohlwollen, indem sie mir nach den üblichen Fragen nach meinem Woher und Weshalb Ratschläge für das Lagerleben erteilen. Aber es fällt mir oft schwer zu verstehen, was sie meinen. Einen Begriff behalte ich, vielleicht auch wegen der wohlwollenden Eindringlichkeit, mit der Volodya ihn mehrmals wiederholt. Ich behalte ihn nur dem Klang nach wie eine Art Losungswort. Erst später erfahre ich, dass ‚prestupnyj mir' Verbrecherwelt bedeutet. „Ich weiß nicht, wohin du kommst", meint Volodya, „Vorkuta ist groß und man kann schnell verrecken. Wenn du irgendwo angekommen bist, dann frage nur gleich, wo ist hier ein Mensch aus dem ‚prestupnyj mir' oder ein Blatnoy, das ist dasselbe. Die helfen dir immer weiter." Er schaut mich dabei ungemein ernsthaft, fast besorgt an mit seinen großen, etwas unruhigen Augen. Der Begriff hat für mich etwas Geheimnisvolles, fast Magisches, als ob er einen Zugang eröffnete zu einer anderen Welt.

□

„Aussteigen, wir sind angekommen", kommandiert der Wachhabende. In Vorkuta empfängt uns schneidende Kälte – minus 42° – und ein scharfer Wind treibt kleine, harte Eisstückchen ins Gesicht. Obwohl es Mittagszeit ist, steht die Sonne, die manchmal zwischen Wolkenfetzen auftaucht, ganz tief über dem Horizont. Zunächst ist außer Schnee nichts zu sehen: Schneehaufen und Schneewände neben den Gleisen, an denen wir entlang gehen. Eine Lok pfeift. Es klingt eigentümlich dünn. Dann taucht ein Schuppen auf, der Gefängnisbahnhof. Verstreut liegen, im Schnee kaum sichtbar, langgestreckte Baracken, dazwischen Wachtürme und Stacheldrahtzäune. Im Übergangsmantel und mit Söckchen in Keilschuhen vermisse ich den spärlichen Schutz der gestohlenen Unterhosen bitter. Bis zur Peresylka, dem Verteilerlager, ist es nicht weit, ich schaffe die Strecke ohne fremde Hilfe. Lonya, der ehemalige Soldat, hat mein Bündel unaufgefordert wieder genommen und trägt es durch das Tor bis zum Eingang der nächstgelegenen Baracke mit der Aufschrift ‚Quarantäne'. Die Männer werden jetzt durch ein weiteres Tor geschleust. Gerade kann ich Lonya noch „Danke!" zurufen. Er winkt mir freundlich zu. Dann stolpere ich durch die Tür in einen kalten, ziemlich dunklen Raum.

Im nächsten Augenblick, meine Augen haben sich noch nicht an die Dunkelheit gewöhnt, stürzt jemand auf mich zu, schlägt mir mein Bündel aus den Händen und wirft es auf den Boden. Es öffnet sich im Fallen. Jetzt erkenne ich Soya. Blitzschnell reißt sie den karierten Rock an sich. „Dir soll ich für deinen lächerlichen Laib Brot meinen Rock geben", faucht sie mich an, während ich im Gefühl berechtigten Widerstands vergeblich versuche, ihr den Rock wieder wegzunehmen. „Dir sollte man überhaupt alles wegnehmen, verfluchte Faschistka." Diese Drohung kann sie aber nicht mehr wahr machen, denn plötzlich ist der große Raum hell erleuchtet. Uniformierte treiben uns nun auf eine Seite, um zu filzen. Alles ist blitzschnell gegangen, und ich habe eine Lektion bekommen, wie Geschäfte mit Dieben im Lager ausgehen können. Der Trick ist verbreitet, aber nur Unerfahrene wie ich fallen darauf herein. Im letzten Moment hatte Soya dieses Geschäft annullieren können, sonst wäre der Rock bei mir registriert worden. Dann hätte ich den Verlust bei der Miliz melden können, die je nach Stimmung und Einstellung der Diensthabenden in solchen Fällen mehr oder weniger erfolgreiche Suchaktionen in den Lagerbaracken veranstaltete.

Kaum habe ich meine Siebensachen wieder zusammengerollt, da werden sie mir, diesmal von einem Milizionär-Vollzugsbeamten der Gefängnisverwaltung, kaum weniger grob entrissen, erneut auf den Boden geworfen und auf einem Formular registriert. Dann schiebt er mein Zeug mit dem Stiefel beiseite und wirft das Bündel der Nächststehenden daneben. Im Aufnahmezeremoniell folgen dann Waschen und Entlausung. Der letztere Vorgang vollzieht sich in einem Ofen, der von zwei aneinander grenzenden Räumen zum Aus- und Ankleiden zugänglich ist. Durch die Prozharka werden alle Textilien zur Desinfektion geschleust, unter Aufsicht, versteht sich, damit nichts vorbei geschmuggelt oder bei der Ausgabe gestohlen werden kann. Diese Prozedur wiederholt sich in jedem Gefängnis in Abständen. Die Hitze im Ofen ist abhängig vom Eifer des Heizers und der Effekt ebenso. Oft wird eine angenehme Überlebenstemperatur für die Läuse und ihren Drang, neue Kleidungsstücke zu bevölkern, nicht überschritten, aber gelegentlich entstehen auch Spuren wie beim Gebrauch eines zu heißen Bügeleisens. Bislang habe ich zwei Stücke, an denen ich besonders hänge, davor bewahren können: Einen gelben

Wollpullover, das Geschenk von Cheekys polnischer Frau, und ein kunstseidenes Kopftuch meiner Mutter – blau mit roten Punkten –, das sie mir im letzten Moment zuwarf. Beides steht dafür, dass nicht nur die düstere Gegenwart, sondern auch die schöne Vergangenheit wahr sind. An den Wänden des kaum beheizten Umkleideraums stehen einige rohe Bänke. Dort zieht man sich aus und legt sein Zeug zusammen für die Entlausung. Die Aufsicht neben dem Entlausungsofen beobachtet genau und wiederholt mit durchdringender, barscher Stimme: „Sofort alles abgeben, kein Lumpen darf draußen bleiben." Die Frau sieht zwar ziemlich mürrisch aus, aber ich fasse mir doch ein Herz, um für Pullover und Kopftuch bessere Bedingungen zu erlangen: „Bitte nicht so heiß behandeln, die Sachen sind von zuhause." Offenbar hat sie ein menschliches Rühren; sie legt sie auf die Seite hinter sich. „Ich gebe sie dir nachher wieder." Im Ankleideraum liegen später meine Sachen vollzählig beieinander. Dann drückt sie mir ein graues Würfelchen Seife von höchsten 2 ccm in die Hand und deutet auf eine seitliche Tür, die in den Waschraum führt. Dort schlägt mir dichter Dampf entgegen. Auf einem Holzgestell an der Wand entdecke ich dann kleine Holzzuber, in deren einen ich, dem Beispiel der vor mir Stehenden folgend, aus zwei Wasserhähnen darüber heißes und kaltes Wasser zapfe. Vorsichtig balanciere ich mit ihm zwischen Körpern und Holzgestellen über den glitschigen Fußboden, bis sich ein freier Platz zeigt, wo ich ihn hinstellen kann in der Hoffnung, mich nun ungestört waschen zu können. Aber weit gefehlt. In kurzen Abständen ertönt im Dampf das Kommando einer Männerstimme. „Herauskommen zur Sanitärbehandlung. Alle werden rasiert, am Ausgang wird kontrolliert." Ein neuer Schreck fährt mir in die Glieder. Mir fallen nur die Kopfläuse ein. Unterwegs wurden in den Gefängnissen nämlich Häftlinge, die mit Kopfläusen erwischt wurden, kahl geschoren.

Ich bin sicher, dass ich keine Läuse habe; allerdings habe ich das teuer bezahlt. Wenige Tage vor der Abfahrt hatte es mich in Kirov nämlich auf dem Kopf gejuckt. Voller Angst vor der Rasur wagte ich nicht, jemanden einzuweihen, goss mir im dortigen Badehaus zur Desinfektion für alle Fälle einfach Petroleum über den Kopf und verließ in Unkenntnis seiner Auswirkungen den Baderaum wieder, ohne das Haar vorher ausgespült zu haben. Kurze Zeit später in der Zelle begann die Kopfhaut heftig zu brennen und schwoll ebenso wie die Ohren schmerzhaft an. Ziemlich verzweifelt legte ich kleine Stofffetzen zwischen Ohren und Kopfhaut, um wenigstens deren Zusammenkleben zu verhindern. Nach wenigen Tagen ließen die Schmerzen glücklicherweise nach. Dann schälte sich die Kopfhaut. Zu meiner Erleichterung fielen mir wenigstens die Haare nicht aus, was ich insgeheim befürchtet hatte, und der Kopf juckte auch nicht mehr.

Diese sanitäre Maßnahme hier aber richtet sich gegen Körperläuse (Filzläuse). Während des Waschens muss man dafür nackt und nass in einem weiteren Nebenraum antreten. Dort waltet ein junger Mann, auch ein Häftling, seines Amtes. Zwei weitere Männer führen wohl Aufsicht. Er deutet auf einen Schemel: „Steig hinauf." Mein unwillkürlich bestürztes Gesicht quittiert er mit anzüglichen Bemerkungen, während er mit einer Hand ein Büschel Schamhaare ergreift, um sie mit einem sehr stumpfen Rasiermesser abzurasieren. Es ziept abscheulich. Man darf sein Missvergnügen nicht zeigen. „Das passt dir wohl nicht", versucht er mich zu hänseln. Aber inzwischen habe ich mich wieder gefangen. „Es ist mir ganz gleichgültig", behaupte ich.

Eine lautstarke Auseinandersetzung findet zwischen der Banschiza und einem Individuum unserer Etappe statt. Im Zug hatte ich sie nur flüchtig gesehen und wunderte mich über die auffallend breitschultrige und schmalhüftige Erscheinung in Uniform im Frauentrakt. Als sie sich später umdrehte, war ihre Figur dennoch unverkennbar weiblich. Jetzt steht sie wild gestikulierend vor der Badefrau und macht ihr in den unglaublichsten Ausdrücken klar, dass sie sich nicht weiter ausziehen werde. Dabei erregt sie sich dermaßen, dass eine Schlägerei unmittelbar zu erwarten steht. Jedoch gibt nun die Badefrau nach und Sascha-Mascha, so heißt sie, verschwindet im Unterzeug im Waschraum. Dann beim Ankleiden steht sie zufällig neben mir. Ich bin schon fertig angezogen und kann sie in Ruhe betrachten. Im Grunde genommen wirkt sie eher wie ein junger Mann, trägt einen korrekten Männerhaarschnitt und eine fast vollständige Offiziersuniform mit Breecheshosen, nur die Schulterstücke fehlen. Eigentlich sieht sie ganz gut aus, wenngleich mir neben den Tätowierungen und ihrer wüsten Ausdrucksweise irgendetwas an ihr merkwürdig vorkommt. Von den anderen Diebinnen hält sie Abstand. Beim Aufstehen schaut sie plötzlich in meine Richtung, unsere Augen treffen sich. Bevor ich wegsehe, lächelt sie ganz freundlich. Ich erwidere ihr Lächeln.

Nach der ärztlichen Untersuchung, einer reinen Formsache, gibt es einen Blechnapf voll Hafersuppe. Solchermaßen gestärkt kann ich trotz der Kälte auf Entdeckungsreisen gehen. Hier sind die Baracken nicht abgeschlossen, man darf sich frei bewegen. Das Lager ist von einem dreifachen Stacheldrahtzaun umgeben. Jenseits der Verbotenen Zone, so heißt das Sperrgebiet, erstreckt sich die schneebedeckte Tundra, soweit man sehen kann. Aus der weißen Fläche ragen in der Ferne sonderbare schwarze ‚Zuckerhüte' heraus, die Abraumhalden neben den Bergwerken. Tag und Nacht wird Kohle gefördert und oft kommt der Abraum, die Poroda, brennend aus dem Schacht. Kein Schneesturm kann sie zudecken, diese schwarzen Wahrzeichen von Vorkuta. Zuweilen glühen sie in der Dunkelheit gespenstisch auf, wenn der Sturmwind die Glut entfacht und es ist gefährlich, in der Nähe dieser Funkenspeier zu arbeiten, sobald der Wind aus ihrer Richtung kommt. Kein Baum ist zu sehen, die Baumgrenze verläuft etwa 120 km südlich. Der eingleisige Schienenstrang erscheint mir symbolisch für die vielen tausend Kilometer, die mich in Richtung Südwesten von dem trennen, was ich unter Freiheit verstehe. Aber im nächsten Augenblick spüre ich für einen Moment die Gewissheit, dass ich über diese Schienen eines Tages wieder zurückfahren werde.

In der Dämmerung gehe ich auf die nächste Baracke zu. Kaum stehe ich im Türrahmen, da hält mich auch schon ein weiblicher Zerberus auf: „Raus hier, das ist keine Baracke für Deinesgleichen! Geh zu den Arbeiterbaracken, hier hast du nichts zu suchen." Sie macht Anstalten, mich rückwärts hinauszuschieben. „Einen Augenblick mal", mischt sich da eine rotblonde, junge Frau ein, „woher kommen Sie, ich habe Sie hier noch nicht gesehen. Sicher sind Sie mit der neuen Etappe gekommen." „Ja, ich bin heute angekommen, ich stamme aus Deutschland." Die Dame fragt freundlich „Woher?" und schlägt bei meiner Antwort „Aus Bonn" freudig überrascht die Hände zusammen. „Nein, welch ein Zufall! Denken Sie, ich kenne einen Arzt aus Bonn. Wir müssen uns ein wenig unterhalten." Sie führt mich an ihren Platz.

Galina Dal ist Krankenschwester. Sie stammt aus einer bekannten ukrainischen Gelehrtenfamilie, ihr Urgroßvater hat das bis heute führende Wörterbuch der klassischen russischen Sprache in vier Bänden herausgegeben. Während der deutschen Besatzung arbeitete Galina in einem deutschen Feldlazarett, wo sie den erwähnten Arzt, Dr. Aengenejndt, kennengelernt hatte. Wegen ihrer Arbeit bei den Deutschen kam Galina in Lagerhaft nach Vorkuta. Im Laufe unseres Gesprächs stellt sich heraus, dass Dr. Aengenejndt in Bonn in unserer Nähe wohnte und ich ihn noch im Krieg in der Reitschule gesehen hatte. So kann ich Galina genau die Straße und sein Haus beschreiben.

„Ist Ihnen nicht gut", unterbricht Galina mich unversehens besorgt, „Sie sehen plötzlich so elend aus?" Die Freude an dieser Begegnung und das ungewohnte Reden übersteigen meine angeschlagenen Kräfte. „Legen Sie sich auf mein Bett, ich gehe schnell zum Arzt. Wir Mediziner halten im Lager zusammen, so gut es geht. Ich will versuchen, ob Sie nicht mit seiner Hilfe noch ein paar Tage hier zurückgehalten werden können." Sie hilft mir auf ihre Pritsche, die mit Matratze, Kissen und bezogener Decke an ein richtiges Bett erinnert. Angenehm berührt von Galinas fürsorglicher Art strecke ich mich wohlig aus. Das Liegen tut mir gut. Von hier oben habe ich einen guten Überblick und betrachte während Galinas Abwesenheit das Barackeninnere genauer.

Das Schema der Wohnbaracken ist überall gleich, nur die Größe variiert. Im Abstand von zwei Metern an beiden Seiten der Längswände stützen Pfosten, an denen rechts und links je zwei Pritschen übereinander befestigt sind, das Barackendach, auf dem viele Monate des Jahres riesige Schneelasten ruhen. Alle diese Pritschen sind mit Matratzen und weißem oder buntem Bettzeug ausgestattet, ein für meine an Gefängniskahlheit und graue Lumpen gewöhnten Augen höchst erstaunlicher Anblick.

Galinas Bemühungen beim Chefarzt um Verlängerung meines Aufenthalts bleiben ohne Erfolg: „Das Lager, der Erste Kilometer, in das Sie geschickt werden", berichtet sie, „hat den Transport bereits für morgen früh angefordert. Daran ist nichts mehr zu ändern. Jetzt wollen wir aber erst mal eine Mahlzeit halten."

Galina erhält regelmäßig Pakete von ihren Angehörigen und hat auch im Lager offensichtlich einen guten Stand. Sie bietet mir Buchweizengrütze an, eine russische Delikatesse, die ich noch nie gegessen habe, dann schwarzen Tee mit Zucker und dazu eine Scheibe Brot mit echter Butter. Inzwischen schreibt sie etwas auf einen Zettel, den sie dann ganz klein zusammenfaltet. Galina sieht intelligent und sehr anziehend aus. Sie hat eine feine, schmale Adlernase und grüne Augen mit einem rätselhaft hintergründigen, aber dennoch ansprechenden Ausdruck. Selbst in dieser Umgebung tritt sie selbstbewusst und sicher auf. „Wissen Sie", nimmt sie dann das Gespräch wieder auf, „in Ihrem zukünftigen Lager, dem Ersten Kilometer, ist meine Freundin Faina Schumanova Krankenschwester. Bestellen Sie ihr einen Gruß von mir und ich bäte sie, Ihnen nach Möglichkeit zu helfen. Ich werde bald in ein anderes Lager verlegt. Nehmen Sie diesen Brief mit für Faina, das ist zwar streng verboten und man wird häufig durchsucht. Aber vielleicht bringen Sie ihn durch. Jedenfalls grüßen Sie sie von mir, sie wird Sie bestimmt gut behandeln. Sicher werden Sie dort erst einmal auf die Krankenstation gelegt. Jetzt ist es übrigens Zeit, dass Sie in Ihre Baracke zurückkehren. Die metallischen Schläge, die Sie da hören, bedeuten, dass jetzt die Schlafenszeit gekommen ist. Bitte kommen Sie morgen früh zum Frühstück zu mir. Ihr Transport geht erst am späteren Vormittag." Im Glauben, ohne weiteres meine Baracke wiederzufinden, stiefele ich los, aber in die verkehrte Richtung. Beim Eintritt in meine vermeintliche Behausung sehe ich um mich herum zunächst nur fremde Gesichter; aber dann fällt mein Blick auf Soya, Schura und Galka auf der oberen Pritsche, die gerade die mir im Zug entwendete Männerunterhose in Stücke reißen. Zu meinem Glück zögere ich hinzugehen, um sie zurück zu verlangen. Im nächsten Moment werde ich bereits am Arm ergriffen und rückwärts aus der Barackentür gezogen. Galina ist mir gefolgt. „Um Gottes willen, dort hinein dürfen Sie nicht gehen, dort sind doch

Banditinnen. Halten Sie sich bloß fern von ihnen. Leider ist das Lager, in das Sie kommen, das Verrufenste in Vorkuta. Im Ersten Kilometer sind unter 600 Häftlingen nur 20 politische. Die übrigen sind fast alle kriminelle Rezidivisten, die Ihnen das Letzte Ihrer Habe abzunehmen bereit sind. Es gibt dort auch noch eine Männerzone, deren Baracken nur durch einen Stacheldrahtzaun von denen der Frauen getrennt sind. Das ist kein wirkliches Hindernis für sie. Allerdings ist jetzt bereits eine Neuordnung in Vorbereitung. Bald werden Männer und Frauen nur noch in getrennten Lagern leben. So, hier ist Ihre Baracke, nochmals gute Nacht und schlafen Sie gut." „Gute Nacht und vielen Dank." Ich suche mein Lager auf, die anderen schlafen schon. Trübe brennt die mit Draht überzogene Birne. Ich rolle mich auf der Hälfte meiner Decke zusammen und decke mich mit der anderen Hälfte und meinem Mantel zu. Die angenehme und freundliche Atmosphäre bei Galina hat mich weich gestimmt.

Ein sonniger, windstiller Morgen liegt über Vorkuta. Nach dem Frühstück bei Galina, das meine Lebensgeister aufs Angenehmste angeregt hat, greift abrupt die Lagerroutine. Vor dem Abmarsch muss ich in die Kleiderkammer, um Winterkleidung in Empfang zu nehmen. Zwei unbeschreiblich zerfetzte, vor Teer und Schmutz starrende Lumpengebilde, ehemals wattiert gewesene Jacke und Hose, werden mir hingeworfen. Mit großer Überwindung entschließe ich mich, diese Lumpen anzufassen, die eine Skala von Berührungserlebnissen in sich bergen. Anstatt eines zu erwartenden schmiegsamen Textils fühlt sich das Stoffgebilde höchst sonderbar an, glatte, harte, klebrige, schmierige, raue und häufig steife Partien wechseln miteinander ab. Die neuen Hüllen passen aber erfreulicherweise über meine sämtlichen übrigen Sachen, dadurch lässt sich die direkte Berührung einschränken. Nur an den nackten Knien verursachen sie beim Gehen zunächst befremdliche Empfindungen. An die Füße soll ich wattierte Tschuny ziehen, eine Art Stoffstiefel, d.h. die Reste solcher. Sie sind riesig, reichen mir statt an die Waden bis an die Knie und erlauben nur eine stark schlurfende Fortbewegung, um sie nicht zu verlieren.

In dieser meiner ersten Ausstattung mit Lagerkleidung biete ich einen selbst hier noch ungewöhnlichen Anblick. Die übereinander befestigten, zum Teil aber schon wieder in Auflösung begriffenen Flicken und schmutzverklebten Fäden ähneln einem Gefieder, das teilweise absteht oder um mich herumhängt, wie es der spontane Ausruf „Tschutschilo" – Vogelscheuche – einer anderen Gefangenen bei meinem Anblick in der neuen Gewandung bezeugt. Obwohl ich in meiner Oberbekleidung einen solchen Grad an Zerfetztheit nie wieder erreicht habe, waren Lumpen von nun an für mein äußeres Erscheinungsbild doch charakteristisch. Während der drei Sommermonate wurde die Wattekleidung zwar von der Lagerverwaltung eingezogen, um sie waschen und flicken zu lassen. Aber die Ergebnisse dieser Prozedur waren in der Regel sehr mangelhaft und bei der herbstlichen Wiederausgabe bekam ich in der Regel besonders schäbige Stücke. Später organisierte ich in der Lagerschneiderei Lumpen, die ich aus Hygienegründen stark chlorte, um dann Wattejacke und -hose damit innen auszukleiden. Gegen die äußere Abgerissenheit unternahm ich nichts, ich erkannte mein Zeug am Mosaik der Flicken.

□

Von der Kleiderkammer der Peresylka solchermaßen ‚polarfest‘ ausstaffiert, wurde ich nun eiligst zum Lagertor genötigt, wo die Etappe bereits wartete. Das Schuhwerk behinderte mich und vergrößerte die Ängste, die mich ohnehin bezüglich der Wegstrecke bedrückten. Aber nicht genug damit. Zu meiner Bestürzung sah ich am Tor als Weggefährten die bekannten Diebinnen aus dem Zug stehen, Soya, Galka und Schurka. Außerdem wartete dort Sascha-Mascha, das männlich aussehende Mädchen in der maßgeschneiderten Offiziersuniform, neben der die Uniformen der beiden Wachsoldaten ziemlich abgerissen wirkten. Die Kolonne setzte sich sofort in Bewegung. Auf einem schmalen in den Schnee getretenen Pfad marschierte hinter dem ersten Posten Sascha-Mascha, gefolgt von den drei anderen. Nach mir beschloss der zweite Posten den Zug. Wir gingen in eine Schneewildnis hinein, vorbei an einigen Schneehaufen, aus denen Rauch aufstieg, tief eingeschneiten Erdhütten der Eingeborenen, den Eskimostämmen der Komi und Nenzy. Dann war nur noch Schnee um uns herum. Das Gehen auf dem Trampelpfad mit meinem Schuhwerk erforderte ungeteilte Aufmerksamkeit und größte Energie. Indes waren nach ein paar hundert Metern meine Kräfte erschöpft. Der Wachtposten hinter mir hatte schon mehrmals gemahnt: „Anschließen, nicht zurückbleiben." Dann sah er, dass ich nicht weiter konnte. Er brüllte laut „Stoy – halt!" hinter den anderen her. Ich war auf alles gefasst. Immerhin, bisher drohte er mir noch nicht mit Erschießen. Ich saß im Schnee, die Kälte fühlte ich nicht.

Inzwischen zeterte Soya gehässig los: „Natürlich, die Faschistka. Schon wieder tut sie so, als ob sie nicht mehr könnte. Du ..., los, mach, dass du weiterkommst, ich werde dein Zeug nicht tragen." Sie lief hinter den anderen her, die bereits in einer Bodensenke verschwunden waren. „So, sie wollen dir nicht helfen, aber ich kann dich hier auch nicht liegen lassen", meint stirnerunzelnd der Posten. Aber jetzt kam Sascha-Mascha zurück und sagte nach einem Blick auf die Situation ganz freundlich zu mir: „Zeig mal dein Bündel her, das ist ja leicht, ich werde es nehmen. Ja, aber du selbst? Hm, wie sollen wir das machen? Na, versuch's mal, häng dich bei mir ein. He, kommt mal eine von euch zu Hilfe", erhob sie dann ihre Stimme, unüberhörbar auch auf die Entfernung. Die Kolonne erschien wieder. „Schurka, hier, trag meine Sachen, und du, Soyka, stütze sie auf der anderen Seite. Ihr seht doch, dass sie nicht weiter kann", ordnete sie in befehlsgewohnter Weise an. „Was", begehrte da Soya giftig auf, „der Faschistka helfen? Ich denke nicht daran. Überhaupt, du bist wohl nicht mehr normal", legte sie sich unversehens mit Sascha-Mascha an, „dass du ihre Klamotten tragen willst. Sie kann sie doch hier im Schnee liegen lassen oder unter uns verteilen. Du benimmst dich ja wie eine Ssu-ka." Dieser Anwurf mit einer solchen Injurie war zuviel für Sascha-Mascha. Ohne mich loszulassen, richtete sie sich zu voller Größe auf: „Was, du wagst mich als Ssuka zu beschimpfen. Wer bist du überhaupt?" Ein Wortgewitter entlud sich über Soya. „Wiederhole das doch noch einmal", schloss sie ihre Ansprache, „du sollst ja was erleben. Du wirst mich kennenlernen." Wieder folgte ein Wortschwall, dessen Inhalt ich in seiner Anschaulichkeit nur ahnen konnte. Der Erfolg war erstaunlich. Soya verstummte, hakte mich widerstandslos ein und wir erreichten ohne weitere Zwischenfälle unseren Bestimmungsort, das Lager Erster Kilometer.

Im Lager Erster Kilometer

Krankenstation ▢ Mascha-Zyganka ▢ Stricken für Mano ▢ Chinesen-Lena ▢ Alexandrovna, die Silberhaarige ▢ Dina, die Feldscherin ▢ Adamovna, die Geologin ▢ Etappe

Die Wachposten brachten uns in den Isolator, eine innerhalb des Lagers nochmals mit Stacheldraht eingezäunte Baracke, in deren Zellen sowohl Übeltäter wegen Verstößen gegen die Lagerordnung isoliert als auch Neuankömmlinge, zunächst von den übrigen Lagerhäftlingen getrennt, in Quarantäne untergebracht werden. Nach längerem Warten wurden zunächst erneut die Bündel durchsucht. Vor Erschöpfung konnte ich mich nur sehr langsam bewegen. Eine uniformierte Frau zeigte auf eine Bank und sagte ganz freundlich: „Setz dich dorthin, ich werde gleich dem Arzt Bescheid sagen." Nach einer Weile kam sie zurück. „Zuerst musst du ins Badehaus, vorher kannst du nicht zum Arzt." Dieser Waschraum war noch kälter und primitiver als die bisherigen. Die Holzschüsseln waren fast schwarz, sehr schwer und so glitschig, dass ich sie kaum halten konnte. Ich kürzte mein Waschsoll auf ein Minimum ab. Bei der Entlausung hatte ich sogar Glück, die Badefrau war auch eine Kriminelle und so eifrig in die Unterhaltung mit meinen Reisegenossinnen vertieft, dass sie nicht auf mich und mein Versteckmanöver mit Kopftuch und Pullover achtete. Etwas ermutigt durch den kleinen Erfolg hockte ich dann in einer Ecke, zufrieden, dass auch Soya mich in Ruhe ließ. Auf einmal hörte ich, wie Sascha-Mascha sagte: „Ich habe solchen Hunger, sterben könnte ich." Mir fiel meine Brotration von heute Morgen ein. Wortlos schob ich ihr die Portion hin und schaute sie freundlich an. „Aber das ist ja deine Tagesration, die musst du behalten", wehrte Sascha-Mascha ab. „Ich kann es doch nicht essen, bitte nimm es an. Es freut mich, wenn du es isst", setzte ich etwas zögernd hinzu. Mit einem verlegenen, fast scheuen Lächeln nahm sie schließlich das Brot. Unvergesslich blieb mir dieser Gesichtsausdruck von ihr, der es im übrigen doch nichts ausmachte, jemanden umzubringen. Diesen in ihren Augen großen Freundschaftsdienst vergaß sie mir nicht, dabei fühlte ich mich viel mehr in ihrer Schuld. Es galt übrigens als eine Art Vertrauensbeweis, wenn Angehörige des Blatnoy Mir, zu denen auch Sascha-Mascha gehörte, von einem Nicht-Blatnoy ein Geschenk annahmen. Großzügigkeit und Kameradschaft unter ihresgleichen war ihnen Gesetz.

Nach einer Weile fand sich die Milizbeamtin wieder ein und führte mich zum Ambulatorium in einer separaten Baracke. In einem kleinen Raum saßen ein hagerer Herr in mittleren Jahren mit unverkennbar orientalischen Zügen und zwei sehr hübsche junge Damen, alle in weißen Kitteln, um einen kleinen rechteckigen Tisch herum. Auf dem Tisch stand ein Glas mit einem Fieberthermometer in einer Flüssigkeit, daneben ein weiteres Gefäß mit einem spachtelähnlichen Gegenstand und Schreibzeug. Im Raum befanden sich noch ein Schränkchen, eine schmale kurze Liege aus rohen Brettern sowie eine Wascheinrichtung, bestehend aus Wasserspender und Eimer.

Der Herr, Jakob Osipovitsch, war Feldscher und Chef der Sanitätsabteilung des Lagers. Ein Stuhl wurde mir angeboten, auf dem ich mich etwas unsicher niederließ. Untergrund oder Umgebung schienen mir ab und an zu schwanken. Ein Thermometer wurde mir gereicht. Inzwischen fragte der Herr sehr freundlich, ob ich wegen meines Namens nicht Lettin wäre. „Nein, ich bin Deutsche", brachte ich etwas mühsam hervor. „Mein Gott, wie elend sie aussieht", sagte die eine Dame zur anderen. „Das Thermometer, bitte. Die Temperatur beträgt 39°, Jakov Osipovitsch." „Sofort auf Station bringen", entschied der Angeredete. Im Aufstehen fragte ich die neben mir stehende blonde Dame: „Ist hier eine Krankenschwester Faina, ich soll sie von Galina grüßen." „Ja, das bin ich selbst", sagte sie überrascht. Auf dem Weg zur Krankenbaracke berichtete ich Faina von dem Zusammentreffen und zog das Kassiber aus seinem Versteck im Mantelfutter. Faina freute sich offensichtlich sehr, von Galina zu hören. Gleich am ersten Tag im Lager erfuhr ich nun, wie hilfreich Empfehlungen besonders in solcher Lage bei den Russen waren. Faina führte mich zu einer Pritsche, auf der eine mit Sägemehl gefüllte Matratze, eine Art Kissen und ein langärmliges, knielanges, sauberes Hemd lagen, und versorgte mich mit einem Handtuch, einer seltenen Kostbarkeit im Lager. Freundlich breitete sie die Decke über mich. „Ruhen Sie sich gut aus, dann wird alles besser." Meine eigenen Sachen waren in einem Wandfach im Krankenraum verstaut. Die auf mich registrierten staatlichen Wattesachen hatte ich leider mit den Tschuny in einem Bündel zusammengebunden im Vorraum liegen gelassen, von wo sie im Handumdrehen verschwanden. Im nächsten Lager zeigte sich, dass ich mich dadurch der strafbaren Veruntreuung staatlichen Eigentums schuldig gemacht hatte.

In dieser Baracke waren richtige kleine Fenster, durch die ich vom Bett aus nach draußen schauen konnte. Erschöpft, aber zufrieden fand ich, dass die anstrengende Reise von Kirov nach Vorkuta zu einer außerordentlichen Verbesserung meiner Lage geführt hatte.

In einem winzigen Nebenraum der Krankenbaracke untersuchte mich die Chefärztin Alexandra Ivanovna Karpenko sehr sorgfältig und stellte dazwischen Fragen über frühere Krankheiten und meinen Werdegang. Sie war mittelgroß und schlank, eine angenehme, ein wenig farblose Erscheinung mit einem faltenreichen Gesicht, kurzgeschnittenen blonden Haaren und sehr aufrechter Haltung. Die Vierzigerin trat eher bestimmt als gewandt auf, korrekt und verschlossen, indes nicht unfreundlich. Nur selten habe ich sie lächeln sehen. Ihre energische Tatkraft, die uns Patienten zugute kam, hatte sie durch die Lagerverhältnisse nicht verloren, wahrscheinlich auch, weil sie in ihrem Beruf weiterarbeiten konnte. Faina erzählte mir, dass die Ärztin aus einer Beamtenfamilie von Kiev stammte und dort als Internistin tätig gewesen war. Auch unter der deutschen Besatzung hatte sie weiter als Ärztin gearbeitet und sich mit einem deutschen Mediziner befreundet. „Sie muss ihn sehr geliebt haben. Hier ist sie mit niemandem liiert, obwohl sich schon mehrere Kollegen um sie bemüht haben. Nun, sie ist wohl ziemlich kühl“, meinte Faina achselzuckend.

In der inneren Medizin galt sie in Vorkuta über das Lager hinaus als Autorität und wurde häufig konsultiert. Mit dem Sanitätspersonal arbeitete sie kollegial zusammen, wahrte aber stets Distanz. Die impulsive Faina regte sich gelegentlich darüber auf: „Man kommt ihr einfach nicht näher.“ Gleichwohl stand außer Zweifel, dass Ivanovna sehr fair mit ihren Untergebenen umging und sich bei aller Zurückhaltung stets hilfsbereit gegenüber Angehörigen der Intelligenz und gegenüber ihren Landsleuten erwies. Auch als ich mich wenig später infolge einer Vergiftung sterbenselend fühlte, kam sie unerwartet an meine Pritsche und richtete in ungewohnt warmem Ton einige wohltuend freundliche Worte in deutscher Sprache an mich.

Ivanovna forderte täglich ihre Patientinnen zu guter Haltung auf: „Haltet euch gerade und zieht den Bauch ein, man lässt sich nicht so gehen. Das Leben bringt viele Enttäuschungen mit sich, die man mit Haltung überwinden muss. Wenn sich die Menschen in Schwierigkeiten oft nicht so hängen ließen“, erläuterte sie mir ihren Standpunkt genauer, „könnten Gewaltherrschaften nie solche Ausmaße wie auch in diesem Jahrhundert annehmen. Ich hoffe, dass es doch in Zukunft mehr Freiheit geben wird. Der wissenschaftliche und der technische Fortschritt werden sicher Erleichterungen bringen.“

Ein anderes Mal, bei der Visite, als ich dem Chef der Sanitätsabteilung über neuere Medikamente und Behandlungsmethoden aus Mutters Praxis berichtete, meinte sie: „Wissen Sie, ich würde gerne Fremdsprachen gut können, neben Ukrainisch und Russisch habe ich nur etwas Latein und Deutsch gelernt. Schade, dass wir keine Gelegenheit haben, wissenschaftliche Erkenntnisse mit Kollegen des Auslands zu diskutieren. Solcher Meinungsaustausch müsste gefördert werden. Ich habe die deutschen Kollegen im Krieg sehr zu schätzen gelernt“, fügte sie etwas leiser hinzu. Ivanovna beteiligte sich gelegentlich, wenn Patienten ukrainische Schriftsteller diskutierten, wobei sie den Klassikern meist den Vorzug vor zeitgenössischen Dichtern gab. Vor allem interessierte sie sich jedoch für medizinische Fachliteratur, und mancher Bemerkung entnahm ich, wie gerne sie selbst in der Forschung tätig wäre.

Wenn es um ärztliches Ermessen ging, machte Ivanovna keine Zugeständnisse und vertrat ihre Meinung ebenso mutig gegenüber dem Lagerchef wie auch gegenüber den Blatnoy-Frauen. Schon bald nach meiner Ankunft gab es einen Zwischenfall in der Sprechstunde, die sie für die Arbeiterinnen abends abhielt. Eine gefürchtete Kriminelle, die Zigeunerin Lyuba erschien und verlangte Arbeitsbefreiung, da sie Streit mit ihrem Freund außerhalb des Lagers hatte und nun Prügel von ihm befürchtete. Ivanovna wollte sie nicht freistellen, zumal Lyuba sehr frech auftrat. Als ihr Ansinnen endgültig abgelehnt war, drohte sie der Ärztin, sie umzubringen. Das sorgte für Aufregung im ganzen Lager, denn auch die Diebinnen verehrten die Ärztin sehr. Aber Lyuba war beleidigt und wollte, selbstherrlich wie sie war, auf niemanden hören. Auf Zureden der Kollegen kam Ivanovna, die sich offensichtlich nicht fürchtete, nur widerwillig zu uns in die Krankenbaracke, um die Nacht in der Ordinationskabine zu verbringen. Abends wurde alles fest verrammelt. Etwas später rüttelte Lyuba an der Tür und verlangte lautstark, die Ärztin sollte hinaus kommen, sonst würde sie sie holen. Alles schwieg angstvoll bedrückt, was jetzt wohl passieren würde. Einem massiven Angriff hätten die alten Türen kaum lange standgehalten. Plötzlich gab es draußen einen Wortwechsel, auch Männerstimmen waren zu hören. Dann herrschte für den Rest der Nacht Stille. Am nächsten Morgen hieß es, Lyuba und ihre beiden Begleiterinnen wären in den Isolator gesperrt worden, da sie sich nach Zapfenstreich noch an der Krankenstation herumgetrieben hätten.

Die Ärztin hatte eine Schwäche für schöne Handarbeiten, besonders schätzte sie ukrainische Kreuzstichstickereien und förderte diese Kunst, so gut sie konnte. Auf unserer Station lagen mehrere Ukrainerinnen, meist Lungenkranke, die alle wunderschön sticken konnten. Sie fertigten für sich und andere Lagerinsassen, die mit Lebensmitteln aus Paketen bezahlen konnten, Wandbehänge und Blusen an. Auch Freie ließen sich solche Stickereien anfertigen. Das alles war natürlich verboten. Weil aber die Ärztin häufig von freien Patienten konsultiert wurde, die ihr gelegentlich auch Stickgarn von draußen besorgten, blühte das Geschäft dennoch. Auch im Lager ließ sich Stickgarn beschaffen. Unsere Häftlingsschlüpfer wurden in verschiedenen bunten Unifarben mit Schnüren aus dem gleichen Trikot geliefert, um sie mangels Gummiband zu befestigen. Diese Schnüre zogen wir heraus und ersetzten sie mit Zwirn aus der Schneiderei. Die bunten Fäden aus den Trikotschnüren tauschten die Stickerinnen untereinander je nach benötigten Farben für die Stickmuster aus. Die noch junge Ukrainerin Parasja, ein freundliches, stilles, sehr zartes Mädchen mit schwerer Pleuritis (Rippenfellentzündung) war ständig mit Sticken beschäftigt. Sie war als Jugendliche verhaftet worden, weil in der Familie Partisanen waren. Ihre Heilung kam nur langsam voran, sie lag schon seit Monaten auf der Station. Die schönen Muster ihrer Stickereien gefielen mir sehr gut, sie erinnerten mich an bulgarische Blusen, die wir zuhause getragen hatten. Ich wollte mein weißes Männerunterhemd aus dem Gefängnis so besticken. Parasja besorgte mir eine Nadel und half mir. Die winzigen Stiche verlangten große Genauigkeit. Fehler ließ mir Parasja indes nicht durchgehen. Das bestickte Hemd trug ich später an arbeitsfreien Tagen, es begleitete mich durch die Lagerzeit.

Rechts neben mir lag eine kleine Nenka, eine Freie aus der hiesigen Gegend. Die Eskimofrau konnte kaum Russisch, wodurch die Unterhaltung auf ein freundliches Minimum beschränkt blieb. In Ermangelung besserer Medikamente bekam sie gegen Bandwurm des Morgens Fisch, was zu heftigem Erbrechen führte. Nach einigen Tagen wurde die Behandlung abgesetzt, wenn auch der Bandwurm noch nicht kuriert war. Eine Woche später bekam die Lagerapotheke doch noch ein wirksameres Medikament; denn wenig später verließ die kleine Nenka ganz fidel die Station. Diese Nenka wusch sich jeden Tag Gesicht und Hände, was bei ihrem Volksstamm noch nicht üblich war. Eine andere Nenka, die später einmal kurze Zeit neben mir auf der Pritsche lag, zog ihre Kleidung nie aus. Da sie nicht freiwillig zum Badehaus ging, wurde sie mit Gewalt dorthin getragen. Dennoch kämpfte sie auch dort verzweifelt um jedes Kleidungsstück, offenbar aus Angst, es könnte ihr fortgenommen werden, und gab sich alle Mühe, das Wasser zu meiden. Der fischtranartige Geruch ihrer Kleidung überlagerte alle anderen Duftnuancen. Die Kleidung der Nenzen im Polargebiet besteht nur aus Tierfellen. Die Nomadin trug einen mantelartigen, ringsum verschlossenen Umhang aus Rentierfellen mit dem Pelz nach innen, der über den Kopf gezogen wurde und fast bis zur Erde reichte, die Kapuze war festgenäht und rings um die Gesichtsöffnung ein Fellrand zur Verzierung. Die Ärmel gingen über in Handschuhe und waren am Ende zugenäht. In der Höhe des Handgelenks befand sich nach unten eine Öffnung für die Hände. Darunter trug sie ein sackartiges Fellhemd und lange Fellhosen mit einem Schlitz auf der Rückseite. Auch die Kinder waren so angezogen. Die Nenzen ziehen als Nomaden mit ihren Rentierherden durch die Tundra und leben in den Sommermonaten in Zelten. In der Winterzeit hausen die Familien mit Kindern und Tieren in Erdhütten.

Eine sehr gebrechliche Patientin, eine Litauerin, wohl über sechzigjährig, die aus einem kleinen Dorf stammte, lag seit einer Weile neben mir. Die Analphabetin wusste nicht, warum sie im Lager war und konnte sich nicht verständigen, weil niemand Litauisch sprach. Häufig, wenn ihr etwas zu essen gebracht wurde, schüttelte sie den Kopf und sagte leise: „Ne galu valgitj, skranta skauta." Nach einer Weile bekam ich durch Zeichensprache heraus: „Ich kann nicht essen, der Leib schmerzt." Mit der Zeit konnte ich der Ärztin erklären, worüber sie klagte. Inzwischen neu angekommene Litauerinnen kümmerten sich dann sehr freundlich um die alte Frau und holten sie später in ihre Baracke. Wenn ich ihr manchmal begegnete, winkte sie mir stets erfreut lächelnd, mich zu ihr zu setzen und zu erzählen, wie es mir ginge, und immer steckte sie mir Brot zu. Meine von ihr gelernten dörflich-mundartlich geprägten litauischen Sätze brachten vor allem ihre gebildeteren Landsleute zum Lachen, aber die sonst sehr ablehnenden Litauerinnen schenkten mir doch gelegentlich ihre Sympathie.

Calumniare audacter, semper aliquid haeret.
Verleumde nur kühn, irgend etwas wird hängen bleiben.

Bis jetzt war mir im Lager Deutschenhass noch nicht begegnet. In Vorkuta gab es in den 4Oer Jahren nur wenige weibliche Sträflinge aus Deutschland, und mein Russisch war gut genug, so dass ich nicht als Deutsche auffiel. Aber die friedliche Atmosphäre in der Krankenbaracke änderte sich plötzlich wie aus heiterem Himmel. Dascha Kirste, eine psychisch kranke jüdische Ukrainerin, entdeckte unversehens in mir als Deutsche ihre persönliche Feindin und machte mich zum Gegenstand lautstarker Beschimpfungen. Besonders in ihren durch die Krankheit bedingten unruhigen Phasen richtete die Schizophrene immer wieder endlose Hasstiraden gegen mich, die sich zunehmend fatal auf meine Umgebung auswirkten. Es entstand eine feindselige Stimmung und selbst mir bis dahin wohlgesinnte Patientinnen traten nicht mehr für mich ein oder hüllten sich zumindest in Schweigen, wenn Dascha mit ihren Beschimpfungen loslegte. Damit nicht genug, verließ eines Morgens plötzlich die andere Dascha, eine mir gegenüber liegende Epileptikerin, ihr Bett und kam mit erhobenen Fäusten schreiend auf mich zu: „Du bist eine Hexe, ich weiß es ganz sicher, du hast mich verzaubert. Mit deinen Augen zauberst du mir die Krankheit an den Leib. Warte, ich werde dich erwürgen." Dann unvermittelt in ganz kläglichem Ton: „Guck mich nicht so an, warum lässt du mich nicht in Ruhe?" Das hätte ich sie auch gerne gefragt. Aber sie konnte mich nicht hören, denn inzwischen kam der epileptische Anfall voll zum Ausbruch, sie sank zuckend in sich zusammen, wurde dann ins Bett getragen und wusste anschließend nichts mehr davon. Zur mehr oder weniger unverhohlenen Schadenfreude einiger Patientinnen wiederholten und steigerten sich solche Szenen, die mir die beiden unglücklichen Kranken machten und denen niemand Einhalt gebot. Einmal hörte die Ärztin zufällig deutschfeindliche Äußerungen und untersagte sie, aber das schränkte nur die Lautstärke ein, solange medizinisches Personal in Hörweite war.

Die argwöhnischen Blicke und das zunehmend feindselige Verhalten veranschaulichten mir unmissverständlich den Ernst meiner Lage. Offensichtlich hetzten einige Patientinnen aus Gehässigkeit und Schadenfreude die anderen auf. „Du verfluchter Fritz", wiederholte immer mit den gleichen Worten drohend Dascha ihre verzweiflungsvoll gehässigen Angriffe und versuchte, sich mir zu nähern. „Deinetwegen sitzen wir alle hier. Aufhängen, verbrennen sollte man dich! Die Augen werde ich dir auskratzen." Mit Gewalt wurde sie dann wieder ins Bett gebracht und schrie weiter, bis sie vor Erschöpfung der Schlaf übermannte. Erbarmungslos langsam verging ein Tag nach dem anderen mit Demütigungen und Gemeinheiten. Dazwischen feuerten halblaute Stimmen die Kranke an: „Ja, Dascha, du hast ganz recht, weshalb füttert und pflegt sie die Sowjetmacht überhaupt noch. Aber schließlich, ihre Krankheit ist ja schwer genug, ein Zeichen, dass es einen gerechten Gott gibt. Seht doch, sie ist so schlecht, dass Gott sie nicht gesund werden lässt. Aber natürlich, sie ist ja eine Hexe."

Eines Tages tauchte Sascha-Mascha in der Tür auf: „Was ist hier für ein Geschrei, was für einen Lärm macht ihr Kranken?" „Ja, schau nur, dort die Hexe. Wofür füttert die Sowjetmacht solch eine Kreatur?", erfolgte mehrstimmig die Antwort. „Was, wo ist die Hexe?" Sie zeigten auf mich. Sascha-Mascha ging geradewegs auf mich zu, sie erkannte mich sofort und setzte sich auf meine Bettkante. „Ja, Fritzyonok", lächelte sie mich freundlich an, „wie geht's dir? Was ist hier los?" „Die beiden Kranken behaupten, ich hätte sie verhext, dabei waren sie vorher doch auch schon krank", schilderte ich meine Situation. Inzwischen war ob der unerwarteten Entwicklung gespannte, erwartungsvolle Stille eingetreten: Die Blatnaya bei der Deutschen, was das wohl bedeutete? Dann erhob Sascha-Mascha ihre Stimme, langsam und eindringlich, nicht ohne einen drohenden Unterton artikulierend: „Also, ihr Faschisten und sonstige miserable Existenzen. Hört gut zu. Lasst sofort die Kleine in Ruhe. Ich kenne sie und ihr sollt sie nicht beleidigen. Was für Heldinnen seid ihr doch. Wagt es nicht, sie anzurühren. Eines Tages kommt ihr zurück in die Arbeiterbaracken, dann könnte es euch schlecht gehen.". Es herrschte absolutes Schweigen, kein Ton war zu hören. Sascha-Mascha schüttelte mir die Hand und meinte aufmunternd: „Mach's gut, Fritzyonok, komm bald aus dem

Hospital. Ich werde dir schon helfen. Ich habe deinen Freundschaftsdienst nicht vergessen."

Von nun an hörten zwar die lauten Beschimpfungen auf, nicht aber die versteckten Schikanen. Schließlich zog ich Faina ins Vertrauen, die das zunächst kaum glauben mochte. Wenige Tage später aber kündigte sie mir die baldige Verlegung in die andere Krankenstation an. Dort hatte der Albtraum ein Ende und ich traf Menschen, mit denen ich wieder ein normales Gespräch führen konnte.

Obwohl Ärzte und Schwestern mich seit Wochen rührend betreuten, hatte sich mein Gesundheitszustand nach der Vergiftung noch verschlechtert. Ärztlichen Kontrollkommissionen wurde ich als besonders zählebiger Fall vorgeführt, „Dystrophie Anfang dritten Grades." Die Gutachter zogen in der Regel mit zwei Fingern meine Haut an den Armen und am Bauch hoch, um dann kopfschüttelnd oder achselzuckend weiter zu gehen. In meiner Gegenwart erfolgten keine Kommentare. Inzwischen machte mich die Schwäche schon ziemlich gleichgültig.

Mein Haar täglich durchzukämmen, kostete mich allerdings besonders seit der Vergiftung große Anstrengung. Mit sieben Zinken eines Seitenkämmchens entwirrte ich es jeweils auf der Seite liegend, weil ich den Kopf nicht lange hochhalten konnte. Eines Tages kam ein fremder Arzt, ein Aserbeidzhane, an meine Pritsche und fragte ganz freundlich nach meinen Beschwerden. Dann meinte er beiläufig: „Na, lange machen wir es wohl nicht mehr, was möchtest du gerne haben, so quasi als letzten Wunsch. Verlange, was du willst, aber es muss im Bereich meiner Möglichkeiten sein. Schnell, entscheide dich", drängte der Arzt, „ich muss gehen." „Ja, ich möchte Bohnenkaffee trinken." Der Arzt nickte kurz und ging. Schon im nächsten Moment dachte ich, wie unüberlegt von mir, hier oben in Vorkuta würde es kaum echten Kaffee geben, aber am folgenden Tag wurde mir ein Pfund gemahlener Kaffee überbracht. Faina kochte mir einen Becher voll, auf meinen Wunsch zwei gehäufte Teelöffel auf zweihundert Milliliter Wasser. Sie wendete zwar ein, dass das Tinte wäre, ging aber doch auf meine Bitte ein. Jeden Tag bekam ich meine Portion Kaffee. Und der Kaffee wirkte Wunder. Meine Lebensgeister erwachten wieder, der Durchfall hörte auf und ich begann, mit Appetit zu essen. Die Ärztin verschrieb die bestmögliche Verpflegung, Hirse und Reis, kleine Stückchen Fisch und jeden Tag Zucker, Ascorbin- und Nikotinspritzen. Ich erholte mich schnell und konnte nach kaum zwei Wochen erste Gehversuche machen.

Beim Umhergehen werfe ich einen Blick in den Nachbarraum. In unserer Palata (Raum in der Krankenstation) liegen Nichtkriminelle. Die Diebinnen sind nebenan untergebracht. Die Latrinen können sie nur über unseren Raum erreichen, den sie sonst nicht betreten dürfen. Auf ihren Gängen inspizieren sie jedoch, ob jemand von Interesse dort liegt; denn einige der Kranken bekommen Pakete. Die Diebinnen verlangen, wenn sie gerade in der Krankenstation sind, von den Paketempfängerinnen bewirtet zu werden.

□

Zur Zeit ist der Nebenraum fast leer. Auf einem Bett sitzt eine Zigeunerin, die an einem Kleidungsstück hantiert. Sie schaut auf und sieht mich an der Tür stehen. „Du, komm mal her, bist du nicht die Deutsche?" „Ja, das bin ich, aber warum willst du das wissen?" „Du bist mir sympathisch, komm, setz dich her zu mir, erzähl mir, woher du bist." Mit ihren lebhaft funkelnden Augen im bräunlichen, von kurzen schwarzen Löckchen umrahmten schmalen Gesicht mit vielen winzigen Fältchen schaut sie mich durchdringend, aber nicht unfreundlich an. Ich halte ihrem Blick stand. Ein Weilchen schweigen wir beide und mustern uns gegenseitig. Sie ist sehr feingliedrig und hager, hat schmale eckige Schultern und hält sich kerzengerade. Alles an ihr wirkt etwas eckig, auch ihre lebhaften Bewegungen. Daran kann ich sie von weitem erkennen. Nur wenn sie tanzt, fällt das Eckige ab.

Mascha ist sehr selbstbewusst. Sie gehört zu den Honoratioren unter den Blatnoy. Den größeren Teil ihres Lebens hat sie, mit Unterbrechungen, hinter Stacheldraht verbracht. Aber die Zigeuner halten überall zusammen. „Du hast schwarze Augenbrauen", bricht sie dann das Schweigen, „hast du nicht Zigeunerblut?" „Nein, sicher nicht", wende ich ein, „mein Haar ist nicht schwarz und mein Vater ist blond." „Na, ich weiß nicht, denk mal darüber nach. Ich finde dich nicht so fremd wie die anderen; weißt du, uns Zigeuner verbindet doch das Blut. Ich glaube, du hast Zigeunerblut!" Um sie abzulenken, frage ich nach dem Kleidungsstück, das sie auftrennt und das schon bessere Tage gesehen hat. „Ich will das Jackett für mich ändern, weißt du, so schön auf Figur. Sag mal, könntest du mir nicht dabei helfen? Im Westen lernt ihr das doch in der Schule. Das Zuschneiden ist ja das Wichtigste." „Nun, weißt du, helfen will ich dir schon, aber ich weiß ja nicht genau, wie du es haben willst." „Zusammen werden wir es schon hinkriegen", meint Mascha erfreut.

Nach dem Auftrennen muss sie die einzelnen Teile anprobieren. Die Seitennähte werden enger gemacht und dann die Ärmel neu eingesetzt. Es geht besser, als ich dachte, und Mascha probiert geduldig unzählige Male an, bis die Ärmel endlich an der richtigen Stelle sitzen. Dann zieht sie das Jackett an und dreht sich zufrieden um die eigene Achse. Es sitzt sehr stramm, aber das findet sie gerade schön.

Unterdessen unterhalten wir uns eifrig. „Wie alt bist du, und wie bist du hierher gekommen?", fragt sie. Ich erkläre ihr, dass ich nach einem politischen Paragraphen verurteilt bin, ohne ein Verbrechen begangen zu haben. „Oh diese Schufte, du bist so jung und dann mit ihrer Politik." „Wie gewöhnst du dich ans Lagerleben?", fragt Mascha weiter. „Einfach ist es ja nicht gerade", meine ich vorsichtig, „es schmerzt mich, dass die anderen mich so oft eine Faschistka schelten." „So, tun sie das? Sie sind selber verfluchte Faschisten und sitzen für Landesverrat." Wahrscheinlich kennt Mascha die Ausdrücke nur, weil die politischen Häftlinge allgemein so beschimpft werden. Die Diebe haben das von den Aufsehern übernommen. „Aber ich werde es ihnen zeigen, wenn sie dich nicht in Ruhe lassen. Ich, Mascha, habe dich gern, und wehe ihnen." Im Nu ist sie aufgesprungen und steht an der Tür zum großen Raum: „Wagt es nicht, die kleine Deutsche zu beschimpfen. Ich will es nicht. Sonst werdet ihr mir dafür bezahlen. Ich glaube, ihr kennt mich doch. Oder?" Ein unterdrücktes Gemurmel ist zu hören. Maschas Freundschaftserklärung ist mir zwar etwas peinlich; doch solange sie dort liegt, höre ich nur mal versteckte Vorwürfe, dass ich mit einer Diebin umgehe.

„Was ist eigentlich Prestupnyj Mir?", wage ich nach einer Weile, ihr eine lang gehegte Frage zu stellen. „Ein Mann im Zug hat mir gesagt, ich soll im Lager danach fragen, dann hilft man mir weiter." „So, so", amüsiert sich die Zigeunerin, „das weißt du auch schon, du wirst sicher noch eine Starschaya Blatnaya – Oberbanditin." Mascha erklärt mir, was ‚Prestupnyj Mir' bedeutet. Sie erzählt mir von den Blatnoy, den ‚ehrlichen' Dieben, die sich im Lager strikt an die Gesetze der Verbrecherwelt halten, und von den Ssuki, den Abtrünnigen, die im Lager Posten annehmen und mit der Lagerleitung zusammenarbeiten.

„Weißt du", belehrt mich Mascha-Zyganka, „unsere Gesetze sind streng. Sie erlauben nicht, dass ein ‚ehrlicher' Dieb und ein Ssuka zusammen essen. Die Ssuki sind auch Diebe, aber sie sind ausgestoßen, sie sind nicht mehr ‚im Gesetz'. Wir bekämpfen uns gegenseitig. Es gibt vier Dinge, die ein Blatnoy im Lager nicht tun darf, sonst hat er sein Leben verwirkt." Sie zählt auf: Man dürfe nicht als Brigadier, als Anführer einer Brigade von Zwangsarbeitern, andere Diebe für die Obrigkeit zur Arbeit antreiben und dafür selber nicht arbeiten. Aber auch die Essensausgabe sei tabu. „Es gibt nicht genug, dass man satt wird. Uns gibst du Hungerportionen und willst selbst satt sein, womöglich auf unsere Kosten." Damit wäre die Ehre der Blatnoy befleckt. ‚Ehrliche Diebe' tasteten nie die Lagerkleidung oder die Lagerverpflegung, also das Existenzminimum eines Häftlings, an. Alles andere könnten sie dem ‚Freyer', dem Nichtkriminellen, wegnehmen. Auch dürfe ein ‚ehrlicher Dieb' nicht wagen, seine Haftzeit mit einer Bewährung in den Reihen der bewaffneten Hilfswachmannschaften zu verkürzen, auch wenn es sein Paragraph erlaubte: „Auf unseren Bruder schießen und dafür früher freikommen, das geht nicht. Ein Blatnoy, der sich zu so etwas hergibt, ist abtrünnig, hat sein Leben verwirkt. Und schließlich, Verräter oder Spitzel, solche dürfen nicht am Leben bleiben. Beim Kum, dem politischen Offizier, hat niemand etwas zu suchen. Er soll doch sehen, woher er die Neuigkeiten nimmt. Freilich ist es schon passiert, dass jemand zum Spitzel wurde. Aber irgendwann kommt es doch heraus, dann halten wir Gericht und bestimmen auch, wer das Urteil vollziehen muss. Selbst wenn sie es schaffen, rechtzeitig in ein anderes Lager verlegt zu werden, früher oder später erreicht sie unser Arm doch." „Wie macht ihr das denn", wundere ich mich, „ihr könnt doch nicht einfach hinterher fahren." „Nein, aber das Urteil wird allen Blatnoy bekanntgegeben, und die Unsrigen werden immer wieder von einem Lager zum anderen geschickt. Wer auf so einen Verräter trifft, ganz gleichgültig ob Mann oder Frau, der muss die Strafe vollziehen." Bringt ihr die wirklich einfach um?" „Klar, man kann solche Existenzen doch nicht am Leben lassen." Mascha bekräftigt ihre Feststellung mit einem Fluch. Ihr Gesichtsausdruck zeigt, wie ernst es ihr ist. Plötzlich sieht sie ganz fremd aus und ihre Augen schauen böse und kalt. Mir wird unbehaglich zumute. „Aber Mascha", meine ich zaghaft, „mach nicht so ein böses Gesicht." „Schweig still", fährt sie mich plötzlich unerwartet heftig an, „das verstehst du nicht. Wie ich sie hasse, diese Ssuki! Aber wir werden sie austilgen. Alle. Hier im Lager gibt es auch schon zu viele davon. Es ist mit ihnen wie mit einer Seuche." Maschas finsteres Gesicht veranlasst mich, nun den Mund zu halten. Bei ihr lerne ich eine Menge, auch wann man im Lager zu schweigen hat. Menschen im Lager haben zu Zeiten einen ‚Lagerkoller'. Dann darf man sie nicht ansprechen, sonst bekommt man die ganze Wut und die Hassgefühle ab, die sich so aufstauen. Besonders unwirsch sind die Kriminellen, indes sind sie oft auch nervös, weil etwas los ist, und häufig ist irgendetwas los.

Während ihres Aufenthalts in der Krankenbaracke erhält Mascha- Zyganka viel Besuch von Blatnoy-Frauen der Oberschicht. Sie ruft mich oft dazu und stellt mich ihnen vor. Nadya-Kolumbina ist eine große, ziemlich dürre und eher farblose Frau. Diebinnen kennen ihr Alter selten genau, zwischen dreißig und vierzig gelten sie bereits als bejahrt. Als Mitglied des Blatnoy Mir sei Kolumbina hochgeachtet, erläutert mir Mascha, jedoch habe sie mit den Männern Probleme. Eben hätte sie wieder eine unglückliche Affaire hinter sich, ihr letzter Verehrer hatte sich einer jüngeren zugewandt. Kolumbina hockt zusammengesunken auf der Pritsche, wie eine tragische Figur. „Ich habe eben kein Glück mit den Männern, was sind sie doch für Prostitutki", stöhnt sie. „Warum laufen sie hinter den wetterwendischsten Dingern her, nur wegen Äußerlichkeiten. Meine Seele hätte ich für ihn hergegeben, aber das will der Hundesohn nicht begreifen. Man sollte ohne Männer leben, aber das ist auch so fad." Immerhin trachtet sie ihm nicht nach dem Leben wie manche ihrer Kumpaninnen in solchen Fällen. Ihre Wut ist wohl verraucht. „Was hältst du von den Männern", wendet sie sich unversehens an mich.

Ich zögere mit der Antwort. „Sie ist noch zu jung", enthebt mich unversehens Mascha-Zyganka einer Antwort und hat mir damit einen großen Dienst erwiesen. Solange ich unter den Blatnoy-Frauen lebte, halfen sie mir auch später stets, mich gefährlicher Verehrer, die auf Körbe ziemlich rachsüchtig reagieren konnten, zu erwehren. Auch Kolumbina rechnete mich unter ihre Schützlinge. Als Spezialität betrieb Kolumbina eine bestimmte Art der Selbstverstümmelung, etwa um sich der Etappe in ein anderes Lager zu entziehen. Dafür spritzte sie aus einer alten Spritze mit Kanüle Petroleum unter die Haut, um einen Abszess zu provozieren. Später im Lager UDS traf ich sie einmal abends, als sie sich gerade wieder so eine Injektion gemacht hatte. Sie hockte zusammengekauert in einem Winkel des Flurs im Lagerambulatorium und weinte. „Ja, weißt du, Lena", erklärte sie mir schluchzend, „sie haben mich auf die Transportliste für ein anderes Lager gesetzt. Wir sollen gleich weggebracht werden. Und hier, siehst du", sie zeigt mir ihren geschwollenen Arm, „ich habe mir eine Spritze gemacht, damit ich hier bleiben kann. Hoffentlich kann ich noch rechtzeitig zum Arzt, denn jetzt muss er mich ja krank schreiben. Wenn mich aber das Transportkommando vorher schnappt, dann nehmen sie mich trotzdem mit und dann ist alles umsonst gewesen. Es ist auch gefährlich, weil leicht eine Blutvergiftung dabei entsteht und im Zug gibt es keinen Arzt. Weißt du, ich habe hier nämlich gerade so einen süßen Mann. Er ist natürlich ein ‚ehrlicher Dieb'. Wenn ich weg muss, ist es doch aus, dann sehe ich ihn nie wieder und er nimmt sich sicher eine andere. Ich will hier bleiben. Oh", wimmert sie verzweifelt, „wenn mich bloß der Konvoi nicht vor dem Arzt erwischt."

Wie ein Häufchen Elend hockt sie da, die stets stolze und von vielen gefürchtete Kolumbina. So verhärtet sie sonst wirkt, diese Trennung setzt ihr sehr zu. Gerade jetzt, wo sie sich ein wenig glücklich fühlt, soll sie verschickt werden. Die Trennung von dem Mann macht sie traurig. Andererseits wechseln die Diebinnen ihre Partner ja oft. Und doch tut sie mir leid. Inzwischen schrillt das Zeichen ‚Appell' durch das Lager. Unschlüssig bleibe ich noch stehen. Unvermittelt richtet sie sich auf: „Du bist ein Mensch, Kleine." Ihre Stimme klingt plötzlich wieder fest. „Aber du musst schleunigst in deine Baracke zurück, es ist doch Appell. Geh jetzt, sonst erwischen sie dich noch draußen. Ich bleibe hier." In meiner Baracke erreiche ich die Aufstellung in der Reihe als Letzte gerade noch rechtzeitig, um dem Donnerwetter der Barackenältesten zu entgehen. Diesmal hatte Kolumbina noch einmal Glück, der Arzt kam rechtzeitig, der Abszess wurde geschnitten und sie für ein paar Wochen von der Etappe zurückgestellt. Beim nächsten Reisetermin kam ihr Name erst im letzten Moment auf die Transportliste für den Fernen Osten nach Sachalin, wohin man damals die unverbesserlichen Rezidivisten zu verlegen begann.

Kolumbina ist mit Klava Musyka befreundet, sie wirtschaften oder, wie die Diebe sagen, sie essen zusammen. Obwohl angeblich erst Anfang 30 hat Muzyka ein ziemlich verwüstetes, geradezu grotesk verfaltetes Gesicht. Ihre Spezialität ist nämlich die erfolgreiche Einleitung von Aborten, auch bei sich selbst. Sie wendet acht verschiedene Methoden an, eine immer grauenvoller als die andere. Sie versteht es gleichwohl, ganz amüsant zu erzählen, wie sie sich aus Gerichtsaffären mit Schwangerschaften herausgewunden hat. Auf die Männer übt sie große Anziehungskraft aus, sie ist nie ohne Liebhaber.

Vertreterinnen der Blatnoy-Oberschicht wie Musyka und Kolumbina haben jeweils einen Hofstaat um sich von Diebinnen der mittleren und unteren Ränge in der Hierarchie. Die sogenannten ‚Barfüßer‘ müssen ihnen zwar stets zu Diensten sein, werden gleichwohl eher verächtlich behandelt. Musykas Hofhaltung zu beobachten, ist ganz unterhaltsam. Mit hochmütig gelangweiltem Gesicht lehnt sie, umgeben von solchen Kumpaninnen, in einer Ecke und ergreift hin und wieder in deutlich herablassendem Ton das Wort. Mitunter krümmt sie sich dann plötzlich zusammen und klagt über Schmerzen im Unterleib, worauf ihre Umgebung aber stets höflich mitfühlend reagiert.

Noch ein seltsames Pärchen, Knopka und Bomba genannt, besucht Mascha gelegentlich. Knopka, eine sehr kleine, unscheinbare Person hat ein winziges Gesicht, wenige Ponyfransen und stumpfblickende korinthenartige Augen. Ihre unangenehm piepsende Stimme ist nur selten zu hören, obwohl sie bei keiner wichtigen Zusammenkunft der Blatnoy fehlt. Knopkas Freundin, ohne die sie nirgends zu sehen ist, heißt Bomba. Bomba macht mit ihrer Unförmigkeit ihrem Namen alle Ehre und spricht eigentlich noch weniger als Knopka. Ein ebenso unattraktives wie unheimliches Pärchen. Später meint Mascha auf meine Frage nach ihnen: „Sie sind beide sehr verlässliche Blatnoy, wenn auch ziemlich fanatisch. Unseresgleichen lassen sie nie im Stich.“ Knopka soll von einer selbst in diesem Kreis außergewöhnlichen erfindungsreichen Bösartigkeit sein, weshalb sie wohl als Ratgeber besonders geachtet ist. Wo ich kann, versuche ich um Bomba und Knopka, die beiden Unzertrennlichen, einen Bogen zu machen.

Mascha-Zyganka ruft mich oft, wenn ihre Kumpaninnen kommen, und singt dann mein Loblied. Damit erreicht sie, dass die anderen mich akzeptieren, weil sie ihr großen Respekt entgegenbringen. Allerdings behandeln sie mich wie eine Maloletka, eine Minderjährige, und einige erlauben mir später auch nicht, zu rauchen oder ‚unanständige‘ Ausdrücke zu benutzen.

Bei Mascha treffe ich auch Lastotschka, das Schwälbchen, eine kleine zierliche, sehr zappelige Schwarzhaarige. Sie hat ein ganz hübsches Gesicht, das sie äußerst vulgär verziehen kann. Schwälbchens dunkle Augen fahren ständig rastlos hin und her. Hervorstechend ist ihre fast komische Eitelkeit. Bei jeder Gelegenheit zieht sie eine Spiegelscherbe heraus, betrachtet sich höchst aufmerksam, spukt auf einen Finger, korrigiert ihr Make-up aus Ruß, Fett und Seife sowie ziegelfarbenem Rouge und zupft an ihren Ponyfransen. Vorläufig bleibt unsere Bekanntschaft noch sehr oberflächlich. Aber im nächsten Lager wird sie die Freundin von Volodya, meinem Beschützer aus dem Zug nach Vorkuta, der mich nicht vergessen hat und einen für mich sehr positiven Einfluss auf sie ausübt.

Lastotschkas Freundin heißt Slonyonok, der kleine Elefant, eine der Schönheiten unter den prominenten Blatnoy-Frauen in unserem Lager. Ein dunkler Pagenkopf umrahmt ihr blasses, sehr regelmäßig geschnittenes Gesicht mit gerader wohlproportionierter Nase und einem kleinen Mund. Große dunkle Augen blicken meist unbewegt und kühl. Ein unnahbar wirkender, gelegentlich leicht melancholischer Ausdruck lässt Slonyonok, den kleinen Elefanten, solange sie schweigt, eher einer süßen, mädchenhaften Siebzehnjährigen ähnlich sehen. Die Männer umschwärmen sie und man könnte zweifeln, ob man ihr nicht Unrecht tut. Sobald sie aber den Mund aufmacht, verändert sich dieser Eindruck frappant. In ihrer überaus kräftigen Stimme schwingt stets ein sehr kalter, harter Unterton mit, gleichgültig, ob sie ruhig spricht oder erregt. Slonyonok wird leicht wütend und dann ist ihr Vokabular einfach unbeschreiblich, andererseits ist sie durchaus imstande, eine Unterhaltung zu führen, in der kein einziges Schimpfwort fällt. Slonyonok hat eine kräftige Statur und überraschend muskulöse Beine, ihr Gang ist ein wenig stampfend; vielleicht heißt sie deshalb der kleine Elefant. Derzeit ist sie im siebten Monat schwanger. Der Vater, die Nachtigall, ein sehr prominenter Blatnoy, hat ihr angedroht, sie umzubringen, wenn sie das Kind nicht zur Welt bringt. Das verübelt Slonyonok ihm sehr und sie macht ihrem Ärger im Kreise ihrer Kumpaninnen häufig Luft. Die Nachtigall verprügelt sie offenbar auch in diesem Zustand regelmäßig, oft klagt sie über blaue Flecken. Die Lagerleitung fürchtet offensichtlich ihre Unberechenbarkeit und entspricht ihren Wünschen nach Möglichkeit stillschweigend, ob es sich nun um irgendeine Sonderzuteilung oder auch darum handelt, dass sie auf einen bestimmten Arbeitsplatz eskortiert werden will, natürlich nicht, um zu arbeiten, sondern weil sie dort die Nachtigall, den Vater ihres Kindes, treffen will. Ihre eigenen Interessen setzt sie stets durch, nur auf den Rat der Oberblatnoy und die Gesetze des Prestupnyj Mir nimmt sie Rücksicht. Wie nicht wenige dieser Diebinnen verfügt sie sogar über einen gewissen Charme.

Eine unheimliche Wandlung geht jedoch mit ihren Augen vor, wenn sie wütend wird. Bereits bei unserer ersten Begegnung erlebe ich, wie sich ihre Augen bei einer geringfügigen Verärgerung wie mit einer gallertartigen Schicht überziehen und einen geradezu furchterregenden Ausdruck annehmen. Dieses bei wütenden Gewaltverbrechern häufig wahrnehmbare Phänomen heißt in Vorkuta bei den Sträflingen ‚zamorozhennyj vzglyad' - der angefrorene Blick.

Seit zwei Tagen ist Mascha Zyganka überaus reizbar und gerät bei jeder Kleinigkeit aus der Fassung. Am Vorabend hatte sie Besuch von Diebinnen, mit denen sie draußen vor der Tür verhandelte. Ich versuche, sie aufzumuntern und etwas abzulenken. Aber sie fährt mich unwirsch an: „Schweig! Man fragt dich nicht, es braut sich etwas zusammen. Später wirst du es schon erfahren. Lass mich in Ruhe." Dann ruft sie wieder nach mir: „Komm her, sitz bei mir, mir ist das Herz schwer." Seit vor zwei Tagen einige Neue im Lager angekommen sind, herrscht eine unglaubliche Spannung, sogar in der Krankenbaracke ist das zu merken, aber niemand sagt, worum es geht.

Am dritten Morgen wache ich sehr früh auf. Es ist etwa halb vier, die Mitternachtssonne scheint durchs Fenster. Beim Aufstehen entdecke ich unter meiner Pritsche ein rötlich schwärzliches Rinnsal, das von der Tür herkommt. Mein Platz ist gleich neben der Tür zu dem kleinen Flur, der ohne Türschwellen den Krankenraum von den Latrinen trennt. Unsere Balkenstützen in der Station sind rot gestrichen und ich ärgere mich, dass die scheinbar verschüttete Farbe ausgerechnet unter meine Pritsche gelaufen ist. Beim Öffnen der Tür ruft plötzlich eine TBC-Kranke, die wenig schläft: „Geh nicht hinein!" Ich habe schon genug gesehen: Im Korridor liegt auf einer Bahre ein nackter, mit vielen Wunden bedeckter Leichnam, von dem auch das Rinnsal unter meinem Bett herrührt. Eine Weile starre ich wie gebannt von meiner Pritsche auf den weiß gescheuerten Bretterfußboden herunter, auf dem sich die Spuren grell abzeichnen. Die TBC-Kranke kommentiert gleichgültig: „Kriminelle untereinander." Frierend krieche ich schließlich unter meine Decke zurück. Später wischt die Sanitäterin schimpfend die Blutpfütze zusammen, die Spuren sind noch eine Weile zu sehen: „Sollen sie sich doch alle gegenseitig abmurksen."

Mascha Zyganka erklärt mir dann die Zusammenhänge dieses Fememordes. Schwälbchen und der kleine Elefant hatten in einem anderen Lager mit der ermordeten Lyuba Pogorelichova zusammen einen Überfall verübt, den man ihnen später auch zur Last legte. Sie hatten Lyuba im Verdacht, sie verraten zu haben, weil man sie ohne Lyuba nach erneuter Verurteilung nach Vorkuta brachte. So hatten die beiden, die die ehemalige Kumpanin nun als verräterische Ssuka ansahen, gewartet, bis sie im Zuge der diversen Etappen wieder in ihre Reichweite geraten würde. Obwohl sie keine Beweise hatten, waren sie von Lyubas Schuld überzeugt. Lyuba fühlte seit ihrer Ankunft im Lager die Bedrohung und wechselte ständig ruhelos von einer Baracke zur anderen, bis sie in der dritten Nacht sitzend einnickte. Dann bekam sie einen Schlag über den Kopf, wurde aus der Baracke herausgeschleift und von Schwälbchen und Slonyonok, dem kleinen Elefanten, draußen in der schrecklichsten Weise umgebracht.

Über die Mordaffäre übrigens kam nichts heraus. Man sperrte kurzerhand 30 Blatnoy-Frauen, die in Frage kamen, für einige Tage in den Karzer, um sie zum Reden zu bringen. Aber auf alle Fragen gab es nur eine Antwort, es sei ein Femegericht gewesen und Namen wurden nicht genannt. Slonyonok wurde wegen ihrer Schwangerschaft nur wenige Stunden im Isolator festgehalten. Damit war dieser Fall offensichtlich erledigt. Ein paar Tage später komme ich dazu, wie Slonyonok gerade Mascha Zyganka ganz sachlich berichtet, sie habe der Lyuba noch eigenhändig die Augen ausgestochen; allerdings sei die schon tot gewesen.

Im Unterschied zu nicht wenigen Blatnoy-Frauen, die sich noch menschliche Züge, irgendeine Gefühlsinsel bewahrten, hat Slonyonok offenbar keine Gemütsbindung, auch nicht zu ihrem Kind. Wenige Wochen nach der Entbindung treffe ich sie zufällig. Auf meine Frage, wie es ihr und dem Kind gehe, meint sie ruhig ohne irgendein Zeichen einer Gemütsbewegung: „Weißt du, gestern ist es gestorben. Es ist besser so, ich konnte dem Balg die schwere Geburt ohnehin nicht vergessen, und was sollte ich auch damit. Aber, Lena, ohne Männer ist es schließlich auch kein Leben. Sie sind ja gut, um Verpflegung und Klamotten ranzuschaffen und was man sonst noch möchte. Wie soll man hier schon allein ohne sie überleben? Außerdem, wo Männer sind, passiert immer etwas und das ist ja der einzige Spaß im Lager. Besuch mich mal wieder, Lena", fordert mich Slonyonok zum Abschied auf. Ihre Höflichkeit mir gegenüber setzt mich immer wieder in Erstaunen. Sie lässt mich wahrscheinlich nur ungeschoren, weil ich bei einigen einflussreichen Blatnoy-Frauen ‚im Gesetz' bin, d. h. deren Schutz genieße. Außerdem kennt sie auch Volodya, meinen Beschützer aus dem Zug nach Vorkuta, und seine Meinung über mich. So würdigt sie mich, wenn wir uns zufällig begegnen, stets einiger höflicher Floskeln.

☐

Mit mehr Glück als Sachverstand war vor kurzem die Näharbeit am Jackett für Mascha Zyganka zu ihrer Zufriedenheit fertig gestellt worden. Nun sollte ich eine noch aufregendere Probe meiner Fertigkeiten auf dem Gebiet der Handarbeiten bestehen. Mit raschen, fast lautlosen Schritten ist Lyuba, die Armenierin, genannt Mano, eines Abends an meine Pritsche gekommen. In ihrem blassbräunlichen ovalen Gesicht mit einer langen, schmalen, leicht gebogenen Nase dominieren große, dunkle Augen unter ausdrucksvollen, in einem weiten Bogen verlaufenden schwarzen Augenbrauen, und wenn sie interessiert ist, zeigt sie ein lebhaftes Mienenspiel. Schon aufgrund ihrer ungewöhnliche Größe, sie ist etwa 1,80 m groß und hält sich sehr aufrecht, schaut sie stolz und überlegen auf ihre Mitmenschen herunter und findet mit ihrer tiefen, wohlklingenden Stimme überall ohne Anstrengung Gehör. Wenn sie sagt: „Jetzt spreche ich", herrscht umgehend Stille. Ihr auffallend schönes schwarzes Haar trägt sie in zwei langen Zöpfen. Sie ist feingliedrig und verbindet sehr rasche Bewegungen mit einer unbestreitbaren Würde. Mano ist die einzige Kriminelle unter ihren wenigen Landsleuten und bei ihnen ebenso verhasst wie gefürchtet. Indes begegnet man im Lager nur wenigen Frauen so unumstritten mit Respekt und großer Höflichkeit wie Mano. Auch die politischen Häftlinge reden sie höflich mit Vor- und Vaternamen, mit Lyubov Matveyevna an. Sie steht kurz vor ihrer Entlassung und hält sich deshalb von den Anschlägen und Unternehmungen der Diebinnen fern. Bei Planung und Beratung spricht sie jedoch ein gewichtiges Wort mit und erhält stets einen großzügigen Beuteanteil.

Diese berühmt-berüchtigte Mano steht unversehens vor mir. „Du, Deutsche! Du kommst aus dem Westen, ihr könnt alle handarbeiten", kommt sie ohne weitere Einleitung auf ihr Anliegen. „Strick mir ein Paar Herrensocken, und zwar schnell! In drei Tagen muss ich sie haben. Da hast du, was du dafür brauchst." Aus ihrer Tasche fördert sie Wollgarn und Stricknadeln aus Draht zutage, alles Dinge, die im Lager ebenso wie das Stricken selbst verboten sind. Für Mano spielt das natürlich keine Rolle. „Also mach mir das. Es soll dein Schaden nicht sein. In drei Tagen komme ich zur gleichen Zeit wieder." Damit ist sie wieder fort, ohne überhaupt eine Antwort abzuwarten.

Wäre es nur nicht gerade Mano gewesen, dann hätte ich versucht abzulehnen. Aber Mascha hat mir kürzlich erzählt, dass Mano äußerst jähzornig ist und Widerspruch kaum hinnimmt. Sie kann bei der geringsten Widersetzlichkeit so außer sich geraten, dass sie den ursprünglich vielleicht harmlosen Anlass vergisst und tätlich wird. Auseinandersetzungen mit ihren Verehrern bis aufs Messer sind keine Seltenheit und ihre Erfahrung macht sie überaus gefährlich.

Bei eingehender Betrachtung meiner Lage werde ich das Gefühl nicht los, dass ich hier gewissermaßen um mein Leben stricken muss; denn ich weiß ja nicht, was Mano anstellen würde, wenn ich sie enttäuschte. Trübsinnig betrachte ich die Stricknadeln, die aus einfach abgekniffenem, kaum abgeschliffenem Eisendraht bestehen. Wahrscheinlich werden sie sich ständig im Wollgarn verhaken. Und das Garn fasst sich auch ganz kratzig und rubbelig an.

Zwei rechts, zwei links, bis zum Hacken ist es noch einigermaßen leicht, aber dann ist die Ferse dran. Ich muss versuchen, den Mangel an Kenntnis durch Probieren zu ersetzen. Das Garn wird vom wiederholten Auftrennen nicht besser, aber schließlich kommt doch eine wenn auch leicht verbeulte Ferse zustande und ich kann endlich den Fuß weiterstricken. So ein Männerfuß zieht sich ja ganz schön in die Länge. Glücklicherweise kann ich beim Schein der Mitternachtssonne auch nachts stricken. Keinen Moment zu früh beiße ich den Faden von der zweiten Sockenspitze ab, da steht Mano pünktlich nach drei Tagen vor mir. Ich ziehe die ‚Ware‘ schnell noch etwas zurecht, die eine Socke verläuft nämlich eckiger als die andere. Mano ergreift offensichtlich sehr erfreut die Socken mit der kurzen Anerkennung: „Molodyez (etwa: braver Kerl), was willst du dafür haben?" „Ein Kamm fehlt mir, ich muss mich immer mit drei Zinken kämmen, den letzten an meinem Seitenkamm aus Deutschland." „Gut, Lena, so heißt du doch, den sollst du haben." Damit ist sie wieder verschwunden.

Erleichtert, dass sie zufrieden ist, lege ich mich zurück. Nach ein paar Tagen bringt mir eine junge Diebin einen nagelneuen Staubkamm: „Mano lässt dir ausrichten, sie konnte den Kamm nicht eher besorgen, weil es in den Geschäften der Stadt gerade keine gab." Dann berichte ich Mascha Zyganka voller Stolz von meiner neuen Errungenschaft. „Wieso kann Mano in den Geschäften der Stadt einkaufen? Sie hat doch keinen Passierschein." „Dummchen", lacht Mascha, „wenn wir unseren Muzhiki oder dem Konvoi sagen, wir wollen etwas besorgt haben, dann bekommen wir das. Ich möchte den Konvoi sehen, der es mir abschlüge. Er würde nur Ärger haben, und das weiß er. Andererseits können sie stets eine Lapa einstecken. Mein Muzhik hat immer etwas für den Konvoi dabei. Ab und zu lädt er ihn auch zu Wodka ein. Für die Freien und die Konvois ist es ein gutes Geschäft, für uns brauchen sie nichts umsonst zu tun. Weil sie uns fürchten und wissen, dass wir zusammenhalten, schlagen sie uns selten etwas ab, obwohl natürlich auch ihnen solche Geschäfte verboten sind. Aber, was ist denn nicht verboten? Darum kann man sich nicht kümmern."

Wenige Tage vor Manos Entlassung aus dem Lager wurde ein großer Diebstahl im Aufbewahrungsraum für persönliche Gegenstände der Sträflinge festgestellt. Eine Reihe guter Kleidungsstücke war verschwunden und da sie privilegierten Moskauerinnen gehörten, wurde eine große Razzia veranstaltet. Schließlich fand sich ein Teil der Sachen unter einem Schlackehaufen. Mano, von der man nicht zu Unrecht vermutete, dass sie die Seele des Unternehmens war, verschwand für zwei Tage im Isolator. Aber mangels Beweisen musste man sie wieder auf freien Fuß setzen. Schwälbchen äußerte sich etwas später sehr enttäuscht darüber, dass diese

Unternehmung fehlgeschlagen war: „Mano hatte so fest mit den Sachen gerechnet, die ohne Suchhunde nie gefunden worden wären. Die arme Mano hat so wenig zum Anziehen, sie hätte es draußen so dringend gebraucht."

Kurz bevor Mano freikam, erwies sie mir noch einen wichtigen Freundschaftsdienst. Wir bewohnten zu der Zeit die gleiche Baracke. Eines Tages war meine Wattejacke verschwunden. Obwohl Wattekleidung und Brotration als Lebensminimum nach dem Blatnoy-Gesetz nicht weggenommen werden sollten, stahlen die namenlosen Bosatschki, wie meine Intimfeindin Soya Winogradova, alles, was ihnen unter die Hände kam. Mit ihnen in einer Baracke zu wohnen, wenn keine Oberblatnoy-Frau sie in Schach hielt, war sehr lästig. Eigentlich war ich nicht interessant für sie, weil meine Lagerkleidung knapp und schlecht und meine wenigen persönlichen Gegenstände bekannt waren. Aber nun war meine Wattejacke, die ich zum Trocknen an den Ofen gehängt hatte, verschwunden. Ich musste Mano um Hilfe bitten. „Mano, meine Wattejacke ist weg, du weißt doch, ich habe sonst nichts anzuziehen." „Waaas, wer hat sie?" „Ich weiß nicht, eben ist sie verschwunden." „Nun, warte nur, deine Jacke kriegst du wieder. Daraus soll sich niemand etwas zusammenflicken." Da Eile geboten war, erhob sie auf ihrer Pritsche in der Ecke sitzend nur ein wenig ihre Stimme: „Weiber!" Sofort trat Stille ein. „Hier ist die Wattejacke von Lena weggekommen. Dass ihr euch nicht schämt, ihr Lumpensammler! Morgen früh liegt die Jacke hier unter dem Tisch. Ihr kennt mich ja. Wehe euch, wenn ihr es vergessen solltet. Mano weiß alles. Ich werde auch wissen, wer es auf diese Jacke abgesehen hatte. Ich will aber nicht, wie ihr alle wisst, dass in meiner Baracke gestohlen wird. Also, zum Wecken liegt die Jacke hier." „Geh ruhig schlafen, Lena! Hier hast du meine Jacke, wenn du noch mal hinaus willst. Morgen ist deine Jacke wieder da, so wahr ich Mano heiße."

Spät abends nach dem Befehl ‚Nachtruhe' sah ich, dass meine Jacke bereits auf dem Tisch lag. Am Morgen ging ich zu Mano, um mich zu bedanken. „Nitschewo, Lena. Ich habe nicht vergessen, dass du mir damals so schnell die Socken für meinen Freund gestrickt hast. Wie hätte ich wohl so etwas fertigbringen sollen. Übrigens Lena, wenn du mich brauchst, du kannst immer kommen." Beim Weggehen musste ich wieder lächeln. Früher hätte ich sicher genau wie Mano gesagt, „Ich kann doch so etwas nicht!"

Mehrere neue Patientinnen sind in die Banditenpalata, den Krankenraum für die Kriminellen, eingewiesen worden. Die prominenteste unter ihnen ist Zhenya Barantscheyeva. Mit der Kurzform Zhenya rufen die Russen gleichlautend sowohl die Träger des männlichen Vornamens Eugen wie auch die des weiblichen Eugenia, ein Umstand, der dieser Zhenya nur recht sein kann, denn sie tritt als Mann

144

auf. Zhenya ist zwar schon 24 Jahre alt, aber wenn man nicht so genau hinschaut, wirkt sie mit der Stupsnase im mageren Gesicht und ihren kurzen blonden Haaren im Fassonschnitt eher wie ein schmächtiger, aber selbstbewusster frecher Halbwüchsiger. Schwer vorstellbar, dass sie eine Frau ist. Lesben bin ich bislang noch nicht begegnet, die Blatnoy-Frauen machen kein Aufhebens um Zhenyas Andersartigkeit und für mich ist es ein weiteres wunderliches Phänomen unter anderen. Mascha Zyganka machte mich, bevor sie die Krankenstation verließ, noch mit Zhenya bekannt, offenbar nicht ohne auch ihr vorher ein Loblied meiner guten Eigenschaften gesungen zu haben; denn Zhenya reichte mir gnädig lächelnd die Hand und forderte mich sogleich auf, neben ihr Platz zu nehmen. Aus der Nähe erschien mir ihr Gesicht so ausdruckslos wie eine Maske. Zhenya, angeblich aus einer Leningrader Intellektuellenfamilie, lebte, bis sie 14 Jahre alt war, zuhause. Auch ihr gewählteres Vokabular sprach dafür. Sie verlor den Kontakt zu ihrem Elternhaus, das offensichtlich wie viele andere den Stalinschen Verfolgungen etwa 1937 zum Opfer gefallen war. In der Regel mussten Mitglieder solcher Familien, sofern sie überlebten, schon aus Selbsterhaltungstrieb bemüht sein, Herkunft und Verbindungen so gut wie möglich zu verheimlichen. Die Kinder landeten meist in Kinderheimen, wo wohl auch Zhenyas Verbindung zu den Blatnoy zustande kam.

Zhenya legt großen Wert auf eine gepflegte äußere Erscheinung. Sie trägt stets lange weite Hosen aus hellem Flanell etwas gebauscht über ihren Stiefelschäften, die sie nach Blatnoy-Manier zusammenschiebt. Ihre Freundinnen halten ihre Kleidung stets peinlich sauber. Auch bei der größten Kälte trägt Zhenya nie Wattehosen. Ihre vorteilhaft gekürzte Wattejacke schmückt ein weißer Pelzkragen, auf den sie sehr stolz ist. Sie trennt ihn nicht einmal während der beiden Sommermonate ab. Auf ihrem Kopf sitzt stets schräg und verwegen eine weiße Pelzkubanka, wie die Kosaken sie tragen. Diese Mütze, im Lager ein entsprechendes Statussymbol, kennt jeder. Auf den Arbeitsplätzen draußen ist Zhenya aber nur selten zu sehen. Arbeiten kommt für sie nicht in Frage, und für die Männer interessiert sie sich nicht. Da sie trotzdem gut leben will, bevorzugt sie Freundinnen, die möglichst auch noch einen Mann draußen haben, der ihre Verpflegung aufbessert. Den Löwenanteil bringen sie Zhenya, die zur Zeit der Rückkehr der Arbeiterinnen schon am Lagertor auf ihre jeweilige Freundin wartet. Solche Dreiecksverhältnisse gehen natürlich nur so lange gut, bis die Männer davon Wind kriegen und das unterbinden. Indes wird Zhenya mitunter selber eifersüchtig und schlägt sogar ihre jeweilige Freundin, das hat sie mit den Männern gemeinsam. Ständig beobachtet und überlegt sie, wo und wie was zu beschaffen wäre. Sie weiß auch über die Postpakete Bescheid und verlangt jeweils Abgaben von den Empfängerinnen.

Überhaupt führt sie das Leben eines Paschas und bekommt so ziemlich alles, was sie verlangt. Dabei ist sie launisch, bösartig, äußerst eitel und empfindlich und kommandiert ihre Freundinnen herum, die ihr sogar in die Krankenpalata Geschenke bringen. Sie wechselt die Freundinnen oft und hat wohl zuweilen mehrere gleichzeitig. Ins Hospital war Zhenya gekommen, weil sie sich nach einer Erkältung mal ein paar Tage mit der besseren Krankenverpflegung erholen wollte. Die allgemeine Lagerküche, berichtet sie, würde so schlecht beliefert, dass auch sie nichts mehr herausholen könne.

Beim Hinausgehen muss ich an Zhenyas Pritsche vorbei. Sie hat gerade Besuch von mehreren Diebinnen. „Na, Fritz, komm näher. Ich habe Sympathie für dich. Fritz, hast du Angst vor mir?" „Nein", lüge ich, „warum sollte ich auch?" Dann bringe ich eine Redensart an, die von den Blatnoy oft im Zorn gebraucht wird: „Versuch nicht, mich zu erschrecken, ich bin schon abgeschreckt." „Hört, hört, wie sie schon reden kann. Also Fritz, du bist die Richtige. Ich werde dich auch noch mal klopfen." Daraufhin lacht alles laut los. „Warum habt ihr so gelacht?", frage ich. „Was ist so komisch?" Eine der Diebinnen fügt erklärend hinzu: „Das ist eben Zenyas Liebeserklärung, wenn sie jemanden leiden mag. Du kannst dir etwas darauf einbilden."

Zhenya ist stark tätowiert. Ihre eigenen zahlreichen Narben stören sie angeblich nur, wenn eine ihre Tätowierungen, auf die sie sehr stolz ist, beschädigt wird. Mit ihrem nimmermüden Unterhaltungstalent und ihrem intelligenten, allerdings meist sehr groben Mutterwitz versteht sie es, ihr Publikum erfolgreich zu amüsieren.

„Du, Fritzyonok, komm mal zu mir." Aus einer dunklen Ecke der Banditenpalata ruft mich eine mir unbekannte heisere Stimme an. Ein schwarzhaariges Wesen winkt mir eifrig und zieht mich auf ihre Pritsche. „Setz dich", fordert sie mich auf und fügt leiser hinzu: „Achte nicht auf Zhenya. Du musst nichts mit ihr zu tun haben! Komm, wir wollen uns was erzählen. Woher bist du? Mascha Zyganka sagt, sie findet dich nett. Ich heiße Rayka Kanz und bin 17 Jahre alt. Wie soll ich dich nennen? Fritz ist doch wohl nicht dein richtiger Name?" Ein niedliches Zigeunermädchen mit großen, strahlend blauen Augen, die meist halb verdeckt sind von langen Wimpern und schweren Augenlidern, betrachtet mich aufmerksam. Die Zuneigung ist gegenseitig. Rayka hat ein sehr bewegliches, amüsantes Mienenspiel. In den wenigen Tagen, die Rayka in der Krankenstation liegt, entwickelt sich ein herzliches Verhältnis, das bis zu unserer endgültigen Trennung halten wird. Sie ist zu 25 Jahren verurteilt, mit § 59, Banditentum mit Mord, der ebenso wie mein politischer § 58 von Amnestien ausgeschlossen ist. Rayka wird mir eine treue Freundin, obwohl wir nicht selten ganz entgegengesetzter Meinung sind. Sie stört sich an meiner Armut und will nicht einsehen, dass ich keine gestohlenen Sachen will. „Ich will nicht sehen, dass du hungerst und frierst." Süßigkeiten bringt sie oft mit, wenn sie ihren Muzhik getroffen hat. Sie hat eine bezaubernde Art, dazu einzuladen. Rayka erzählt mir über das Lagerleben und über manche Schicksale, unter anderem auch von Sascha-Maschas Trick in der Freiheit. Als eleganter Offizier pflegte Sascha-Mascha einsame Kolchosen oder kleinere Betriebe aufzusuchen, sich als Mitglied einer ‚außerordentlichen Kontrollkommission' auszugeben und die Kasse wegen angeblicher Unregelmäßigkeiten zu beschlagnahmen. Bis die verschreckten Leute wagten, bei der vorgesetzten Dienststelle nachzufragen, war Sascha-Mascha über alle Berge.

☐

Endlich erlaubt mir die Ärztin den ersten Spaziergang. Im Juni verwandelt die Schneeschmelze die Tundra in eine einzige endlose Sumpffläche, über der nun das graugrüne Buschwerk wieder sichtbar wird. In den letzten Tagen hatte sich Tauwetter mit einem dumpfen Grollen im Flussbett angekündigt. Dann plötzlich sprengte der Fluss mit lautem Krachen die Eishülle, und eine Flutwelle schob die Eismassen mit elementarer Gewalt vor sich her. Die Schollen türmten sich übereinander, bis sie wieder in einem brodelnden Strudel unter Wasser gezogen wurden.

An der Rückseite der Krankenbaracke liegt ein Stoß Bretter, sie sind schon getrocknet. Einige Patientinnen sitzen dort bereits im lang entbehrten Sonnenschein. Auf einem freien Plätzchen lasse ich mich nieder und freue mich an der sanften Wärme und dem fast freien Blick in die Tundra, den nur ein paar Reihen Stacheldraht umrahmen. Wegen des zeitweiligen Hochwassers gibt es hier keine Gebäude oder Straßen, nur die eher melancholische Natur spielt mit unendlichen Varianten von graugrünen, graublauen und bleiernen Tönen, dazwischen gelblich bräunliche Erdflecken. Ich ziehe mein Kopftuch ab und breite es auf den Knien aus. In meiner Hand fühle ich die kühle Seide. Plötzlich höre ich neben mir unterdrückt einen erschreckten Ausruf: „Die Chinesin! Schnell, verstecken Sie Ihr Kopftuch. Sie nimmt alles weg, was aus Seide ist." Aber es ist schon zu spät. Mit raschen Schritten ist Lena-Kitayanka, Arbeitseinsatzleiterin und ranghöchste Ssuka im Lager, herangekommen. Vor mir bleibt die große, schlanke Asiatin stehen. Der Ausdruck der schräg stehenden Augen wirkt sehr aufmerksam. Ein harter Zug beherrscht das magere flache Gesicht. Ihr dichtes schwarzes Haar fällt glatt bis auf die Schultern, darüber hat sie wie viele Kriminelle ein Dreiecktuch gebunden. Es ist bis an die Augenbrauen gezogen und am oberen Hinterkopf geknotet.

„Was ist das?", fragt sie in herrischem Ton und zeigt auf mein Tuch. „Das ist das Tuch meiner Mutter", höre ich mich in einem fast gleichgültig sachlichen Ton antworten. Ich hebe den Blick und schaue sie fest an. Lena lässt ein „Hm" hören. Sie ist daran gewöhnt, dass man sie fürchtet. Sicher ist ihr klar, dass ich, auch wenn wir uns zum ersten Mal sehen, keine Diebin bin. Es herrscht Totenstille um uns herum. Plötzlich lächelt Lena mich an und sagt: „Gut." Sie dreht sich auf dem Absatz herum und geht, nicht ohne mit schnellem Blick festgestellt zu haben, dass bei den anderen Kranken nichts für sie Interessantes zu holen ist.

„Da haben Sie aber Glück gehabt", bricht eine ältere Russin neben mir erstaunt das Schweigen. „Ich kenne die Chinesin schon seit Jahren. Sie nimmt jeden Seidenlumpen weg, dessen sie nur habhaft werden kann. Sonst interessiert sie nichts, nicht einmal Wolle. Ich habe noch nie erlebt, dass sie jemandem etwas aus Seide gelassen hat." „Was tut sie denn damit?" „Sie behängt sich damit ziemlich abenteuerlich. Na ja, sie ist ja auch keine Russin, nur eine Chinesin", meint meine Nachbarin nicht ohne Verachtung in ihrer Stimme. Da Lena eine Ssuka, also eine Abtrünnige ist, kann ich Mascha Zyganka nicht nach ihr fragen; aber nach und nach finde ich doch einiges über sie heraus.

Lenas Eltern kamen als Händler oder vielleicht auch als Schmuggler über die Grenze nach Russland und wurden wie viele andere Immigranten eingesperrt. Sie selbst kam als Fünfjährige in ein Waisenhaus. In der neuen Umgebung lernte sie akzentfrei Russisch zu sprechen und vergaß ihr Chinesisch. Dann entlief sie dem Waisenhaus und schloss sich einer Bande an, mit der sie lange Zeit auf Raubzüge ging. Mit 13 Jahren wurde sie wegen einer Raubmordsache eingesperrt, aber mit Hilfe der Blatnoy konnte sie fliehen. Unter dem Einfluss eines berühmt-berüchtigten Messerhelden lernte sie so gewandt mit dem Messer umzugehen, dass ihr nur wenige Männer gewachsen waren. Sie selbst war mit Narben bedeckt und mochte, ebenso emanzipiert wie eifersüchtig, den Blatnoy-Männern keine größeren Rechte und Freiheiten als den Frauen zugestehen. Mit dem Messer er1edigte sie zwei ihrer Lager-Muzhiki, weil die sich erlaubt hatten, zwischendurch anderen Frauen den Hof zu machen. Eines Tages aber verliebte Lena sich in einen Ssuka, einen Abtrünnigen. Unter seinem Einfluss ging sie zum Lager der Ssuki über und hatte damit das ‚Gesetz der ehrlichen Diebe' verraten. Auf Grund ihrer wachen Intelligenz bekam sie nun gute Posten im Lager. Ihr Muzhik arbeitete außerhalb. Dann fiel auch er ihrer Eifersucht zum Opfer. Nachdem sie erfahren hatte, dass er sich nebenbei noch eine kleine Freundin hielt, erwartete sie ihn an der Wache, als er von der Arbeit kam, und stach ihn kurzerhand nieder. Mit einem zusätzlichen Strafmaß kam sie nach Vorkuta.

In unserem Lager halten sich Blatnoy und Ssuki ungefähr die Waage. Als Arbeitseinsatzleiterin ist Lena verantwortlich dafür, dass die Häftlinge morgens um vier Uhr die Pritschen verlassen, wobei es in der Regel Flüche, Schläge und Tritte hagelt, damit sich alle pünktlich beim Abmarsch zur Arbeit am Lagertor einfinden, eine bei den Häftlingen höchst verhasste und gefürchtete Routine. Lena und ihre Vertreterin Sascha-Mascha haben indes so viel Autorität bei den Häftlingen, dass ihr Erscheinen meist genügt. Auch die Blatnoy-Frauen, denen Lena, wo sie kann, entgegenkommt, respektieren ihr Regiment. Aber dennoch weiß sie sich als Ssuka in steter Lebensgefahr und wohnt in einer kleinen Baracke, zu der Blatnoy-Frauen keinen Zutritt haben.

Einige Tage nach meiner Begegnung mit der Chinesin gibt es im Lager eine Gastvorstellung vom Theater Vorkuta. Die Schauspieler sind Sträflinge, darunter manch prominente Persönlichkeit aus Leningrader oder Moskauer Theatern. Das von Häftlingen für die Vorstellung zusammengestellte Programm bietet Gesang, klassische Arien, Volksmusik und tänzerische Gymnastik (Kautschuk genannt), dargeboten von einer sehr beweglichen Balletteuse, sowie ein kurzes Theaterstück. Die Vielfalt soll den unterschiedlichen Geschmacksrichtungen der GULag-Militärs entsprechen und möglichst vielen Häftlingen zu einer künstlerischen Tätigkeit verhelfen.

Mit der Truppe kommen auch einige einflussreiche Häftlinge als Kulissenschieber, um ihre in unser Lager verschickten Freundinnen zu besuchen. Natürlich sind GULag-Verwaltung und Miliz gegen solche Treffen, aber das Interesse an dem seltenen Vergnügen einer Theatervorstellung überwiegt gegenüber der Pflicht und Neugier, Pärchen aufzustöbern. Auch Faina, die Krankenschwester hat einen Freund, der sie mit dieser Truppe besucht, und sie zieht sich mit ihm in die Untersuchungskabine der Krankenbaracke zurück.

Die Theatervorstellungen werden im Lager wie ein Fest begangen und die zugelassenen Zuschauer machen sich so hübsch wie möglich. In der Krankenbaracke für leichtere Fälle von TBC, Pleuritis und Dystrophie ist eine kleine erhöhte Bühne vorhanden. Die Betten der Patienten werden für die Dauer der Vorstellung nach draußen gestellt. Als Zuschauerbänke sind Bretter über Schemel gelegt. Zu solch einem Anlass versammelt sich alles, was Rang und Namen hat. In den ersten Reihen nehmen die Offiziere der Lagerleitung Platz, dahinter die Aufseher. Ihnen folgen die Häftlinge, die wichtige Posten im Lager bekleiden: Ärzte, Schwestern, Verwaltungs- und Küchenpersonal, sowie die Badefrau. Hinter dieser Lageraristokratie sitzen die Blatnoy-Frauen und die Ssuki, streng getrennt, aber aus Prestigegründen eng nebeneinander. Bei solchen Veranstaltungen herrscht im allgemeinen

Burgfrieden. Ganz hinten drängen sich die übrigen, zu denen auch ich gehöre, um einen Stehplatz zu ergattern. Da Faina nicht kommt, winkt mir Dina, die schöne Feldscherin, und lässt mich auf Fainas Platz rutschen. So sitze ich sogar bei der Prominenz und kann sehr gut sehen.

Kurz vor Beginn der Vorstellung erscheint als letzte die Chinesin Lena mit zwei ihrer Getreuen und nimmt in der Reihe vor mir ihren Platz ein. Sie sieht mich und nickt mir freundlich zu. „Wie kannst du mit einer Ssuka freundlich sein", stellt Mascha-Zyganka mich später ziemlich erbost zur Rede. Zu meiner Verteidigung bringe ich vor, dass Lena verzichtet hat, mir das Tuch meiner Mutter fortzunehmen. „Hm", brummt Mascha nachdenklich, „aber sie ist doch eine Abtrünnige und ich will nicht, dass du mit solchen umgehst."

Mit Phantasie und Geschicklichkeit hat die Chinesin sich mit Seidentüchern, teils kunstvoll verschlungen, teils frei herunterwallend drapiert. So bietet sie einen ungemein malerischen Anblick. Die Blatnoy-Frauen pflegen ihre Kopftücher auf verschiedenartige, oft recht eigentümliche Weise zu binden, aber die Meisterschaft der Chinesin erscheint mir unerreicht.

Wenige Tage nach der Aufführung gibt es bei den Männern im Nachbarlager ein großes Blutbad zwischen Blatnoy und Ssuki. Danach versucht unsere Lagerleitung, die 150 gefährlichsten unserer Blatnoy-Frauen abzuschieben. Weil wir aber innerhalb Vorkutas das an Reputation und Leistung schlechteste Lager sind, werden die Frauen von den Lagerchefs der anderen Lager gar nicht erst eingelassen, sondern umgehend zurückgeschickt. Mit viel Geschrei werden Abreise und Rückkehr von den Beteiligten und ihren Sympathisanten begleitet, während die übrigen das Wiedereintreffen der gefürchteten Diebinnen mit Angst und Sorge beobachten. Galina Dal hatte Recht gehabt, dieses Lager ist der Sammeltopf für die schlimmsten Fälle.

Inzwischen nehmen auch bei uns die Spannungen zwischen Blatnoy-Frauen und Ssuki zu. Um Blutvergießen zu vermeiden, sollen nun die Ssuki fortgeschickt werden, unter ihnen Lena, die Chinesin. Zufällig begegnen wir uns auf einem meiner Spaziergänge. „Sascha-Mascha hat mir von dir erzählt, du warst so krank auf dem Transport. Es ist doch gut, dass du wieder herumgehen kannst. Lena heißt du, wie ich auch. Komm, setzen wir uns ein bisschen", schlägt sie vor, „hinter dem Badehaus gibt es eine Bank, dort ist Sonne und kein Wind." Ich erzähle Lena, dass mein Vater als Forscher China bereist hat. Lena staunt. „Ja, und weißt du, deine Vorliebe für Seide und dass du so schön Tücher binden kannst, das hast du bestimmt von deinen Vorfahren geerbt. Sie haben die Seide erfunden." Lena lacht ein bisschen und ich bin froh, dass sie das Thema interessiert. „Vielleicht hast du

Recht", sagt sie dann nach einem kurzen Schweigen, „ich selbst weiß nichts von China."

Am Tage von Lenas Abtransport sitze ich draußen vor der Krankenbaracke. Plötzlich kommt sie um die Ecke und setzt sich ohne Umstände neben mich. „Gleich gehe ich auf Etappe, Tyoska-Namensvetterin", sagt sie, „ich glaube, 200 km südlich in ein Lager mit Gewächshäusern und Landarbeit." „Freust du dich, wegzukommen?" „Ich weiß nicht", meint Lena, „aber was soll mich hier halten. Mein Muzhik ist fort, weil er an der letzten großen Messerstecherei beim Bergwerk beteiligt war. Natürlich tut es mir Leid um die Mädchen, die hier bleiben. Indes, irgendjemand findet sich doch wieder zum gemeinsamen Essen. Aber erzähl mir noch was von China, ich habe so schlechte Stimmung." Während ich vom chinesischen Zirkus und Porzellan- und Bambusmalereien berichte, sitzt Lena vorgebeugt neben mir. Ich kann sie im Profil sehen. Sie starrt irgendwo ins Leere. Dann erzähle ich von der besonderen Gestik der Schauspieler mit am Handgelenk festgebundenen Tüchern im chinesischen Theater. Unversehens wirft sie lachend ein: „Wieder Tücher!" Plötzlich beschleicht mich das Gefühl, dass Lena nicht mehr lange leben wird. Zunächst versuche ich, das unangenehme Gefühl zu verdrängen. Aber es kommt wieder. Ich merke gar nicht, dass ich inzwischen verstummt bin.

Dann muss Lena gehen. „Lena, du kennst doch Leute, die dich hassen?" „Natürlich, weshalb fragst du?" „Ja, sei vorsichtig! Ich glaube, sie trachten dir nach dem Leben." Sie nimmt es sehr ruhig auf: „Das weiß ich. Mach's gut, Tyoska-Namensvetterin!" „Alles Gute, Lena!" Nach ein paar Metern schaut sie sich noch einmal um. Ich winke ihr nach. Sie war nett zu mir.

Ein Jahr später komme ich mit Traudel, einer Österreicherin, die vor kurzem aus dem Süden gekommen war, zufällig auf Chinesen zu sprechen. „Ja", erzählt Traudel, „voriges Jahr kam eine Chinesin zu uns ins Lager. Nach ein paar Wochen haben Kriminelle sie mit einer Spitzhacke erschlagen. Warum bloß? Zu mir war sie immer nett."

Ich muss an Lena denken und daran, dass sie Mutters Tuch nicht angetastet hat.

☐

Ich will, Freunde, nicht sterben, ich will leben, um denken und leiden zu können.

Alexander Puschkin

Meine Spaziergänge im Lager darf ich inzwischen schon länger ausdehnen, das Gehen fällt mir noch schwer. Inzwischen habe ich die Lagerzone erkundet und weiß nun, wo Küche, Verwaltung, Brotkiosk, Badehaus, Isolator, Kleiderkammer, Wasserpumpe und Ambulatorium liegen, und besuche Bekannte, die Zigeunerinnen oder die zeitweilig unter schweren Depressionen leidende prominente Charakterdarstellerin Elisaveta Ludwigovna aus Moskau, der ich so manche unvergessliche Stunde in der Krankenstation mit hinreißenden Puschkin-Rezitationen verdanke. Über Trapy – Brettersteige – gelangt man von einer Baracke zur nächsten. Drei bis fünf unterschiedliche Bretter, Abfälle aus der Sägemühle, sind auf Querhölzern in Abständen vernagelt und laufend reparaturbedürftig. Im Winter müssen diese Stege immer freigeschippt werden, damit die Schlitten mit Heizmaterial und Trinkwasser durchkommen. Die Schneewände sind oft über mannshoch. Der Boden rechts und links ist jetzt morastig und die Sonne strahlt auch um Mitternacht mit kaum verminderter Kraft aus dem Norden.

Immer neuartige Bilder beschert mir der Fluss, dem nachzuschauen auf seinem Weg durch die schwermütig einförmige Polarlandschaft nach Norden mich nie langweilt. Zuweilen schwimmen jetzt in der frostfreien Jahreszeit Holzstämme auf dem Wasser.

Am anderen Ende der Lagerzone entdecke ich hinter der vorletzten Baracke eine fremde Etappe, eine der zahllosen Sträflingsgruppen des GULag, die auf dem Weg von irgendwoher nach irgendwohin auf den Zug wartet. Frauen mit Koffern und Bündeln, politische Häftlinge in mehr oder weniger zerlumpten Lagerklamotten, dazwischen auch Diebinnen, die an ihrer eher ‚privaten' Kleidung zu erkennen sind, meist in weiten Röcken ohne Flicken über Flanellhosen, mit Schaftstiefeln und malerisch um den Kopf geschlungenen, fransenreichen Kopftüchern. Inzwischen werden sie in unserer Lagerzone geparkt, in der Zeit spart sich die Wachmannschaft die Beaufsichtigung. Üblicherweise bleiben solche ‚Durchreisenden' schon aus Furcht dicht beieinander, da unser Lager als Räuberhöhle berüchtigt ist.

Langsam und etwas unschlüssig schlendere ich näher. Bekannte erwarte ich nicht. Wen sollte ich schon kennen? Aber vielleicht ist mal ein Mensch dabei, der noch nicht lange inhaftiert ist, dessen Augen vielleicht noch etwas vom Glanz der verlorenen Freiheit bewahrt haben. Irgendetwas im Ausdruck verändert sich im Laufe der Zeit durch Haft, Leid und Entbehrungen. Über die Augen legt sich eine Art Mattgrauton, wohl auch über das ganze Individuum, ähnlich einer Aura. Dieses Phänomen scheint irgendwie substantiell nicht fassbar und hängt wohl mit der seelischen Widerstandskraft des Individuums zusammen, mit seinen Möglichkeiten, sich gegen unwirklich-wirkliche Feindseligkeiten zur Wehr zu setzen.

Plötzlich fällt mir inmitten der vom GULag monoton grau und gleichgemachten Wesen eine alte Dame auf mit vornehmen, länglich schmalen Gesichtszügen, umrahmt von langen, silberweißen Locken, die von einem Stirnband gehalten werden. Eine wehmütige Freundlichkeit liegt in den ausdrucksvollen, sanften Augen, viele Fältchen umgeben den schmalen Mund, der jedoch ohne Bitterkeit ist. Sie ist schlank und hochgewachsen und wirkt trotz der Wattekleidung anmutig. Etwas in ihrem Blick spricht dafür, dass sie über die hässlichen grauen Dinge um sich herum hinweg zu sehen vermag. Sie wirkt auf mich wie von einer anderen Welt.

Diese silberhaarige Dame würde ich gerne kennen lernen. Aber abgesehen davon, dass es verboten ist, mit Etappenleuten Kontakt aufzunehmen, warum sollte sie sich für mich interessieren? Inzwischen habe ich mich der Gruppe doch bis auf wenige Meter genähert. Eine jüngere Frau steht bei ihr, den Rücken mir zugewandt. Sie trägt die übliche Gefangenenkleidung mit jener nachlässig achtlosen Haltung, zu der nur die Intellektuellen im Lager willens und imstande sind. Die beiden unterhalten sich lebhaft und ich entschließe mich, fast ein bisschen resigniert, wieder wegzugehen. Da dreht sich die Jüngere um. „Hella!", „Elena", rufen wir wie aus einem Munde. Ich habe wirklich eine Bekannte getroffen, Elena Ilsen, die Moskauerin, die mich vor einem halben Jahr in Kirov auf die mir bekannte Malerin Elisabeth Voigt aus Leipzig angesprochen hatte.

„Kommen Sie doch näher, Hella, ich möchte Sie mit Tamara Alexandrovna Sokolova bekannt machen." Eine schlanke Hand ergreift die meine. Alexandrovna lächelt bezaubernd. Irgend eine unmittelbare Gemeinsamkeit teilt sich mir mit. Im Moment bringe ich kein weiteres Wort heraus. Die Freude, Elena so unversehens wiederzusehen und nun bereits der silberhaarigen Dame vorgestellt zu sein, hat mich übermannt. „Hella, wie steht es mit Ihrer Gesundheit?", überbrückt Elena inzwischen mein unfreiwilliges Schweigen. „Ich hörte schon, Sie sind immer noch krank. Das tut mir sehr leid. Ich hoffe, dass Sie bald wieder gesund werden." Bevor ich antworten kann, wird Elena ins Barackeninnere gerufen und ich stehe allein mit Tamara Alexandrovna. „Woher sind Sie, Heljetschka", fragt Alexandrovna mit einer angenehmen warmen Stimme. „Ich komme aus Deutschland, aus Bonn am Rhein, dem großen Fluss im Westen." „Ja, nun weiß ich schon, wer Sie sind. Elena hat mir von Ihnen erzählt. Sie war tief beeindruckt von der Begegnung mit Ihnen. Auch ich bin sehr an Kunst und Musik und besonders an Poesie interessiert."

„Etappe fertigmachen!" holt uns das Kommando der Miliz in die Wirklichkeit zurück. Ich muss mich schleunigst zurückziehen. An der Ecke winken wir uns noch einmal zu. Ich fühle mich reich durch das Wiedersehen mit Elena und vor allem durch die Begegnung mit der unbekannten silberhaarigen Dame. Die wenigen Minuten mit Alexandrovna, deren Zuneigung ich fühle und erwidere, haben mir ein Geschenk menschlicher Wärme vermittelt und ein kleines Glücksgefühl, auch wenn der nimmerruhende GULag-Strudel uns buchstäblich im nächsten Augenblick schon wieder auseinander gerissen hat. Aber vielleicht begegne ich ihr später doch noch einmal wieder.

□

In der Krankenstation II, in die ich nun verlegt bin, lächelt mir vom Nachbarbett die schöne Feldscherin Dina zur Begrüßung entgegen. „Ja, du staunst, dass ich hier liege. Weißt du, ich bin ja nicht krank in dem Sinne. Nur hat der Lagerchef, das Ekel, wieder mal meine Papiere gesehen, in denen vermerkt ist, dass ich nur auf schwerer Arbeit verwendet werden darf, und mich dann umgehend nach draußen zum Steineklopfen geschickt. Daraufhin hat mich der Jakob erst mal krank geschrieben. Wir hoffen, dass das Scheusal von einem Tschekisten mich inzwischen vergisst und ich in ein bis zwei Wochen wieder als Feldscher arbeiten kann." Von Faina weiß ich, dass Dina ihre Stellung Jakob Osipovitsch, dem Chef der Sanitätsabteilung, verdankt. Zunächst arbeitete sie heimlich als Krankenschwester, später setzte Jakob sie als Feldscher ein. Dina stammt aus Lemberg, wo sie auch das Lyzeum besuchte. Ihr Vater, ein wohlhabender Freiberufler, starb früh. Ihre Mutter, von der sie sehr liebevoll spricht, lebt wohl in finanziell erträglichen Verhältnissen und schickt ihr regelmäßig Pakete ins Lager. „Weißt du, als die Deutschen einmarschierten, quartierte sich in unserem Hause die Leitung einer Heeresverwaltung ein. Obwohl meine Mutter mich, so gut es ging, zurückhielt, lernte ich dort Karl, einen der höchsten Fachbeamten, die ihr im Osten hattet, kennen. Und, weißt du, von seiner Seite war es Liebe auf den ersten Blick. Mit der Zeit hat er mich dann auch von dieser Liebe überzeugt. Ich war sehr glücklich mit ihm. Nach Kriegsende hatten wir heiraten wollen, wir konnten uns ein Leben ohne den anderen nicht mehr vorstellen. Überallhin habe ich ihn begleitet. Ein paar Mal hat er mich auch nach Deutschland mitgenommen, einmal sogar zu Weihnachten."

„Seine Familie hatte in Mitteldeutschland ein Gut", erzählt Dina weiter, „sein Bruder war ein ziemlich fanatischer Parteimann, der, als er das von uns beiden gehört hat, tobte und alles versucht haben soll, uns auseinander zu bringen. Einem Treffen mit mir ist er mehrmals ausgewichen. Als der deutsche Rückzug über

Lemberg westwärts rollte, hat Karl mich beschworen, mit ihm nach Deutschland zu gehen. Aber mein Gefühl sagte mir, jetzt ist doch alles aus. So bin ich zu Mama zurückgekehrt, ich wollte sie auch nicht allein lassen. Dann kamen die Sowjets und nach einer Weile haben sie mich eingesperrt. Meine Verhaftung war eine Routinesache. Dann haben sie aber ein Bild von Karl gefunden, so kam ein Verdacht auf. Eine Straftat konnten sie mir nicht nachweisen, für meine Liebe wurde ich wegen Vaterlandsverrats zu 25 Jahren Zwangsarbeit verurteilt. Sie erwarten eine kommunistische parteiliche Einstellung von mir, und darauf können sie lange warten. An Gott werde ich weiter glauben. Natürlich müssen wir uns umstellen, aber diese Zeit wird vorübergehen und alles wird gut werden."

Dina ist schön, dabei ziemlich korpulent. Ihr rassiges Gesicht mit rosigem Teint ist von dunklem, welligem Haar umrahmt. Mund und Nase sind gut geschnitten, schrägstehende graue Augen unter schmalen, hochgebogenen Augenbrauen schauen mich freundlich an. Sie hat eine angenehme dunkle Stimme und wirkt sehr weiblich und charmant. Mit einem glücklichen Gemisch aus lebhaftem Temperament, das manchmal durchbricht, und der Fähigkeit zu Hingabe, Anhänglichkeit und Resignation verkraftet sie wohl die Bindungen und Trennungen von den Männern. Sie ist überzeugt, dass wir einmal wieder nach Hause kommen werden. „Weißt du, du kommst aus einem schönen Zuhause, und ich auch, daran können wir uns halten und wir wollen auch dorthin zurückkehren. Die Machthaber sind jetzt noch so unversöhnlich, weil der Krieg so schrecklich war."

Wenn Jakob 0sipovitsch, der Sanitätschef, kommt, strahlen sie sich an, jedoch sprechen sie vor Zeugen kaum miteinander. Er ist ein gutaussehender Mann in den 40ern und hat noch immer etwas Schwungvolles an sich, obwohl er sieben Jahre im GULag verbracht hat. Stets ist Jakob bemüht, Hilfe zu leisten, insbesondere politischen Häftlingen. Seine Gegenspieler sind dabei der Lagerchef und der politische Offizier. Jakob ist gleichwohl unermüdlich und findet immer wieder Mittel und Wege, Erleichterungen möglich zu machen. Seine menschliche Hilfsbereitschaft nützt den Häftlingen viel mehr als etwa medizinische Fachkenntnisse und im übrigen lässt er der erfahrenen Ärztin Ivanovna freie Hand.

Nach einigen Tagen wurde Dina zwar wieder als Feldscher eingesetzt, aber diesmal ließ der Lagerchef nicht locker und versuchte nun, sie in ein anderes Lager zu schicken. Zweimal konnte Jakob 0sipovitsch eine Verschiebung des Termins erreichen, indem er sie krank schreiben ließ; denn dagegen war der Lagerchef machtlos. Als es schließlich entschieden war, dass Dina nicht in unserem Lager bleiben durfte, erwirkte Jakob immerhin bei der Sanitätszentrale des GULag, dass sie in ein Erholungslager für chronisch Kranke weiter südwärts geschickt wurde. Dort durfte sie auch wieder in der Sanitätsabteilung arbeiten, zumal sie sich inzwischen genügend Kenntnisse angeeignet hatte.

□

Das Bett in der Ecke neben mir ist tagsüber meist leer. Eine kleine, ältliche, sehr magere Dame, die dort schläft, pflegt sich morgens mit flinken Bewegungen anzukleiden und sich dann mit eifrigen, in dieser Umgebung überraschend zielstrebig trippelnden Schritten zu entfernen. Abends erscheint sie erst wieder zum Zählappell. Sie sieht adrett aus und trägt sogar ordentliche, wenn auch ziemlich abgetragene private Sachen aus besseren Zeiten. Ihre blonden, etwas schütteren Haare sind in einer Art Pferdeschwanz im Nacken zusammengebunden, das Gesicht ist sehr faltig, ihre Haut fast pergamentartig. Nadezhda Sergeyevna hat Chemie studiert und stammt aus Leningrad. Ihr intelligenter, jedoch meist in sich gekehrter Augenausdruck verrät die engagierte Wissenschaftlerin, deren Gedanken sich auch in Mußestunden oft um ihre Arbeit drehen. Sie ist auf Krankenstation, weil sie Magengeschwüre hat und Diät bekommt. Sie will aber nicht riskieren, ihren privilegierten Arbeitsplatz im Versuchslabor des Bergwerks Rudnik zu verlieren, und geht deshalb möglichst regelmäßig weiter zur Arbeit.

Heute ist sie liegen geblieben, sie hat einen freien Tag und wir machen uns miteinander bekannt. Gegen Abend bekommt sie Besuch von ihrer Arbeitskollegin Elena Adamovna, einer Geologin, die auch aus Leningrad stammt. Beide kennen sich noch von ihrer Studienzeit. Auch Adamovna hat aufgrund ihrer Fachkenntnisse am Bergwerk einen guten Arbeitsplatz. Beide haben ausgezeichnete Umgangsformen, sind aber von höchst unterschiedlicher Wesensart. Adamovna ist klein und rundlich und vereint eine anfängliche, unverkennbar scheue Furchtsamkeit mit alsbald hervorbrechender, jugendlich enthusiastischer Lebhaftigkeit. Sie hat eine glatte Haut und runde, lustige Bäckchen. Ihr kurzes dunkles, leicht gewelltes Haar liegt am Kopf an und erinnert im Schnitt an die 20er Jahre. Nur um ihren Mund liegen Fältchen und manchmal ein Zug bitterer Enttäuschung. Skepsis und Resignation liegen in einem merkwürdigen Widerstreit mit einer ungemein warmen, freundlich interessierten Anteilnahme und dem überraschenden Talent, zu staunen und sich zu begeistern, das sie sich durch harte Jahrzehnte bewahrt hat. Ganz anders die vornehmlich distanziert-trockene, eher wortkarge Sergeyevna, die sich ohnehin zu naturwissenschaftlichen Problemen hingezogen fühlt. Dennoch können sie sich blind aufeinander verlassen.

Die beiden Damen laden mich zum Tee ein und stellen interessierte Fragen nach dem Woher und Weshalb. Dann kommt Adamovna, die neben der Geologie vielerlei kulturelle Interessen hat, zu meiner Freude auf die Musik zu sprechen. Während unseres Gesprächs beschert uns der Lautsprecher Beethovens Kreutzer-Sonate. Die gemeinsame Freude an diesem Musikjuwel bringt uns einander rasch näher.

Adamovna erlebte als 15-Jährige die Revolution und durfte studieren. Von glühender Vaterlandsliebe beseelt, gab sie sich redlich Mühe, an eine gute Zukunft unter dem Kommunismus zu glauben, wobei sie jedoch ständig Zweifel plagten. Glücklich verlobt, entriss ihr eine schwere Krankheit kurz vor der Hochzeit den geliebten Mann und sie musste ihren Weg allein weitergehen. Sie überstand die Blockade in Leningrad, wurde aber, wie Sergeyevna, kurz nach Kriegsende plötzlich verhaftet, weil jemand aus ihrem näheren Bekanntenkreis in Ungnade gefallen war. Die Schrecken der Verhaftung trafen sie tief, aber aus ihrer christlichen Überzeugung und ihrer Liebe für Musik und Freundschaften konnte sie sich Halt und Elastizität bewahren. Adamovnas spontane menschliche Wärme und ihre intelligente Unterhaltsamkeit empfand ich als besonders wohltuend und ich bewunderte ihre aufrechte Einstellung. Sie kam fast jeden Tag nach der Arbeit vorbei und berichtete.

Eines Abends ist ihr Gesicht sehr traurig. Sergeyevna fragt erschreckt: „Was ist geschehen, hat der Lagerchef wieder eine Gemeinheit angezettelt?" Auch Sergeyevna hat mir schon einiges über diesen Oberstleutnant der Miliz erzählt, dem ja auch die schöne Dina Danilovna ein Dorn im Auge ist. Er ist breit und untersetzt, fast ein Zwerg und außerordentlich hässlich. Seine tiefliegenden hellen Augen sind zwischen riesigen Backenknochen, einem Merkmal seiner Zugehörigkeit zur Nationalität der Komi, und dem tief gerutschten Mützenrand kaum zu sehen, von der Nase nimmt man hauptsächlich große breite Nasenlöcher wahr, der wulstige Mund vollendet nur den Eindruck einer Karikatur seiner selbst. Seine Uniform weist zudem ständig Fettflecken und andere unbeschreibliche Schmutzspuren auf. Zu speisen pflegt er in der Lagerküche. „Man wundert sich", sagt Sergeyevna, „wie er es zu einem so hohen Rang hat bringen können. Man könnte glauben, dass er kaum lesen kann, er nimmt sich enorm lange Zeit, um irgendein Schriftstück zu entziffern. Aber ein Personengedächtnis hat dieser Kerl! Oft steht er morgens am Lagertor, wenn wir Spezialisten zum Bergwerk geführt werden. Auf Frauen, die eine gute Arbeit haben und etwas verdienen, vor allem auf die Intellektuellen hat er es besonders abgesehen. Er schaut jeder ins Gesicht, greift sich ganz willkürlich eine von uns heraus und schickt sie, wie sie geht und steht, auf die ‚allgemeine Arbeit' zur Perevalka. Glücklicherweise haben wir unsere Verbindungen, und die Bergwerksleitung erhebt dann sofort bei ihm Einspruch: Der Produktionsprozess sei in Frage gestellt, weil die Betreffende nicht zur Arbeit erschienen wäre. Meist darf sie dann am nächsten Tag wieder zu ihrem Labor gehen, denn der Produktionsprozess ist auch für ihn äußerst wichtig. Manchmal lässt er sich aber durchaus Zeit; dann müssen unsere Bekannten im Bergwerk ihn bestechen. Die Arbeit auf der Perevalka, dem Verladebahnhof, ist anstrengend und sehr schmutzig. Dort werden in der Regel Holzstämme, Kohle oder Kalk für Vorkuta von der eingleisigen breiteren Strecke aus dem Süden umgeladen; denn im Gebiet von Vorkuta haben die Gleise westeuropäische Spurbreite. Bisher haben Adamovna und ich immer Glück gehabt, wir mussten nie länger als einen Tag zur Perevalka. Außerdem gelten wir mit unserem Paragraphen 7.35, einem halbpolitischen Paragraphen, nur als sozialgefährliche Elemente. Dadurch sind wir gegenüber den anderen politischen Sträflingen etwas im Vorteil."

Aber heute geht es um einen Unglücksfall in Adamovnas Labor: „In der letzten Nacht hat unser junger deutscher Gehilfe Waldemar Seifert, ein verurteilter Kriegsgefangener, Selbstmord begangen. Er war doch ein so angenehmer Mensch mit guten Manieren. Man konnte sich gut mit ihm unterhalten, auch über Literatur und Musik. Er hat einmal erwähnt, dass sein Vater Oberst gewesen war. Irgendjemand, der ihn von früher kennt, hat ihn mit Aussagen belastet. Er soll zudem eine hohe Auszeichnung für Tapferkeit, Ritterkreuz heißt die wohl, verschwiegen haben. Vor einigen Tagen hatten sie ihn plötzlich in den Isolator gesetzt und begonnen, ihn zu verhören. Er fürchtete, dass er die Verhöre nicht mehr durchstehen könnte, ohne etwas zuzugeben." Die beiden Russinnen ehren mit menschlicher Anteilnahme ein tragisches Schicksal, schweigend, ohne Hass oder die geringste Anspielung, dass wir beide, der Tote und ich, doch immerhin zu einer feindlichen Nation gehören. „Wie hat er sich denn das Leben genommen?", bricht Sergeyevna dann das Schweigen. „Mit Chlor. Seine Freundin, die freie Krankenschwester, hat es ihm besorgt. Ein Glück, dass sie niemand dabei erwischt hat, sie hat ja viel riskiert. Alle sind sehr erleichtert, dass die Obrigkeit es nicht herausgefunden hat."

Adamovna bereichert unsere abendlichen Begegnungen mit einem Band russischer Gedichte, die wir lesen. Wie viele Russen denkt und hofft auch Adamovna in großen Zeiträumen, etwa, wo jetzt Sumpf ist, denkt man an ein Weizenfeld, das dort eines Tages stehen könnte. Allerdings mischen sich in ihre Erwartungen doch oft Zweifel. „Wissen Sie, vielleicht bringt uns doch der wissenschaftliche Fortschritt mehr Freiheit. Wir müssen auf die Zukunft hoffen. Manches ist ja schon besser geworden. Vielleicht ist dieses System der einzig mögliche neue Weg für Russland. Aber ich finde es sehr problematisch, dass sie so gegen die Religion kämpfen. Ohne unseren christlichen Glauben erscheint all das Leid noch viel sinnloser. Unsere Partei sagt zwar, Leiden sei nicht notwendig und in Zukunft werde man es abschaffen. Aber wo gibt es menschliches Leben ohne Tragik, wie kann man ohne Religion leben, ohne zu verzweifeln?" Über politische Nachrichten sprechen wir immer nur draußen. Solche Themen sind verboten, und man weiß nie, wer zuhört. Adamovna liest regelmäßig Zeitung, die sie von ihren freien Kollegen bekommt. Gelegentlich bringt sie eine Ausgabe mit, damit ich sie lesen soll. Anfänglich lehne ich das ab: „Es lohnt nicht die Mühe, außer Phrasen steht doch nichts drin." „Aber Hella, so wie Sie lesen, können Sie natürlich nichts erfahren", ereifert sich Adamovna, „Sie müssen lernen, eine sowjetische Zeitung zu lesen." Dann unterweist sie mich, wie man Nachrichten und Kommentare gegeneinander abwägen muss. Sie erklärt mir, was immer in einem Artikel stehen muss, worüber man hinweglesen kann und worauf man besonders achten muss. „Sehen Sie, in Ihren westlichen Zeitungen wird alles mundgerecht serviert. Bei uns muss man aufmerksam lesen, damit man die Neuigkeiten versteht. Natürlich, viele Einzelheiten erfahren wir nicht, aber wenn man regelmäßig liest, Radio hört und zuweilen mit klugen Leuten spricht, weiß man doch, was los ist. Nur, Hella, Vorsicht, mit wem Sie über Politik sprechen. Sie glauben nicht, wie raffiniert die Spitzel sich tarnen. Es ist ein minderwertiges Gesindel, das zu solchen Zugeständnissen fähig ist", macht sie ihrer Verachtung Luft. „Meist haben sie ja eine bessere Arbeit und irgendwie sickert im Laufe der Zeit doch etwas durch. Viele leben hier auch sonst so achtlos vor sich hin. Man sieht es ja schon, wie leichtfertig und schnell es oft zu intimen Beziehungen kommt. Natürlich, wenn man sich wirklich liebt, ist es etwas anderes. Aber im Lager geben sich die Frauen häufig aus Schwäche hin und weil sie die Hoffnung aufgegeben haben, einen besseren und passenderen Partner zu finden."

Adamovna berichtet mir viel aus dem russischen Alltagsleben und ich muss von Zuhause erzählen. Wir haben immer Gesprächsstoff und in unseren Ansichten stimmen wir geistig und menschlich in vielem überein. Eines Tages bringt sie ein englisches Lehrbuch mit, das einer ihrer freien Kollegen für sie aufgetrieben hat, und nun arbeiten wir an der Erweiterung ihrer Englischkenntnisse. Inzwischen hat Sergeyevna beobachtet, dass ich Strickarbeiten mache. „Wollen Sie mir meine rote Wolljacke umstricken? Sehen Sie, sie ist an Ärmeln und Manschetten sehr verschlissen, aber vielleicht ließe sich aus der feinen Wolle doch noch etwas machen. Ich kann Ihnen Geld dafür geben und besorgen lassen, was Sie sonst möchten." Ich willige gerne ein. Es freut mich, etwas Neues aus dem feinen Material der alten Jacke zu machen.

Eines Abends bleibt Adamovna aus, stattdessen bekomme ich am nächsten Tag ein Briefchen. Trotz aller Vorsicht hat man denunziert, dass Adamovna mit mir, einer politischen Ausländerin, regelmäßigen Umgang pflegt. Sie solle das umgehend abbrechen, sonst verlöre sie ihren guten Arbeitsplatz, wurde sie verwarnt. „Ich melde mich in den nächsten Tagen", lese ich zu meinem Trost als Nachsatz. Zwar treffen wir uns nach ein paar Tagen wieder, meist draußen irgendwo hinter einer Baracke und führen Gespräche und Studien fort, wobei uns die letzten Tage des Polarsommers noch mit Sonne und mildem Wetter begünstigen, aber die Furcht, dass man uns beobachten und Adamovna zur Strafe auf Ladearbeit geschickt werden könnte, quält uns beide. Eines Tages stürzt sie ganz aufgelöst ziemlich spät und alle Vorsicht außer Acht lassend, in meine Krankenbaracke: „Hella, wir werden alle auf Etappe geschickt ins Lager Predschachtnaja UDS. Der Erste Kilometer hier wird aufgelöst, auch die Kranken werden fortgebracht, die aber erst zuletzt. Wohin Sie kommen, weiß ich nicht, aber das Lager UDS ist jedenfalls schlecht. Dort ist kein so gutes Bergwerk wie der Rudnik und es gibt keine Labors. Wahrscheinlich müssen wir dann alle auf ‚allgemeine Arbeit'. Alles Gute Ihnen, Hella, gebe Gott, dass wir uns noch einmal wiedersehen."

Dann taucht plötzlich Rayka, meine Zigeunerfreundin, neben mir auf: „Hör, Fritzyonok, ich fahre auf Etappe. Du kommst später nach. Sascha-Mascha hat mir gesagt, dass du auch auf der Liste für das Lager UDS stehst. Sie schicken dich mit den Kranken hinterher. Ich wollte dir nur Bescheid sagen. Keine Angst, wir werden uns schon wiedersehen." Sie zwinkert mir in ihrer unwiderstehlichen listiglustigen Art zu und bringt mich wieder zum Lächeln. „Na, siehst du, so ist es schon besser. Hier hast du noch ein Konfekt, damit du brav bist." Sie schiebt mir ein leicht zerdrücktes klebriges Bonbon in die Hand. Dann läuft sie fort.

Potsdam, ehemaliges Untersuchungsgefängnis Leistikovstraße (Aufnahme 1999)

Torgau, Gefängnis mit Festungsgraben (Aufnahme 1995)

Vorkuta, Lagerzaun am Fluss (Zeichnung aus der Erinnerung)

Buschlat-Wattejacke

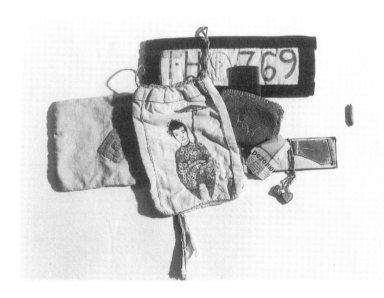

Lagerutensilien:
Häftlingsnummer,
Bleistiftstummel,
Spiegel,
Zeitungspapier
zum Zigarettendrehen,
Beutel von Ssudin
gestickt, Kamm,
Tabaksbeutel

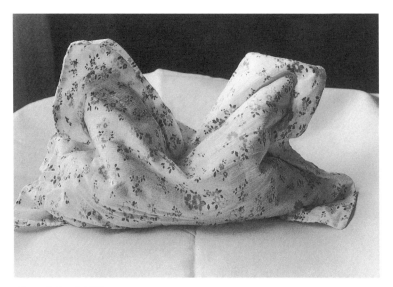

„Bettenkultur", 1950

Kreuzstickerei, 1948 gefertigt im Lazarett des Lagers Erster Kilometer

Im Lager UDS – Predschachtnaya

Raykas Gastfreundschaft ☐ Flickschneiderei – Privilegien und Verdächtigungen ☐ Ratten ☐ Ein Kreuz für Rayka ☐ Ein Wiedersehen ☐ In Valyas Baubrigade ☐ Prinzessin und Räuberhauptmann ☐ Weihnachten mit Adamovna ☐ Lyoscha, der Seemann

Im Lager Predschachtnaya – vor den Bergwerken –, das zur Straßen- und Gleisbauverwaltung UDS gehört, bläst der Wind des GULag schärfer. Bis auf die Fälle mit offener TBC schickt man alle Kranken in Arbeiterbaracken. Ich werde in Baracke Sieben eingewiesen. Hinter der Außentür stehen in einem kärglich beleuchteten Vorraum Trinkwasserbehälter und Abwasserkübel. Die nächste Tür führt in den Wohnraum mit Pritschenreihen an den Längswänden für etwa 60 Personen. Nicht selten wird doppelt belegt, das bedeutet dann weniger als 50 cm Pritschenbreite pro Kopf. Gleich rechts ist die Tür zur Trockenkammer für die Arbeitskleidung und daneben befindet sich der Ofen, auf dessen Metallplatte man Brot rösten, Wasser zum Trinken oder ein Stück Schiene als Bügeleisen (auch für den Kampf gegen Kleiderläuse) erhitzen kann. Zwischen den Pritschen in der Mitte des Wohnbereichs stehen in einer Reihe vier oder fünf einen Quadratmeter große Tische mit einigen Hockern, deren Benutzung vor und nach der Arbeit von der Rangordnung oder schlicht vom Recht des Stärkeren abhängt. Dort ist das Licht am besten, weil die Glühbirnen in der Mitte angebracht sind.

Holzkisten mit einem Zwischenfach, die Nachtschränkchen ähneln, befinden sich seitlich zwischen den Pritschen und sind bei normaler Belegung für vier Anrainer der oberen und unteren Pritschenetage vorgesehen, um Habseligkeiten wie Brot, Essgeschirr, Löffel, Zahnbürste und Seife, soweit vorhanden, darin unterzubringen. Die dort gelagerten Gegenstände sind gleichwohl stets in Gefahr, ihren Eigentümer zu wechseln, sofern nicht ständig darauf aufgepasst wird, oder die Besitzer hinreichend gefürchtet bzw. respektiert sind. Es ist aus hygienischen Gründen verboten, diese Dinge auf der Pritsche zu halten; außerdem gilt ein Vorrat von mehr als einer Ration Brot als strafbare Vorbereitung für einen Fluchtversuch.

In der Baracke Sieben wird das Einzugsdurcheinander durch ziemlich düstere Beleuchtung gesteigert, dafür herrscht lautes Geschrei. Schließlich entdecke ich eine leere Pritsche, auf die ich mein Bündel lege. Aber dann trifft mein Blick auf die geistesgestörte Dascha, die umgehend loszetert: „Die Hexe, seht, da kommt die Hexe!" Das genügt. Schleunigst ergreife ich mein Bündel und verlasse stehenden Fußes die Baracke Sieben.

Aber nun fühle ich mich doch einigermaßen verloren auf der Lagerstraße, unschlüssig, wohin ich gehen könnte. Es ist schon dunkel und die Kälte kriecht fühlbar ins Gebein. Fremde und Bekannte laufen vorbei, auch Adamovna hat nur einen kurzen Gruß. Alle sind emsig bemüht, sich häuslich einzurichten. Ihre Geschäftigkeit erscheint mir fragwürdig, ja sinnlos in solcher Umgebung. Ausgegrenzt und desolat ist mir zumute, die Beine machen sich schmerzhaft bemerkbar. Wie angepflockt stehe ich auf der Stelle.

Plötzlich taucht Rayka vor mir auf: „Warum gehst du draußen herum, wo du so schlecht angezogen bist? Du frierst doch. Wo wohnst du?" „In der Sieben." „So, bei den Faschisten, wie geht es dir denn dort?" Für Rayka existiert mein politischer Paragraph überhaupt nicht. „Nun ja, bis auf die geisteskranke Dascha aus der Krankenbaracke habe ich keine Bekannten dort gesehen. Dascha hat sofort, als sie mich entdeckte, ‚Hexe, Hexe' geschrieen und deshalb bin ich gleich wieder abgehauen." „Ja, von dem Quatsch hat damals Sascha-Mascha erzählt." Rayka denkt offensichtlich über irgendetwas nach. Plötzlich strahlt sie: „Weißt du was, jetzt kommst du mit mir in die Baracke 12, dort sind nur unsere Blatnoy. Neben mir ist ein Platz frei, da kannst du wohnen und niemand tut dir was."

Mir ist etwas beklommen zumute bei meinem Einzug in die Schalman-Baracke. Indessen sind auch hier alle beschäftigt, niemand nimmt Notiz von meiner Ankunft. Rayka kümmert sich mit rührender Fürsorglichkeit buchstäblich um alles. Sie holt unsere Rationen aus der Küche, macht in einer Blechbüchse Teewasser heiß und organisiert sogar ein Stückchen Zucker, an dem wir abwechselnd knabbern. Bekannte Gesichter erkenne ich: Musyka und Kolumbina, Knopka, Bomba, auch Zhenia mit der weißen Pelzmütze ist mit mehreren Verehrerinnen zu sehen. „Mascha Zyganka, Slonyonok und die anderen sind in der Nachbarbaracke. Morgen gehen wir sie besuchen", meint Rayka schon gähnend. „Jetzt schlafen wir mal. Gute Nacht." Sie rollt sich unter ihrer Wattejacke zusammen, ich decke mich mit Mutters Mantel zu. In der hinteren Ecke führt Zhenya mit rhythmischem Getrampel einen Tanz für ihre Freundinnen auf. Dann wird es still.

Erschreckt fahre ich hoch, jemand hat mich am Arm gezogen. Im ersten Moment weiß ich nicht, wo ich bin. „Ausgeschlafen. Komm frühstücken!" Rayka hat schon den Haferbrei und die Brotration gebracht. „Die Suppe gefiel mir nicht, ich habe sie stehen lassen." Meine Dankversuche wehrt sie ab. „Schau mal, ich habe etwas in der Kantine gefunden, wirklich nicht geklaut, bei den Augen meiner Mutter." Sie zieht aus ihrer Tasche einen dicken, soliden metallenen Einsteckkamm. „Na, wie gefällt dir der für deine langen Zöpfe? Ist doch wie gemacht dafür!" „Rayka, bitte, hast du ihn auch wirklich nicht geklaut?" „Nein! Dass ich die

Freiheit nicht wiedersehen soll, glaub's doch! Los, steck ihn in die Haare. Schau mal, ist das nicht was?" Der glänzende Blechkamm aus Aluminium ähnelt stark unserem Hundekamm zuhause, aber dieser ist handgearbeitet, im Lager ein Wertgegenstand. Ich kann damit die Haare schnell durchkämmen und die Zöpfe sehr gut feststecken.

Wenig später muss ich das neue Eigentum bereits verteidigen, aus einer ungünstigen Lage während eines Besuchs im Latrinenhäuschen. In diesen Häuschen sind vier oder sechs Plätze, d. h. große Löcher über einer mit Brettern abgedeckten Grube, vorgesehen, deren Benutzung eine gewisse Geschicklichkeit erfordert. Zwar wird täglich geräumt, aber rings um die Löcher türmt sich der Kot umgehend erneut in wunderlichen, gleichwohl höchst hinderlichen Stalagmiten auf, die schnell festfrieren. Es bedarf der Aufmerksamkeit, um nicht hineinzutreten, die Balance zu halten und vor allem nicht auszugleiten und womöglich in die Grube hineinzurutschen. In meiner wenig stabilen Lage fühle ich plötzlich, dass mir jemand den Kamm aus den Haaren zu ziehen versucht. Da er ziemlich stramm sitzt, kann ich gerade noch die Hand erwischen, die daran nestelt. Beim Aufrichten trifft mein Blick auf den von Slonyonok, dem kleinen Elefanten. Wir sind beide wütend, ich, weil man mir etwas stehlen will, und Slonyonok, weil sie nicht gewöhnt ist, dass man sich ihr widersetzt. Offensichtlich etwas verblüfft, hält sie einen Augenblick inne. „Das ist mein Kamm, Slonyonok", versuche ich der etwas heiklen Situation mit möglichst ruhiger Stimme zu begegnen. „Entschuldige, Lena, ich habe dich nicht erkannt." Slonyonok bemüht sich sogar, den Kamm wieder zurück zu schieben. „Übrigens, Hella, komm mich doch mal besuchen. Ich wohne in der Vierzehn bei den Müttern." Ziemlich schwerfällig stapft Slonyonok ihrer Baracke zu, sie steht jetzt kurz vor der Entbindung.

Wenn solche Meinungsverschiedenheiten durchzustehen sind, stellt sich mir die Wirklichkeit wieder als brutales Spiel mit ungleichen Karten beklemmend vor Augen. Mein einziger Rückhalt ist die gute Meinung einiger Blatnoy-Frauen wie Mascha Zyganka. Außer gelegentlichen Handarbeiten und meiner menschlichen Anteilnahme kann ich ihnen nichts bieten. Und doch, trotz ihrer Launenhaftigkeit nehmen sie immer wieder Rücksicht auf mich oder schützen mich gegen Übergriffe von ihresgleichen.

Nach dem Appell müssen die Neuankömmlinge zunächst zur medizinischen Untersuchung. Die Sanitätschefin und Feldscherin Evgenia Fedorovna Suderman ist eine gut aussehende Frau in den 30ern. Sie wirft mir einen ziemlich kühlen, abschätzenden Blick zu und erkundigt sich als erstes nach meinem Paragraphen und nach dem Beruf der Eltern. Zur Gesundheit stellt sie keine Fragen. Das Stethoskop wandert in Sekundenschnelle von der rechten zur linken Schulter. Dann sagt sie: „SFT, die Nächste!" SFT bedeutet schwere physische Arbeit. Es gibt zwar noch TFT, Schwerstarbeit, aber für Frauen ist SFT die höchste Einstufung. In der Praxis heißt das, Schwerstarbeit mit höchsten Leistungsnormen, die jeweils entsprechend der Gesundheitskategorie festgesetzt werden. Häftlinge mit der Kategorie LFT (leichtere Arbeit), oder mit der Kategorie Halbinvalide werden auch auf Schwerstarbeit geschickt; dann jedoch wird die Leistungsnorm tiefer angesetzt: Das bedeutet mehr Aussicht auf bessere Verpflegung. Die Einstufung der Arbeitsfähigkeit SFT kommt einer erneuten, verschärften Verurteilung gleich und man ist wegen mangelnder Leistung rettungslos jeder Schikane ausgesetzt ohne Hoffnung auf Besserung dieser Lage. Meinen Versuch, mich zu äußern, schneidet Frau Suderman ab mit dem wiederholten Aufruf: „Die Nächste."

Ziemlich niedergeschlagen hinke ich auf meinen schmerzenden, vom Stehen geschwollenen Beinen zurück in meine Baracke. Rayka kommt mir schon entgegen. „Stell dir vor, SFT hat man mir verpasst." „Was, dir, mit den Beinen, SFT?" Rayka schüttelt ungläubig den Kopf, dann meint sie tröstend: „Wenn sie dich wirklich in die Tundra hinaus jagen, dann verweigerst du ganz einfach die Arbeit." Aber mir ist der Gedanke an Otkas – Arbeitsverweigerung – höchst ungemütlich. Seit der Abschaffung der Todesstrafe (27.5.47) wird man dafür in den Isolator oder Karzer gesperrt. Dort sollen der Entzug von Essen, Matratze und Heizung die Delinquenten zur Einsicht bringen. Ich fürchte vor allem die Willkür der Milizaufseher. Aber Rayka unterbricht meine trüben Phantasien: „So, jetzt wird gefuttert und morgen ist wieder ein Tag. Warten wir erst einmal ab." Rayka hat von Mascha-Staruschka, der ältesten Zigeunerin im Lager, etwas Brot geschenkt bekommen, sie schiebt mir die Hälfte zu: „Los, kau, rede nicht", übergeht sie meine Einwände und schneidet eine schlaue Grimasse. Nach dem Essen dreht sie sich eine Zigarette aus Machorka mit Zeitungspapier, die sie sich in einen Mundwinkel hängt. „Verflucht, ich muss meinen Muzhik doch mal wieder schlecht behandeln. Das letzte Mal hat er wieder nur Machorka gebracht. Er behauptet, es gäbe keine Zigaretten. Komm, wir gehen ein bisschen auf Besuch zu den anderen."

Heute morgen müssen alle zur Zwangsarbeit. Rayka hat mir Brei und Brotration mitgebracht, dann muss sie zu ihrer Brigade. Ich mache mich selbständig auf den Weg zur Wache, weil alle dorthin gehen. Persönlich habe ich keinen Aufruf gehört, und niemand ahnt, dass ich mich in der Baracke bei den Blatnoy aufhalte. Die Miliz ist beim Appell nicht in die Baracke gekommen, zählte nur von der Tür aus, um Konfrontationen zu vermeiden. Sie betreten diese Baracken nur ungern und dann immer zu mehreren. Je nach Stimmung ärgern die Kriminellen sie mit persönlichen Beschimpfungen oder werfen mit Schmutz oder harten Gegenständen nach ihnen. Der Nachweis, wer der Übeltäter war, gelingt fast nie, und eine kollektive Bestrafung ist kaum durchführbar. Nicht zu Unrecht sind die mit viel Phantasie ausgedachten Racheaktionen der Blatnoy gefürchtet.

Auf dem Weg zum Tor ist mir doch ziemlich erbärmlich zumute, die Stiefel sind für die geschwollenen Beine zu eng. Aber diesmal naht ein Schutzengel in Uniform. Kurz vor der Wache hält mich der schon betagte Aufseher Morozov an. „Wohin willst du denn?" „Zur Arbeit", antworte ich resigniert. „Was ist mit deinen Beinen?" „Ich weiß nicht, nach der Dystrophie sind sie so geworden. Aber gestern hat mich die Ärztin SFT geschrieben." „Was für ein Unsinn", ereifert sich Morozov, „die gesunden Kühe liegen im Lazarett und so was wird zur Arbeit geschickt." In diesem Augenblick nähert sich ein Offizier, der, wie sich herausstellt, gerade zur Inspektion eingetroffen ist. „Was ist los", unterbricht er den laut schimpfenden Morozov. Während der die Sachlage erklärt und auf meine Beine in den zu engen Stiefeln zeigt, eilt der Lagerchef herbei. Der Fremde deutet auf mich und sagt zu ihm: „Major, befassen Sie sich mit der Angelegenheit."

Der Lagerchef bestellt mich für 10 Uhr und folgt dann eiligst dem offensichtlich vorgesetzten Besucher. „Na also", brummt Morozov zufrieden, „jetzt wird alles in Ordnung kommen. Geh schnell in deine Baracke und ruhe dich aus. Du hast noch vier Stunden Zeit." Höchst verwundert über diese Entwicklung der Dinge und darüber, dass jemand in Miliziuniform mal freundlich zu mir war, frage ich mich, was denn wohl bei dem Gespräch mit dem Lagerchef herauskommen soll.

Im Vorzimmer des Lagerchefs sitzt handarbeitend seine Aufwartung, Tomka, eine ebenso selbstbewusste wie eigenwillige, mit allen Schlichen vertraute Blatnoy-Frau, die sich das aber nicht anmerken lässt. Tomka erfreut sich eines nicht unerheblichen Einflusses auf den Lagerchef, dessen eher verblühte kinderreiche Frau mit der jungen attraktiven Diebin nicht konkurrieren kann. Tomka ist groß und mit üppigen Kurven ausgestattet, hat ein niedliches Gesicht mit Stupsnase und einem auffallend sinnlichen Mund. Ihr dunkles Haar ist kurzgeschnitten, einige Ponyfransen hängen ihr in die niedrige Stirn. „Was willst du beim Major?", fragt sie und betrachtet mich sehr aufmerksam. Dabei scheint sie zu überlegen, ob sie mich überhaupt anmelden soll. Aber offenbar hat sie gegen mich nichts einzuwenden, denn sie meldet mein Erscheinen.

Übrigens entwickelte sich meine Beziehung zu Tomka, die sich bei den Blatnoy-Frauen nach mir erkundigt hatte, sehr vorteilhaft. Ich strickte für sie einen Pullover und sie besorgte mir zusätzliche Verpflegung aus der Küche, die der Aufwartung des Lagerchefs, noch dazu einer Diebin, selbstredend nichts abschlug. Tomka verhalf mir auch zu einer neuen Wattehose, ein einmaliger Glücksfall; denn ohne Beziehungen gab es nur geflickte, abgetragene Wattekleidung, im Lagerjargon 33. Kategorie genannt.

Der Lagerchef empfängt mich mit einem nicht unfreundlich klingenden „So, nimm Platz, woher bist du?" Ziemlich unscheinbar wirkt dieser kaum mittelgroße Garde-Major. Die wenigen blonden Haare sind in leidlicher Ordnung über die Glatze gelegt. Er schaut mich erstaunlicherweise ganz wohlwollend an. Nach den üblichen Fragen und Angaben zur Person und meiner Vergangenheit nimmt das Gespräch unversehens eine fast persönliche Wendung. Vasilyev war in Dresden Kommandant des Stadtteils Weißer Hirsch gewesen. Ich erzähle, dass ich dort mehrmals auch für die Universität Leipzig gedolmetscht und mit wem ich es zu tun hatte. Dabei stellt sich heraus, dass er diese höheren Offiziere gut gekannt hatte. Das versetzt ihn in eine für mich günstige Stimmung. Ein Weilchen ergeht er sich noch in angenehmen Erinnerungen. Dann bricht er ab: „Ja, freilassen kann ich dich hier leider nicht, aber geh jetzt nochmals zur Ärztin, ich melde dich an. Heute Abend kommst du dann wieder zu mir und ich sage dir, wie die Dinge stehen." Diesmal ist die Ärztin bemüht, höflicher zu sein. Ihrer Frage, „Warum sagten Sie mir nicht, dass Sie sich schlecht fühlen?", begegne ich eingedenk der Untersuchung am Vortage mit Schweigen. Sie untersucht mich etwas eingehender und stuft mich dann in die Kategorie mit den niedrigsten Arbeitsnormen, Intrud, ein.

Abends eröffnet mir der Lagerchef, dass er mich in der Schneiderei untergebracht hätte. Dort müsse ich Wattekleidung flicken. Dann fragt er, in welcher Baracke ich wohne. „In der Zwölf", antworte ich wahrheitsgemäß. Verblüfft, fast betroffen, starrt er mich an: „Was, in der Zwölf? Dort sind doch nur Blatnoy, es ist eine der drei schlechtesten Baracken, die wir hier haben." „Ich hatte keine andere Möglichkeit." „Ich werde sofort Befehl geben, dass du heute noch in die Neunzehn umziehst, dort wohnt das Lagerpersonal, es ist sauber und gepflegt." Noch am gleichen Abend betrete ich in Milizbegleitung mit meinem winzigen grauen Bündel die Baracke Neunzehn. Indes barg die gut gemeinte Anordnung ihre Tücken für mich wegen der ‚Bettenkultur' in diesen Baracken der Privilegierten.

Ein erstaunlicher Anblick bot sich mir. Überall weißes oder buntes Bettzeug, Decken, Kissen, Vorhänge. Um einige der Pritschen hingen Vorhänge aus blaugrünem oder rostgelbrotem Mull, die mit verdünnter Tinte bzw. aufgelöstem Streptocid gefärbt wurden. Kissen unterschiedlichen Umfangs waren aufgetürmt und einige der über die Matratzen herabhängenden Betttücher sogar mit gehäkelter Spitze garniert.

Die Barackenälteste, Tyotya Dunya, beäugte mich misstrauisch und wies mir in der hinteren Ecke die obere Pritsche zu, auf der eine graue Matratze mit Sägemehl gefüllt lag. Darunter befand sich noch eine ärmliche Liegestatt, deren Bewohnerin auf Nachtschicht außer Haus war. Zwar musste ein solcher Anblick die verwöhnten übrigen Bewohner verdrießen, aber hier hatte der Lagerchef befohlen, dagegen war nichts zu machen.

Die Zufriedenheit meiner Barackenältesten konnte ich erst später erlangen, nachdem ich ein paar Rubel verdient und Stoff gekauft hatte, aus dem ich einen geblümten Kissenbezug nähte. Meinem solchermaßen aufgeputzten Kissen, mit Volant immerhin 20 x 30 cm, versetzte ich einen Hieb, so dass es wie ein Schmetterling inmitten meiner Bettlandschaft thronte, die aus der mit einem 1 qm großen ‚Überschlaglaken‘ drapierten halben Decke aus Potsdam und der damit gerade eben abgedeckten Matratze bestand.

In solchen Baracken für privilegiertes Lagerpersonal wohnte, wer als Krankenschwester, Buchhalter, Küchenpersonal, Schreibkraft, in Badehaus und Wäscherei oder als Scheuerfrau, also mit Arbeiten in der Verwaltung, beschäftigt war. Diese Frauen konnten sich untereinander helfen und sich ihr Leben hinsichtlich Sauberkeit und Verpflegung erleichtern: Die Schwestern z.B. besorgten Mull, die Schneidermädchen Garn, aus der Küche kamen Öl, Fisch oder zumindest reichliche Breizuteilung, auch die Wäscherei trug das Ihre dazu bei. Diese Mädchen waren zwar gepflegter, nicht so müde und hatten auch mehr ‚Schlag‘ bei den Männern, mussten jedoch ständig um ihren Arbeitsplatz bangen. Männer, meist Sträflinge in leitenden Stellungen in der Lagerverwaltung, verhalfen ihren Freundinnen zu besseren bzw. leichteren Arbeitsplätzen. Auch Esswaren, Stoffe für Kleidungsstücke und vor allem für Wattedecken sowie deren Füllung waren in der Regel Geschenke von Kavalieren. Einflussreiche Blatnoy, die ihre Freundinnen im Frauenlager besuchen konnten, vergaben die Wattedecken auch als ‚Leihgabe‘. Eines Tages sah ich Anyas Decke auf Katyas Bett. „Ja“, meinte Katya, „Petya, der früher mit Anya ging, ist jetzt mein Freund. Darum hat er ihr die Decke und auch die Stiefel wieder weggenommen.“

□

Die Schneiderei, in der ich nun meine Arbeit aufnehmen sollte, war in einem kleinen Raum untergebracht mit zwei Tischen, sechs Hockern und vielen Regalen an den Wänden. In einigen war bereits geflickte Wattekleidung nach Sorten geschichtet. Daneben lagen übereinander gestapelte Stiefel. Einige Regale enthielten Lumpen verschiedener Art und Größe zum Flicken. Stoff, Garn, Nadeln, Scheren und Bügeleisen hielt die Chefin, eine Ukrainerin, unter Verschluss. Sie bewohnte nebenan eine kleine Kabine, die auch über eine Außentür zugänglich und von innen verschließbar war, ein außerordentliches Privileg.

In der vorderen Ecke am Fenster befand sich die Schusterwerkstatt, zu der ein niedriges Tischchen, ein Stuhl mit Lehne und einige wenige Schusterwerkzeuge gehörten. Dort hatte Karol, ein Pole, seinen Platz, um die Arbeitsstiefel – im Sommer aus Segeltuch, im Winter aus Filz – zu flicken. Karol war fleißig und sehr geschickt, deshalb hatte er viele Nebenaufträge. Mit seinem äußerst bescheidenen Werkzeug fertigte er für die Freien auf Bestellung Hausschuhe an, gelegentlich auch Lederstiefel, und er zauberte aus allen möglichen Resten die erstaunlichsten Gebrauchsgegenstände. Karol verdiente sehr gut. Als einer der wenigen privilegierten Spezialisten kam er täglich aus dem benachbarten Männerlager für 10 Stunden ins Frauenlager zur Arbeit. Der große kräftige Mann war wortkarg. Zwischendurch verschwand er für eine Weile, um mit seiner Freundin, einer Polin, zu essen. Karol hatte sich wie viele Polen sehr höfliche Umgangsformen bewahrt. So öffnete er wenige Tage nach meinem Arbeitsantritt, als wir gleichzeitig vor der Schneiderei ankamen, die Tür und hielt sie auf, um mich vorgehen zu lassen.

Ich musste nun zerrissene Wattekleidung im Akkord flicken, 10 Stück waren die Tagesnorm, ohne Rücksicht darauf, wie zerfleddert das einzelne Teil jeweils war. Zu viert waren wir zum Flicken eingeteilt und hatten die Norm für eine Fünfte mitzuerfüllen, die für Sonderaufträge schneiderte. Einer jeden war ihr fester Platz auf einem Hocker zugewiesen, neben dem morgens das Flickgut bereits wartete. Die Chefin sortierte es und teilte es jeder zu. Damit konnte sie entscheidend Einfluss auf die Tagesleistung der Einzelnen nehmen, wobei Sympathie und Hackordnung kaum deutlicher ins Gewicht fallen konnten. Die Chefin wollte lieber Landsleute um sich haben, schon deshalb blieben für mich nur die schlechtesten Stücke, die zudem nicht selten verlaust waren. Diese Tierchen überstanden nämlich Entlausung und saisonale Wäsche häufig unbeschadet, erwachten in der Wärme der Schneiderei aus ihrer Erstarrung, um nun Ausflüge in den Nähten zu unternehmen. Ab und zu gelang es ungebetenen Gästen dieser Art auch, ihren Aufenthalt in die Kleidung der Flickenden zu verlegen. Dagegen half nur, des Abends immer so genau wie möglich alle Nähte abzusuchen und mit dem heißen Stück Schiene, wenn es verfügbar war, mögliche Nester zu zerstören.

Mein Arbeitsplatz war im hinteren Bereich und stets elektrisch beleuchtet, weil zu wenig Tageslicht dorthin drang. Die Arbeit fiel mir schwer, mangels Übung konnte ich die Tagesaufgabe ohnehin nie schaffen. Teer und sonstige harte Schmutzinseln im Stoff machten mir besonders zu schaffen, weil die Nadel oft stecken blieb und dabei leicht zerbrechen konnte. Es dauerte auch nicht lange, bis ich der Chefin mein Missgeschick melden musste. Sie benutzte die Gelegenheit, mich geräuschvoll und wortreich zu tadeln und mir ebenso unmissverständlich wie verächtlich meine mangelnde Eignung für solch einen privilegierten Arbeitsplatz vorzuhalten. Ihre Art, mich feindselig zu ermahnen, und ihre scharfe, lautstarke Stimme beeinträchtigten meine Gelassenheit; so dauerte es nicht lange, bis wieder eine Nadel zerbrochen war. Starr vor Schreck betrachtete ich das Malheur. Die Chefin war gerade nicht im Raum. Plötzlich stand Karol auf und kam auf mich zu. Im Vorbeigehen steckte er eine Nadel in meine Jacke und legte gleichzeitig den Finger auf die Lippen. Ich schwieg erstaunt und beglückt. In diesem Moment kam die Chefin zurück. Sie steuerte direkt auf mich zu, um meine Arbeit zu kontrollieren. Ich fädelte gerade den Faden ein. Und so ging sie wieder, nicht ohne meine ungelenke Nutzlosigkeit zu beklagen. Erstaunlich, wie schnell doch der Karol mein Missgeschick bemerkt und mir gleich geholfen hatte. Am nächsten Tag begegneten wir uns draußen zufällig. „Dziekuje bardzo – ich danke sehr!", bemühte ich meinen bescheidenen polnischen Wortschatz. Er winkte ab, lächelte aber freundlich.

Die Gespräche mit Adamovna fehlen mir. Wochen sind vergangen, und ich möchte nun die alten Bekannten vom Ersten Kilometer wiedersehen. Aber merkwürdig, wem immer ich einen Besuch machen will, nie findet die Betreffende Zeit für ein Gespräch. Eine Weile nehme ich das ohne Argwohn hin. Eines Abends treffe ich Adamovna unterwegs und halte sie an. „Entschuldigung", sagt sie und schaut sich unverkennbar furchtsam um, „ich muss jemanden besuchen." „Nun ja, aber wir haben uns so lange nicht gesehen, wann kommen Sie mich besuchen?" „Das kann ich nicht." „Warum nicht?", insistiere ich beunruhigt. „Ich bin müde." „Sie wissen sehr gut, dass das eine schlechte Entschuldigung ist. Sie wollen einfach nicht mit mir reden. Sagen Sie mir doch, warum nicht." Adamovna schweigt. „Warum wollen denn die anderen auch nicht mit mir reden?" „Nun, ja", kommt Adamovna jetzt zur Sache, „sehen Sie, wir Russinnen, die mit der Etappe in dieses Lager gekommen sind, wir müssen alle auf schwere Arbeit gehen. Und nur Sie, obwohl Sie eine Deutsche sind, Sie haben sofort eine gute Arbeit innerhalb des Lagers in der Schneiderei bekommen. Welche Art von Protektion haben Sie denn? Sie müssen sich nicht wundern, dass wir unter solchen Umständen nichts mehr mit Ihnen zu tun haben wollen." Ich schaue Adamovna an. „Sie kennen mich, Sie wissen so viel von mir und Sie können auch nur eine Minute annehmen, dass ich solche Beziehungen hätte? Ich kann das nicht glauben!" „Nun ja", Adamovna ist die Sache offensichtlich sehr unangenehm, „die Ärztin sagte uns, dass sich jemand von der Administration für Sie interessiert, und als wir fragten, wer, da zuckte sie nur die Achseln und schwieg." Ich bin zu verletzt um klarzustellen, wie die Dinge sich in Wirklichkeit zugetragen haben. „Haben Sie Dank, dass Sie mir das gesagt haben. Vielleicht werden Sie eines Tages doch die Wahrheit herausfinden. Fragen Sie doch einmal die Aufwartung des Lagerchefs nach mir, wenn es Ihnen beliebt." Damit ist unser Gespräch beendet.

Ich flicke weiter zerlumpte, verlauste Wattesachen ohne nennenswerte Verbesserung meiner Lage. Ich weiß nicht, ob der Tag zu lang ist, weil die Chefin mich ständig sekkiert, oder zu kurz, weil ich die geforderte Norm nicht erbringen kann. Entsprechend gering fällt die Essenszuteilung aus. Dennoch, am meisten bedrückt mich doch der von Adamovna geäußerte Verdacht, gegen den ich nichts unternehmen, mich nicht verteidigen kann. Müde und niedergeschlagen betrete ich eines Abends meine Baracke, wo mir ein böser Empfang zuteil wird. Alle schreien gleichzeitig auf mich ein, zunächst verstehe ich gar nicht, was sie von mir wollen. In Baracke Neunzehn ist noch nie etwas weggekommen, aber jetzt ist der Kamm der Tartarin Bela verschwunden. Die Frauen beschimpfen mich und fordern laut schreiend, ich solle sofort den Kamm wieder herausgeben. Zunächst bleibe ich noch gefasst, das Ganze erscheint mir so abwegig, es muss sich doch richtig stellen lassen. Ich gehe zu der Tartarin, die auf ihrer Pritsche sitzt. Normalerweise ist sie ganz nett. Sie sieht recht gut aus, hat schwarzes Haar und hübsche, mäßig geschlitzte blaue Augen. Ihr Vater, der im Krieg fiel, gehörte der Oberschicht der Krimtartaren an. Sie ist stolz auf ihr Tartarentum, selbstbewusst und nicht kleinlich, aber auch wieder haltlos und beeinflussbar.

„Bela, du nimmst doch nicht ernsthaft an, dass ich deinen Kamm genommen habe?" Es ist ihr sichtlich peinlich, sie weiß, dass ich aus einer Intelligenz-Familie komme, aber sie zuckt nur die Achseln. „Ich habe ja nichts gesagt, aber der Kamm ist nicht mehr da. Weggeflogen kann er nicht sein." „Ach, und deshalb soll ich ihn gestohlen haben? Ich finde es ganz niederträchtig von dir, mich zu verdächtigen. Such doch wenigstens." Es verschlägt mir die Stimme. Wie tief bin ich gesunken, dass man mir jetzt auch noch einen Diebstahl zutraut. „Ich habe ja schon gesucht. Unter der Matratze kann er ja nicht sein", meint Bela mürrisch. Tief verletzt und empört, dass Bela mich nicht von diesem Verdacht entlasten will, ziehe ich mich auf meine Pritsche zurück. Adamovnas politische Verdächtigung und jetzt auch noch Diebstahl. „Lieber Gott, warum verdächtigen sie mich?"

Am nächsten Abend besuchte ich nach der Arbeit zuerst einmal Rayka, um mit einem Menschen zu reden, der mir weder geringschätzig noch mit Misstrauen oder Hass begegnet. Später musste ich in meine Baracke zurück, sonst war das Wasser bis auf den letzten Tropfen verbraucht und ich konnte mir nicht mehr die Zähne putzen. Möglichst unbemerkt wollte ich zu meinem Platz, aber da rief mich Dunya, die Barackenälteste, an: „Na, Deutsche, heute warst du lange fort", sagte sie so freundlich wie nur möglich. „Ich habe dir noch Wasser aufgehoben für Tee oder so." Ich war völlig verblüfft. „Vielen Dank, Tyotya Dunya. Übrigens", bemühte ich mich dann um einen möglichst beiläufigen Ton, „ist Belas Kamm wiedergefunden?" „Ja, der lag unter der Matratze. Sie hat auch nie ihren Kopf beisammen."

Ich fühlte mich unbeschreiblich erleichtert, dass der Kamm wieder gefunden war und nicht etwa eine Ratte ihn entwendet hatte. Alle waren bemüht, mich den letzten Abend vergessen und wieder gut zu machen. Sogar das Bügeleisen der Baracke – ein Stück Eisenbahnschiene – bekam ich ohne weiteres. Anya, die Volksdeutsche, die in der Küche arbeitete, bot mir Haferbrei an und eine Lettin schenkte mir ein Stückchen Speck aus ihrem Paket. Beim Essen am Tisch erzählte sie mir von ihrem Leben als Partisanin. Vor allem aber Dunya, die Barackenälteste, war mir gegenüber wie umgewandelt. Bislang hatte sie meine Anwesenheit schwer erträglich gefunden und mich das bei jeder Gelegenheit merken lassen. Ärmliche Pritschen ohne ‚Bettenkultur' wie meine oder die meiner Nachbarin Tyotya Marusya waren ihr eben ein Ärgernis. Wenn ich meinen Rock waschen musste, knotete ich mir einen handtuchgroßen Lumpen aus der Schneiderei wie eine Art Wickelrock um. „Deutsche Kultur", pflegte Dunya bei solchen und ähnlichen Anlässen zur offenen und versteckten Schadenfreude anderer hinter mir her zu rufen. Das unterließ sie nun.

Dunya bemühte sich zwar um Ordnung, war aber grob und zutiefst misstrauisch allem und jedem gegenüber, den sie nicht kannte. Raykas anfängliche Besuche an der Barackentür lösten lange, wütende Erörterungen aus über Zigeuner im allgemeinen und meinen Umgang im besonderen und ich musste sie bitten, nicht mehr zu kommen.

Auch mein Pantoffelersatz aus Flicken störte Dunyas Ordnungssinn. Mich ekelte vor dem Fußboden. Obwohl er sauber aussah, stammte das Putzwasser aus dem Abwasserkübel. Wenn sie aber meine Flickenpantoffeln fand, ließ sie sie verschwinden. Meine größte Unzulänglichkeit in Dunyas Augen war meine Nationalität. An Tagen, wenn wieder einmal ein Kriegsfilm gegen die Deutschen gezeigt wurde, musste ich möglichst einen Bogen um sie machen; als Deutsche hatte ich in ihren Augen eigentlich keine Daseinsberechtigung. Freilich lagen die Gründe dafür in ihrer Vergangenheit. Das Leben hatte dieser Frau übel mitgespielt und tiefe Furchen und einen meist finsteren Ausdruck in ihrem verarbeiteten Gesicht hinterlassen.

Tonya Rastorguyeva erzählte mir von ihr: „Eigentlich meint Dunya es nicht böse, sie ist kein schlechter Mensch. Sie stammt aus einer Bauernfamilie, hatte nur die vierklassige Dorfschule besucht und musste damals während der großen Hungersnot in der Stadt Arbeit suchen. Der Mann, mit dem sie wohl eine ganz gute Ehe geführt hatte, war gestorben und vier Söhne im Krieg geblieben. Den jüngsten brachte sie mit Mühe durch. Er besuchte das Technikum, kümmerte sich dann aber nicht mehr um die ungebildete, einsame Mutter. Während der deutschen Besatzungszeit hatte Dunya wohl eine Weile in einer Militärküche Kartoffeln geschält, dafür wurde sie später von den Sowjets eingesperrt. Der Vorwurf, ihre Heimat verraten zu haben, den man ihr im Verhör machte, war ihr unverständlich. In der Zeitung schrieb man von Heldenmüttern, war sie denn nicht auch eine solche Heldenmutter? Darauf gingen die Untersuchungsrichter aber nicht ein, vielmehr äußerte man Unverständnis, warum sie nicht zu den Partisanen gegangen war. Sie wurde zu acht Jahren verurteilt und nach Vorkuta geschickt. Immer wieder mal schreibt sie stundenlang an einem Gesuch an das Moskauer Gericht, man möge sie doch entlassen, sie wäre unschuldig, sie hätte niemanden verraten. Nur, auf diese Anträge hin geschieht nichts, wahrscheinlich wandern sie schon in der Zentrale in Vorkuta in den Papierkorb. Aber ihr Misstrauen wird immer schlimmer, es ist schon krankhaft. Sie hat alles, was ihr im Leben geschehen ist, persönlich genommen. Darum auch der große Hass auf die Deutschen, die ihr die Söhne totgeschossen haben."

Wahrscheinlich dank Tonyas freundlicher Vermittlung schwang sich Dunya einmal in einem Anflug von guter Laune zu einer überraschenden Bemerkung auf: „Du, Deutsche, sag mal ehrlich, eigentlich bist du doch gar keine Deutsche. Du sprichst Russisch wie wir, und lebst und schuftest hier unter den Unsrigen. Ich denke, du bist doch eine Russin." Damit hatte sie mir eine große Freundlichkeit erweisen wollen. Ich nahm es, wie es gemeint war: „Nitschewo, Tyotya Dunya, wir vertragen uns doch, das ist die Hauptsache."

Ich freundete mich ein wenig mit Tonya an, die von der Krim stammte und mit nur sieben Jahren Strafmaß als Buchhalterin im benachbarten Männerlager arbeitete. Sie war eine zarte, angenehme Erscheinung mit blondgelockten Haaren und freundlichen blauen Augen. Die sowjetischen Lebensumstände nahm sie weitgehend hin, sie kannte es nicht anders. Jedoch die Unfreiheit hinsichtlich Religion und Weltanschauung empfand sie quälend.

☐

Ein Geräusch hat mich geweckt. Es ist Mitternacht: Sirenen der nahegelegenen Bergwerke sind zu hören. Schlaftrunken setze ich mich auf und schaue in die Baracke hinunter. Von den Bewohnerinnen ist niemand zu sehen, alles schläft.

Jetzt ist die Zeit der Ratten. Tagsüber sind sie meist recht zurückhaltend, bleiben unter dem Bretterfußboden oder suchen in den Latrinengruben, deren gärender Inhalt nicht gefriert, schwimmend nach Fressbarem. Aber abends, wenn wir schlafen, kommen sie aus den breiteren Spalten zwischen den Fußbodenbrettern hervor. Solche Spalten finden sich in fast allen Baracken, weil sich die Barackenältesten damit beim Fußbodenwischen leichter tun. Sie sparen sich nach dem Scheuern das Aufnehmen und schwabern das Wischwasser aus dem Abwasserkübel, das nicht nur den Fußbodenschmutz, sondern auch die Rückstände vom Waschen und Abspülen enthält, einfach in die Spalten, wo es in einer Isolierschicht aus Schlacke versickert. Alle zwei Jahre etwa wird der inzwischen faulige Untergrund ausgeräumt, neue Schlacke gestreut und die darüber morsch gewordenen Bretter geflickt. Dem Zimmermann Ivan, einem älteren, gesetzten Blatnoy aus dem Männerlager, obliegt diese feste, als Reparatur vorgesehene Arbeit.

Ungefähr 12 Ratten sind Mitbewohner in unserer Baracke, sie haben in etwa die Größe von mittelgroßen Kaninchen. Wenn sie abends auftauchen, folgen sie einem feststehenden Ritual. Zunächst laufen sie im Karussell hintereinander durch die Baracke, immer dicht hinter der Schwanzspitze der Vorherlaufenden, fast wie beim Reiten auf dem Zirkel, indes in gestrecktem Galopp. Das scheint ihnen Spaß zu machen, sie pfeifen laut, führen sich auf wie die Beherrscher der Baracke und lassen sich auch nicht stören, wenn man mit harten Gegenständen nach ihnen wirft. Zuerst ziehen sie ihre Kreise unten auf dem Fußboden, dann lockern sie die Ordnung und springen von einer Pritsche zur andern. Mit ihren scharfen Zähnen sägen sie in kürzester Zeit Löcher in die kleinen Schränkchen zwischen den Pritschen, wenn sie dort Brot, Esswaren oder auch mal Seife vermuten. Anschließend suchen sie die unteren Pritschen nach Fressbarem ab, um dann an den Leisten hinauf in die obere Etage zu klettern und dort weiter zu forschen. Eine Weile beehrt mich eine fette Ratte regelmäßig mit ihrem Besuch. Mal weckt sie mich, indem sie auf dem Weg von Pritsche zu Pritsche über den freien Zwischenraum springt und dabei auf einer kleinen Holzkiste an meinem Kopfende landet. Gelegentlich verheddert sie sich auch mit ihren Pfoten in meinen Haaren, einmal verfing sie sich sogar mit Kopf und Vorderpfoten in meinem Blechbecher, konnte sich nicht mehr befreien und zappelte und rappelte wild mit dem Becher gegen das Holz. Von Ekelgefühlen geschüttelt, schob ich sie samt Becher rückwärts an den Pritschenrand und schubste sie hinunter. Danach war sie eine Zeitlang nicht zu sehen. Aber nun sehe ich plötzlich, wie eine dicke Ratte sich possierlich hin und her springend eifrig bemüht, einen länglichen schwarzen Gegenstand in eine Spalte zu bugsieren. Verschlafen denke ich: „Merkwürdig, was sie da wohl hat?" Plötzlich fällt mir meine schwarze Zahnbürste ein. Mechanisch greife ich hinter mich. Sie müsste in meinem Becher sein, in dem ich sie über Nacht offen stehen lasse. Der Becher ist umgefallen, die Zahnbürste ist weg. Das war das Geräusch, von dem ich wach geworden bin. Obwohl sie nicht fressbar ist, versucht die Ratte trotzdem unermüdlich, sie durch die Spalte nach unten zu befördern. Jedoch macht ihr der Borstenteil zu schaffen und an dieser Stelle verengt sich die Spalte. Jetzt bin ich im Nu unten, um mein Eigentum wiederzuerlangen. Die Ratte aber beachtet meine Versuche, sie zu verjagen, gar nicht und zerrt ungeniert weiter am Zahnbürstenstiel. Abgesehen davon, dass ich sie so ekelhaft finde, fürchte ich mich auch vor ihren scharfen Zähnen. Nur, die Zahnbürste stammt noch von zuhause, und wie und woher sollte ich eine andere beschaffen? Nun nehme ich den Schürhaken zu Hilfe. Beim Anblick dieses ihr wohl bedrohlich erscheinenden Gegenstands lässt die Ratte für einen Augenblick die Zahnbürste los, um den Kopf schützend einzuziehen. Im letzten Moment packe ich meine Zahnbürste am Borstenende und ziehe sie aus der Spalte zurück. Ich wickle sie vorsorglich in einen Lumpen. Im Lager sind die überlegene Diebesintelligenz der Ratten und der Verlust der knappen Lebensmittel schwer zu verschmerzen. Erfahrene Lagerbewohnerinnen fangen mitunter eine Ratte und verbrennen sie lebendig im Ofen der Baracke. Das Schreien der Kreatur im Ofen soll die Artgenossen einschüchtern. Für ein bis zwei Wochen kehrt dann tatsächlich Ruhe ein, doch danach ist alles wieder beim Alten.

□

Eines Tages beobachte ich staunend in der Schneiderei, dass Karol ein kleines Kreuzchen aus Holz schnitzt. „Es ist ein Auftrag", meint er, „man kann es an einer Schnur um den Hals tragen." Nach einer Weile fügt er hinzu: „Ein Kreuz möchte hier manch eine. Auch Blatnoy-Frauen, vor allem die Zigeunerinnen tragen gerne ein Kreuz um den Hals. Das ist das einzige, was sie nicht kaufen und auch nicht stehlen dürfen. Es hat nur Wert für sie, wenn sie es geschenkt bekommen. Darin sind sie konsequent. Aber woraus soll ich Kreuze machen? Das Holz bricht so leicht. Am besten eignen sich Zahnbürstenstiele. Nur, woher nehmen? Wer hier noch eine Zahnbürste hat, gibt sie doch nicht her."

Vielleicht könnte ich Rayka solch ein Kreuz schenken. Ich besitze eine schwarze Zahnbürste, für die sich neulich die Ratte interessiert hatte. Ich gebe Karol die Hälfte meines Zahnbürstenstiels, aus dem sich drei Kreuzchen machen lassen. Eins soll er für mich schnitzen und dazu eine gute feste Schnur machen, die er sogar zu wachsen versteht. Zwei Tage später ist das Kreuz mit Schnur fertig. Rayka treffe ich vor ihrer Baracke, sie geht gerade zur Nachtschicht. „Hier, das ist von mir, damit du auch einen Schutz hast. Ich muss schnell weiter", schütze ich Eile vor. Rayka ist im ersten Moment sprachlos und schickt mir dann gerührt einige ausgesuchte Kraftausdrücke hinterher. Meine Zahnbürste mit dem stark verkürzten Stiel ist zwar kurze Zeit später endgültig verschwunden. Aber wieder einmal habe ich Glück: Wenige Tage danach bekomme ich einen Strickauftrag und kann mir eine neue Zahnbürste kaufen lassen.

Rayka unterstützt mich, wo sie kann. Listig-lustig ist ihr Ausdruck, wenn sie etwas ‚an Land gezogen‘ hat. Dann holt sie mich und wir essen zusammen. Bei Esswaren frage ich nicht, woher sie sind, aber wenn Rayka mit Kleidungsstücken kommt, lasse ich mich nicht erweichen. Schließlich stelle ich die Sachen ihren Besitzerinnen heimlich wieder zu. Wenn Rayka das später merkt, schmollt sie eine Weile, aber es tut der Freundschaft keinen Abbruch.

Fremden Diebinnen erklärt sie stets, dass ich ihre Freundin und außerdem ‚im Gesetz‘ sei. Überaus lässig tritt sie auf. Fast könnte man bei ihr vergessen, dass sie ein Sträfling ist, so überzeugend wirkt das ‚fiche-moi‘. Über viele Lagerlästigkeiten setzt sich Rayka unbekümmert hinweg, als ob es sie gar nicht gäbe. Diese unbekümmerte Art der Blatnoy fasziniert mich, denn sie rückt die Tatsache, dass wir als Schwerverbrecher abgestempelte Zwangsarbeiter am Ende der Welt sind, ein wenig in den Hintergrund. Sie nennen Gefängnis und Lager ihr Zuhause und lassen sich von den Aufsehern nicht so unterdrücken. Während ich die Miliz zu meiden suche, geht Rayka mit ihnen locker um. Sie duzt alle und spricht mit den Aufsehern meist ziemlich herablassend und mit unüberhörbarer Verächtlichkeit. Nur wenn sie bei einer strafbaren Handlung erwischt wird, kann sie eine geradezu groteske Liebenswürdigkeit aufbringen, mit deren Hilfe sie sich nicht selten wieder dem Zugriff des jeweiligen Aufsehers zu entziehen vermag. Den Blatnoy-Frauen, denen Widersetzlichkeit und Opposition zweite Natur sind, muss die Obrigkeit bei jeder Kleinigkeit Gehorsam und Unterordnung abringen. Durch ihr Beispiel lehrt mich Rayka, dass ich mit der Zeit eine gleichmütigere Einstellung gegenüber den überall herumschleichenden Milizionären weiblichen und männlichen Geschlechts aufbringe. Ich lerne sogar langsam, Aufseher als Menschen zu sehen, sie mit ihren Schwächen zu tolerieren.

Eines Abends spricht mich Mascha Zyganka auf dem Rückweg von der Schneiderei an. „Du hast Rayka neulich sehr erfreut. Mit dem Kreuz, meine ich. Weißt du, von Religion und so wissen wir nicht mehr viel, aber wir Zigeuner sind Christen und draußen die Verwandtschaft pflegt die Tradition. Übrigens, komm doch heute Abend in meine Baracke. Wir feiern ein Zigeunerfest und du weißt ja, ich glaube doch, dass du Zigeunerblut hast, auch wenn du es nicht weißt. Du sollst mitfeiern, wir werden Musik machen."

Es wird ein unvergesslicher Abend. Alle Zigeunerinnen des Lagers sind versammelt. Von einer Gitarre begleitet, erklingen anrührende Zigeunerweisen. Die Refrains singen wir alle zusammen. Später tanzt zuerst Mascha solo, dann tanzen sie zu zweit und zu dritt. Die Tänzerinnen beherrschen noch die eindrucksvolle Schultertechnik. Sie schütteln die Schultern rhythmisch in großer Schnelligkeit, biegen sich dabei rückwärts fast bis zum Boden und richten sich wieder auf, ohne den Rhythmus zu unterbrechen. Wir klatschen dazu im Takt, immer schneller. Es herrscht eine unglaublich gute Stimmung. Auch sonst steht der Abend unter einem guten Stern. Die Milizkontrolle kommt erst Stunden später.

Inzwischen liegt tiefer Schnee über Vorkuta und heftige Stürme behindern auch innerhalb des Lagers das tägliche Leben. Noch immer flicke ich die scheußlichen Wattesachen. Ich kann die Chefin nicht zufriedenstellen, und das lässt sie mich ständig spüren. Alle 10 Tage habe ich frei. Ohne lange anstehen zu müssen, kann ich dann schon am Nachmittag meine Essensration holen, bevor die Arbeitsbrigaden zurückgekommen sind. In einem Konservenglas lässt sich die Breiration gut unterbringen. Für die Suppe habe ich kein Gefäß, aber es tut mir auch nicht Leid um die dünne Sauerkraut- oder Fischbrühe mit einigen Kohlfasern oder Gräten. Die Ausgeberin Anya aus meiner Baracke macht, wenn niemand hinter mir steht, schon mal eine Ausnahme und füllt mir, weil ich auf die Suppe verzichte, stillschweigend die doppelte Menge Brei ins Glas. Obendrauf legt sie die Fischportion, heute ein ausnahmsweise appetitlich ausschauendes Stück Bratfisch. Zuerst aber muss ich meinen Reichtum wohlbehalten in die Baracke bringen, bei dem Sturm und ohne richtige Handschuhe kein leichtes Unterfangen. Zusammengenähte Baumwollflicken schützen meine Finger höchst unzulänglich gegen die Kälte von außen und gegen den heißen Brei von innen.

□

Auf dem Heimweg zur Baracke am Ende der Lagerzone bläst mir der Sturm entgegen, Luft holen kann ich nur abgewandt vom Wind. Ein paar Meter vor mir kämpft sich ein auffallend hochgewachsenes, schlankes, weibliches Wesen ebenso mühsam und etwas schwankend vorwärts. Noch ein paar Schritte, und dann bin ich sicher, es ist Alexandrovna. Der Sturm und unsere Vermummung machen indes das Sprechen unmöglich, so deutet sie nur nach vorn und wir stapfen den Rest des Weges bis zum Vorraum ihrer Baracke, die gleich neben meiner liegt. Endlich in Windstille können wir die Hüllen vom Gesicht ziehen und uns begrüßen. „Wie schön, Sie wiederzusehen, Hella. Ich bin vorgestern hier eingetroffen. Kommen Sie mit herein, wir werden zusammen essen."

Eine wunderbare Zeit beginnt. Meine Arbeitszeit beträgt nur 10 Stunden, den Großteil des Abends kann ich mit ihr verbringen. Während der Flickerei tagsüber freue ich mich schon auf unser abendliches Beisammensein. Spannend erzählt Alexandrovna aus ihrem Leben im vorrevolutionären Russland und später im Baltikum. Aus adeligem Elternhaus stammend hatte sie kurz vor Ausbruch des Ersten Weltkriegs einen jungen Offizier geheiratet und noch etwas vom letzten Glanz der Zarenzeit miterlebt. Ihre junge, glückliche Ehe endete abrupt mit dem Ausbruch der Revolution 1917. Ihr Mann stand an der Front, und sie sah sich allein und schutzlos den Repressalien der Bolschewiki ausgesetzt. Freunde, die um ihr Leben bangten, rieten ihr zur Flucht. „Was sollte ich tun? Ich war schwanger. So habe ich mich schweren Herzens allein auf die Flucht begeben. Gepäck konnte ich nicht mitnehmen, damit es nicht auffiel. Nun, ich gelangte glücklich nach Litauen. Dort war ich sicher vor den Bolschewiki." Bei Verwandten in Wilna fand sie zunächst Unterschlupf und ihr Sohn Alexander wurde geboren. Wenig später erhielt sie die Nachricht vom Tode ihres Mannes. Aber sie gab nicht auf, fand ein bescheidenes Auskommen in einer Stadtbibliothek, wo sie Besucher bei der Auswahl ihrer Lektüre beraten konnte, schrieb selber Gedichte und gewann einen Freundeskreis in Wilna. Alexandrovna heiratete nicht wieder und widmete sich mit all ihrer Liebe der Erziehung ihres Sohnes, den sie zärtlich Schurik nannte. Dieses glückliche und harmonische Familienleben endete 1940 mit dem Einmarsch der Sowjetarmee ins Baltikum. Wenig später wurde Tamara Alexandrovna verhaftet und wegen unerlaubten Grenzübertritts zu 10 Jahren verurteilt. „Schurik studierte damals bereits Theologie. Ihm geschah nichts, er war ja in Wilna geboren. Er konnte sein Studium trotz der Kriegswirren abschließen und wurde dann orthodoxer Pfarrer. Wenig später heiratete er. Ich habe Galya, seine Frau, die aus guter Familie kommt, noch als junges Mädchen kennengelernt. Über diese Ehe bin ich dennoch nicht sehr glücklich, denn Galya ist ein sehr kühler Mensch, während Schurik eigentlich sehr empfindsam ist." Die wenigen Briefe der jungen Frau an die unglückliche Schwiegermutter fielen dementsprechend karg und konventionell aus.

Trotz der langen Jahre in Lagern hatte Alexandrovna eine aufrechte Haltung, beste Umgangsformen und erstaunliche Autorität bewahrt. Sie wurde auch nicht auf die schwere Arbeit nach draußen geschickt, sondern fand in der Kulturabteilung Unterschlupf. Sie betreute die Bücher, wenn es eine Lagerbibliothek gab, malte Plakate und half bei Aufführungen. Alexandrovna erzählte mir aus russischen Novellen und Romanen des 19. Jahrhunderts und von Besonderheiten ihrer berühmten Verfasser. Vor allem liebte sie die Poesie, vieles rezitierte sie wörtlich. Auch eigene Gedichte voller Gemüt trug sie mir vor. Mitunter sprachen wir französisch miteinander, auch um Spitzeln keine Handhabe zu bieten; denn Französisch war aus dem sowjetischen Schulunterricht weitgehend verschwunden.

Ihre große Empfänglichkeit und Dankbarkeit für eine kaum erwähnenswerte freundschaftliche Geste zeigte sich eines Abends, als im Lager eine schwere Lebensmittelvergiftung grassierte. Nur Frühesser, Nachtbrigaden und ein Teil der innerhalb des Lagers Beschäftigten, blieben verschont. Zu diesen Glücklichen gehörte auch ich. In den Baracken lagen die Frauen zu Dutzenden hilflos auf ihren Pritschen, die Fußböden waren bedeckt von Erbrochenem. Viele schafften es nicht mehr bis nach draußen oder wenigstens zum Abwasserkübel. Ich bemühte mich zunächst um Erkrankte in meiner Baracke. Dann fiel mir auf einmal Alexandrovna ein. Ich wollte sofort nach ihr sehen. Aber meine Stiefel waren schon eingeschlossen und meine Pumps stark lädiert. Ich konnte sie nicht flicken lassen, weil ich gerade nichts zum Bezahlen hatte. Gegen Kälte und Nässe boten sie kaum Schutz, jedoch immerhin die Illusion, nicht barfuß zu gehen, obwohl sie bei jedem Schritt vom Fuß zu rutschen oder im Schnee steckenzubleiben drohten. Ich lief los. Beim Eintritt in die Baracke schlug mir der gleiche widerliche Gestank entgegen, auch hier hatte die Vergiftung eine Brigade erwischt. Vorsichtig bahnte ich mir einen Weg durch das Elend zu Alexandrovnas Platz am hinteren Ende der Baracke. In ihrer Umgebung war es ruhig und sauber, diese Brigade befand sich auf Nachtschicht. Alexandrovna lag auf ihrer Pritsche, ihre Augen waren geschlossen. Leise flüsterte ich ihren Namen, um sie möglichst nicht im Schlaf zu stören. Aber sie war wach und sie war gesund. Ihre Freude, mich so unerwartet zu sehen, war groß.

Zu Adamovnas Verhalten meinte sie: „Seien Sie geduldig, Hella, Adamovna wird eines Tages wissen, wie es in Wirklichkeit gewesen ist. Machen Sie sich nichts aus der Klatscherei. Menschen im Lager sind hartherzig, neidisch und immer bereit, etwas Schlechtes vom lieben Nächsten anzunehmen. Aber, so eifrig sie über jemanden klatschen, eines Tages werden sie dessen auch wieder überdrüssig." Ihre gute Meinung tat mir wohl und ihre Freundschaft und Wärme machte mich stärker im Ertragen der kleinen und größeren Widrigkeiten und Missgeschicke. Besonders mochte ich ihren leisen, unaufdringlichen Sinn für Humor und Komik. Zu unseren Zusammenkünften brachte ich oft mein Strickzeug mit. Für Strickarbeiten bekam ich mitunter etwas Zucker für das Zelebrieren unseres feierabendlichen ‚Tees', den wir aus schwarz getoasteter Brotrinde aufgossen. Wenn eine Milizkontrolle in der Baracke erschien, versteckte ich das Strickzeug schleunigst unter Alexandrovnas Decke. Meist stopfte sie an ihrer Wolljacke, deren ursprüngliche Farbe nicht mehr zu erkennen war. Ihre andere Jacke hatte sie in der Kleiderkammer aufbewahrt für die Zeit nach der Entlassung. „Ich habe nichts zu erwarten, und muss die wenigen

Stücke schonen", kommentierte sie die mühsame und nicht endende Stopferei, als ob sie ahnte, dass ihr Leben nach ihrer Freilassung noch weitere schmerzliche Härten für sie bereithalten könnte.

In der letzten Zeit hat Alexandrovna wiederholt Besorgnis über das lange Schweigen der jungen Leute in Wilna geäußert: „Ich habe jetzt sehr lange keine Nachricht mehr von Schurik bekommen." Das berührt sie besonders schmerzlich. In früheren Jahren hatte er ihr zweimal im Jahr ein Päckchen geschickt mit getrockneten Früchten, Tee und etwas Speck, gelegentlich auch mit Schreibpapier oder einem warmen Kleidungsstück. Seit längerem fehlt jedoch jede Nachricht.

Eines Abends endlich bekommt Alexandrovna Post. Die Briefträgerin ruft von der Mitte der Baracke die Namen der glücklichen Empfänger auf. Ich bringe ihr das lang ersehnte Lebenszeichen. Schon ohne Brille erkennt sie die Handschrift ihrer Schwiegertochter. Diese teilt ihr lapidar mit, dass Schurik verhaftet und zu 15 Jahren Zwangsarbeit verurteilt wurde. Das Lager liege ein paar hundert Kilometer südlich von Vorkuta in der Taiga, die genaue Anschrift sei ihr noch nicht bekannt. „Sicher ist es auch in Ihrem Interesse, dass ich Ihnen angesichts der allgemeinen Knappheit nun keine Pakete mehr schicken werde, sondern alles, was ich erübrigen kann, nur meinem Mann zukommen lasse." Der kühle, sachliche Brief schließt mit freundlichen Grüßen.

Alexandrovna nimmt die niederschmetternde Nachricht fast regungslos hin. Weniger als ein Jahr vor ihrer Freilassung muss sie diesen Schmerz um das Liebste, das Einzige, was ihr geblieben ist, hinnehmen. Diesmal besteht kaum noch Hoffnung auf ein Wiedersehen. In den ersten Tagen nach dieser Nachricht fühlt sie sich sehr schwach und ich bin froh, dass ich ihr den Gang zur Küche ersparen und wenigstens das Essen bringen kann. Mithäftlinge und auch die Diebinnen zeigen sich recht rücksichtsvoll in dieser Zeit.

Einige Wochen später kommt Alexandrovna eines Abends ganz unerwartet in meine Baracke. Ihr glücklicher Gesichtsausdruck verrät schon, dass es sich um eine besonders gute Nachricht handeln muss, von der sie mir erzählen will. „Denken Sie, ich habe einen Brief von Schurik bekommen. Ich bin so glücklich, ich kann es noch gar nicht glauben. Kommen Sie, ich werde ihn Ihnen vorlesen." Wirklich ist ein Wunder geschehen; denn eigentlich ist es für Gefangene nicht möglich, Post von einem Lager zum anderen zu schicken. Aber dieser Brief ist durchgekommen. Alexandrovna fühlt sich ermutigt, nun den Lagerchef um Erlaubnis zu bitten, dass sie ihrem Sohn antworten darf. Major Vasilyev lässt sich überzeugen und verspricht ihr, den Brief zu befördern. Nach kurzer Zeit kommt ein zweiter Brief von Schurik. Er berichtet von den schweren Anfangsmonaten seiner Haftzeit, er müsse

Bäume fällen, aber die Lagerkameraden seien sehr hilfsbereit. Weiter schreibt er, wie sehr ihr zärtlicher Brief ihn getröstet und aufgerichtet habe und wie traurig er sei, gar nichts für sie tun zu können, außer zu beten.

Alexandrovna lebt förmlich auf angesichts der Wärme und Liebe, die aus diesem Brief spricht. Die Verbindung zwischen ihnen scheint nun wieder stärker und inniger zu sein als in den Jahren zuvor. Eigentlich sei Schurik verwöhnt und vielleicht auch egozentrisch gewesen. So liebevoll hätte er früher nie seiner Sorge um sie Ausdruck verleihen können. Sie sorgt sich vor allem, dass er unter den harten Lebensumständen im Lager verbittern könne und ermahnt ihn in ihrem Antwortbrief, dass ihr gemeinsames schweres Schicksal im Willen eines Höheren liege, den man bejahen müsse. Noch einmal kommt ein Brief von Schurik, in dem er ihr mitteilt, dass er inzwischen auf leichtere Arbeit geschickt wird. Dann reisst die Verbindung ab. Wir haben einen neuen Lagerchef bekommen.

Alexandrovna trägt diesen erneuten Schlag mit bewundernswerter Fassung und Geduld. Mitunter wischt sie sich verstohlen über die Augen. Im übrigen beschäftigt sie sich wie immer mit Stopfen, Schreiben oder Lesen und malt vor Festtagen Glückwunschkarten, die auch von den Freien gekauft werden.

□

In der Schneiderei ist die Lage zunehmend angespannt und feindselig. Meine Versuche, die Chefin durch wortloses Hinnehmen ihrer schlechten Behandlung friedlich zu stimmen, schlagen fehl. Ich kann es ihr einfach nicht recht machen und sie lässt keine Gelegenheit aus, mich mit schriller Stimme zu beschimpfen oder zu demütigen. Eines Tages habe ich genug von dieser Frau, ihrem gehässig-heuchlerischen Nörgeln, ihrem wütenden Keifen und ihren lausigen Watteklamotten. Lieber will ich außerhalb des Lagers arbeiten.

Ohne mich weiter mit Zweifeln über Kälte, schwere Arbeit und meine doch recht bescheidenen Körperkräfte aufzuhalten, stiefele ich schnurstracks zum Büro des Arbeitseinsatzleiters Ivan Ivanovitsch, dessen Zugehörigkeit zur Welt der Blatnoy unverkennbar ist. Er hält gerade mit den Brigadieren Besprechung ab über die Verteilung der Brigaden auf die verschiedenen Arbeitsplätze. Seine Stimme kommt aus der Ecke, wo sein Schreibtisch steht. Der kleine Raum ist gedrängt voll, die elektrische Birne ist von bläulichem Raucherqualm verschleiert, es wird lebhaft geredet und gestritten. Mit dem Mut der Verzweiflung schiebe ich mich durch das Gewühl bis zu ihm und bringe mein Anliegen vor. Ivan Ivanovitsch starrt mich einigermaßen verblüfft an: „Wie, aus der Lagerzone willst du hinaus? Wohin soll ich dich wohl schicken?", meint er zweifelnd. „Es gibt ja doch nur Ärger mit dir, weil du kranke Beine hast." „Überschreib sie mir", lässt sich aus dem Hintergrund eine Stimme vernehmen. „Was, Valya, du willst die nehmen?" Ivan kommt aus dem Staunen nicht heraus. „Ja, ich kenne sie. Nicht wahr, Lena, du kommst zu mir." Vor mir steht Valya Schtschökina, eine der Diebinnen, die ich bei Mascha Zyganka getroffen habe, und lacht mich freundlich an. „Morgen Abend gehen wir in die Nachtschicht. Gute Nacht für heute." „Vielen Dank, Valya." „Nitschewo." Zufrieden lege ich mich schlafen in der Aussicht auf eine freundliche Chefin.

Valya hat graublaue, lustige Augen und blonde, lockige Haare. Sie ist groß und kräftig und ebenso intelligent wie großzügig. Neben ihrer manchmal aufscheinenden Anlage zu Zartgefühl hat sie Führungsqualitäten, denen sie ihren Rang und Namen unter den Blatnoy-Frauen verdankt.

In Valyas Brigade sind außer mir nur Diebinnen, leider auch Soya und ihre Intima Galka, die sich aber unter den vorwiegend ranghöheren Diebinnen zunächst ruhig verhalten. Jede Nacht werden wir für Hilfsarbeiten mit einem Lastwagen in die Stadt gebracht. In den ersten Wochen besteht unsere Arbeit in der Regel darin, mit Schaufeln und Spitzhacken als Handlanger z. B. von Gleisen vereisten Schnee und Schlacke wegzuhacken. Zwei von uns müssen sogleich Heizmaterial heranschaffen. Holzabfälle und Kohle werden von umliegenden Baustellen ‚organisiert'. Valya, die Brigadiere, heizt zusammen mit dem Posten die Wärmebude. Bald dürfen wir dann auch zum Wärmen in die Bude kommen. Von Normen ist in dieser Brigade keine Rede. Das ist nur möglich, weil Valyas Freund als Desjatnik im städtischen Bauwesen selbst die Arbeit einteilt, zuweist und abnimmt. Da wir fast jede Nacht woanders arbeiten, lässt sich unsere konkrete Arbeitsleistung von Außenstehenden ohnehin nicht so leicht nachprüfen. Nur wenn Kontrollen zu erwarten sind, müssen wir richtig ran. Der Posten hat ein Mädchen in unserer Brigade. Er büßt selbst sein letztes Haftjahr wegen Totschlags ab und kann als Samoochranik (Bewacher von Häftlingen im organisierten Selbstschutz) sein eigenes Strafmaß stark verkürzen. Allerdings besteht diese Möglichkeit nur für Kriminelle und sonstige Rechtsbrecher mit geringem Strafmaß, politische Häftlinge werden zum Dienst als Wachmannschaften wegen mangelnder Verlässlichkeit nicht zugelassen. Diese Wachposten sind nur mit normalen Gewehren bewaffnet, während das Militär zur Bewachung politischer Sträflinge mit Maschinenpistolen ausgerüstet ist.

Nachts, wenn wir in der Bude um den Kanonenofen herumsitzen, wird die Tür abgeriegelt, aus Vorsicht vor gelegentlichen Inspektionen. „Ist die Brigade Schtschökina da?", fragen die Besucher von draußen, und drinnen weiß man dann, um wen es sich handelt. Viele Diebinnen haben Muzhiki-Partner, die sie mit Essen und Trinken versorgen und sich auch hinsichtlich kleiner Aufmerksamkeiten für den Posten nicht lumpen lassen. In den Ecken der Wärmebuden sind Pärchen miteinander beschäftigt. Indessen kümmert man sich nicht umeinander, es gibt eben keine Nebenzimmer. Die Wärmebuden sind meist unbeleuchtet, nur die Glut im Kanonenofen verbreitet ein wenig Lichtschein.

Regelmäßig kommt auch Sascha Ryzhyj, der Freund von Galya der Tigerin, ein bereits freigelassener Blatnoy, der sehr treu zu ihr hält. Er hat ihr eine Pelzmütze geschenkt, deren Ohrenklappen bis zur Taille reichen und in Troddeln enden. Nur eine Oberblatnoy-Frau wie sie kann sich einen so eleganten Kopfputz leisten. Wenn ihr Muzhik kommt, ist Galya stets guter Stimmung, obwohl auch er sie regelmäßig prügelt. Die beiden gehen schon ein Jahr miteinander. Galyas Freund verfügt über genügend Beziehungen und Mittel zur Bestechung der Posten, um die Tigerin für eine Weile mitzunehmen. Mit der Tigerin habe ich gleich am zweiten Tag einen kleinen Zusammenstoß. Während der Ausgabe der Arbeitsgeräte sieht sie sich kurz um. Ich stehe ihr am nächsten. Mit den Worten „trag das" packt sie mir ohne weiteres ihre Schaufel und die Hacke zu meinen gerade mit Mühe geschulterten Instrumenten obendrauf. Ebenso überrascht wie überfordert lasse ich alle vier Geräte wieder auf den Boden gleiten. „Ich habe genug an meinen zu tragen", erwidere ich ganz ruhig in Unkenntnis der Sachlage, dass Blatnoy-Frauen sich üblicherweise ihre Arbeitsgeräte von hierarchisch niedriger Angesiedelten tragen lassen. „Ssuka", fährt mich die Tigerin wütend an, „du wirst sie tragen!" Ich stehe da und schweige. Jetzt hebt Galya drohend die Schaufel hoch. Ich schaue mich nach Hilfe um. Zunächst entdecke ich neben mir nur meine Feindin Soya Vinogradova, die mit unverhohlener Schadenfreude Öl ins Feuer zu gießen versucht: „Ja, gib's ihr nur, der verfluchten Faschistka." Zu meinem Glück taucht jetzt Valya, die Brigadiere, auf. „Valya, Galya will, dass ich ihr Instrument trage." Valya hat die Situation schon erfasst. In selbstverständlichem Ton sagt sie zur Tigerin: „Sie kann dein Instrument nicht tragen, ihre Beine sind krank." „Ach, so", meint die Tigerin wieder ganz ruhig und nimmt ihre Geräte selber. Unterwegs schnauzt sie mich dann zwar noch einmal an, doch gemäßigter im Ton und nicht ganz grundlos, weil meine Hacke ihr vor die Füße gefallen ist. Später erklärt mir Rayka Zyganka: „Weißt du, Galya hatte dich für eine gewöhnliche Faschistka gehalten. Die müssen nämlich für uns die Geräte tragen und zusätzlich arbeiten. Denen hilft es insofern auch nichts, wenn sie krank sind. Solange sie zur Arbeit geschickt werden, müssen sie ran." „Ja, Rayka, aber wie kommt das eigentlich?" „Na ja, ein paar von unseren Oberblatnoy-Frauen haben erklärt, dass das Gesetz dich schützen und man dich nicht kränken soll, und Valya findet dich sympathisch. Sonst wäre es nämlich gefährlich, sich mit der Tigerin anzulegen. Sie kann keinen Widerspruch vertragen, darum heißt sie auch Tigriza."

In der Freizeit an den Abenden sitzen die Blatnoy-Frauen oft beisammen, erzählen Episoden aus ihrem Leben und singen; ihre Lagerlieder klingen ähnlich wie russische Balladen oder Volkslieder, manchmal sehr übermütig, meist ziemlich schwermütig. Die Texte, oft in Ganovensprache, sind in der Regel ziemlich grob, jedoch sehr treffend aus der Sicht der Blatnoy und nicht ohne Sarkasmen. Je besser ich sie verstehe, umso amüsanter finde ich sie, weil sie viel Sozialkritik enthalten, die sonst keiner zu äußern wagt.

☐

Eines Nachts arbeiten wir auf einer großen Baustelle, direkt am Zaun des Lagers WMZ, das zu der gut gehenden Maschinenfabrik von Vorkuta gehört und deshalb besonders privilegiert ist. Die Wohnbereiche für Männer und Frauen trennt nur ein einfacher Stacheldrahtzaun, dessen Tor ein großer, gutaussehender einarmiger Mann bewacht. Seine gepflegte Kleidung verrät den ranghohen Blatnoy. Um ihn herum schlendern, offenbar in Erwartung unseres ‚Besuchs‘, einige Männer. Eine der jüngeren Diebinnen feuert angesichts dieser Männer ein Arsenal von animierend gemeinten Schimpfworten ab. Indes bleibt die beabsichtigte Wirkung diesmal aus. Statt dessen lässt sich die Stimme des Torwächters voll unverkennbarer Verachtung vernehmen: „Halt deine Klappe, Schandmaul, drück dich wie ein Mensch aus!"

Erstaunlicherweise verstummt die Diebin sofort. „Wer ist das?", frage ich Valya, die neben mir steht. „Das ist Vassilij Ivanovitsch, ein besonders geachteter Oberblatnoy. Aber du müsstest eigentlich über ihn Bescheid wissen, frag mal Alexandrovna."

Der Mann wirkt nicht mehr jung, strahlt aber Autorität und sogar eine gewisse Würde aus. Seine Wattejacke mit großem Pelzkragen wie bei Freien sitzt tadellos, allerdings hat er sie nach Blatnoy-Manier nicht zugeknöpft. Auf dem Kopf trägt er eine weiße Pelzmütze, ein ebenso unverkennbares Zeichen seines hohen Ranges bei den Dieben. Etwa nach einer Stunde ziehen sich alle auf einen Pfiff in die Männerzone zurück, der Einarmige verschließt das Tor hinter sich. Eine Kontrolle der Miliz macht ihre Runde.

Nach der Arbeit kann ich es kaum erwarten, Alexandrovna von dem interessanten Blatnoy Vassilij Ivanovitsch zu berichten. „Wo haben Sie ihn gesehen?", fragt sie mit einem ganz leichten Zittern in ihrer Stimme. „Neben der Maschinenfabrik WMZ, dort war er am Zaun." Nach einem kleinen Schweigen erzählt sie mir dann von Vassilij Ivanovitsch.

„Damals, vor etwa sechs Jahren, war ich in der Kulturabteilung tätig. Vassilij, der eine Funktion in der Verwaltung des Lagers hatte, kam zu mir, um mit mir über ein Plakat zu sprechen, das ich fertigen sollte. Mir war etwas ängstlich zumute, als er erschien, denn ich wusste, dass er ein gefürchteter Oberblatnoy war. Nun, ich fasste Mut und erklärte ihm, wie ich mir das Plakat gedacht hatte. Wie von selbst kamen wir dabei auch auf andere Themen zu sprechen. Mit einem Wort, wir unterhielten uns gut und als er schließlich ging, bat er um die Erlaubnis, wiederkommen zu dürfen. Ich habe ihm das gestattet und er kam wieder. Er berichtete von seiner Kindheit als Besprisornik, es muss eine sehr dunkle und harte Zeit gewesen sein. Seine Eltern kannte er nicht. Ich weiß nicht, wie er sein Zuhause verloren hat, darüber hat er nie gesprochen. Zunächst war er im Kinderheim. Früh begann er, Banden zu organisieren, so war er zu den Blatnoy geraten. Im Laufe der Jahre wurde er häufig eingesperrt, brach jedoch immer wieder aus und ist in den verschiedensten Gegenden Russlands herumgekommen. Obwohl er sicher wenig Gelegenheit zum Schulbesuch gehabt haben dürfte, hat er doch Lesen und Schreiben gelernt. Sein Auftreten war stets ruhig und gemessen, jeder zollte ihm Respekt. Vassilij ließ sich, um mich öfter sehen zu können, eine Arbeit in der Kulturabteilung geben, und nun führten wir viele Gespräche. Buchstäblich in jeder freien Minute musste ich Gedichte rezitieren. Mit der Zeit begann er zu erkennen, welchen Reichtum man aus Bildung schöpfen kann, auch ohne dadurch in Konflikt mit den Gesetzen des Prestupnyi Mir zu geraten.

Und eines Tages wurde uns klar, dass wir uns liebten. Ja, wir liebten uns sehr, so überraschend das klingen mag." „Wie waren denn seine Manieren?", fragte ich meine empfindsame Freundin, von der ich wusste, welchen Wert sie auf gute Umgangsformen legte. „Ach, Hella, er hatte so viel angeborenen Takt und Stolz und stets fragte er mich, wie er es mit diesem oder jenem halten sollte. Ich stamme aus der guten Gesellschaft und er hatte sein Leben nur auf der Straße oder im Gefängnis zugebracht. Gleichwohl war er in der zärtlichsten Weise besorgt um mich, beschützte mich stets vor Übergriffen, nicht einmal fluchen durften die Diebe in meiner Gegenwart. Mehrere Monate bewohnte ich damals sogar eine Kabine für mich allein in der Kulturbaracke. Dort waren wir ganz ungestört. Später wurde es schwieriger, als man mich in eine Baracke zu anderen Frauen verlegte." „Das muss doch sehr quälend gewesen sein, wenn man sich liebt, unter solchen Umständen miteinander umzugehen?" „Ja Hella, das war es. Er bewohnte eine Barackenecke. Wenn ich kam, war alles mit Decken zugehängt, um uns wenigstens etwas von den anderen zu separieren. Wissen Sie, er grämte sich sehr über die widrigen Verhältnisse und dass er mir nichts Besseres bieten konnte, und andererseits wusste ich ja, wie zärtlichkeitsbedürftig er war. Stets hat er ganz bescheiden und demütig gewartet, ob ich wohl käme. Er, der gewohnt war, überall nur zu befehlen, war mir gegenüber um größte Zurückhaltung bemüht und darauf bedacht, mir, seiner Sere-bryannaya (Silberhaarigen), auf alle nur mögliche Weise seine Liebe zu zeigen. Über zwei Jahre lebten wir zusammen und ich weiß, wir haben uns sehr glücklich machen können. Zwischendurch konnte er sehr nervös und verkrampft sein, Sie wissen ja, die Lagerkoller. Eines Tages wurden wir getrennt. Von dem Abschied will ich nicht sprechen, es war sehr schmerzvoll."

Eine Weile schweigt sie, offensichtlich geht ihr die Erinnerung noch immer sehr nahe. „Wie hat er denn seinen Arm verloren?" „Als er bei seiner letzten Gerichts-verhandlung nach dem schweren Paragraphen Banditismus mit Totschlag, der von Amnestien ausgenommen ist, verurteilt wurde, hat er seinen rechten Arm verstüm-melt, um nicht zur Arbeit gezwungen zu werden. Das war noch, bevor wir uns ken-nenlernten. Bis dahin hatte er auch alles und alle, die nicht zur Verbrecherwelt gehörten, verachtet und gehasst. Aus den Gesetzen des Prestupnyj Mir hatte er sich so etwas wie eine Art Ersatzweltanschauung als Regel für sich selbst zurechtgelegt; über das Christentum wusste er nichts und kommunistischen Phrasen vermochte er angesichts der Realität keinen Glauben zu schenken. Gleichwohl hatte er sich die Fähigkeit bewahrt, noch zuzuhören und seinen Horizont zu erweitern. Nachdem wir uns eine Zeitlang kannten, begann er, auch für politische Häftlinge Verständnis und mehr Respekt aufzubringen. Mit seinem Charisma konnte er Einfluss auf seine Umgebung ausüben und er wusste stets mit angeborenem Verantwortungsgefühl zu vermitteln, ohne seinen eigenen Leuten in den Rücken zu fallen." „Ja, auch hier die Blatnoy-Frauen sprechen mit Respekt von ihm und er hat ja eine Vertrauensstel-lung als Wächter zwischen Männer- und Frauenzone. Valya sagt, seit der Trennung von Ihnen habe er keine Frau mehr angeschaut." „Wenn Sie ihn noch einmal sehen sollten, dann grüßen Sie ihn doch von mir", bittet sie beim Abschied.

Einige Tage später sind wir noch einmal am Zaun des Lagers WMZ. Aber das Tor ist zu und der einarmige Wächter nicht zu sehen. Dann taucht in der Nähe des Zauns ein Häftling auf. Es ist ja verboten, aber ich möchte doch einen Versuch machen, die Grüße von Alexandrovna auszurichten. Ich rufe ihm zu, er möge Vas-silij Ivanovitsch rufen. Der Mann verschwindet. Und wirklich, es gelingt, nach wenigen Minuten steht Vassilij Ivanovitsch wirklich am Zaun. Aus größerer Nähe sieht er resigniert, sehr müde und vorzeitig gealtert aus. Über eine Entfernung von etwa 20 m rufe ich. „Einen Gruß von Tamara Alexandrovna, wissen Sie noch, wer das ist?" Eine erstaunliche Veränderung geht mit ihm vor, es ist, als ob er aus einer tiefen Melancholie auftauche. „Wie soll ich das nicht wissen!" Eine überraschend tiefe Gerührtheit schwingt in seiner Stimme, deren harten, zurechtweisenden Ton gegenüber der Diebin ich noch im Ohr habe. „Wo ist sie und wie geht es ihr?" In seinen wenigen Worten drängen sich Welten der Erinnerung, der Freude und der Trauer. Kaum habe ich ihm das Wichtigste mitgeteilt, ist leider ein Posten aufmerksam geworden und verbietet drohend weitere Unterhaltung. „Vielen Dank, dass Sie mich haben rufen lassen. Ich kann sie nie, niemals vergessen. Überbringen Sie ihr meine Liebe und meine Verehrung, sie ist die wunderbarste Frau, die ich je getroffen habe." Vassilij Ivanovic verbeugt sich mit fast schwungvoller Eleganz zu mir und winkt mit der Pelzmütze. Dann zieht er sich gemessenen Schrittes zurück. Ich bin tief beeindruckt, wie gerührt Vassilij Ivanovitsch auf die kleine Botschaft von seiner Silbrigen reagiert hat und auch ihr steht die Freude über seine Grüße auf dem Gesicht geschrieben.

□

Heute ist Heiligabend, der 24. Dezember, kein Feiertag für die Orthodoxen. Valya hat mir auf meine Bitte diese Nacht freigegeben. Vor ein paar Wochen habe ich mir ein kleines Stückchen Kerze besorgt, etwa 3 cm lang, aber im Umfang wie eine richtige Christbaumkerze. Auch ein Stückchen Zucker hatte ich von der letzten Zuteilung vor einer Woche aufgehoben. Mit dem Zucker hat es gleichwohl ein trauriges Ende genommen. Am Tage vor Weihnachten wollte ich mich noch einmal dieses Zuckerstückchens vergewissern, das ich in einem Beutelchen, mehrfach mit einem größeren Flicklumpen umwickelt, in der äußersten Ecke meines Wäschebeutels (40 x 50 cm) aus Sackleinwand aufbewahrte. Aber von außen konnte ich das harte Zuckerstück nicht fühlen. In Windeseile zog ich das Zuckerbündel heraus. Beim Aufwickeln bewiesen die gleichmäßigen Löcher in der mehrfachen Stofflage, dass mich eine Ratte um meinen Weihnachtszucker gebracht hatte. Nun sitze ich auf meiner Pritsche, habe nichts außer heißem Wasser und einem Kerzenstümpfchen und könnte nicht einmal zu einer Tasse ‚Tee' einladen. Wen soll ich auch bitten? Die Diebe kennen Weihnachten nicht, Rayka ist auf Arbeit, Alexandrovna, meine silberhaarige Freundin, besucht eine Polin aus ihrer zweiten Heimat Wilna. Gerade erklingt aus dem Lautsprecher Chopins Nocturne Es Dur, eins meiner Lieblingsstücke. Da zieht mich jemand am Fuß. Unten vor der Pritsche steht Adamovna. „Hella, ich kam, um dieses Nocturne mit Ihnen zusammen zu hören. Das ist doch eines der Stücke, die Sie früher gerne gespielt haben, nicht wahr? Außerdem wollte ich Sie bitten, anschließend noch mit mir in meine Baracke zu kommen." Ich nicke nur einfach mit dem Kopf und biete ihr schweigend Platz auf meiner Pritsche an. Wie immer schaut sie sich zunächst etwas furchtsam um. Dann geht ein kleines entspanntes Lächeln über ihr Gesicht. Die Musik verklingt, wir sitzen noch ein Weilchen schweigend da. Dann mahnt Adamovna zum Aufbruch: „Hella, kommen Sie, jetzt gehen wir in meine Baracke." Dort auf ihrem Schränkchen stehen schon zwei Becher und zwei Löffel bereit. Vom Ofen holt sie eine Schüssel mit gekochten Kartoffeln, aus einem anderen Töpfchen gießt sie etwas Fett darüber. Sie schlägt noch ein Kreuz und dann geben wir uns unserem ‚Festmahl' hin.

Adamovna hat inzwischen wieder eine gute Arbeit in der Zentralverwaltung für die Lagerverpflegung – Basa OOS –, dort hat sie auch Kartoffeln und Fett organisiert. Wenn man sie damit erwischt hätte, wäre sie ihrer guten Stelle verlustig gegangen. „Ich habe große Furcht ausgestanden, als ich mit den Kartoffeln durch die Wachkontrolle gehen musste. Gelegentlich durchsuchen sie auch uns, obwohl wir aus dem Kontor kommen. Ich hatte die Kartoffeln in die Schäfte meiner Filzstiefel gesteckt. Gut, dass der Weg nicht so weit war, sonst wären die Kartoffeln womöglich noch unterwegs erfroren. Ein Lagerverwalter, den ich noch aus einem anderen Straflager kenne, hat mir die Margarine geschenkt. Ich wusste erst nicht, wie ich sie transportieren sollte, aber er hat ein Stück Pergamentpapier organisiert, um sie damit einzuwickeln, und so habe ich sie doch noch gut hergebracht." Zum Abschluss gibt es echten schwarzen Tee und Adamovna hat für jeden noch ein Bonbon. „Sie haben heute doch Weihnachten, und ich wollte – hm – Sie sollten sich nicht so einsam fühlen."

Wenige Wochen später wurde Adamovna mit einem Transport zurück nach Russland geschickt, da sie als ‚sozialgefährliches Element' zu nur wenigen Jahren Lagerhaft verurteilt war. Allerdings, eine Rückkehr in ihre geliebte Vaterstadt an der Neva war unwahrscheinlich. Am Tag ihrer Abfahrt hatte ich frei und Adamovna war zum Abschiedstee bei mir. Kurz bevor man sie aufrief, erklang die Mondscheinsonate von Beethoven. Wir empfanden es als ein Geschenk, dieses Musikstück noch miteinander hören zu können. Dann begleitete ich sie zur Wache. Sie ging mit ihrem schweren Holzkoffer und einem Sack durchs Tor, ein bisschen ängstlich und müde, aber durchaus gewillt durchzuhalten.

In Valyas Brigade komme ich viel in Vorkuta herum. Wenn wir tagsüber in der Stadt arbeiten, sehen wir nicht nur Uniformierte, sondern auch freie Einwohner von Vorkuta, Zivilisten, Schulkinder und dazwischen Komi und Nyencen in ihren Felltrachten. Jedoch gibt es in der Tagesschicht oft Kontrollen, deshalb müssen wir wesentlich mehr arbeiten. Im Zentrum der Stadt pflastern wir die Komsomolskaya-Straße mit sechseckigen Holzklötzen. Dieser Straßenbelag hält der starken Kälte besser stand und das fertige Holzpflaster nimmt sich zwischen all den trivialen Hässlichkeiten ganz hübsch aus. Lange kann sich die Brigade indessen auf diesem Objekt, wie die einzelnen Arbeitsplätze genannt werden, nicht halten; denn die Diebinnen arbeiten zu nachlässig, die Klötze in unserem Straßenstück weisen ungleiche Abstände und Höhen auf, ein unübersehbarer Kontrast zu dem professionell erstellten Abschnitt, den eine Männerbrigade in der Nachtschicht vor uns gepflastert hat. Valya und der Desjatnik schimpfen ein wenig pro forma, was aber keine Folgen für uns hat.

Zwischendurch verlegen sich einige Diebinnen darauf, zur Unterhaltung Vorübergehende anzubetteln, meist männliche Passanten: „Onkel, gib was zu rauchen", oder „Hast du nicht was zu essen für mich?" Dann schütten sie sich aus vor Lachen über die sehr unterschiedlichen Antworten, die vom Mitleid bis zur Entrüstung reichen. Auch mich fordern sie zum Betteln auf, wenn Valya nicht dabeisteht. Ich soll sagen: „Geben Sie einen Rubel für einen Brief nachhause." Darauf gehen die Passanten allerdings fast nie ein. Nur einmal bleibt ein Mann stehen, zieht wirklich einen Rubelschein aus der Tasche und gibt ihn mir. „Wo sind denn deine Eltern?", fragt er dann ganz freundlich. „Och", äußere ich etwas verlegen, „ich habe keine Schreiberlaubnis, aber meine Kumpanin dort möchte schreiben." „So, so", meint der Passant, „so sieht sie eigentlich gar nicht aus." Sein zweifelnder Ton ist nicht unberechtigt, die angestrengten Bemühungen vor allem der Barfüßer-Diebinnen, mit ihrer Aufmachung Aufsehen zu erregen, sind nicht zu übersehen. Ungeachtet der äußerst bescheidenen Möglichkeiten und der eigentlich Verhüllung heischenden Kälte binden sie um mit Seife oder Zucker versteifte Löckchen oder Zöpfchen farblich möglichst kontrastreiche Stoffstückchen und Kopftücher, deren Zipfel bzw. Fransen hoch- oder abstehend einen dazu passenden skurrilen Rahmen bilden. Noch auffallender gerät ihr Make-up. Lippenstift und Wangenrouge bestehen in der Regel aus Vaseline mit irgendeinem roten Zusatz, nicht selten Ziegelstaub. Die Wimpern schwärzen sie mit einem Gemisch aus Seife, Ruß und Zucker, das fatal zu Klümpchenbildung neigt und oft schon vor dem Ausrücken Tränenströme verursacht. Die groteske plakatartige Wirkung dieser Visagistik hält dem Schneesturm meist nicht lange stand.

In Valyas Brigade bin ich für die Blatnoy-Frauen die behütete ‚Maloletka'– eine Unmündige. Ich soll in der Runde etwas erzählen. Da ich in der Zwischenzeit schon eine ganze Menge Blatnoy-Begriffe mit ihrer ungefähren Bedeutung aufgeschnappt habe, bin ich nun bemüht, von Streichen, die ich mit meinen älteren Brüdern früher gemacht habe, mit möglichst vielen Blatnoy-Ausdrücken zu berichten. Unversehens, ich bin gerade im besten Zuge, unterbricht mich Valya: „Was hast du da gesagt?" Ich wiederhole meinen Satz mit den gleichen, wie ich meine, passenden Verschnörkelungen. „Wie drückst du dich denn aus?", fragt Valya wieder. „Wieso, ist es nicht richtig?" „Richtig schon, aber für dich gehört sich das nicht. Du hast solche Ausdrücke nicht zu benutzen, ich will es nicht hören." „Ja", meint Mascha Zyganka, „neulich habe ich Lena sogar erwischt, wie sie an einer Zigarette zog, und habe sie ihr einfach aus der Hand geschlagen, nicht wahr, Lena, erinnerst du dich?" Ein wenig grinsend sieht mich Mascha von der Seite an.

Valya ist gegen Blutvergießen, war aber früher doch wohl in ‚nasse Vorgänge' mitverstrickt. Sie erklärt mir ihre Einstellung bei anderer Gelegenheit unter vier Augen. „Du musst wissen, da gibt es einen Unterschied. Du kommst aus einer anderen Welt und du sollst nicht so werden wie wir. Wenn ich aus dem Knast rauskomme, will ich heiraten und meine Kinder auch menschlich erziehen, sie sollen nicht Blatnoy werden. Klar?" „Klar."

□

In der Nachtschicht sind wir heute in einem umzäunten größeren Fabrikgelände, wo tagsüber im Veredelungsbetrieb viele männliche Häftlinge aus dem benachbarten riesigen Lager am 27. Bergwerk arbeiten. Die Posten bleiben außerhalb, sie können sich bei der Fabrikwache wärmen. Valya hat alle aus der Wärmebude gejagt, weil eine Kontrolle erwartet wird. Gegen Mitternacht holt sie uns endlich zum Wärmen. Es ist eine klare, windstille Polarnacht. Über den Himmel geistert malerisches Nordlicht, fließende Kaskaden von faszinierender Schönheit in milchigem Grünweiß wechseln mit selteneren rötlich-violetten Tönen. Formen und Farben ändern sich in Sekundenschnelle.

Die Wärmebude im Fabrikgelände ist solider gebaut und mit einer kleinen Birne beleuchtet, die man allerdings vor Rauch kaum sieht. Alles drängt sich um den kleinen Ofen. Zu meiner Überraschung sind fast mehr Männer als Frauen im Raum. Nach und nach verlaufen sich die einzelnen Pärchen. Auch Valya ist nicht mehr zu sehen. Jetzt rücke ich ganz nah an den Ofen und kann es mir sogar auf einem Sitzplatz bequem machen: Über einen aufrecht stehenden Ziegel habe ich ein Holzscheit quer gelegt und schaue nun auf die rötlich-bläulichen Flämmchen, die hinter der schlecht schließenden Ofentür züngeln. Auf meine Umgebung habe ich nicht mehr geachtet.

„Na, Landsmännin, was starrst du ins Feuer, davon wird dir auch nicht wärmer." Ein mittelgroßer, gut angezogener Mann mit stechendem Blick hat sich neben mir niedergelassen und lacht mich herausfordernd an. Besonders wohl ist mir nicht in seiner Gesellschaft. „Mir gefällt es eben", meine ich betont gleichgültig. „Du spielst wohl gerne mit dem Feuer?", lässt sich mein Nachbar wieder vernehmen. Seine Stimme klingt selbstsicher und etwas lauernd. Irgendwie empfinde ich zunehmend Angst, während ich aus dem Augenwinkel das harte Gesicht und den muskulösen Körperbau betrachte. Ohne ihn anzuschauen, entgegne ich: „Ich betrachte es lieber, warum soll ich mir die Finger verbrennen." „Man muss das Feuer aber schüren, sonst geht es aus." Sein anzüglicher Ton unterstreicht die eindeutig gemeinten Anspielungen. „Dann gehe ich eben arbeiten", nehme ich ihn wörtlich und will aufstehend das Gespräch beenden, aber mein Gesprächspartner ist damit nicht einverstanden.

„Woher kommst du, Landsmännin, und wie heißt du überhaupt?", will der Unbekannte nun wissen. „Ich komme aus Deutschland, ich bin keine Landsmännin", entgegne ich kurz und lasse die zweite Frage unbeantwortet. „Oho, wie lange sitzt du denn schon?" „Drei Jahre." „Bist du wirklich aus Deutschland, du sprichst doch gut Russisch?" „Ich kann sogar fluchen." „Soso, wofür haben sie dich denn eingesperrt?" „Weil ich Blatnaya bin", entfährt es mir. „Was du nicht sagst", äußert mein Nachbar, dessen Zugehörigkeit zu den Blatnoy unverkennbar ist, obwohl er bislang keinen Jargonausdruck gebraucht hat, in fast nachdenklich wirkendem Ton. Eine Weile schweigt er. „Willst du rauchen?", fragt er dann. „Für mich gehört es sich nicht." „Warum nicht, passt die Mama auf?" „Meine Mutter lass aus dem Spiel. Ich bin im Gesetz und als Maloletka haben es mir die Oberblatnoy-Frauen verboten." „Was du nicht sagst", wiederholt er betont bedächtig die gleiche Redensart, während er ebenso bedächtig eine Schachtel mit Papyrosy aus der Tasche zieht, sie öffnet und mir hinhält. „Nun, mit Lyoscha Moryak (dem Seemann) darfst du ruhig eine rauchen. Außerdem ist von ihnen keine hier." Ich schaue mich um, es stimmt. Von Lyoscha, dem Seemann, habe ich schon gehört. Er ist ein prominenter Blatnoy und soll mindestens 10 verschiedene Identitäten haben.

„Na, wie ist es mit dem Rauchen?", unterbricht er meine Überlegungen und hält mir die Schachtel noch näher hin. „Na gut", lasse ich mich herbei, „aber es muss unter uns bleiben, das mit dem Rauchen." „Ehrensache", beteuert Lyoscha und gibt mir mit einem richtigen Streichholz Feuer. „Wer ist denn dein Muzhik, Kleine?" „Es gehört sich nicht für mich, ich bin zu jung und außerdem habe ich kein Interesse an Männern", erwidere ich sehr schnell und in so bestimmtem Ton, wie ich nur kann. „Dann war's wohl nicht der Richtige", meint Lyoscha augenzwinkernd. Ich schaue ihm entschlossen in die Augen: „Außerdem habe ich kranke Beine", spiele ich meinen letzten Trumpf aus. „Ich bin durch die Dystrophie wie zum Krüppel geworden", bemühe ich mich, meine Gehschwäche möglichst abstoßend darzustellen. „Dann müsstest du besseres Essen bekommen", gibt Lyoscha dem Gespräch eine mir höchst unerwünschte Richtung, „damit du dich erholen kannst. Ohne Muzhik hast du ja nur die elende Lagerverpflegung. Das ist doch zu wenig und als Ausländerin bekommst du sicher keine Pakete." „Mir reicht es, und wenn ich was brauche, stricke ich", versuche ich meine Unabhängigkeit glaubwürdig zu erläutern. „Nun, als Blatnaya kannst du ja auch stehlen", meint Lyoscha grinsend. „Nein, die armseligen Lagerklamotten brauche ich nicht und die krovnaya paika (Existenzminimum) eines anderen rührt eine anständige Blatnaya nicht an", vertrete ich meinen Standpunkt. „Nun, besonders schön angezogen bist du nicht gerade." Lyoscha mustert meine stark geflickten Watteklamotten, die eine richtige Diebin natürlich nicht anziehen würde. „Du brauchst mich ja nicht anzuschauen", mein Ton gerät ziemlich abweisend und abrupt. „Ja, wenn ich dich nun aber anschauen will?" „Dann spar dir deine Kritik", gebe ich zurück und will erneut aufstehen.

„Bleib sitzen, wenn ich mit dir rede", sagt Lyoscha plötzlich in sehr bestimmtem Ton. „Weshalb, ich will hinaus." „Schweig und sitz und höre gut zu, was ich dir sage! Du gefällst mir, und ich werde wiederkommen." „Aber du gefällst mir nicht, und zu befehlen hast du mir gar nichts", versuche ich, meine nicht gerade starke Position zu verteidigen. Jetzt lacht Lyoscha einfach laut los. In diesem Augenblick geht die Tür auf und Valya kommt mit mehreren von unserer Brigade herein. Sie geht sofort auf Lyoscha zu. Während sie sich begrüßen, stehle ich mich hinaus. Hinter dem nächsten Gebäude stehe ich und schaue nach der Tür der Wärmebude. Vor Aufregung merke ich die Kälte kaum. Aber es bleibt ruhig, bis zum Signal ‚Sammeln' nach Schichtende sucht mich niemand.

Einige Tage später arbeiten wir an einem Bergwerk. Jeweils vier Frauen müssen eine Plattform mit Schotter abladen, danach können wir uns wärmen, bis die Lok die leeren Waggons gegen volle ausgetauscht hat. Die anderen schaffen das viel schneller. Als letzte krieche ich todmüde von meinem Waggon und kämpfe mich durch den Sturm zu der Wärmebude durch. Beim Eintreten ruft mir Valya entgegen: „Lena, komm hierher. Setz dich, hier ist Besuch." Neben ihr am Feuer sitzt Lyoscha. Er wirkt fast etwas verlegen. „Guten Tag", streckt er mir die Hand entgegen. Ich fühle schaudernd seinen Griff. „Ich wollte dich besuchen und mit dir reden", beginnt Lyoscha das Gespräch ziemlich feierlich. Zu meinem Schrecken steht nun auch noch Valya auf und lässt mich mit ihm allein. „Ich habe mich entschlossen, mit dir zusammenzuleben", kommt er umgehend zur Sache. Mich packt ein Grausen. Hier am Nördlichen Eismeer macht mir ein Schwerverbrecher, ein vielfacher Mörder, einen der hier üblichen ‚Heiratsanträge'. Was soll ich bloß sagen? Mir schießen nur noch Gedankenfetzen durch den Kopf. Ich weiß, wie rücksichtslos die Blatnoy sich nehmen, was man ihnen nicht freiwillig gibt. „Aber Lyoscha, du kennst mich doch gar nicht und ich bin zu jung und nicht gesund.

Such dir eine andere", versuche ich ihn höflich abzuweisen. Aber darauf geht er nicht ein. „Ich weiß schon, wer du bist, und vor allem, du gefällst mir. Das mit den Beinen stört mich nicht. Ich will dir helfen und mit dir zusammenleben. Nur mit dir allein, verstehst du, mit keiner anderen." „Lyoscha, du meinst es sicher sehr gut mit mir, aber ich kann nicht." „Wenn du nicht kannst, bringen wir es dir bei, wenn du nicht willst, zwingen wir dich", zitiert Lyoscha eine kommunistische Phrase, die ich schon bis zum Überdruss gehört habe. Dann steht er auf. „Heute habe ich keine Zeit mehr. Denk über meinen Antrag nach. Ich besuche dich bald wieder. Und übrigens, merke dir: Ich liebe es nicht, zu warten." Dann verlässt er mit wiegenden Schritten den Raum.

Jetzt kommt Valya wieder zurück. „Na, wie steht's? Da hast du ja einen großen Fang gemacht. Lyoscha ist ganz verrückt nach dir, den interessiert nichts anderes mehr. Schlecht geht's dir sicher nicht bei ihm. Er hat alles, was er will." „Valya, nein. Ich will nicht. Ich kann nicht so mit den Männern zusammenleben. Ich will auch Lyoscha nicht." „Aber Lena", meint Valya erstaunt, „so einen Mann lehnst du ab? Er sieht doch gut aus und alle haben Respekt vor ihm." „Ja, Valya, trotzdem. Ich kann nicht. Hilf mir doch!" „Na, weißt du, Lena, da kann ich dir nicht viel helfen. Morgen gehen wir zum Großhandelszentrum, der Basa, da kann er nicht so ohne weiteres hinkommen. Jedoch, wie ich Lyoscha kenne, gibt es für ihn auf die Dauer kein Hindernis."

Diebe, Politische und Freie

Im Großhandelszentrum BASA Vorkuttorga □ Kartoffelkollegium □ Kinderpflege □ Vodka □ Lyoschas Heiratsantrag □ Die Lahme □ Kleine Liebesgeschichte □ Ab in die Tundra □ Lyoscha macht Frieden □ Abschied

Auf der Basa Vorkuttorga, dem Großhandelszentrum, das die Geschäfte für die Freien in Vorkuta beliefert, ist Daniil Grigoryevitsch Gradwol Chef der Tagesschicht. Am zweiten Tag spricht er mich an: „Du bist doch die Deutsche, nicht wahr? Ich bin Volksdeutscher von der Wolga. Ich habe auch drei Jahre im Lager verbracht, ich weiß, wie es ist. Würdest du hier arbeiten wollen? Du könntest Säcke flicken, Kartoffeln sortieren und beim Ausladen helfen, wenn Waggons kommen. Ein paar Rubel kann man verdienen und zu essen gibt's auch was." „Ja, natürlich käme ich gerne, aber andere wollen auch hierher." „Ich werde dich namentlich anfordern, gib mir mal deine Personalien." Daniil Grigoryevitsch hat im Nu alles notiert. „Ich werde das schon schaffen", sagt er im Gehen, „auf Wiedersehen bis morgen." Und wirklich, am nächsten Tag teilt Valya mir mit, dass ich jetzt eine feste Arbeit auf der Basa habe und nicht mehr in ihrer Brigade arbeiten werde. „Da hast du Glück gehabt mit deinem Landsmann", meint Valya.

Die festen Arbeitskräfte der Basa gehen morgens erst nach dem allgemeinen Raswod, dem Abmarsch der Tagesbrigaden, los. Der Posten nimmt zuerst bei uns die Frauen und danach die Männer aus dem benachbarten Männerlager in Empfang. Nachdem ich schon am ersten Tag die Kolonne aufgehalten habe, weil ich mit dem forschen Schritt noch nicht mithalten kann, schickt mich der Wachposten allein voraus und erledigt erst dann die Formalitäten an den Wachen. Zwar fällt mir das schnelle Tempo im Schnee noch schwer, aber es ist ein großartiges Gefühl, draußen allein gehen zu dürfen, ohne Kolonne und ohne Aufpasser. Es sind drei Kilometer Weg auf Bahngleisen, dann sieht man schon die palisadenartige Umzäunung der Basa, zu deren Tor ein Nebengleis abzweigt. Hier holt mich die Kolonne meist ein, wenn nicht zu hohe Schneewehen auf den Gleisen liegen.

Daniil Grigoryevitsch führt mich zum Lagerhaus für Kartoffeln und Gemüse, das der Georgier Gegitschkore als freier Chef leitet, während sein Stellvertreter, der westukrainische Häftling Kovaltschuk, Aufsicht führt und die Arbeiten erledigt. Beim Öffnen der Tür zum Kartoffellager tritt uns freundlich lächelnd ein gut mittelgroßer Mann entgegen, mit dichtem weißen Schnurrbart in sehr ordentlich gehaltener Wattekleidung und mit einer unauffälligen privaten Pelzmütze auf dem Kopf. Wachsame dunkle Augen unter buschigen weißen Augenbrauen mustern mich sehr aufmerksam. Sehr höflich bringt er auf ukrainisch die Frage nach dem Anliegen vor: „Guten Tag, was wird benötigt?" In seiner etwas altmodisch hölzernen Art wirkt er wie der Majordomo eines mittleren feudalen Gutsbetriebes. Kovaltschuk hat sein eigenes Zeremoniell für die Besucher. Ton und Ausdruck werden jedoch erkennbar reservierter, wenn etwa einer der Blatnoy erscheint. Daniil macht uns miteinander bekannt und meint dann: „Ihr beiden Politischen werdet euch schon vertragen. Sie kann den Ofen heizen, Kartoffeln sortieren und einsacken, Säcke flicken und was sonst noch an Arbeit anfällt." Der Alte nickt zum Einverständnis: „Schauen wir mal." Er stellt mir ein paar Fragen zum Woher und Wie lange und schickt mich erst einmal zum Kehren. Nach und nach akzeptiert er mich, obwohl ich die offiziellen Normen beim Säckeflicken und beim Verlesen von Kartoffeln nie schaffen kann, aber er überzeugt sich davon, dass er sich auf mich verlassen kann, wann immer er etwas erledigen oder auf einen Plausch gehen möchte. Meist lege ich dann von innen den Riegel vor und öffne nur, wenn ich den Einlass begehrenden Besucher kenne. Daniil bescheinigt mir im übrigen ebenso wie den Transportarbeitern 100% Planerfüllung oder mehr. Das verhilft mir zu der bestmöglichen Verpflegung im Lager, ich werde satt und fühle langsam meine Kräfte wiederkehren.

Mit Kovaltschuk, den ich bald mit seinem Einverständnis Batka (Väterchen) tituliere, anstatt förmlich mit ‚Pan Kovaltschuk', wie sich die Westukrainer auch im Lager anreden, komme ich gut zurecht. Er stammt aus einem kleinen Bauernhof im Dorf Belevys im Rayon Rokitno, den schon seine Eltern bewirtschaftet hatten. Mit seiner Frau und zwei Söhnen lebte er dort zufrieden bis zum Krieg. Nach dem Vormarsch der Sowjets wurde er festgenommen und zu 10 Jahren Zwangsarbeit in Vorkuta verurteilt.

Seine bäuerlich höflichen, ein wenig altmodischen Umgangsformen berühren mich in dieser Umgebung tröstlich und machen mir den Umgang mit ihm angenehm. Er ist ein frommer Mann, bekennt sich zu der westukrainischen katholischen Kirche des byzantinischen Ritus mit dem Papst in Rom als Oberhaupt. Er vermisst die feierlichen Messen und Festtage von zuhause sehr und singt, wenn wir allein sind, öfters mal ein Kirchenlied. „Im Lager feiern wir ab und zu heimlich Eucharistie", erzählt er mir und zwirbelt unterdessen an seinem Schnurrbart. „Einmal, als wir in der heiligen Osternacht Messe feierten, kamen zwei von der Miliz lautlos in die Baracke. Als wir sie entdeckten, verstummten wir bestürzt und warteten auf das Strafgericht; es waren ja verbotenerweise auch Landsleute aus anderen Baracken gekommen. Sie haben aber nur geschaut und sind wortlos wieder gegangen. Eigentlich ein Wunder."

Am liebsten ist ihm noch der Umgang mit christlich religiösen Menschen. Die kommunistischen Funktionäre und ihre Irrlehre lehnt er schlicht ab. „Wie überhaupt jemand daran glauben kann?" Den Russen verübelt er, dass sie die Macht in der Ukraine an sich gerissen haben und auch dort den Kommunismus erzwingen wollen, und betont bei jeder Gelegenheit das Recht der Ukraine auf Unabhängigkeit. „Die Amerikaner und Engländer und wer da noch im Westen was zu sagen hat, die können doch auf Dauer nicht untätig mitansehen, dass Tausende geknechtet werden, nur weil sie unabhängig bleiben wollen."

Auch im Lager hat Kovaltschuk eine stolze Haltung und ein tief verwurzeltes Pflichtgefühl bewahrt und erwartet es ebenso von anderen. Das Bedürfnis, eine ihm aufgetragene Arbeit gut zu tun, hilft ihm, das tägliche Leben zu ertragen. „Man muss doch überall arbeiten, wenn man ehrlich bleiben will."

Ich erzähle ihm, dass ich im Lagerkrankenhaus meine Hemdbluse unter Parasyas Anleitung auch mit ukrainischer Stickerei verziert habe. Damit habe ich bei ihm einen großen Stein im Brett. Eines Tages lässt er mich auch seine Heimatadresse auswendig lernen. „Wer weiß, immer bleiben wir ja nicht hier, vielleicht nützt es mal zu etwas, Kontaktaufnahme* oder so."

□

Inzwischen lerne ich die neue Umgebung besser kennen. Mein Kartoffellager bietet mir mitunter besonders kurzweilige und aufschlussreiche Einblicke in ‚Großhandelsprobleme'; denn dort treffen sich alle paar Tage die freien Chefs der verschiedenen Warenlager, um über Geschäfte zu beraten. In dem langen, winterfesten Barackenbau ohne Fenster sind rechts und links je 10 Sektionen mit niedrigen, nach der Wand zu ansteigenden, variablen Bretterwänden von je fünf mal fünf Meter abgeteilt, die zum Mittelgang hin etwa einen Meter hoch sind. An beiden Enden des Raumes sind Öfen, der am hinteren Ende wird nur gelegentlich geheizt.

Die Chefs bevorzugen als Beratungsplatz eine möglichst weit hinten gelegene halbleere Sektion, in der sie es sich auf gefüllten Kartoffelsäcken bequem machen und über ihre Geschäfte reden. Da ständig Kartoffeln bewegt, d. h. herein- oder herausgebracht, sortiert, ein- oder umgelagert werden, wechselt auch der Sitzungsplatz. Wichtig ist vor allem, dass sie hier weder von den leitenden Militärs der Basa noch von den Kriminellen überrascht oder belauscht werden können; Batka oder ich bewachen den Eingang und halten zunächst jeden Besucher auf.

---

*1998 schrieb mir aus Kiev ein Notar, der aus dem gleichen Landkreis Rokitno stammte und für mich Nachforschungen anstellte, dass Kovaltschuks Nachkommen noch in Belevysch lebten, er selbst aber nicht zurückgekommen war.

Die freien Abteilungsleiter grüßen im Vorbeigehen und richten hier und da auch ein persönliches Wort an mich, wenn ich in der Ecke am Ofen sitze und an den vor Schmutz starrenden, oft halb zerfallenen Säcken herumflicke. Der Hausherr und Kartoffelboss Gegitschkore, ein immer korrekt angezogener Georgier in mittleren Jahren mit flinken Augen und einer großen Nase, trägt auf seiner mit nur noch wenigen Haaren umstandenen Glatze ständig eine graue kaukasische Pelzmütze. Diese schiebt er häufig zur Abkühlung sehr schwungvoll an den äußersten stabilen Punkt am Hinterkopf oder er nimmt sie eher verstohlen ab, um sich schnell ein wenig zu kratzen. Er ist stets eilig und geschäftig bei seinen kurzen Besuchen, gibt uns Frachtzettel, erkundigt sich nach Neuigkeiten und ist, wenn kein Transport von oder nach draußen fällig ist, ebenso schnell wieder verschwunden. In Abständen verlangt er, den hinteren Ofen zu heizen, und ist dort dann stundenlang mit Zetteln und seinem Rechenbrett beschäftigt. Die eher ‚unternehmerischen' Abrechnungen, in denen der Verbleib der Kartoffeln nachzuweisen ist, macht Gegitschkore aus gutem Grund eigenhändig. Gefälligkeiten in Form von inoffiziellen Kartoffellieferungen und vor allem allgemeiner Schwund müssen glaubhaft verbucht werden.

Gegitschkore, der kleinen erotischen Abenteuern durchaus nicht abgeneigt ist, behandelt mich indessen trotz eines Korbes nicht schlecht; er weiß die Annehmlichkeit zu schätzen, dass er sich auf Batkas und meine Diskretion und Ehrlichkeit verlassen und in Ruhe seinen mancherlei Geschäften nachgehen kann, während die übrigen Lagerverwalter ständig über den Schwund von Waren aus ihren Beständen klagen.

Ivan Klein ist Chef der Abteilung im Gebäude nebenan, wo Obst, Butter, Käse, Spirituosen und ähnliche gute Dinge gelagert sind, auf die besonders gut aufgepasst werden muss. Der Name passt zu dem kleinen, unscheinbaren Mann, nichtsdestoweniger kleidet er sich ziemlich auffallend und wirft sich, wenn er Publikum vermutet, selbstgefällig in die Brust. Er trägt einen schwarzen, pelzgefütterten Tuchmantel mit einem roten Schal, weiße Filzstiefel und eine schwarz-weiße Kubanka. Obwohl er Wolgadeutscher ist, spricht er nie deutsch, außer mal mit seinem Geschäftsfreund, einem volksdeutschen Expeditor, wenn es die Umstehenden nicht verstehen sollen.

Gegenüber von Kleins Räumlichkeiten liegt das Lager für Industrie-, Haushalts- und Kurzwaren sowie Kosmetika. Hier herrscht Soldatov, ein hochgewachsener, hagerer Russe in den 50ern, der zeitlos konservativ wie aus einem alten Bild wirkt, wenn er in seinem abgetragenen langen, schwarzen Schafspelz und ebensolcher Mütze mit offenen abstehenden Ohrenklappen schweren Schrittes dahergeht. Viele Längsfalten verstärken den melancholisch verschlossenen Ausdruck in seinem hageren Gesicht. Soldatov ist schwerhörig, deshalb haben die Diskussionen der Abteilungsleiter meist eine beachtliche Lautstärke, während er als einziger normal spricht. Aus der Entfernung entsteht dabei der Eindruck eines vergeblichen Versuchs, unter lauter unermüdlichen Streithähnen begütigend zu schlichten.

Zhangde, ein mittelgroßer, schmächtiger, sehr schweigsamer Chinese – er spricht in höherer Stimmlage als die anderen und ersetzt den Konsonanten R noch durch L – leitet die Abteilung mit schüttbaren Nahrungsmitteln, wie Reis, Mehl, Rosinen, Bonbons, Tee und ähnlichem. Mir gegenüber ist er ungemein höflich.

Hinter Zhangdes Warenlager liegt das Kühlhaus mit Fleisch und Fisch, in dem der jüdische Moishe Kon, ein sehr lebhafter und rühriger Geschäftsmann das Regiment führt. Seinem Äußeren misst Moishe, zumindest während der Arbeit, wenig Wert bei, auf seinem naturfarbenen Lederpelzmantel sieht man allerlei Spuren seines Gewerbes. Häufig trägt er mit einem wiewohl nicht immer stubenreinen Witz zur Belustigung der Runde bei. Mit Levinson, dem Mitglied des Stadtrats, der mitunter als Kontrolleur auf der Basa erscheint und gelegentlich auch an der Runde der Lagerhauschefs teilnimmt, spricht Moishe jiddisch. Im Umgang mit Levinson verfeinern sich seine Manieren zusehends.

Stadtrat Levinson, ein hervorragend gebildeter Mann, war vor dem Zweiten Weltkrieg verantwortlicher Redakteur einer großen Tageszeitung im Baltikum. Mit mir plaudert er gerne von seiner Studienzeit in Leipzig während der Zwanzigerjahre und schwärmt von der Stadt und der Deutschen Bücherei, in der er Unterlagen für seine Doktorarbeit bearbeitete. Diese heutige Deutsche Bibliothek, die in der Nähe unserer Wohnung lag, hatte mich als Kind schon fasziniert, weil es dort nach Auskunft meiner Eltern alle Bücher gab, die aber nur wenige Auserwählte einsehen durften. Levinson spricht neben Lettisch, Deutsch und Russisch auch fließend Französisch und wechselt im Gespräch gerne die Sprache, um etwas noch anschaulicher auszudrücken.

An der Spitze der Basa steht ein Oberleutnant, der selten in Erscheinung tritt und dem Vodka nicht abgeneigt sein soll. Außerhalb der bewachten Zone mit den Lagerhäusern ist das Kontor für Bestellung, Versand und Abrechnung untergebracht, in dem auch Häftlinge, aber keine Diebe arbeiten. Kontor und Sperrzone unterstehen jeweils einem Militär. Dem Vernehmen nach verstehen diese Herren wenig von den Einzelheiten der Geschäftsabläufe bzw. kümmern sich nicht darum, solange alles glatt geht und ihre persönlichen Wünsche berücksichtigt werden, worum sich die Lagerleiter zu bemühen haben. Allesamt sind sie für einen reibungslosen Ablauf des Betriebs gegenüber dem KGB verantwortlich, dessen

Ladengeschäft mit der Nummer Zwei selbstverständlich jederzeit bevorzugt mit allem zu beliefern ist, und das nicht zuletzt an Fest- und Feiertagen.

Nicht lange nach einem solchen Feiertag treffen sich die Lagerverwalter wieder einmal. Nach den Festtagen fehlten offenbar regelmäßig Waren aller Art, diesmal anscheinend in einem Umfang, der alles bisher Dagewesene übertrifft. Offensichtlich gehen die Verluste auch weit über das hinaus, was den Blatnoy als exzellenten, unentbehrlichen Ladearbeitern stillschweigend unter der Hand zugestanden wird. Dergleichen gesetzwidrige Sachverhalte müssen beseitigt werden, mittels Abschreibung versteht sich. Die Angelegenheit entbehrt indessen nicht einer gewissen Brisanz, weil in einigen Wochen eine Zwischeninventur der Lagerbestände fällig ist und der Warenschwund noch vor der angekündigten Kontrolle in Aktenvermerken festgestellt sein muss. Da nun aber Speck, Käse oder sogar Fabrikwaren nicht so einfach verderben oder vertrocknen wie etwa Kartoffeln, lassen sich dergleichen Fehlbestände kaum glaubhaft mit Schwund begründen. Andererseits werden sie von einschlägigen Behörden als Unterschlagung oder Veruntreuung staatlichen Eigentums mit ziemlich hohen Gefängnisstrafen geahndet.

Die Diskussion wird zunehmend erregter. Voller Spannung verfolge ich den Meinungsaustausch. Solange ich zuhören kann, stehen brauchbare Lösungen noch aus. Die Chefs scheinen nebenbei eifrig zu bechern und sind einstweilen noch ganz gut aufgelegt. Die Furcht vor einem Skandal größeren Ausmaßes scheint sie derzeit noch nicht zu bedrücken.

Daniil Grigoryevich, mein wolgadeutscher Gönner, der für das Transportwesen in der Tagesschicht verantwortlich ist, hält sich, obwohl er selbst gelernter Kaufmann ist, aus diesem Kreis heraus. Solche Geschäftemacherei, vertraut er mir an, sei ihm unheimlich. Sein Vater wäre ein erfolgreicher, jedoch reeller Geschäftsmann gewesen und hätte auch ihn zur Ehrlichkeit erzogen. Einmal, als Ivan Klein gerade vorbeigeht, macht Daniil eine missbilligende Bemerkung über den Landsmann: „Der ist auch so ein Spitzbub, obwohl er doch aus einer ordentlichen Familie stammt. Ich kannte seine Eltern noch. Aber hier stiehlt jetzt fast jeder. Das führt sicher zu nichts Gutem." Der Volksdeutsche ist ein stattlicher, großer Mann. Er hat dichte, blondgelockte Haare, eine gerade, kräftige Nase und ziemlich aufgeworfene Lippen. In seinen großen, ein wenig vorstehenden blauen Augen wechseln Treuherzigkeit, Trotz und Melancholie. Manchmal erinnert er mich an einen Dorfpastor. Daniil trägt eine Jacke mit Kapuze, aber meist geht er barhäuptig nur mit hochgeschlagenem Kragen und schüttelt, wenn er in einen geschlossenen Raum eintritt, einfach den Schnee aus den Haaren. Manchmal ist der schon festgefroren und taut in der Wärme langsam auf. Dann nimmt er ein riesiges Taschen-

tuch zu Hilfe. Mit den Blatnoy hat er ein gutes Einvernehmen: „Sie sind gefährlich, die Blatnoy, aber ich kann es mit ihnen, sie respektieren meine Entscheidungen und arbeiten ordentlich. Ich kann mich schon durchsetzen, ich habe keine
Angst vor ihnen.“

□

Einmal taucht Daniil mit einer kleinen Alkoholfahne bei mir auf: „Komm, setzen wir uns mal wieder ein bisschen zusammen.“ Ihm liegt ein häusliches Problem
auf der Seele. „Hella, morgen nehme ich dich mit zu mir nach Hause. Ein Miliz-
Mann, den ich kenne, hat Dienst in der Wache, der wird dich passieren lassen.
Dann lernst du meine Frau kennen und kannst mal nach den Kindern schauen. Du
sagst ja, dass du was von Kinderpflege verstehst. Meine Frau hat nämlich keine
Ahnung davon. Sie hat auch nie gelernt, einen Haushalt zu führen, sie war doch
nur Putzfrau.“

Wirklich, am nächsten Tag darf ich mit ihm durch die Wache nach draußen. In
einer kleinen Hütte gleich neben dem Basa-Gelände haust er mit seiner Frau Ida
und den zwei Kindern Mark und Michail. Ida wäre mit ihrem hübsch geschnittenen Gesicht, ihren blauen Augen und blondlockigen Haaren eigentlich eine gut-
aussehende Frau, der man nicht anmerkte, dass sie sieben Jahre älter ist als Daniil.
Jetzt aber sieht sie verhärmt und verbittert aus und hat sich kein bisschen zurecht
gemacht. Sie empfängt ihn sogleich mit Vorwürfen und Klagen, es habe wieder
keine Milch gegeben. Daniil zuckt die Achseln, geht dann wieder zur Arbeit und
lässt uns allein. Die armseligen kargen Räume sind sauber und ordentlich. Jedes
Kind hat ein kleines, eisernes Bett. An der hinteren Wand steht das Bett der
Eltern. Ein Doppelspind enthält Wäsche und Kleidung. In der Küche stehen
Herd, ein Tisch, zwei Stühle und zwei Hocker. Auf einem Wandregal befindet sich
der gesamte Hausrat. Vorhänge oder Bilder gibt es keine.

Die Kinder sind zwei und fünf Jahre alt, sehr schwächlich und blass, das ältere
hustet. Ida klagt, dass es den Kindern nicht gut gehe, aber der weite Weg zur Müt-
terberatungsstelle in der Stadt ist ihr zu beschwerlich. Mischa, der Kleinere, ist
wund am Po. Auch das größere Kind ist noch nicht trocken. Ich zeige Ida, wie sich
eine Windel zum Dreieck gefaltet an den Beinen befestigen lässt. Puder und Vaseline beruhigen die wunde Haut. Dann basteln wir aus einem Stück Wachstuch
Windelhosen. Die dünnen, schwächlichen Ärmchen und Beinchen der Kinder
legen den Verdacht auf Rachitis nahe, dagegen könnte Lebertran aus der Apotheke
helfen. Ida ist rührend dankbar für jeden Ratschlag. Sie bittet mich inständig,
wiederzukommen.

Auf dem Rückweg meint Daniil seufzend: „Nun hast du es gesehen. Die Ida hat ja ein schweres Leben gehabt, sie war früh verwaist, das elterliche Erbe bekam sie nicht. Sie musste sich ohne Ausbildung als Scheuerfrau durchbringen, wurde herumgestoßen und schließlich als Wolgadeutsche hierher nach Vorkuta in Verbannung verschickt. Ich habe sie mehr aus Mitleid geheiratet. Mit der Kinderpflege tut sie sich schwer und kochen muss ich auch oft selbst."

Immer wenn Daniils Bekannter Wache hat, gehe ich zu Ida. Dann kann sie auch mal für ein paar Stunden das Haus verlassen, während ich die Kinder versorge. Wenn Mischa nicht essen will, stecken wir den Löffel in Zuckerwasser, dann macht er den Mund auf. Zur Unterhaltung erzähle ich ihm von Rumpumpel und Mark die Geschichte vom Kasperlbuben. Als erstes müssen wir dafür einige schwierige Wörter klären. Zum Beispiel: Was ist ein Badeschwamm? In Vorkuta gibt es so etwas nicht. Was ist ein Waldesrand, im Polargebiet jenseits der Baumgrenze? Bei jedem Besuch wiederhole ich die Verse von Rumpumpel und vom Kasperl. Für Ida schreibe ich den Text auf und male einen Kasperl, den Daniil aus dicker Pappe ausschneiden soll. Den Kindern geht es zunehmend besser und Daniil ist sehr erleichtert. Ida gibt sich große Mühe, Reisschleim und Gemüsebrei für sie herzustellen und wirkt auch selbst wieder etwas ausgeglichener.

Auch wenn ich die bewachte Zone nicht verlassen kann, spüre ich Daniils Fürsorge. Einige Tage darf ich sogar mit drei Diebinnen Äpfel sortieren und kann mich daran satt essen. Zwar sollen wir singen, damit nicht soviel verzehrt werden kann, aber wir wechseln uns mit dem Singen ab. Auch an Käse tun wir uns gütlich. In einem Regal unweit des Apfelgestells liegen große, runde, feste Käseballen. Eine der Diebinnen hat ein Messer organisiert, mit dem sie einen davon nach und nach von rückwärts aushöhlt. Sobald Ivan Klein den Rücken dreht, wird ein großes Stück Rinde, das über dem Loch mit Holzstiften festgesteckt ist, abgehoben, Käse herausgesäbelt und verteilt. Dann wird das Loch wieder mit den kleinen Hölzchen festgesteckt und der Ballen unter allgemeiner vergnügter Anteilnahme wieder umgedreht. Stibitzter Käse schmeckt besonders gut, in diesen Tagen komme ich mir vor wie im Schlaraffenland.

Daniil vertraut mir manchen Zweifel und Kummer an, der ihn drückt. „Wolgadeutsche haben kaum Aussicht auf eine Tätigkeit mit mehr Verantwortung. Nicht einmal hier in Vorkuta ist es mir möglich, eine angemessene Stellung zu bekommen und ich muss mich von russischen Funktionären kommandieren lassen, die viel weniger können. Eine nichtrussische Nationalität ist hier einfach ein Makel.

Ich habe immer viel gelesen, aber hier ist es nicht leicht, an vernünftigen Lesestoff zu kommen", beschreibt Daniil die Lage. „Ich lese, was mir so unter die Finger kommt. Ein schöner Roman versetzt einen in eine andere Welt. Literatur oder Zeitungen in deutscher Sprache lassen sich aber kaum auftreiben. Ich habe noch eine alte deutsche Bibel und ein paar ältere deutsche Bücher. Unser Volksdeutsch ist ja altmodisch, jedoch sehr ausdrucksvoll. Die Kinder sollten es noch richtig lernen. Aber hier besteht dafür keine Aussicht."

Daniil interessiert sich sehr für das Leben in Deutschland und stellt gerne Vergleiche an. Wenn ich ihm von zuhause erzähle, kommt er aus dem Staunen nicht heraus: „Großartig, wie bei euch die Wissenschaft hilft, den Lebensstandard zu verbessern. Hier wird alles in die Rüstungsindustrie gesteckt. Wenn man doch international zusammenarbeiten könnte. Bestimmt ließe sich aus Russland etwas machen. Aber es hapert schon mit dem Unterricht in Fremdsprachen." Resigniert schüttelt er mitunter den Kopf: „Ob wir es erleben, dass es anders wird?"

Eines Tages kommt Daniil auf ein persönliches Dilemma zu sprechen, mit dem er sich herumplagt. „Früher hätte ich Ehebruch nie toleriert. Und jetzt? Ich bin ja, wie du weißt, verheiratet und doch habe ich seit einer Weile eine Freundin nebenbei. Du kennst sie, die Olga, die junge Ukrainerin, auch eine Politische. Sie ist stark und die Arbeit hier macht ihr nichts aus. Ida, meine Frau, hat es irgendwann herausgekriegt und mir eine Szene gemacht. Ich habe ihr gesagt, sie soll sich um ihre eigenen Angelegenheiten kümmern. Mitunter drückt mich mein Gewissen arg. Indes, die Olga macht mich fröhlich und ich will nicht von ihr lassen." Das Wissen um die Gefahr einer mehrjährigen Haftstrafe, wenn solcher persönlicher Umgang mit einer politischen Gefangenen entdeckt würde, drückt ihn in dieser Welt der Verbote weniger.

Außerhalb der Kartoffelabteilung hatte Kostya, der Brigadier der Männer, das Kommando. Der Oberblatnoy Kostya durfte als Brigadier arbeiten, weil einerseits die Verwaltung mit ihm zufrieden war, er andererseits die Interessen der Blatnoy nicht verletzte und einer von ihnen an diesem interessanten Arbeitsplatz die Verantwortung gegenüber den freien Chefs tragen musste. Kostya war ein untersetzter, kräftiger Mann mittleren Alters, wirkte gepflegt wie bei den Oberblatnoy üblich. Man hätte ihn für einen harmlosen Geschäftsmann halten können, mit korrektem Haarschnitt und einem wenig bewegten Mienenspiel bis auf den mitunter flackernden Ausdruck seiner Augen. Kostyas Anordnungen erfolgten betont ruhig und wurden widerspruchslos befolgt. Er konnte sich ziemlich gut beherrschen, nur wenn jemand wagte, sich ihm zu widersetzen, stieg in seinen Augen der ‚angefrorene Blick' hoch und er wurde zu einem gefährlichen, routinierten Gegner und Schläger.

Entsprechend der Liste der Tagesaufgaben von Daniil setzte Kostya seine Leute in eigener Verantwortung ein. Außerdem unterstanden ihm die weiblichen Sträflinge, die innerhalb der Sperrzone der Basa arbeiteten, einige waren mit Männern aus Kostyas Brigade liiert. Kovaltschuk und ich unterstanden Daniil Gradwol unmittelbar. Mitunter wurde auch ich zu eiligen Ladearbeiten in andere Lagerhäuser kommandiert, z.B. zum Tara Stapeln und Verladen oder um Sauerkrautfässer in Dauben und Bänder zu zerlegen, jedoch ‚fest angestellt' war ich im Kartoffellager, das die Blatnoy nicht interessierte bis auf den Knoblauch, der ohnehin nicht oft geliefert wurde und umgehend wieder ‚vergriffen' war. Immerhin erfuhr ich von einem Blatnoy, dass Knoblauch gegen Skorbut und andere Avitaminosen und vor dem Verlust von Zähnen und Haaren schützt.

Mit seinen strategisch verteilten Leuten hatte Kostya den Ladebetrieb in der Basa fest im Griff. In den verschiedenen Warenlagern arbeitete jeweils ein Blatnoy in ähnlicher Stellung wie Kovaltschuk. Sie organisierten nebenbei für Kostya und für den eigenen Bedarf die gewünschten Waren. Die Ladearbeiten an Waggons oder Lkws führte eine schnelle Truppe aus, die Kostyas Vertreter Grischa befehligte. Beide, Kostya und Grischa, hatten ein hervorragendes Talent für die Logistik in diesem Bereich. Es grenzte manchmal ans Unglaubliche, wie erfindungsreich und schnell sie verschiedenste Engpässe und überraschende Ungereimtheiten überbrückten. Grischa war sehr groß und verfügte ebenso wie seine Leute über enorme Körperkräfte sowie eine katzenartige Gewandtheit. Mit schweren Gewichten oder unhandlichen Gegenständen jonglierten sie sehr geschickt und boten, wenn es schnell gehen musste, mitunter zirkusreife Leistungen.

Die Ladetruppe pflegte sich, wenn keine Arbeit anstand, in der sehr komfortablen Wärmebude aufzuhalten, in der auf Bänken an der Wand entlang etwa acht Leute Platz finden konnten. Ein Tisch unter dem Fenster nahm fast die Hälfte des freien Raumes ein, während auf der Eisenplatte des Ofens neben der Tür ein oft recht gehaltvolles Gericht für Kostyas Transportarbeiter in einem großen Topf brodelte. Wenn ich dort arbeitete, kriegte ich auch eine Schüssel voll zugeteilt. Es waren die nahrhaftesten Mahlzeiten, die ich in Vorkuta zu mir genommen habe. Kostyas Freundin Tanya besorgte das Kochen, das, obzwar verboten, jedoch meistens geduldet wurde. Nur durfte man sich weder bei der Zubereitung noch beim Essen von Miliz oder Militär erwischen lassen, die unter Umständen Fragen zur Herkunft der Zutaten stellten. Zum Teil schossen die verschiedenen Lagerverwalter zu, in der Hoffnung, damit den ‚Mundraub' etwas einzudämmen. Meistens konnte der Topf mit Hilfe des Warnsystems der Blatnoy rechtzeitig in Sicherheit gebracht werden; einer der Barfüßer wurde zur Essenszeit mit irgendeiner Tätigkeit in der

Nähe der Wache beschäftigt. Immerhin hatte ein Kontrolleur kürzlich, nachdem er den Kochtopf doch entdeckte, sogar verlangt, dass das Essen, weil ‚nye polozheno' (nicht zustehend), weggeschüttet wurde. Daniil sagte nur: „Ich will nichts sehen, also sorgt für Ordnung."

Kostya war in der Regel in der Wärmestube zu finden, von seiner Kommando-brücke, dem Tisch, aus übermittelte er seine Befehle meist durch einen Laufbur-schen, einen Barfüßer: „Kostya wünscht .... Kostya befiehlt ... " Wenn ich außer-halb des Kartoffelbereichs eingeteilt wurde, wies er mir auf Veranlassung von Daniil leichtere Aufgaben zu. Er rief mich auch in die Bude, um mir Grüße zu bestellen von Volodya und von Lyoscha Moryak. Über Volodyas Grüße freute ich mich und fragte gleich, wie es ihm ginge, während ich über die von Lyoscha mit einem gleichgültigen „Danke" hinwegging.

Mit seiner Freundin Tanya, die auch auf der Basa arbeitete, war Kostya schon lange liiert. Sie hatten Glück, dass sie bislang nicht für länger getrennt wurden. Sie passsten auch gut zusammen, äußerlich und im Wesen. Tanya saß für Bandendieb-stahl und hatte wohl persönlich keinen besonderen Blatnoy-Ehrgeiz mehr. Im Lager hielt sie sich auch zurück. Kostya war sie eine verlässliche Gefährtin. Einmal musste Tanya ein paar Tage krank im Lager bleiben, da vertraute Kostya mir seine Kassiber für sie an. Das war schon ein Vertrauensbeweis, wenngleich die Wach-mannschaften bei mir keine verbotenen Dinge vermuteten. Wahrscheinlich wegen meines schäbigen äußeren Aufzugs und der noch immer bemerkbaren Gehbehin-derung durchsuchten sie mich selten. Für den Transport der Kassiber hatte ich in meinem Buschlat, der Wattejacke für Häftlinge, und in der Wattehose einige wat-tierte Rinnen durch kleine Einschnitte vorbereitet, die beim normalen Filzen weniger bequem zu tasten waren. Je länger ich auf der Basa arbeitete, umso bekannter wurde ich als verlässliche Postbotin. Post fiel täglich an, weil auch Kas-siber zwischen unserem und dem Männerlager, deren Adressaten und Absender keine Blatnoy waren, über die Basa liefen. Ich kam immer gut durch, ohne erwischt zu werden.

Kostya erklärte mir in Arbeitspausen noch manches vom ‚Gesetz' des ‚Prestup-nyj Mir', was die Zigeunerinnen Mascha und Rayka nicht erwähnt hatten. Bei aller Lockerheit ihrer Sitten regelten die Diebe die Beziehungen und Rechte von Män-nern und Frauen untereinander ziemlich rigide und konsequent. Die liierte Frau durfte einem anderen Mann nicht in die Augen schauen, weil sie ihn damit zum Anbandeln aufforderte: Daraus konnte er ein Recht auf sie ableiten und ihr bishe-riger Gefährte konnte sie dafür verlassen oder bestrafen. Frauen rächten zwar den ‚Ehebruch' ihrer Liebhaber nicht selten mit dem Messer oder anderen Gegenständen, aber gleichberechtigt waren sie doch nicht. Bei den Zusammenkünften wurden die Neuigkeiten ausgetauscht, wer mit wem liiert war und was sich an Überfällen oder sonstigen wissenswerten Ereignissen zugetragen hatte. Natürlich auch darüber, wer in den häufigen blutigen Auseinandersetzungen zwischen Blatnoy und Ssuki in dem betreffenden Lager gerade die Übermacht hatte. Das Netz der Oberblatnoy funktionierte mit Hilfe von Beziehungen, Bestechung und Bedrohung, in dem die Arbeitseinsatzleiter (AEL), Brigadiere und Wachmannschaften wichtige Funktionen hatten. In den Lagern handelten die Arbeitseinsatzleiter mit den Arbeitgebern aus, welche Brigaden und wieviel Personen für bestimmte Arbeiten angefordert werden mussten, damit auch die Buchhaltung stimmte; praktisch stellten sie überall Verbindungen her. Einflussreiche Blatnoy wechselten beliebig ihre Brigade oder ließen sich auch von einem Extra-Wachmann irgendwohin eskortieren. Da Blatnoy nicht arbeiteten, konnten nur wenige von ihnen mit einer Brigade ausrücken, die anderen Häftlinge hatten die ohnehin hohen Arbeitsnormen der Tagesaufgaben für sie mitzuerfüllen. Andererseits musste, um dem Zwangsarbeitsvollzug zu genügen, wenigstens protokolliert sein, dass auch die Blatnoy die Wohnlagerzone regelmäßig mit Arbeitsbrigaden verließen. Wenn ein neuer Lagerchef solche Missstände beseitigen wollte, wurde sein Elan mit Mitteln bekämpft, die von Bestechung über passiven Widerstand und allgemeinen Boykott bis zur persönlichen Bedrohung reichten.

□

In der Basa arbeiteten auch Blatnoy freiwillig, weil immer etwas ‚abfiel‘. Wie gut sie ihr Handwerk beherrschten, zeigte sich besonders, wenn Waggons mit interessanter Ladung, zum Beipiel Wodka, ankamen. Dann wurde die Aufsicht verstärkt: Vier Freie, Expeditoren und Lagerverwalter, postierten sich jeweils an den strategisch wichtigen Stellen an der Waggontüre und am Eingang zum Vorratslager und dazwischen liefen die Häftlinge mit den Kisten. Aber am Schluss fehlte regelmäßig eine Kiste Wodka und abends hatten die Blatnoy eine Fahne.

Vasya, unser Posten, war ein gutmütiger Kerl und erschien, wenn keine Inspektion kam, immer erst kurz vor Schichtwechsel, um uns zu kontrollieren. Dabei schaute er, wenn er irgendwo an Pärchen vorbeikam, ganz angelegentlich in eine andere Richtung. Zufällig sah ich gegen Ende eines Wodkatages, dass der Brigadier Kostya Vasya ein Zeichen machte. Kurze Zeit später sammelten wir uns wie üblich an der Wache. Nach der Durchsuchung gab Vasya den Marschbefehl. Aber diesmal hörte sich sein „Kolonne marsch" etwas merkwürdig an, fast als ob er sänge. Wenn Vasya uns eskortierte, löste sich bald die vorgeschriebene Marschordnung der Häftlinge, nach der Männer und Frauen streng getrennt gehen sollten, auf. Die Pärchen hakten sich ein, man wechselte die Reihen, um mit diesem oder jenem zu reden. Auch das Tempo war bei erträglichem Wetter langsamer, so dass ich auf dem Rückweg zum Lager einigermaßen mithalten konnte. An diesem Abend ereignete sich indes Erstaunliches: Vasya blieb nach kurzer Zeit zurück und konnte sich kaum mehr auf den Beinen halten; Kostyas Bewirtung mit Wodka auf nüchternen Magen war offensichtlich zuviel des Guten gewesen. Die Blatnoy konnten den Alkohol mit Tanyas Eintopf verkraften. Kostya ließ die Kolonne anhalten, denn Vasya war gestolpert und kam nicht mehr hoch. Zu allem Überfluss begann ein mittlerer Schneesturm. Vier Männer trugen nun den Posten nebst Gewehr und seiner Tasche mit Unterlagen, die fast im Schnee liegen geblieben wäre. Vasyas Pelzmütze wurde auch zweimal wieder aufgehoben.

Kostya führte uns, weil die Gleise stark verschneit waren, um möglichen Kontrollen durch fliegende Posten zu entgehen, neben der Straße. Wegen des tiefen Schnees war das ziemlich anstrengend, aber niemand sagte etwas. In der Nähe der Garnison des Selbstschutzdienstes (Samoochrana), in der unsere Posten wohnten, gab Kostya leise das Kommando: „Männer nach vorn, Frauen zurück, Marschordnung herstellen." In musterhafter Ordnung zogen wir schweigend zur Garnison. Den inzwischen bewusstlosen Posten Vasya ließen die Männer neben der Türschwelle auf den Boden gleiten und lehnten ihn an die Wand. Dann nahm Kostya Gewehr und Tasche und ging in die Wache. Dort gab es einen erregten Wortwechsel. Zwei Diensthabende stürzten in höchster Aufregung heraus. Aber die gefürchteten Blatnoy standen vollzählig und ordnungsgemäß da. „Ja, ja, zählt nur, es ist keiner verloren", erläuterte Kostya die Lage, „wir wollten nämlich nicht, dass Vasya sein Recht auf vorzeitige Entlassung wegen ein bisschen Wodka verlöre, darum haben wir solche Ordnung gehalten." Nach argwöhnischer Zählung blieb nichts zu beanstanden. Vasya musste für eine Woche in den Isolator, aber der Vorfall wurde nicht weitergemeldet.

□

Batka Kovaltschuk empfängt mich richtig herzlich, als ich nach längerer Unterbrechung eines Mittags wieder im Kartoffellager eintreffe: „Na Dotschka (Töchterchen), kommst du doch noch wieder? Ich dachte schon, die Kartoffeln wären dir zu langweilig geworden. Übrigens, geh doch gleich mal ins Sommerlager nach nebenan. Der Kohl hinten muss vom Schnee befreit werden. Der Sturm hat den Schnee durch die Fugen hineingetrieben und den Kohl bedeckt, da friert er womöglich noch an. Das ist keine Ordnung, ich habe schon aufgesperrt." Ich verfüge mich mit Schaufel und Besen in das kalte Sommerlager, eine nur aus Brettern gebaute lange Baracke, die im rechten Winkel zum Kartoffellager liegt und deren Eingang vom gleichen Vordach überdeckt ist. In diesem Gebäude werden frost-unempfindliche Gemüse gespeichert. Am hinteren Ende liegt ein bis unter die Decke reichender Haufen mit Kohl. Es ist bitterkalt und die Arbeit lästig, weil die Kohlköpfe unter meinen Füßen hin und her rollen. Mehrere Versuche, an den Schnee oben auf dem Berg zu gelangen, schlagen fehl.

„Na, meine Teure, lass doch diese Arbeit. Sie ist kein Wolf und läuft nicht fort in den Wald. Hier hast du dich also versteckt. Ich habe schon die ganze Zeit nach dir gesucht. Und sie spielt hier mit den Kohlköpfen. Komm mit, da weiß ich wirklich ein besseres Spiel." Ich fahre herum. Lyoscha steht vor mir und weidet sich an sei-ner gelungenen Überraschung. Ich ringe um Fassung, muss versuchen, meinen Schrecken einigermaßen zu verbergen. „Ich sagte dir neulich, dass ich es nicht lie-be zu warten. Aber es war so verdammt schwierig, hierher zu kommen. Die Chefs wissen doch, dass ich keine Lust habe, mich anzustrengen. Ich musste wirklich jede Menge schmieren, bis sie mich endlich in die Brigade einschrieben. He, du scheinst dich gar nicht zu freuen, dass ich da bin. Hier, schau mal, ist das der rich-tige Pastor für unsere Trauung?" Lyoscha zieht ein langes Messer aus dem Filzstie-fel." Inzwischen habe ich mich gefangen. „Die Ehe dauert nicht lange", zwinge ich mich zu einem Lächeln. „Angst hast du wirklich nicht", meint er nun auch grin-send und steckt das Messer wieder ein. „Aber jetzt komm, gehen wir. Ich habe eine Bude für uns reserviert." Heute hat er einen Ausdruck in seinem Gesicht, der mich veranlasst, diplomatisch zu sein. „Weißt du, Lyoscha, ich kann nicht mitgehen, bevor nicht dieser Kohl vom Schnee befreit ist. Schließlich will ich die gute Arbeit hier nicht verlieren. Und außerdem, ihr Russen lasst eure Frauen ja lieber für euch schuften als umgekehrt. Nur wenn ihr eine erobern wollt, tut ihr wohl eher noch was für sie. Also schaufele mal den Kohl für mich frei."

Zu meiner Erleichterung zeigt Lyoscha sich diesem Argument zugänglich und klettert wirklich auf den Kohl. Er stellt es viel geschickter an als ich, obwohl auch er nicht ohne Mühe bis oben hin kommt. Ich reiche ihm Schaufel und Besen hi-nauf. Offensichtlich ist Lyoscha entschlossen, mich im Guten zu bekommen, und meine Chancen, diesmal mit heiler Haut davonzukommen, sind gering. Trotzdem entschließe ich mich wegzulaufen.

Ich habe schon die Hälfte des Raums durchquert, da höre ich ihn fluchen und dann einen dumpfen Aufprall, jetzt ist er anscheinend hinunter gesprungen. Ich versage es mir, mich umzusehen, und renne, so schnell ich kann, auf die Tür zum Kartoffellager zu. Als Lyoscha an der Tür erscheint, bin ich schon drin.

Kovaltschuk staunt: „Bist du schon fertig?" Dann sieht er Lyoscha und schaltet blitzschnell: „He, Moryak, mach, dass du wegkommst, hier hast du nichts zu suchen." Lyoscha ruft mir wütend zu: „Warte nur, so legst du mich nicht noch einmal rein." Dann trollt er sich. Kovaltschuk schüttelt den Kopf: „Was will denn der Ganove hier? Er ist doch einer der Schlimmsten aus unserem Lager." „Ja, Batka", kläre ich ihn auf, „er ist hinter mir her. Er hat mich dort beim Kohl gefunden, und dann habe ich ihn hinaufgeschickt und bin fortgelaufen." „Na, du bist ja eine Schlaue", amüsiert sich der Alte, „aber wir werden schon aufpassen, dass er dir nichts tun kann."

Am nächsten Tag brauchen wir Kohlen: „Dotschka, geh mal welche holen, der Schlitten steht ja vor der Tür." „Ach, nein, das möchte ich nicht gerne", äußere ich meine Befürchtung. „Das Kohlenlager ist weit abgelegen. Wenn Lyoscha mich dort erwischt, dann hilft mir auch kein Rufen, dort kann mich niemand hören." „Na, ja", lässt sich Batka herbei, „dann bleib du hier. Ich geh schon selbst die Kohlen holen. Lass auch das Feuer nicht ausgehen." Kopfschüttelnd über diese Kerle zieht Batka los. Er schippt sich seine Kohlen auf den Schlitten. Dann macht er sich auf den Rückweg irgendwie von einem unruhigen Gefühl getrieben. Als er mit dem Schlitten um die Ecke in den überdachten Vorraum des Lagerhauses biegt, sieht er, dass die Tür offensteht und aus der Tür ragt ein Bein im Filzstiefel. Den geflickten Stiefel kennt er. Ohne zu überlegen, reißt Batka die Schaufel vom Schlitten und stürzt auf die Tür zu. Auf dem Boden dahinter wehre ich mich verzweifelt gegen Lyoschas Angriffe und Püffe. Batka reißt die Tür weit auf und droht mit der hoch erhobenen Schaufel dem knienden Lyoscha: „Raus hier, lass sie sofort los! Ich schlage dich tot, wenn du nicht sofort draußen bist!"

Und ein Wunder geschieht. Lyoscha steht auf, zieht seinen Buschlat zurecht und geht wiegenden Schrittes mit hochgeschlagenem Kragen und offenem Hemd, die Hände in den Taschen vergraben in die Polarnacht hinaus. Im Vorbeigehen zischt er mir durch die Zähne zu: „Warte nur, das vergesse ich dir nicht!"

„Ich stocherte gerade in der Glut", berichte ich Batka, nachdem ich wieder zu Atem gekommen bin, „da kam jemand herein. Ich dachte, es wäre Gegitschkore, unser Chef, und habe mich nicht sofort umgedreht. Und als ich mich aufrichtete, stand mir gegenüber der Lyoscha, nur die Waage zwischen uns. Mein zweiter Blick auf die Tür machte den Schrecken nicht geringer. Den großen Vorlegeriegel hatte er eingehakt. Ich war eingeschlossen, von außen nicht erreichbar. Was könnte ich überhaupt noch tun? Lyoscha sagte siegesgewiss grinsend: ‚Jetzt haben wir richtig Zeit und Ruhe zum ‚Heiraten', der Alte ist ja weg zum Kohlenholen. Nun geh du zum anderen Ende, dort hören wir auch nicht, wenn jemand rein will.' Ich musste versuchen, Zeit zu gewinnen. ‚Lyoscha, ich kann doch nicht einfach so mit dir ‚heiraten', ich muss doch erst mal ein bisschen was von dir wissen. Erzähl mir doch wenigstens, wer du bist und woher du kommst.' Während er redete, schaute ich noch mal zur Tür, rechnete, wieviel Schritte ich brauchte, um in einem Schwung den Riegel herauszukriegen, betete, die Zeit sollte vergehen und Sie wiederkommen. Und dann bin ich auf die Tür zugerannt, habe den Haken rausgeschlagen und mein Bein noch dazwischen gesteckt. Da lag er aber auch schon auf mir und drückte mit der Tür gegen mein Bein, damit ich es zurückziehen sollte. Dabei hat er ganz schön auf mich eingedroschen. Ich habe nur gedacht, Sie müssen gleich kommen. Und dann hörte ich Ihren Schlitten, Gott sei Dank, und Sie haben mich gerettet. Ich bewundere wirklich Ihren Mut, dass Sie diesen gefährlichen Mann verjagt haben."

Batka wehrte bescheiden ab; es wäre doch selbstverständlich, dass man sich einsetzte für Menschen, die man kennt. Später äußerte ich besorgt: „Furcht habe ich jetzt doch. Der Lyoscha sagte beim Weggehen, einer von uns sei zu viel hier." Indes, Batka beruhigte mich, er wollte mit dem Transportchef sprechen. „Dieser Kerl braucht nicht hier zu bleiben. Geh du ruhig nachhause." Und Batka hatte Erfolg. Ich konnte weiter zur Basa gehen, Lyoscha kam nicht mehr. Aber er vergaß mich nicht.

Obwohl ich auf der Basa arbeitete, wurde ich doch weiter in Valyas Brigade geführt, wahrscheinlich, weil ich als Ausländerin eigentlich gar nicht regelmäßig dort hätte arbeiten dürfen. Mitunter wiesen sie mich an der Wache morgens zurück, aber dank Daniils Aufmerksamkeit, der immer wieder mit Erfolg nachhakte, konnte ich weiter zur Basa gehen.

□

Inzwischen musste ich mit Valyas Brigade in die Baracke Vierzehn umziehen, in der Sofia, eine lahme Zigeunerin, als Barackenälteste das Kommando führte. Sie war noch nicht lange in diesem Lager, doch seit vor kurzem die Armenierin Mano aus dem Lager entlassen worden war, machte niemand der Lahmen ihren führenden Rang unter den Oberblatnoy-Frauen streitig. Sie zettelte vieles an, blieb indessen, wie früher auch Mano, selbst stets im Hintergrund. In der eigenen Baracke hielt sie auf Ordnung, dort kam nichts weg.

Auch dieser Landsmännin hatte Mascha-Zyganka mich lobend empfohlen. Die Lahme schaute mich zunächst ebenso verbindlich lächelnd wie durchbohrend an. Ich hielt ihrem aggressiven Blick stand und versuchte, möglichst durch konzentriertes Hinschauen die Lage zu erfassen oder ihr zu begegnen Am Ende unserer ersten Begegnung machte sie mir überraschend im Weggehen ein Kompliment: „Du hast sehr schöne Augen, Kleine, wirklich." Ein bisschen wunderte ich mich anfänglich darüber, bis ich mehr über sie wusste. Die Lahme stammte, wie mir Rayka erzählte, aus einer prominenten Zigeunerfamilie mit einigen Künstlern und nicht wenigen Blatnoy, die zwar gelegentlich eingesperrt wurden, sich jedoch mit großer Geschicklichkeit immer wieder der Haft zu entziehen verstanden. Die Lahme, die sich auch schon früh der Sache der Blatnoy verschrieben hatte, verlor mit 15 Jahren bei einem Unfall den linken Unterschenkel. Der Mann, mit dem sie damals zusammenlebte und den sie wohl auch sehr liebte, verließ sie, weil sie zum Krüppel geworden war. Das hatte die in ihrem Stolz und im Gemüt tief verletzte Frau nicht verwunden. Ihren ausgeprägten Führungsanspruch verwirklichte sie nun, indem sie über einen Hofstaat von Diebinnen herrschte. Widerspruch duldete sie dort nicht. Ihre fehlende körperliche Beweglichkeit glich sie mit Intelligenz, Energie und großem Spürsinn aus und wachte darüber, dass im Lager die Gesetze des Blatnoy Mir eingehalten wurden. Die Lahme war eine stattliche Erscheinung. Dichtes, langes, schwarzes Haar hatte sie in einem Knoten im Nacken verschlungen. Ihr ovales, angenehm geschnittenes Gesicht hätte weiblich sanft wirken können, wären da nicht ihre Augen gewesen. Es waren interessante, große, runde, funkelnde, oft stechende Augen, in denen Aufmerksamkeit, Härte und mitunter etwas Wildes zum Ausdruck kamen.

Die Lahme wies mir in ihrer Baracke einen guten Platz auf der oberen Pritsche nicht weit vom Ofen zu. Ich hatte von dort die Ofenplatte im Blick, wenn ich ein Getränk zubereiten oder Brot rösten wollte, damit mein Becher nicht auf die Seite geschoben wurde oder das Brot verschwand.

Kaum hatte ich mich häuslich eingerichtet, entdeckte ich zu meinem Missvergnügen schräg unter mir meine Intimfeindin Soya Vinogradova und neben ihr Kumpanin Galka. Da aber die Oberblatnoy-Frauen nach wie vor freundlich mit mir umgingen, blieben Soyas Versuche, gegen mich zu hetzen, unbeachtet. Nach meiner Übersiedlung in die Baracke versuchte Soya, wenn ich an ihrer Pritsche vorbeigehen musste, sich anzubiedern: „He, Lena, komm mal her, ich will mit dir reden." Der feindselig freche Blick ihrer wasserblauen Augen sprach allerdings deutlich eine andere Sprache. „Komm schon näher, ich tue dir doch nichts." „Weshalb, was willst du?" „Ich erzähle dir eine Anekdote." „Anekdoten interessieren mich nicht", wehrte ich ab. „Doch, doch", insistierte Soya, „hör nur, setz dich hierher." Ich antwortete ihr nicht mehr und ging weiter, während sie, wenn auch verhalten, hinter mir her pöbelte: „Schaut mal, sie will nicht mal mit mir reden, dabei will ich nichts Schlechtes außer Gutem."

Valya, die Brigadiere, hatte das beobachtet und rief mich zu sich: „Du brauchst Soya wirklich nicht zu beachten, Lena. Wer ist sie schon? Du bist im Gesetz, sie darf dir nichts tun. Übrigens, vor drei Tagen hätte ich sie beinahe totgeschlagen. Das elende Luder versuchte doch tatsächlich, meinem Muzhik schöne Augen zu machen. Das dürfte gewirkt haben. Also, lass sie links liegen." Auch Rayka Zyganka winkte ab, als ich besorgt Soyas Nachbarschaft erwähnte: „Lena, schick sie zum Teufel, sie wird nie eine richtige Blatnoy-Frau. Wir finden sie zu mies und kleinlich, außerdem ist sie eine Lumpensammlerin." Aber mein Gefühl trog nicht. Soya und Galka lauerten auch hier unermüdlich darauf, mir eins auszuwischen.

Schon bald nach meinem Einzug verschwand mein Mantel. Er war schon ziemlich abgeschabt, gleichwohl unersetzlich, wenn ich nach der Arbeit die Baracke noch mal verlassen wollte und die Arbeitskleidung schon in der Trockenkammer hing. An diesem Abend hatte ich Alexandrovna einen Besuch gemacht und wollte eigentlich schlafen gehen. Valya, bei der Besucherinnen saßen, winkte mir. Ich legte den Mantel auf meine Pritsche und kam dazu, als Zhenya Barantscheyeva gerade mit amüsanter Mimik und Gestik vom Überfall auf eine Lagerküche erzählte: „Es war eine schlechte Zeit, nicht mal die Faschisten bekamen Pakete. Es gab einfach niemand, bei dem man was holen konnte, aber schließlich konnten wir doch mal wieder zuschlagen. Gerade rechtzeitig kamen wir dazu, als sie neue Vorräte für die Küche anlieferten. Also haben wir ein ganzes Fass Sauerkraut abgestaubt. Zweimal haben sie Razzia gemacht, aber klar, sie haben nichts gefunden. Wir hatten das Fass nämlich zwischen den Abfalltonnen versteckt. Darauf sind die Milizionäre nicht gekommen. Und wir haben soviel Kapussta verdrückt, dass sie uns aus den Ohren rauskam. Na ja, auch hier ist Essbares verdammt knapp. Heute habe ich der freien Küchenchefin einen Besuch gemacht. Sie wollte mich zunächst nicht empfangen. Dann habe ich sie ein bisschen erschreckt. Jetzt weiß sie doch wenigstens, wer ich bin. Aber diese Küche wird schlecht beliefert. Nur Hafer und Rentierleber, das schmeckt doch nicht."

Plötzlich sah ich, dass mein Mantel nicht mehr auf der Pritsche lag. „Oh, mein Mantel ist weg", rief ich dazwischen, obwohl es mir peinlich war, so die Unterhaltung in der Runde zu stören. Die Barackenälteste zweifelte zunächst: „Was, hier in unserer Baracke, hier kommt doch nichts weg." „Doch", beharrte ich, „ich habe ihn vorhin auf die Pritsche gelegt, jetzt liegt er nicht mehr da." Das genügte. Die Ehre der Lahmen ließ es nicht zu, dass in ihrer Baracke gestohlen würde. Langsam humpelte die Zigeunerin durch die Baracke, dabei schossen ihre Blicke hin und her. „Wer hat den Mantel genommen?" Die suggestive Wirkung ihrer Frage blieb nicht aus. Soya Vinogradova schaute betont unbeteiligt aus einer Ecke am anderen

Ende der Baracke hervor. Die Zigeunerin nagelte sie fest: „Du kennst den Mantel von Lena, such ihn sofort! Finde ihn, jetzt gleich, das rate ich dir im Guten." Soya wollte aufbegehren, indes schnitt ihr die Zigeunerin mit einer kleinen, herrischen Handbewegung das Wort ab. Wenige Minuten später lag mein Mantel wieder auf der Pritsche. Das dunkelgrüne Seidenfutter hing herunter, es war bereits zur Hälfte losgetrennt. „Näh' das Futter nur gleich wieder fest", meinte freundlich eine der Diebinnen in der Runde und gab mir Nadel und Faden.

Inzwischen hatte ich auf der Basa schon ein wenig Geld verdient und mit Daniils Hilfe für zwei Monatslöhne einen außergewöhnlichen, traumhaften Erwerb getätigt, ein großes, hellgrün-beige kariertes Wolltuch mit Fransen, das ebenso wie zwei weitere rare Exemplare nur für Freie bestimmt gewesen war. Das Karomuster mit seinen dezenten Farben erinnerte mich an früher, an schottische Kleider und Plaids. Allerdings konnte ich mich kaum einen Tag an diesem Besitz erfreuen, Soya Vinogradova erschien und verlangte das Tuch. Valya verjagte sie, aber Soya steckte sich nun hinter andere Diebinnen und schließlich interessierte sich Schwälbchen, die Kumpanin vom Kleinen Elefanten, ernsthaft für das Tuch. Das eitle Schwälbchen bettelte und drohte. Schließlich schlug sie vor, das Tuch diagonal durchzuschneiden und bot mir ein großes, dunkles, einfarbiges Flanelltuch für die eine Hälfte an. Ich gab nach und Schwälbchen ging stolz mit ihrer Neuerwerbung zur Arbeit. Auch ich trug meine Hälfte, bedeckte das schöne Kopftuch aber draußen mit dem einfarbigen Tuch.

Während eines Besuches bei meiner silberhaarigen Freundin Alexandrovna sah ich, wie die lahme Zigeunerin die Einhaltung der Blatnoy-Gesetze einforderte. Alexandrovna flüsterte mir plötzlich sichtlich erschreckt auf französisch zu: „Soya Zyganka ist gerade in die Baracke gekommen, das bedeutet immer etwas Schlimmes." Tamara kannte sie seit Jahren. Die Lahme hatte die Angewohnheit, unversehens irgendwo aufzutauchen und ebenso schnell wieder zu verschwinden. Bald darauf aber pflegte sich dort etwas Unheilvolles zu ereignen.

An diesem Tag nun blieb die Lahme an Nadya Sischtschinas Pritsche stehen: „Steh auf, sagt man dir, Ssuka! Ich habe mit dir zu reden." Die noch junge Diebin aus Leningrad krabbelte nach vorn und stand barfuß vor der Zigeunerin, deren glitzernder ‚angefrorener' Blick nichts Gutes verhieß. „Ich warne dich, richte dich nach dem Gesetz, wenn du ein Paket erhalten hast. Merke dir das." Damit drehte Soya Zyganka sich um und verließ die Baracke.

Nadya stammte aus ordentlichen Verhältnissen. Ihre offensichtlich ahnungslose Mutter schickte ihr regelmäßig Pakete und ermahnte sie in liebevollen Briefen, brav zu bleiben und auch das Beten nicht zu vergessen, während Nadya immerhin durch entsprechenden Umgang wegen Beihilfe zum Raubmord ins Lager geraten war. Sie kehrte sich aber nicht an das Blatnoy-Gesetz, ihre Pakete zuerst den Oberblatnoy-Frauen anzubieten. Das wurde ebenso von Nichtkriminellen wie auch von Diebinnen erwartet, die Pakete von Angehörigen erhielten. Sobald die Namensliste der Paketempfänger an der Postbaracke aushing, schickten die Oberen der Blatnoy eine Abgesandte und verlangten, bewirtet zu werden. Wenn die Abgabe nicht zur Zufriedenheit ausfiel, kamen sie und nahmen, was ihnen lohnend erschien, mit Gewalt. Wenn sich die Paketempfängerin aus irgendeinem Grunde vorab schon unbeliebt gemacht hatte, wozu es bei den empfindlichen Diebinnen nicht viel bedurfte, konnte sie ihr Paket noch aus der Postbaracke herausholen, und schon hatte man ihr einen Sack über den Kopf gezogen und das Paket entrissen. Vor kurzem hatte Nadya mit ihrer Kumpanin ein solches Fresspaket heimlich vertilgt. Natürlich kam das heraus, aber allem Anschein nach war sie fürs Erste nur verwarnt worden. Inzwischen aber stand ihr Name erneut auf der Liste der Paketempfänger, diesmal bekam sie Kleidungsstücke, die sie auch für sich behielt. Kurz darauf besuchte ich Alexandrovna nach der Nachtschicht zu einem Plauderstündchen. Plötzlich flog mit einem Krach die Barackentür auf und Tossya, eine große, kräftige Diebin aus Soya Zygankas Gefolgschaft, raste durch die Baracke auf Nadyas Pritsche zu. Sie riss die ahnungslos schlafende Nadya von ihrer Pritsche herunter, die vor Schreck laut aufschrie, denn Tossya hatte unter ihrem Buschlat ein Beil hervorgeholt und machte nun Anstalten, Nadya zu greifen, um ihr damit den Kopf zu spalten. Nadya schoss wie ein gefangenes Tier blitzschnell mit dem Kopf hin und her, während Tossya bemüht war, sie am Genick zu packen und dabei näher an die Wand zu drängen. Der makabre Eindruck dieser Szene verstärkte sich, weil Nadya nur mit einem Hemd bekleidet war und sich verzweifelt und laut schreiend dem Griff der viel stärkeren Tossya zu entwinden suchte. Fast schien Nadyas Schicksal besiegelt, da stürzte Ivan, der Zimmermann, dessen Beil Tossya sich für ihr Strafgericht ‚ausgeliehen' hatte, herein, riss die beiden mit einem geübten Griff auseinander und versetzte im gleichen Zuge jeder eine mächtige Ohrfeige. Ivan war zwar Blatnoy, hatte jedoch nur noch wenige Monate Haft abzusitzen und wäre erneut verurteilt worden, wenn mit dem ihm anvertrauten Beil ein Verbrechen verübt worden wäre. Seine Lagerfrau Tamara, die Barackenälteste, hatte zwar gesehen, dass Tossya das Beil herauszog, durfte sich aber in die Blatnoy-Auseinandersetzung nicht einmischen. Sie konnte Ivan rechtzeitig holen und mit seiner Hilfe war für diesmal der Fememord abgewendet. Indes, niemand lehnte sich ungestraft gegen die Lahme auf.

Eines Nachts wachte ich auf. Die Sirenen der Bergwerke heulten Mitternacht. Seltsam, alle 60 Bewohnerinnen der kleinen Baracke waren wach, obwohl bereits seit zwei Stunden Nachtruhe herrschte. Etwas Beklemmendes, Bedrückendes lag in der Luft. Aufrecht saßen alle auf ihren Pritschen und starrten schweigend nach unten. Die Lahme, die nicht in dieser Baracke wohnte, war gerade gekommen und humpelte zur Pritsche von Tanya Voronova, die mit der Nachtschicht aus dem Lager gegangen war. An der Tür hatte die Zigeunerin zwei Begleiterinnen postiert und warf nun die Sachen der wohlhabenden Tanya nacheinander hinunter: Stiefel, Kleidung, Bettzeug und die bunte Wattedecke. Einiges zerfetzte sie dabei unter Zuhilfenahme eines zwischendurch aufblitzenden Messers. Dann winkte sie die beiden von der Tür zu sich und deutete auf das Zeug: „Mitnehmen!" Tanyas Pritsche war leer bis auf die Matratze aus Sägemehl und ein paar Fetzen. Dann richtete die Zigeunerin in bemerkenswert sachlichem Ton das Wort an die bewegungslos verharrenden, schweigenden Diebinnen ringsherum: „Ihr habt gesehen, dass ich hier war. Es war Tanyas Glück, dass sie nicht hier war, sonst hätte ich ihr das Gesicht zerschnitten und sie nackt ausgezogen. Wenn Tanya zurückkommt, könnt Ihr ihr bestellen, dass ich da war. Sie weiß schon, warum." Niemand rührte sich. Wortlos ließen sie die Lahme ziehen. Meine Nachbarin flüsterte: „Tanya ist Soyas Freundin. Aber sie hat auch einen Freund, bei dem ist sie heute Nacht. Die Zigeunerin hat es vorhin erst erfahren und sie deshalb bestraft." Im Unterschied zu Zhenya Barantscheyeva, die ihre Freundinnen zu den Männern schickte, um dadurch materielle Vorteile zu ergattern, wollte die Lahme ihre Freundin für sich allein haben und ahndete den Betrug, indem sie ihr alles fortnahm.

Meine politischen Vorzeichen wurden im Hinblick auf die Arbeit in der Basa weiterhin großzügig übersehen. Ivan Ivanovitsch, der Arbeitseinsatzleiter, war zufrieden, dass ich ohne Scherereien Leistungsprozente erbrachte. Dieser Arbeitsplatz hatte für mich große Vorteile: Ich wurde nicht nur täglich satt, sondern kam sogar mitunter an vitaminhaltige, nahrhafte Dinge und meine Kräfte nahmen merklich zu. Sogar die deprimierende, schmerzhafte Gehbehinderung, die auch wohlmeinende Ärzte mangels entsprechender Medikamente nicht wirksam behandeln konnten, begann sich zu bessern.

☐

Die Erlaubnis des Konvoys Vasya, mich vorausgehen zu lassen, erspart mir die üblicherweise fälligen Rüffel seitens der Häftlinge beim Marsch zur Basa: Drei Kilometer meist durch dicken Schnee. Der Wind formt die Schneewehen auf dem Bahndamm zu ständig wechselnden Hindernissen mit Überraschungen, zum Teil waren sie beinhart, dann wieder versank man unerwartet bis an den Bauch. Besonders während der ersten 500 Meter kommt mich der Weg schon hart an.

Dennoch empfinde ich auf dieser holperigen Rennstrecke in der Schneewüste ohne Konvoi und Kolonne immer wieder freiheitliche Gefühlsmomente.

Eines Morgens kommt Schneesturm auf. Gegenwind und dicke Schneeflocken behindern zunehmend Sicht und Vorwärtskommen. Zwar kann ich mit Hilfe von Schienen und Bahndamm die Richtung einhalten, aber die heftigen Windstöße machen mir doch ziemlich zu schaffen. Wie weit es wohl noch sein mag bis zur Basa? Sichtmangel und Anstrengung beeinträchtigen meine Möglichkeiten, den zurück gelegten Weg abzuschätzen. Plötzlich höre ich eine Männerstimme dicht neben mir: „Was ist mit Ihren Beinen?" „Folgen der Dystrophie", antworte ich kurz angebunden. Im Schneetreiben kann ich nur eine große, kräftige Gestalt in dunkler, verschneiter Kleidung mit hochgestelltem Kragen und Pelzmütze erkennen. „Wohin gehen Sie in diesem Sturm? Verzeihen Sie meine Frage, aber ich sehe Sie hier zum ersten Mal; ich gehe diese Strecke nämlich jeden Tag entlang. Haben Sie einen Passierschein?" Die Fragen werden zwar ziemlich direkt, jedoch in sehr höflichem Ton gestellt. „Nein, einen Passierschein habe ich nicht. Der Konvoy lässt mich vom Lager Predschachtnaya zur Basa nur vorausgehen, damit ich die anderen nicht aufhalte, die Brigade kommt hinterher." „Ach so, von dort kommen Sie. Nun, ich wohne im Männerlager gegenüber, aber ich bin Freigänger mit Passierschein und arbeite an der Planungsbehörde in der Stadt. Übrigens, auf der Basa ist ein Bekannter von mir als Oberbuchhalter tätig, Denisenko! Kennen Sie ihn?" „Nein, ich habe nichts mit den Leuten vom Kontor zu tun. Ich gehöre zur Transportbrigade und arbeite im Kartoffellager." Inzwischen wird der Sturm stärker, nimmt mir den Atem und ich kann den Windböen kaum mehr standhalten. Der Mann neben mir ergreift jetzt ohne weiteres stützend meinen Arm und deutet auf ein Bahnwärterhäuschen, das nur wenige Meter entfernt an der Strecke auftaucht. Er öffnet die Tür mit einem Kraftakt und schiebt mich ins Innere. Dann begrüßt er den Streckenwärter und fragt, ob wir kurz bei ihm verschnaufen dürften. Dieser beantwortet seinen Gruß sehr höflich und weist auf den rotglühenden Kanonenofen. „Treten Sie nur näher, Alexandr Dmitritsch, das ist ja ein Wetterchen nach Vorkutaner Regeln. Gönnen Sie sich eine Atempause, es wird wohl bald wieder vorbei sein." Es ist nicht zu überhören, mein Begleiter wird wie eine Respektsperson angeredet. Inzwischen hat er die Mütze abgenommen und ich die Lumpen von Mund und Nase losgebunden. Wir können uns gegenseitig anschauen. Offenbar ist das Ergebnis für beide Seiten nicht unerfreulich. Ein großer, gut aussehender Mann mit schwarzlockigem Haar und dunkelblauen Augen unter geraden, schwarzen Augenbrauen schaut mich ganz freundlich interessiert an. Was für schöne Augen. Ich begegne einem offenen, erfreuten Blick, der mich in seiner Spontaneität unmittelbar im Innersten anrührt, auf den ich unwillkürlich erstaunt mit einem Lächeln antworte.

„Darf ich mich vorstellen: Alexandr Dmitritsch Denisenko." „Ich heiße Hella", murmele ich unschlüssig zögernd, total verblüfft, einem so sympathisch wirkenden Mannsbild zu begegnen. Aber Alexandr Dmitritsch lässt mir keine Zeit, Überlegungen anzustellen. Gewandt überbrückt er meine scheue Reserviertheit, indem er mich auf ungemein angenehme Weise in ein Gespräch auf lang entbehrtem Niveau verwickelt. Selbst der Austausch eher trivialer Angaben zur Person gewinnt eine Leichtigkeit, neben der die Realitäten für eine Weile zurücktreten. Der Sturm hat auch die Brigade aufgehalten und uns somit etwas Zeit geschenkt. Inzwischen war er abgeflaut und die vorderen Reihen meiner Kolonne tauchen auf. „Auf Morgen!" Ein kurzer Händedruck. Ohne aufzufallen, kann ich mich einreihen, das noch anhaltende Schneetreiben hat meinen Aufenthalt in der Streckenbude gedeckt. Es ist nicht mehr weit zur Basa.

Am nächsten Morgen ist es windstill und ein wenig diesig, man kann nicht weit sehen. Ein paar hundert Meter habe ich hinter mich gebracht, da taucht Alexandr Dmitritsch auf. Die Freude über das Wiedersehen ist beiderseitig. Eine Weile stapfen wir ohne zu reden nebeneinander her und genießen das Beisammensein. „Darf ich Ihnen meinen Arm anbieten", bricht Alexandr Dmitritsch dann das Schweigen. „Wir kommen schneller vorwärts, und vielleicht wäre es weniger anstrengend für Sie." Ein ganz kleines Zögern, dann schiebe ich meinen Arm unter seinen und wir marschieren im Gleichschritt. Alexandr Dmitritsch legt ein rasches Tempo vor, Zügigkeit war wegen der nachkommenden Brigade geboten, aber an diesem kräftigen Arm fällt mir das Gehen leichter. Und ich höre gerne dieser warmen Stimme zu, die so anders klingt und wirkt als alle die anderen um mich herum. Ein intensiver, beglückender Austausch von Gedanken und Gefühlen hat begonnen, dessen Fortsetzung wir dem fast täglichen gemeinsamen Weg verdanken. Zuweilen bleibt Alexandr Dmitritsch kurz stehen, schaut mich eindringlich, fast prüfend an, stellt mir einfühlsam Fragen und berichtet seinerseits stolz, aber bescheiden aus seinem Leben, von der Familie. Der Vater war Ingenieur, der Großvater noch Kosakenhetman, er erzählt von der hochmusikalischen Mutter. Im Gymnasium hatte er Französisch als erste Fremdsprache gelernt. Nach dem Ingenieur-Studium an der Militär-Hochschule folgte eine erfolgreiche Karriere als Berufsoffizier in der sowjetischen Luftwaffe. Als hochrangiger Kommandeur im Fernen Osten nahm Alexandr Dmitritsch Hilfslieferungen der US-Luftwaffe für die Rote Armee entgegen. Anlässlich einer solchen Lieferung äußerte er in Gegenwart seines Stabschefs, dass die amerikanischen Flugzeuge doch ausgezeichnet konstruiert wären, was dieser zum Anlass nahm, Alexandr Dmitritsch zu denunzieren. Das genügte, um ihn im schicksalhaften Jahr 1944 zu verhaften und alsbald durch das Sondergericht OSO zu fünf Jahren zu verurteilen, von denen er nun bereits viereinhalb in Vorkuta hinter sich gebracht hatte. Außerdem teilte man ihm mit, dass seine Frau sich von ihm losgesagt hätte; das, meinte er, wäre wohl von ihr vernünftig gewesen. Wie weit er es verkraftet hatte, bleibt unerwähnt.

Wir tauschen Gedanken und Gefühle über Musikstücke von Mozart, Beethoven und Chopin aus sowie Erinnerungen an Konzerte und Solisten. Ich erzähle von den Beethoven-Festen in Bonn mit Elly Ney, Ludwig Hölscher und Max Strub, vom Thomanerchor und von Bachschen Motetten und Kantaten in der Leipziger Thomaskirche, während Alexandr Dmitritsch von den Konzerten und der bedeutenden musikalischen Tradition russischer und jüdischer Künstlerfamilien berichtet, darunter auch von David Oystrach.

Alexandr Dmitritsch ist 44, ich bin 21 Jahre alt. Die gegenseitige Zuneigung wächst und ich bin richtig verliebt in ihn. Fast täglich sehen wir uns, gewöhnen uns aneinander und bedürfen dieser kleinen Nähe des anderen immer mehr. Wenn niemand zu sehen ist, gehen wir Arm in Arm. Mir gefällt das markant geschnittene, kraftvolle Männergesicht, seine aufrechte Haltung, die leichten straffen, aber nicht zackigen Bewegungen. Auch hat er so angenehme höfliche Umgangsformen bewahrt. Er ist bezaubernd, dieser so anziehende Mann neben mir, der mich in seine Zuneigung voller Wärme einhüllt, es freut mich, ihm zuzuhören, wenn er Neuigkeiten oder vom Kunst- und Literaturleben in der Metropole berichtet oder von der Steppe und anderen Naturschönheiten seines riesigen Heimatlandes.

Abends auf meiner Pritsche träume ich von ihm und seinen kleinen behutsamen zärtlichen Gesten und freue mich auf den nächsten Tag, auf das Wiedersehen. Meist sagt er vorher, wenn er einmal nicht kommen kann. Alexandr Dmitritsch schickt mir Nachrichten über den Buchhalter Denisenko in der Basa oder über Tonya Rastorguyeva, die im Männerlager arbeitet. Einmal kam ein französisches Buch, *Les Tulipes Noires*. Seine kleinen zärtlichen Briefe lese ich immer wieder, obwohl gar nicht viel drin steht, und schreibe ihm mit einem winzigen Bleistiftstummel in winzigen Druckbuchstaben auf Zementsackpapier lange, wahrscheinlich sehr komische Liebesbriefe. Der Nachrichtendienst zwischen den Lagern funktioniert verlässlich, wenn auch manchmal mit einem Tag Verspätung.

Eines Tages dann eröffnet mir Alexandr Dmitritsch eine Überraschung: „Morgen um 11 Uhr sagen Sie auf der Wache der Basa, dass Sie zu Ihrem Landsmann, Daniil Gradwol, gehen, damit man Sie hinaus lässt, und dann gehen Sie über die Straße in das erste Haus gegenüber, einen Gemeinschaftsbau. Um die Zeit sind die Leute auf der Arbeit. Ein Freund hat mir die Schlüssel zu seinem Zimmer gegeben.“

Die verabredete Zeit kommt heran, dann ist es so weit. Im Kartoffellager gebe ich vor, Daniil zu suchen. Batka nickt, er ist mit einer Warensendung beschäftigt, da kann ich ihm ohnehin nicht helfen. Bis zur Wache sind es 100 Meter. Vor Aufregung klopft mir das Herz bis zum Halse. Indessen geht alles ganz reibungslos. Nächstes Hindernis ist die Wache. Auch dort lassen sie mich, wie schon oft, ohne weiteres passieren. Nun aber muss ich in die meinem angegebenen Ziel entgegengesetzte Richtung nach links zur Straße gehen, während Daniils Haus rechts von der Wache liegt. Im Licht der Scheinwerfer am Zaun entlang ist niemand zu sehen. Ich zwinge mich mühsam, in ruhigem Schritt bis zur Straße, auf der sich auch nichts bewegt, und dann in das bezeichnete Haus zu gehen, das einer kleinen Baracke ähnelt. Vier oder fünf Türen führen von einem schmalen, langen Korridor, der von einer einsamen elektrischen Birne notdürftig erhellt wird, nach beiden Seiten. Vor der zweiten Tür rechts bleibe ich stehen und hole tief Luft. Das wäre geschafft. Es gibt keine Türklinke. Während ich überlege, ob ich klopfen soll, öffnet sich die Tür, Alexandr steht im Türrahmen, tritt zur Seite, um mich vorbeizulassen. Seltsam, so sehr ich mich freute, ihn zu sehen, in dem Augenblick, in dem ich den Raum betrete, fühle ich, wie Angstgefühle in mir hochsteigen. Die Einrichtung des Zimmers besteht aus einem Tisch, zwei Hockern, einem Spind hinter der Tür, einem Bettgestell neben dem Fenster mit Strohsack und einer elektrischen Birne, die am Kabel baumelt. Auf dem Tisch ist ein Picknick aufgebaut, Weißbrot, Käse, ein Stück Wurst, einige mit Schokolade überzogene Konfektstücke und eine Flasche Rotwein, alles unglaubliche, unerreichbare Leckerbissen für mich, aber ich spüre überhaupt keinen Hunger, im Gegenteil, mir ist der Magen zugeschnürt. Alexandr Dmitritsch tritt mir entgegen und öffnet seine Arme. Einen Moment streift mein Blick sein Gesicht, er schaut ganz glücklich aus, als ob alles in Ordnung wäre. Dann verstecke ich mein Gesicht an seiner Brust. Eine kleine Weile verharren wir so. Aber meine Angst legt sich nicht. Ich mag nicht auf den Tisch schauen und noch weniger die übrige Umgebung betrachten. Alexandr Dmitritsch macht eine Bewegung, will mich küssen. Merkwürdig, draußen haben mich die seltenen Küsse, die wir austauschen konnten, erfreut und erfüllt, und jetzt lähmen mich Angstgefühle. Er bittet mich, doch am Tisch Platz und mit dem bescheidenen Imbiss vorlieb zu nehmen. Ich setze mich hin, springe indessen sofort wieder auf. Er zieht mich zu sich, möchte, dass ich mich auf seinem Schoß niederlasse, aber auch dazu bin ich nicht bereit. Im Stehen streichele ich über seine Wange und ertappe mich bereits bei Fluchtgedanken. „Nein, danke, wie schön haben Sie alles gemacht und Essen gebracht", ringe ich mir ab, „aber ich kann nichts essen oder trinken. Verzeihen Sie vielmals, vergeben Sie mir, aber ich kann nicht bleiben." Es ist ein plötzlich so erschrecktes trauriges Gesicht, in das ich schaue. Alexandr Dmitritsch springt auf, will widersprechen, breitet seine Arme aus, lässt sie sinken, während ich den Schlüssel in der Tür herumdrehe und fortlaufe. Erst später konnte ich ermessen, wieviel Organisation, Mühe und Aufwand es ihn gekostet haben musste, diesen Unterschlupf zu finden, ganz zu schweigen von der Enttäuschung über meine ihm unverständliche Flucht. Er hatte es mit einem zwar verliebten, jedoch ebenso verschreckten wie unerfahrenen Wesen zu tun, das sich weder über die Schatten der Vergangenheit noch über Angst- und Abwehrgefühle hinweg zu setzen vermochte. Diese Barriere trennt uns. Ich fühle, dass jetzt alles aus ist. Dieses abrupte Ende einer sehr gefühlvollen Beziehung macht mich zunächst völlig kopflos und taub. Batka schickt mich zum Schneeschippen. Mechanisch handhabe ich den dicken Stiel. Glücklicherweise fällt mein Zustand nicht weiter auf. Abends auf meiner Pritsche vergrabe ich mich in meinen Schmerz. Ich weiß keinen Ausweg. Ein Abschied ist es. Die Verbindung ist wie abgeschnitten.

Etwa ein halbes Jahr später stehe ich wartend nach der Arbeit in einer kleinen Brigade vor dem Lagertor. Da höre ich Alexandr Dmitritschs Stimme im Halbdunkel von der Straße. Auf französisch ruft er mir zu: „Hella! Guten Abend. Ich bin jetzt frei, meine Frau ist gekommen. Es geht mir gut, hoffentlich kann ich bald zurückkehren." Ich rufe nur: „Viel Glück", und „verstanden", dann bellt der Konvoi bereits los: „Nicht reden." Wie hat Alexandr Dmitritsch mich in der Dämmerung, grau im grauen Haufen, nur erkennen können?

□

Eines Tages erfolgten auf der Basa dann einschneidende Veränderungen. Daniil hatte Recht behalten. Eine scharfe Inventur hatte die krummen Geschäfte offen und für eine Weile lahm gelegt. In einem wohl recht umfangreichen Prozess wurden Lagerhausleiter, Expeditoren und sonstige mehr oder weniger Beteiligte oder Unliebsame auch außerhalb der Basa zur Verantwortung gezogen. Über die Blatnoy erfuhr ich, dass der Russe Soldatov Selbstmord verübt hatte. Dafür brachten sie kein Verständnis auf. Kostya meinte: „Er war doch kein schlechter Kerl, weshalb denn gleich sich umbringen? Ein paar Jahre hätte er doch überstanden. Aber er war wohl sehr ehrpusselig. Für sich selbst hat er nie einen Reibach zu machen versucht." Gefängnisstrafen wurden verhängt, auch Ivan Klein wurde zu acht Jahren verurteilt. Am besten kam noch der Georgier weg, denn in seinem Kartoffellager ließ sich Veruntreuung schwieriger nachweisen; dennoch war auch er fristlos entlassen worden. Über die übrigen konnte ich nichts erfahren. Sogar die Führungsspitze der Basa wurde ausgewechselt.

Auch Daniil war auf eine andere Stelle versetzt worden. Fadeyev, der neue Chef der Schicht, änderte umgehend viele seiner Anordnungen. Das traf mich besonders, denn ich musste nun in der Ladebrigade schwere Säcke tragen. Ivan, der Vorarbeiter der Ladebrigade, machte es mir besonders schwer. Nach Lyoschas Rausschmiss hatte sich dieser Blatnoy nämlich um mich bemüht und rächte sich nun für die Abfuhr, indem er mich unter ständiger Bedrohung mit Schlägen zwang, auch schwerste Zuckersäcke zu tragen. Als sie mir die Säcke auflegten, entstand ein Schleier vor den Augen. Ich konnte nichts mehr sehen, es war, als ob mir das Blut stockte und mit einem Ruck musste ich möglichst schnell die 15 m bis zur Waage hinter mich bringen, wo zwei Männer mir den Sack abnahmen und ihn auf die Waage legten. Ich durfte die Säcke ja nicht verfrüht abrutschen lassen. Ivan hatte mir zwar erklärt, wo man zwischen Schulter und Wirbelsäule schwere Gewichte halten kann, aber nach vier solcher Säcke sackte ich selber zusammen. Erstaunlicherweise ließ Ivan mich danach eine Weile in Ruhe.

Nach ein paar Tagen wurde ich in die Nachtschicht und erneut zum Kartoffellager geschickt. Wenig später erschien überraschend Fadeyev: „Na Kleine, ich habe gesehen, du hast es nicht leicht. Aber ich kann dir helfen, deshalb habe ich dich in die Nachtschicht bestellt", begann er das Gespräch betont jovial, während er mit mir durch das Kartoffellager ging, „jedoch musst du dich auch erkenntlich zeigen." „Ich besitze nichts, was Sie interessieren könnte", entgegnete ich in gleichgültigem Ton, die eindeutige Anspielung bewusst missverstehend. Aber darauf ließ Fadeyev sich gar nicht erst ein. „Du musst nur mit Natur zahlen", erklärte er grinsend, während er mich packte und mich auf einen Kartoffelhaufen warf. Wir rauften, ich war es ja schon gewöhnt. Die Wut gab mir genügend Kräfte. Nach einigen fruchtlosen Versuchen, doch noch ans Ziel zu kommen, gab Fadeyev auf. Während er seinen Kittel glatt zog, herrschte er mich an: „Mach ja die Säcke heute Nacht fertig, du weißt ja, 30 Stück ist die Norm." Die Norm war keinesfalls zu schaffen, die Säcke waren viel zu zerrissen.

Fadeyev zog übrigens umgehend die Konsequenz aus meiner Widersetzlichkeit: Einen Tag später war ich endgültig von der Basa entlassen und bei einer fremden Brigade zum Schotterausladen in der Tundra gelandet. Ich kannte niemanden, die Kälte war schneidend und die Frauen unfreundlich, weil ich die verlangte Norm nicht schaffte. Eines Morgens sah ich von meiner Waggonplattform beim Schotterabladen, dass gleich neben uns eine Männerbrigade zu arbeiten begann. Ich schippte weiter. Der Sturm trieb mir ein Schnee-Sandgemisch ins Gesicht. Plötzlich hörte ich eine bekannte heisere Stimme: „Na Landsmännin, wer sagt's denn! Endlich habe ich dich wiedergefunden. Hier entgehst du mir nicht mehr." Lyoscha stand unten am Waggon und grinste.

„Guten Tag, Lyoscha, wie geht's", versuchte ich, mich konventionell zu geben. „Gleich, wenn ich dich erst in meinen Armen halten werde, geht's mir besser. So lange bin ich noch nie hinter einer Frau hergelaufen. Also höre, hier kann ich nicht bleiben, der Posten macht da nicht mit, aber komm gleich zum Wärmen in die Bude. Ich warte auf dich. Ich werde aufpassen, wann du hineingehst." „Es ist gut", antwortete ich in bereitwilligem Ton, indes fest entschlossen, nicht in die Bude zu gehen. Aber es wurde mir schwer, Stunde um Stunde in der Kälte auszuharren. Nach ein paar Stunden erschien Lyoscha wieder, ziemlich ungeduldig. „Komm endlich runter, wird's bald, mach zu. Wenn du nicht nachgibst, verabrede ich mich mit den anderen, wir werden dich jagen, bis du zum Krüppel geworden bist." „Ich komme nicht", schrie ich, so laut ich konnte. „Nun, dann warte nur, was ich mit dir machen werde, wenn ich dich erwische." „Gar nichts", rief ich ihm von meiner Plattform herunter hinterher, „denn ich verrecke lieber hier draußen in der Kälte." Von der Aufregung war mir sogar wieder warm geworden und schließlich ein langer Tag endlich überstanden.

Am nächsten Morgen waren die Männer zwar gekommen, aber Lyoscha konnte ich nicht entdecken. Mittags rief mich der Wachposten zu sich. „Du, hol meinen Pelz aus der zweiten Bude dahinten", forderte er mich auf. Die zweite Bude lag etwa 100 m entfernt, aber dort waren keine Häftlinge. Mir fiel ein, was Rayka mir eingeschärft hatte: „Gehe niemals ohne Konvoi aus dem Arbeitsabschnitt, sie können dich glatt abknallen. Fluchtversuch, verstehst du!" Dieser Posten sah zwar ruhig aus, aber beim Näherkommen bemerkte ich eine Alkoholfahne. „Ich gehe nur, wenn Sie mit mir gehen." „Wieso, ich schicke dich, das ist ein Befehl." „Aber ich gehe nicht ohne Sie aus der Arbeitszone hinaus. Ich will Ihnen gerne den Pelz tragen, aber allein gehe ich nicht herum." „Albernheit", schimpfte er, aber er ging doch mit. Vor der Bude angekommen, sperrte ich mich, die Tür aufzumachen. Fluchend öffnete der Posten die Tür selbst. In der Bude lag zwar sein Pelz, aber außerdem saß Lyoscha dort, der den Posten mit Wodka gekauft hatte. Als der Posten mich vorwärts schieben wollte, ging ich in die Knie, beugte mich nach vorn, drehte um und rannte ohne zurückzuschauen zu meinem Arbeitsplatz auf den Gleisen zurück. Ich war auf alles gefasst. Vielleicht würde ja geschossen. Aber alles blieb ruhig. Mit buchstäblich letzter Kraft kletterte ich auf einen Waggon. Oben fühlte ich mich sicher.

□

Am nächsten Tag herrschte freundlicheres Wetter, Windstille, die Kälte ließ sich leichter ertragen. Ich konnte es draußen aushalten und war entschlossen, wieder

auf die Wärmepause zu verzichten. Und dann erschien Lyoscha erneut: „Landsmännin, hör mal", seine Stimme klang diesmal ganz umgänglich, „komm runter
vom Waggon, wir wollen eine zusammen rauchen." „Ich habe mit dir nichts mehr
zu reden", wollte ich ihn abfertigen. Völlig überraschend beteuerte er: „Ich werde
dir nichts tun, ich hab's verstanden, du willst nicht. Was findest du bloß so schlecht
an mir – Tschem ya ploch? Aber du willst wohl mit niemandem was zu tun haben.
Ich werde mir eine andere nehmen. Nadya da drüben macht mir schon lange schöne Augen. Komm, wir rauchen zusammen und du brauchst dich auch nicht mehr
zu verstecken. Nur eins rat ich dir: Lass dich ja mit keinem anderen ein. Wenn ich
davon erführe, würde es dir schlecht bekommen."

Diese Rede hörte sich glaubhaft an. Ich wagte es also, vom Waggon herunter zu
klettern. Lyoscha hielt schon die Zigarettenschachtel bereit. Dann hockten wir
gegen Waggonräder gelehnt nebeneinander. „Was ist an mir so schlecht?", fragte
er noch einmal. „Es ist nicht dein Fehler", versicherte ich ihm, „es liegt nur an
mir." Wir rauchten die Zigaretten zu Ende, dann begab sich Lyoscha zu seiner
Nadya und ich konnte mich endlich wieder einmal an einem Budenfeuer wärmen.

Eines Tages fehlte mein kleines Federkissen, das ich mir noch in Torgau im
Gefängnis durch Zerschneiden eines größeren organisiert hatte. Die Brigade war
auf Arbeit, von den Bekannten war nur die lahme Zigeunerin in der Baracke. Ich
ging zu ihr: „Soya, hast du zufällig gesehen, wer mein Kissen genommen haben
könnte?" „Was, ist es weg? Ja, wer war denn hier?" überlegte sie. „Vielleicht Soya
Vinogradova", versuchte ich ihrem Gedächtnis nachzuhelfen. „Richtig, die habe
ich herumgehen sehen. Aber warte nur, ich werde dein Kissen gleich wieder finden." Soya Zyganka hinkte fort und erschien bereits nach 10 Minuten wieder mit
meinem Kissen unter dem Arm. „Da hast du es wieder. Immer diese Lumpensammlerin! Es gibt doch genügend solcher, wo sie etwas nehmen könnte. Weshalb
hat sie es nur immer auf dich abgesehen?" „Sie hasst mich eben. Zugegeben, ich
kann sie auch nicht ausstehen. Nur, sie versucht immer wieder, mir eins auszuwischen." „Nun, solange ich hier bin, wird sie nicht wiederkommen", sagte Soya
Zyganka. Aber wenig später wurde die Zigeunerin auf Etappe geschickt. Beim
Abschied bedankte ich mich noch einmal für ihren immer wieder gewährten
Schutz. „Nitschewo, Lena, alles Gute dir! Und übrigens vergiss nicht, was ich dir
schon einmal sagte: Du hast sehr schöne Augen." Damit hinkte Soya Zyganka, die
mir ungeachtet ihrer gleichbleibenden, wohlwollenden Hilfsbereitschaft doch stets
unheimlich geblieben war, hinaus.

□

Täglich verließen jetzt Transporte mit Blatnoy-Frauen unser Lager. Eines Abends nach der Arbeit war mein Kopfkissen wieder verschwunden, diesmal auf Nimmerwiedersehen. Soya Vinogradova war auf Etappe gegangen, nicht ohne dem verhassten ‚Fritz' schließlich doch noch das Kissen stibitzt zu haben.

Meine Zigeunerfreundin Rayka hatte ich seit ein paar Tagen nicht gesehen. Sonst kam sie immer vorbei, wenn wir uns nicht zufällig irgendwo begegneten. Irgend etwas stimmte da nicht, ich ging sie suchen. Zwar wurden ständig Diebinnen abtransportiert, aber Rayka hätte mir sicher Nachricht zukommen lassen, wie immer, wenn etwas Wichtiges los war. In ihrer Baracke erfuhr ich dann, dass sie schon vor zwei Tagen in den Karzer abgeführt worden war. Um den Karzer, im Polizeijargon die Baracke verschärften Regimes oder Kleine Zone genannt, lief innerhalb des dreifach umzäunten und mit Todeszonen gesicherten Lagers noch ein besonderer Stacheldrahtzaun. Auf der Vorderseite dieser Kleinen Zone lagen die Diensträume der Miliz, auf der Rückseite die Zellen. Ich trieb mich eine Weile unschlüssig in der Nähe herum. Dann rief ich aufs Geratewohl: „Rayka, was ist los?" Sofort kam ihre Stimme: „Lena, du! Prima, dass du kommst. Sie haben uns dabei erwischt, als wir noch was ‚mitnehmen' wollten und dann eingelocht. Du glaubst es nicht, wie kalt es hier ist und ich habe solchen Hunger. Hast du übrigens schon davon gehört? Sie sagen, ich würde in zwei Tagen auf Etappe geschickt." „Lassen sie dich vorher noch mal raus?" „Wahrscheinlich nur morgen Abend, damit ich meine Klamotten zusammensuchen kann." „Rayka, ich gehe jetzt etwas Brot holen. Nachher bringe ich es vorbei, wenn Morosov Dienst hat. Der übergibt es dir sicher." Morosov war ein älterer, wortkarger, aber nicht unfreundlicher Aufseher, der mir einmal geholfen hatte, als ich krank zur Arbeit ausrücken sollte. „Oh, verflucht", freute sich Rayka, „Brot wäre nicht schlecht. Ich könnte mich vor Hunger selbst anbeißen. Sie halten uns so knapp, weil wir nicht zugeben, dass wir klauen wollten." Inzwischen gingen bei der Miliz Türen. Ich konnte gerade noch ungesehen weglaufen.

Jetzt musste ich Brot organisieren; denn meine Ration hatte ich natürlich schon aufgegessen. Aber ich kannte ein Küchenmädchen, die mir etwas leihen würde, weil sie immer genug zu essen hatte. Es klappte auch und ich versprach ihr meine Brotzuteilung vom nächsten Tag.

Dann kam der schwierigere Teil des in keiner Weise legalen Vorhabens. Nicht ohne mulmige Gefühle ging ich zur Eingangstür der Kleinen Zone und klopfte. Die Tür öffnete zu meinem Schrecken nicht, wie erwartet, Morosov, sondern Golubenko, der gestrenge, wenngleich korrekte Milizkommandant höchstpersönlich. In den Jahren hatte ich nur selten direkt mit ihm zu tun gehabt. Zweimal musste ich bei ihm Diebstähle zu Protokoll geben, um nicht bei einer plötzlichen Durchsuchung wegen Spekulation belangt zu werden: Gleich zu Anfang, als meine Stiefel verschwunden waren, und kürzlich wegen des kleinen Kissens, das Soya Vinogradova hatte mitgehen lassen; denn unsere eigenen Sachen waren registriert. Dennoch taten die Verbote von Ein- und Verkauf dem blühenden Schwarzhandel im Lager keinen nennenswerten Abbruch.

Würde der Milizchef Golubenko wohl das Brot weitergeben? Gleichwohl, ich musste es versuchen. Er sah mich an der Tür stehen, runzelte die Stirne und fragte in erstauntem, wiewohl wenig ermutigendem Ton: „Na, was willst du denn hier?" „Ich möchte Brot für Rayka Kanz abgeben." „Was, du? Für die Banditin", äußerte er ziemlich verblüfft, „behalte dein Brot lieber selbst." „Nein, ich bitte Sie, Bürger Chef, geben Sie es ihr doch, bitte!" „Ja, das ist doch nicht erlaubt. Und überhaupt, warum isst du dein Brot nicht selbst, du hast sicher nichts extra, du bist doch die Deutsche?!" „Ja, Bürger Chef, aber Rayka hat mir oft was zu essen geschenkt und geholfen, wenn andere Diebinnen frech wurden." „Na ja, dann gib mal her", ließ er sich schließlich erweichen. „Vielen Dank, Bürger Chef." „Schon gut." Er schloss die Tür wieder.

Auf dem Rückweg zu meiner Baracke war mir das Herz schwer. Rayka würde auf Etappe gehen und ich fühlte, dass es ein Abschied für immer sein würde. Wie oft hatte sie mir im Laufe der Zeit Freundlichkeiten erwiesen seit damals, als sie mich bei der Ankunft im neuen Lager in der Banditenbaracke neben sich unterbrachte und betreute. Getreulich war Rayka auch zur Privilegiertenbaracke gekommen, um nach mir zu schauen, während die Barackenälteste Tyotya Dunya missbilligend verfolgte, was die Deutsche bloß mit der Zigeunerin zu schaffen hatte. Rayka brachte immer etwas mit, mal Brot, mal ein Stückchen Zucker, einmal sogar ein Stückchen Seife. „Du wäschst dich doch so gerne", war ihr Kommentar gewesen, begleitet von ihrem lustig-listigen Augenzwinkern. Und wir hielten weiter Verbindung. Später dann, als ich außerhalb des Lagers und in der Nähe von Blatnoy-Männern arbeitete, war es in der Regel Rayka, die mich vor Gefahren warnte: „Lena, heute musst du vorsichtig sein auf der Arbeitsstelle. Du musst auf Grischa achten, er hat dich beim Zocken gewonnen." Zweimal war ich als Einsatz verspielt worden. Mitunter, wenn die Diebe kein Geld hatten, spielten sie um Frauen. Der Gewinner konnte dann 24 Stunden lang von seinem Recht auf die Frau Gebrauch machen, der Verlierer musste den Konvoi bestechen oder sonstige Hilfsdienste leisten.

Am nächsten Abend kehrten wir verspätet von der Arbeit zurück. Auf mein Rufen am Isolator kam keine Antwort. Schon war Appell angekündigt. Ob Rayka wohl in ihrer Baracke war? Gerade kam ich zurecht, wie sie, gefolgt von einer Aufseherin, mit ihrem Bündel aus der Barackentür trat. „Lena!" Sie hatte mich gleich entdeckt. „Hier, Rayka, nimm Brot auf den Weg. Wann geht's los?" „Lena, komm, lass uns zusammen fahren", versuchte Rayka, mit einem Scherz über den Abschied hinwegzugehen. Die begleitende Milizbeamtin brachte ihre Missbilligung, dass ich neben der Arrestantin ging, deutlich zum Ausdruck: „Du hast hier nichts zu schaffen, mach, dass du wegkommst." „Wieso?" Jetzt wollte ich mich nicht verjagen lassen. „Hier in der Lagerzone kann ich mich überall frei bewegen, Bürgerin Chefin!" „Nichts da, ihr habt nichts miteinander zu reden." „Sie fährt doch auf Etappe!" Vergeblich versuchte ich an ihr Verständnis zu appellieren. „Na und? Los, pack dich", fauchte die Aufseherin mich aufgebracht an, „hau endlich ab, sonst nehme ich dich gleich mit." Wenige Schritte vor der Kleinen Zone warf Rayka plötzlich ihr Bündel auf den Boden, die Aufseherin stolperte. Mit akrobatischer Schnelligkeit zauberte die Zigeunerin aus ihrer Tasche noch ein Stückchen Zucker: „Als süße Erinnerung!" Diesmal aber gelang ihr die spitzbübisch lustig-listige Miene nicht ganz, der Abschied ging auch ihr nahe. Für einen Augenblick umarmten wir einander. Die fluchende Aufseherin machte Anstalten, handgreiflich zu werden. „Lebwohl, Rayka, ich vergess dich nie. Dank dir." „Mach's gut, Fritzyonok, ich vergess dich auch nicht." Im Handumdrehen hatte Rayka ihr Bündel wieder aufgeklaubt und bog wie stets in lässiger Haltung, ohne auf die Aufseherin und ihre erbosten Kommentare zu achten, in den Gang zum Isolator ein. Wohin würde das Schicksal mein ‚kleines Räubermädchen' verschlagen?

Bis auf ein paar Invaliden waren alle Diebinnen abtransportiert. Viele Baracken standen leer. Die bunten Farbtupfer der Diebinnen fehlten im grauen Sträflingseinerlei. Ungeachtet aller Schrecknisse und Gefahren empfand ich die Trennung von einigen dieser Menschen als Verlust, hatten sie mir doch spontan Wärme und Menschlichkeit geschenkt.

Ziellos schlenderte ich eines Abends herum und fand mich unversehens in der Baracke wieder, in der Rayka zuletzt gewohnt hatte. Der große Raum war fast leer, am Ofen saß die uralte Zigeunerin Mascha-Staruschka, die ich immer nur im Vorbeigehen gegrüßt hatte. Ich winkte ihr von weitem zu und wollte wieder hinausgehen. Da rief sie mich an. „Du, Deutsche, bist du einsam?" Erstaunt schaute ich zu ihr und nickte nur kurz. „Ich weiß, Rayka ist jetzt auch weg. Komm her, setz dich zu mir", lud sie mich ein. Innerlich ein wenig widerstrebend setzte ich mich neben sie. Ihr Gesicht bestand aus lauter hängenden Falten, die Augen lagen tief zwischen den Falten, müde und etwas stumpf. Einige graue Haarsträhnen kamen unter dem schwarzen Kopftuch hervor. „Du hast viel Heimweh, Kleine, aber du bist ein gutes Mädchen. Du kommst auch wieder nach Hause." „Ach, Tjotja Mascha", winkte ich resigniert ab, „zu solcher Hoffnung besteht wirklich kein Anlass." „Doch, doch, auch wenn es noch zwei oder drei Jahre dauern kann. Zeig mir mal deine Hand!" Sie betrachtete meine Handfläche. „Du kommst bestimmt wieder nach Hause. Wer ist dort? Deine Mutter?" „Ja, als ich verhaftet wurde, waren dort Vater, Mutter und fünf Geschwister." „Deine Mutter wartet." Sie schaute mir ins Gesicht und fühlte meine Skepsis. „Sei nicht traurig", unversehens wirkten ihre Augen lebendig und warm, „du bleibst nicht hier." „Na, wenn nicht Vorkuta, dann eben Irkutsk oder Karaganda." „Nein, glaub mir, es dauert nicht mehr lange." Dann griff sie in ihr Säckchen, das sie neben sich liegen hatte, und holte ein Stück Brot heraus, mehr als eine halbe Tagesration. „Da, nimm ein wenig Brot, ich brauche nicht so viel. Du hast doch sicher Hunger." Bei ihrer kleinen Invalidenration war das wirklich ein großes Geschenk. Gerührt und beschämt bedankte ich mich. Dann fragte ich sie, wie lange sie schon im Lager wäre. „Ach Kind", winkte sie ab, „länger als du lebst." Freundlich, aber unendlich müde nickte sie auf meinen Abschiedsgruß. „Schlaf gut, Kleine." Ihre Freundlichkeit hatte mir gut getan. Trotz meiner Zweifel an ihrer Voraussage kehrte ich etwas zuversichtlicher in meine Baracke zurück.

Vom UDS zur II. Ziegelei

Karzer und Etappe zur II. Ziegelei □ Putzfrau in der Wache □ Blatnaya Zoya □ Merkwürdige Begegnung

Nach dem Abtransport der aufsässigen Blatnoy hatte die Administration den Vollzug verschärft. Nennenswerte Widersetzlichkeiten kamen kaum vor. Ständig trafen nun Transporte mit politischen Häftlingen aus Ostdeutschland, der Westukraine und den baltischen Ländern ein.

Aufregend war es, nach vier Jahren Landsleute zu treffen und diese Neuen aus den verschiedenen Nationen kennenzulernen, die wegen Verwandtschaft oder Bekanntschaft mit Partisanen oder antisowjetisch eingestellten Intellektuellen oder solchen, die man dafür halten wollte, verurteilt waren. Die vorwiegend jungen Frauen waren frisch, unverbraucht und unerfahren, was das Lagerleben anging. Und sie waren kräftig. Vor allem die Ukrainerinnen erbrachten enorme Arbeitsleistungen und so stiegen die ‚Normen' für die täglichen Anforderungen entsprechend.

Die verschiedenen Nationalitäten schlossen sich untereinander enger zusammen, wobei die jeweilige Sprache eine wichtige, abgrenzende Rolle spielte. Meine ukrainischen und litauischen Sprachbrocken ermöglichten mir gleichwohl manch freundliche Begegnung. Batka Kovaltschuks Nichte, die inzwischen auch in unser Lager gekommen war, lud mich zu einer geheimen nächtlichen Osterfeier der katholischen Westukrainerinnen ein, auf der jede ein millimetergroßes Krümelchen von hartgekochtem Ei und ein ebenso großes Stückchen Hostie erhielt. Drei Eier reichten für etwa achtzig Teilnehmerinnen. Eine Kerze brannte und Lieder wurden gesungen, ein unvergesslicher feierlicher Eindruck. Die aufgestellten Aufpasserinnen warnten rechtzeitig, als die Miliz sich näherte. Da in diesem Lager die Baracken noch nicht von außen abgeschlossen wurden, entgingen wir der Kontrolle unerkannt.

Unter für verlässlich gehaltenen Vertreterinnen der verschiedenen Nationalitäten verabredeten wir im Sommer 1950, die Spitzel in jeder Gruppe ein wenig zu beobachten. Eine rothaarige Lettin hatte das angeregt mit dem Hinweis, dass die Männer über einen Aufstand nachdächten und die Frauen auch ihren Beitrag leisten müssten. Ich übernahm es, die Verbindung zwischen einigen Gruppen aufrecht zu halten. Solche Gespräche führte ich immer nur unter vier Augen, um etwaige Zeugen fernzuhalten, und mahnte vor allem zur Besonnenheit, wenn sich herausstellte, wer für Denunzierungen in Frage kam. Ungeachtet aller Vorsicht hatte aber vielleicht die Obrigkeit inzwischen doch etwas mitgekriegt. Eines Tages wurde ich jedenfalls ohne Begründung in den Karzer gesperrt. Über den Grund erfuhr ich auch später nichts. Der rothaarige Politoffizier ließ sich kurz die Zellentür aufschließen, betrachtete uns vier Insassen kommentarlos und ging auch auf Fragen nicht ein. „Es ist angeordnet", war alles, was er von sich gab.

In einer drei Meter breiten Zementzelle lagen wir zu viert nebeneinander auf einer durchgehenden Holzpritsche ohne Matratzen; jetzt im Sommer mit warmen Außentemperaturen war es noch auszuhalten. Die drei anderen verweigerten als Angehörige einer christlichen Bekenntnisgruppe konsequent die Arbeit für den Antichrist. Deshalb waren sie Stammgäste im Karzer in der Kleinen Zone. Der Glaube der Monaschki-Nönnchen, wie sie im Lager genannt wurden, war so stark, dass sie stundenlang barfuß in Schnee, Wind und Polarkälte singend ausharren konnten, ohne Erfrierungen zu erleiden — ein Phänomen, das die kommunistische Leitung nicht gerne zur Kenntnis nahm. Indessen versuchte die Administration in jedem Lager von neuem, den Willen der drei mit dergleichen Kältetests zu brechen. Im übrigen beschränkte man sich auf wiewohl vergebliche Versuche, sie mit Hungerrationen und periodischen Karzeraufenthalten zu zermürben, wahrscheinlich auch, um die Arbeitsmoral im Lager nicht zu gefährden.

Diese freundliche, hilfsbereite Nachbarschaft kam mir besonders zupass, weil ich an Bronchitis erkrankte, aber trotz hohen Fiebers im Karzer bleiben musste. Normalerweise wurden Karzeraufenthalte bei hohem Fieber unterbrochen, schon um Seuchenausbreitung zu unterbinden. Die Monaschki hatten unermüdlich geklopft und gerufen, bis endlich ein Arzt nach mir schauen durfte. „Bei Ihnen darf diese Bestimmung nicht angewendet werden", teilte mir dann der überaus hilfsbereite und sympathische Arzt Dr. Dobzhanski, ein polnischer Häftling, auf Französisch mit. Der Pole kam in Begleitung einer Krankenschwester, die für ihre regen Kontakte mit der Polit-Administration bekannt war. Sie konnte zwar Deutsch, aber kein Französisch und deshalb unserem Gespräch nicht folgen. Die Schwester bemängelte erbost, dass wir nicht russisch redeten. Höflich schob ich russisch ein: „Mir ist schlecht." „Offensichtlich liegt an höherer Stelle etwas gegen Sie vor, man zuckt nur die Achseln, Gründe werden nicht genannt", erklärte der Arzt seine vergeblichen Versuche, mich in die Krankenstation zu verlegen, aber er setzte wenigstens eine Decke, tägliche Calcium-Injektionen und ausreichend abgekochtes Trinkwasser durch. Davon profitierten auch die anderen; denn die Wasserzuteilung im Karzer war normalerweise knapp.

Die Monaschki sorgten sehr rührend für mich. Schon diese Besorgtheit stärkte meine Lebensgeister erfolgreich gegen die Krankheit und die Umgebung. Denn nur, wenn der Natschalnik Rezhima, der gestrenge Milizchef Golubenko Dienst hatte, herrschte hier im Karzer Ruhe, wurde auf zusätzliche Schikanen verzichtet.

Mit Golubenko hatte ich übrigens nicht lange nach Raykas Abtransport ein bemerkenswertes Gespräch geführt. Während meiner Abwesenheit, tagsüber, hatte eine Milizbeamtin auf meiner Pritsche einen halbfertigen Strickauftrag gefunden und Nadeln und Garn konfisziert. Da mir die Wolle nicht gehörte, entschloss ich mich, Golubenko um Rückgabe des Strickzeugs zu bitten. Nachdem ich alles erklärt hatte, meinte er, ich könnte ihm doch mit meinen Sprachen behilflich sein, er hätte da manchmal solche Dokumente, die er nicht lesen könnte. „Du kannst ja Fremdsprachen, du könntest mir doch übersetzen." „Ja, wenn Sie offizielle Dokumente haben, will ich Ihnen gerne helfen. Aber was gibt es hier denn für Dokumente?", wunderte ich mich. „Nun, dazu gehören ja auch so unerlaubte Korrespondenzen, Kassiber und ähnliches." Schade. Darauf wollte er hinaus. Die Chancen, das Strickzeug wieder zu bekommen, sanken. „Ja, wissen Sie, wenn wirklich jemand hier in unseren Verhältnissen mal einen kleinen Liebesbrief kriegt, dann bin ich nicht der Handlanger, daraus Details mitzuteilen und Unannehmlichkeiten zu verursachen. Ich eigne mich nur für offizielle Schriftstücke. Mit Kassibern will ich nichts zu tun haben. Damit können sich Spitzel befassen. Mein Vater bezeichnete solche als Dreigroschenjungen, verstehen Sie, die 30 Silberlinge für Judas."

Golubenko hatte mich durchdringend angeschaut, immerhin hatte ich ja meine Meinung deutlich geäußert. Ich hielt seinem Blick stand. Er schwieg eine kleine Weile, dann sagte er: „Du hast Recht, man braucht die Spitzel und wirft sie fort wie Lumpen. Hier, nimm dein Strickzeug, aber lass es nicht mehr herumliegen." Das Unglaubliche war eingetreten: Ein mir prinzipiell verhasster Nicht-Mensch der Miliz hat mir das Strickzeug zurückgegeben, eigentlich unerhört fair und für ihn selbst nicht ohne Risiko.

Zwei Wochen im Karzer waren vergangen, das Fieber abgeklungen, als ich den Befehl bekam: „Fertigmachen für Etappe." In die Wohnbaracke durfte ich nicht mehr. Mein Bündel brachte die Barackenälteste mit einer Aufseherin in den Isolator. „Hast du auch alles? Schau ruhig nach, ob was fehlt", meinte Golubenko, der Aufsicht führte, freundlich. Ein offener Lastwagen mit etwa 20 fremden Frauen, die KTR-Nummern auf dem Rücken trugen, stand vor dem Lagertor. An der Fahrerkabine lehnte ein Soldat mit Maschinenpistole. Ich kletterte mit meinem Bündel hinauf. Ein weiterer Soldat mit automatischer Waffe nahm den Eckplatz ein, ein dritter stand, auch mit der Waffe im Anschlag, auf dem Trittbrett. Das waren keine Selbstschutzleute mehr. Der Lastwagen fuhr los. Alexandrovna, meiner silberhaarigen Freundin, die zufällig in die Nähe kam, konnte ich noch zuwinken. Sie wurde wenig später nach abgebüßter Haftstrafe aus dem Lager entlassen und nach Sibirien verbannt.

Im neuen Lager, der Zweiten Ziegelei, durfte ich mich wieder frei bewegen. Hier hatten bislang zu längeren Haftstrafen verurteilte höhere deutsche Offiziere gearbeitet. Staunend ging ich durch die Baracken, die mit deutscher ‚Ordnungsliebe' ausgebaut und verschönert waren. In einer Baracke hingen sogar Lampenschirme, aus vier mit Hirschen bemalten Glasscheiben sehr fachmännisch gebastelt. Die Wasserleitung für die Miliz und die Militär-Garnison führte als kleiner Wall, mit Brettern und Sägemehl wirksam gegen Frost isoliert, durch unser Lager. Auch unsere Wasserversorgung und das Badehaus waren angeschlossen. Die letzten Männer, Kranke und Versehrte, wurden noch abtransportiert. Dann trafen ständig neue Transporte mit Frauen ein. Inzwischen wurden wir in der Umgebung mit Gelegenheitsarbeiten beschäftigt und kamen schon nach 10 Stunden zurück.

An solch einem halbfreien Nachmittag wollte ich die günstige Gelegenheit ergreifen und Wäsche waschen; denn inzwischen besaß ich fast richtiges Bettzeug. Meine Gefängnisdecke aus Potsdam mit den Maßen von etwa 1,30 x 1,00 m (im Laufe der Zeit hatte ich sie immer weiter aufgetrennt und daraus Socken oder Handschuhe gestrickt und verkauft) steckte in einem Bezug aus weißem Baumwolldrillich. Das Laken aus weißgechlortem Leinen, ehemals ein Mehlsack, war nur 50 cm breit, aber 1,60 m lang, und darauf thronte mit Hilfe eines gezielten Hiebs mein mit geblümtem Stoff überzogenes, nun mit Watte gefülltes Kopfkissen, 15 x 20 cm. Auf drei Seiten war es aus optischen Gründen mit einer Rüsche versehen. Immerhin vermieden es Soldaten oder Polizisten beim Filzen in den Baracken eher, mit ihren Stiefeln auf weißes Bettzeug zu steigen, und warfen es nicht so durcheinander wie üblicherweise die ärmlicheren Lagerstätten ohne Bettzeug.

In diesem Lager befand sich das Badehaus zwar innerhalb der Zone, gleichwohl war das Waschen und Baden ohne Protektion auch hier mühselig. Indes blieb mir die Erfahrung heute erspart. Den Weg zu diesem Badehaus konnte ich abkürzen, indem ich direkt über den Wall der Wasserleitung kletterte. Allerdings machte gefrorene Nässe schon jetzt in der Übergangszeit den Wall zu einer nahezu unpassierbaren, zweiseitigen Rutschbahn. Auf dem Weg sah ich in der Dämmerung eine Frau, die bei dem Bemühen, mit einem dicken Bündel über den Wall zu steigen, immer wieder zurückrutschte, und ging hin, um ihr zu helfen. Beim näheren Hinsehen wirkte sie schon betagt für Lagerverhältnisse, etwa Ende 40, und ihr Jargon erinnerte an den der Blatnoy. Auch sie hatte die KTR-Häftlingsnummer auf dem Rücken und am Knie. Ganz grau war sie im Gesicht und keuchte vor Anstrengung.

Deshalb nahm ich ihr das Bündel ab und begleitete sie in ihre Baracke. Erleichtert ließ sie sich auf ihre Pritsche fallen. Dann sagte sie: „Da hast du mich ja buchstäblich aus dem Dreck gezogen. Dank dir. Ich bin gerade gestern mit Etappe angekommen, ich bin Liza Ivzhenko. Ich fühle mich so verflucht schwach, könntest du mir wohl mein Essen holen?" Ich brachte es ihr und saß noch ein wenig bei ihr, denn für's Wäschewaschen war es ohnehin zu spät. Am nächsten Tag nach der Arbeit schaute ich bei Liza vorbei. Sie lag noch ziemlich schwächlich auf ihrer Pritsche. Ich machte ihr etwas Heißes zum Trinken und drehte uns eine Machorka-Zigarette, während wir die Lage diskutierten. In diesen ersten Tagen ließ sich das Retschlag, in dem neuerdings KTR-Häftlinge mit der Nummer auf dem Rücken und wir Zuchthäusler mit der Nummer auf dem Arm zusammengelegt wurden, ganz erträglich an. Die Arbeit in der Ziegelfabrik mit Lehmförderung und allem, was da sonst noch drohte, war noch nicht angelaufen. Liza erklärte mir die aus ihrer Sicht prekäre Lage: „Hier liegen Lager und Fabrik so abseits, dass du kaum hoffen kannst, einen Muzhik zu treffen. Außerdem: dieser KTR-Vollzug, das ist doch das Letzte, keine Bewegungsfreiheit im Lager, keine Amnestien oder andere Perspektiven mehr. Ohne ‚Unsere‘ und ohne zusätzliche Lebensmittel kann ich das, krank wie ich bin, doch nicht lange durchhalten." Mit ‚Unseren‘ meinte die ‚ehrliche‘ Diebin selbstredend die Blatnoy. Ich begleitete Liza, die sich krank fühlte, zum Ambulatorium. Die auch zu KTR verurteilte ukrainische Ärztin legte sie gleich ins Hospital. Einige Wochen später traf ich Liza erneut, sie hatte sich inzwischen etwas erholt. „Komm mit, heute habe ich was zu rauchen", forderte sie mich auf. Ich hatte mich gerade im Badehaus geärgert und klagte: „Erst kriegst du so wenig Wasser, dann stoßen sie dich weg. Drehst du dich nur um, ist die Schüssel verschwunden und die Wäsche liegt auf dem Boden. Wenn du was zum Trocknen aufhängst, versuchen sie ständig zu klauen, und mit der Seife ist es erst recht ein Elend, sie langt nicht vorne und nicht hinten. Die Haare wasche ich oft mit Lehm." „Warte nur", sagte Liza, „ich glaube, da gibt es Abhilfe." Inzwischen war ihre Nachbarin gekommen, Mascha Petuchova, auch eine ältere, äußerst energische, zu KTR-Haft verurteilte Diebin, die Chefin des Badehauses. Liza stellte mich ihr vor: „Das ist Lena, weißt du, die sich neulich bei meiner Ankunft um mich gekümmert hat. Gepflegt hat sie mich und mir geholfen in den ersten Tagen, als es mir so lausig schlecht ging. Jetzt haben sich die Freunde wieder gemeldet, aber damals hatte niemand Zeit für einen kranken Kumpel." „Molodyec", äußerte da Mascha, die Badefrau, „das soll dir nicht vergessen sein. Komm nur, wenn du waschen oder baden willst, und beim Wäschetrocknen werden wir helfen. Dir soll nichts geklaut werden." Wirklich bekam ich, solange Mascha das Regiment im

Badehaus führte, bevorzugt Wasser, Seife oder Chlor und auch Unterstützung beim Trocknen der Wäsche in der Entlausungskammer.

Inzwischen war die Zwangsarbeit im Retschlag voll angelaufen. Vom Schienen- und Bohlentragen im Gleisbau waren meine Schultern blutunterlaufen. Wir trugen zu sechst eine Schiene, aber das Gewicht lag ungleichmäßig verteilt auf den Größeren, zu denen ich gehörte. Durch die unebenen Wege schwang das lange Eisenstück und drückte sich besonders schmerzhaft durch die Wattejacke in die Muskeln. 10 Stück mussten auf einen halben Kilometer transportiert werden. Für zwei Häftlinge waren 20 Bohlen auf diese Entfernung die Norm. Das Festschrauben und Stopfen ein über den anderen Tag hatte auch seine Tücken durch Unebenheiten im Schotter und bei Permafrost, und im Handumdrehen konnte eine Lok entgleisen, die wir zu zwölf Frauen dann wieder mit einem so genannten Frosch und einem Balken ankippen und eingleisen mussten.

□

Eines Tages rief mich Ala, die Leiterin für den Arbeitseinsatz im Lager der Zweiten Ziegelei in ihr Büro. „Hella, ich habe eine leichte Arbeit zu vergeben. Du kannst doch scheuern?" „Wo denn?" „Als Aufwartung in der Nachtschicht bei den Wachsoldaten am Fabriktor. Die Schicht dauert nur acht Stunden. Du musst saubermachen, auch für die Heizung sorgen und Kohlen ranschaffen, aber die meiste Zeit wärst du doch innen. Übrigens, du rauchst doch. Bei den Soldaten fällt sicher mal etwas Tabak ab für dich. Willst du?"

Jemand musste bei Ala ein gutes Wort für mich eingelegt haben. Solch ein Angebot! Was für ein Glück! Keine Brigadiere, die mich antreiben und anschreien würde wegen nicht erfüllter Normen. Diese Arbeit als Scheuerfrau bei den Soldaten sollte mein bester Job in Vorkuta werden.

Für die Tätigkeit als Putzfrau bekam ich von der Kleiderkammer zusätzlich noch ein paar Arbeitsstiefel aus Segeltuch zum Bodenwischen. Abends um 10 Uhr war Abmarsch. Wir waren ein kleiner Trupp für die Nachtschicht um 23 Uhr, vier Heizerinnen, drei Spezialarbeiterinnen für die Ziegelschneidemaschine in der Formovka und ich. Schnell und ohne die üblichen zeitaufwendigen, schikanösen Formalitäten passierten wir das Lagertor und gingen mit zwei Posten zur Fabrik, fast wie normale Menschen, ein wohltuendes Privileg. Auch die Abfertigung am Fabriktor war im Handumdrehen erledigt, damit auch die Arbeiterinnen der 15-Uhr-Schicht möglichst bald nach dem Schichtwechsel an der Wache zum Abmarsch bereit standen; bei Verzögerungen verkürzte sich nämlich die Ruhezeit der Wachmannschaften ebenso wie die unsrige.

„Die Aufwartung hierher", kommandierte ein Begleitposten und zeigte auf die offene Tür zur Wachstube. Mindestens fünf Soldaten und ein Wachhund drängten sich in dem engen Raum um den Tisch. Mein Gruß wurde immerhin beantwortet und ich kurz beäugt. Dann hieß es: „Aufwartung, Achtung!" In militärischer Anschaulichkeit erklärte mir ein Soldat meine Pflichten: „Nach dem Entschlacken des Ofens vom Vortag ist er neu anzuheizen. Dann ist Heizmaterial zu holen und anschließend der Fußboden zu scheuern." Mein Instrukteur kratzte die Asche in einen Holzeimer, lief damit in rasantem Tempo nach draußen, während es im Eimer bereits qualmte, und kippte den Inhalt in den Schnee. Dann warf er eilends ein paar Hände voll Schnee hinein zum Löschen. „So muss man das machen", kommentierte er kurz, „weil hier kein Wasser ist." Anschließend zog er seinen Pelz an und zeigte auf eine Schaufel in der Ecke des Wachraums: „Nimm sie und komm. Ich zeige dir jetzt, wo du die Kohle findest."

Seine Anweisungen und Erklärungen erfolgten zunächst sehr knapp und wortarm. Inzwischen hatten wir den Stapelplatz für fertig gebrannte Ziegel neben dem Hofman-Ofen erreicht, der sehr hell erleuchtet war. Von der Seite konnte ich jetzt einen Blick auf meinen Begleiter werfen. Eigentlich wirkte er ganz freundlich, schaute gutmütig ernsthaft drein mit hellen Augen über breiten Backenknochen, das Übrige verdeckten Pelzmütze und Pelzkragen. Während wir zwischen den Ziegelstapeln an den Fabrikhallen entlanggingen, schaute er suchend herum. Schließlich pfiff er offensichtlich zufrieden durch die Zähne: „Siehst du, wo sie den Schlitten wieder abgestellt haben. Überall muss man ihn suchen!" An der Gebäudewand stand hinter einem Ziegelstapel ein halb zugeschneiter Metallschlitten, das wichtigste Requisit für die Kohlebeschaffung, zweifellos eine zweckentfremdete Nutzung dieser soliden, fast eleganten Stahlkonstruktion. Der Schlitten gehörte der Mech-Zech, der privilegierten Reparaturwerkstatt für die Maschinen und Motoren der Ziegelei, ohne die nichts ging. Die Mechaniker bewegten mit diesem Schlitten kleinere Lasten, Motoren u. ä. auf dem Fabrikgelände, verliehen ihn aber nur ungern. „Man muss einen Schlitten finden und eben heimlich ausleihen", erklärte mir mein Instrukteur, Alternativen gäbe es keine. Bei der Erläuterung von dergleichen Besonderheiten milderte sich sein offizieller Tonfall merklich.

Im Kohlelager, das für die Trommelöfen unter der Seilbahnstation am Ende des Fabrikgeländes unterhalten wurde und ohne Dach nach oben offen war, erwarteten uns mehrere Haufen Kohle. „Möglichst faustgroße Stücke unter dem Schnee aufspüren und herausklauben, nicht einfach schaufeln", merkte mein Instrukteur an und suchte sogar selbst mit. Etwa 10 Eimer Kohle verfeuerten sie in der Wache innerhalb von 24 Stunden. Randvoll beladen fasste der Schlitten gerade diese

Menge. Schieferstücke durften nicht dazwischen geraten, dann setzte es Schelte von den Soldaten. Am Anfang konnte ich in der Dunkelheit kaum Kohle und Stein auseinander halten. Günstige Kohlevorräte gab es nur hin und wieder, wenn abends noch eine Plattform Kohle geliefert wurde; oft fanden sich im Kohlelager nur verstreut übrig gebliebene kleine Stückchen, die zu sammeln lästig und zeitraubend war.

Der Weg zurück zur Wache über die Gleise war kürzer, etwa einen Kilometer. Über die Fabrikstrasse führte er in einem weiten Bogen durch weniger bebautes Gelände mit vielen Schneewehen. Mein Instrukteur nahm den Rückweg über die Gleise und half mir auch bei den zahlreichen verschneiten Hindernissen den Schlitten wieder flottzumachen.

„Dahinten übrigens liegt das Kesselhaus, wo du das Putzwasser holen musst", setzte mein Instrukteur seine Erläuterungen auf dem Rückweg fort, und zeigte auf eine hellere Lampe an einem Gebäude hinter dem Hofman-Ofen, in dem die Ziegel gebrannt wurden. „Gegenüber vom Kesselhaus befindet sich noch ein Kohlelager. Es ist zwar viel näher, aber schwer zugänglich", folgte ein kurzer Hinweis. Dieses Kohlelager wurde, um die Bahngleise beim Entladen der Kohlewaggons oder beim Beladen mit Schlacke oder gebranntem Kalk freizuhalten, von drei Seiten in Plattformhöhe ummauert und durch die tieferliegende Schienenspur vom Kesselhaus getrennt, so dass eine Plattform genau dazwischen passte und auf gleicher Höhe mit der Ebene des Kesselhauses und mit der Mauer des Kohlelagers abschloss. Die Heizerinnen überbrückten mit ihren Schubkarren die Gleisschlucht auf quer gelegten schmalen Planken, um Kohle heran- und Schlacke fortzuschaffen. Der Schlitten war für die Planken zu breit. Darya, eine Heizerin aus der Westukraine, erklärte mir später: „Nur selten gelingt es, die Aufsicht abzulenken, damit auf unser Bitten ein Teil der neugelieferten Kohle unmittelbar neben dem Kesselhaus abgeladen wird. Das ist verboten, weil dadurch der Zugang zum Kesselhaus behindert wird. Die freien Chefs müssen dann entweder über die Kohle klettern oder den Umweg durch die Ssuschilka, die Trockenhalle, nehmen." Die drei mir wohlgewogenen Heizerinnen, Olya, Marusya und Darya, gaben mir später auf dem Weg zur Fabrik schon mal einen Wink, wenn Kohle leicht zugänglich abgeladen wurde.

Zum Schluss wies der Soldat noch auf das Direktionsgebäude hin, in dem ich das Gerät zum Bodenreinigen holen sollte. „Dort findest du alles Notwendige, Eimer, Schwabber, Tyorka und Aufnehmer. So, nun weißt du Bescheid. Alles klar?!"

Der restliche Rückweg war schlecht beleuchtet, zwischen den hohen Schneewänden fand ich mich schwer zurecht. „Es sind noch 300 m bis zur Wache. Privyknisch, nayidyosch — du wirst dich gewöhnen und zurechtfinden", ließ mich mein Begleiter wissen und blieb zunächst hinter mir zurück, half aber doch gleich darauf wieder, den festgefahrenen Schlitten weiter zu bugsieren. Nach einem kurzen Schweigen fragte er unversehens: „Wie viele Klassen hast du beendet?" „Elfein-halb." Er wunderte sich: „Bei uns sind es nur 10 Klassen bis zur Reifeprüfung." Irgendwie berührte mich seine Frage angenehm und erinnerte mich an früher. Dieses Thema in seiner Sachlichkeit erlaubte russischen Soldaten einerseits, die Form zu wahren, und andererseits konnte auch ein Mädchen durchaus unverbind-lich darauf eingehen.

Inzwischen hatte sich der Schlitten wieder einmal verkeilt. „Und welchen Beruf hat dein Vater?", wollte er dann wissen In meiner Antwort gab ich auch gleich Mutters ärztlichen Beruf an. Er reagierte darauf fast etwas erstaunt. Ich wagte, mich zu erkundigen, ob er sich für Musik interessierte, und erwähnte, dass ich frü-her Klavier spielte. Unterdessen war die Scheinwerferzone an der Wache erreicht, und er blieb wieder hinter mir zurück im befehlsgemäßen Abstand. „Vielen Dank für die Hilfe." „Nicht der Rede wert", damit war die Exkursion abgeschlossen und das Eis auf beiden Seiten bereits ein wenig gebrochen.

Im Kohlelager wurde tagsüber ständig Schnee geräumt und Kohle bewegt, aber nachts behinderte die Purga – der Schneesturm – mein Geschäft oft erheblich. Auf dem offenen Fabrikgelände türmten sich nicht selten in wenigen Minuten meter-hohe Schneewehen auf und nachts räumte der Schneepflug nur in unregelmäßigen Abständen. Dann musste ich Schneisen schaufeln, um den Schlitten weiterbe-wegen zu können. Der Draht, mit dem der beladene Metallschlitten zu ziehen war, schnitt durch die dünnen Wattehandschuhe. Mit einem Stückchen Holz dazwi-schen ging es schon besser. Rückenwind gab es selten, zum Verpusten drehte man sich mit dem Rücken zum Wind. Und doch freute ich mich, wenn ich allein mit dem Kohlenschlitten unterwegs war, weil kein Antreiber hinter mir stand, und je schlechter das Wetter, umso weniger Kontrolleure·waren im Freien unterwegs. In solchen kleinen Atempausen hielt ich Ausschau nach drei Sternbildern am Him-mel, die mir noch von Zuhause vertraut waren: der Große Bär, die Kassiopeia und der Orion. Hier oben im Polargebiet hatten die Sterne indes nicht den sanften romantischen Glanz wie zuhause, sie funkelten eher hart wie Diamanten und erinnerten an die nordischen Märchen.

Für das Neuanheizen des Ofens musste ich Brennholz organisieren, genauer genommen, stehlen. Trockenes Holz gab es nur in der Ssuschilka. Dort wurden die nassen Ziegel in 90 Trockenkammern mit Heißluft auf Holzrosten getrocknet, die aus zwei langen und zwei kurzen, in der Länge und quer zusammengenagelten

Latten bestanden. Beschädigte Holzroste wurden in den Ecken der Trockenhalle gesammelt, bis sie die Schreinerei zur Reparatur abholte. Von diesen ‚Veteranen‘ versuchte ich bei Gelegenheit Stücke abzubrechen, durfte mich dabei jedoch nicht erwischen lassen; denn das galt als Sabotage. Wenn ich dann Holz organisiert hatte, bekam ich meist Hilfe beim Anlegen; denn das Wachgebäude kühlte schnell aus, weshalb die Soldaten auch bemüht waren, das Feuer im Ofen nicht erlöschen zu lassen.

Nachdem der Vorrat an Kohlen besorgt war, ging es an die Vorbereitungen für das Putzen: Das zum Scheuern notwendige Gerät, Schwabber, Tyorka (Kratzer), Wischlumpen und ein weiterer Eimer, befand sich im Flur des Verwaltungsgebäudes. Die hier zuständige Putzfrau kam mit der allgemeinen Nachtschicht bereits um 19 Uhr und sollte mir um Mitternacht das Putzgerät zur Verfügung stellen, wozu sie aber durchaus nicht immer bereit war. Zu meinem Glück war diese Kollegin jedoch, wenn ich kam, häufig durch den Besuch eines Feuerwehrmannes abgelenkt und achtete dann nicht darauf, dass ich die Putzgeräte ‚auslieh‘. War aber der Liebhaber ausgeblieben, so ließ sie ihre schlechte Laune an mir aus, indem sie mir das Putzzeug verweigerte: „Scher dich fort, verfluchte Pest, du machst mir nur mein Werkzeug kaputt!“ Sie knallte mir die Tür vor der Nase zu und ich musste unverrichteter Dinge zur Wache zurück. Waren die Soldaten einigermaßen wohlwollend, dann begleitete mich einer der Posten, um das Putzgerät zu fordern.

Während des Saubermachens verließen die Soldaten zu meiner Erleichterung den Wachraum, um keine nassen Filzstiefel zu riskieren. Nur einer, zunächst mein Instrukteur, musste sich in meiner Nähe aufhalten. Er äußerte anfangs sehr höflich, dass ich wohl aus der Übung wäre, aber das würde sich sicher bald geben.

Zur Eröffnung der Reinigungszeremonie goss ich in einer Ecke etwas Wasser auf den Boden. Dann wurde die Tyorka, das russische Pendant einer Scheuerbürste, in Bewegung gesetzt. (Die Tyorka war aus Draht gebunden, eine Art Topfkratzer von der Größe einer Schuhsohle. Dieses Ding wurde unter den Schuh gelegt und dann mit dem Fuß scharrend vorwärts und rückwärts bewegt, auch bei Könnern entbehrte dieser Anblick nicht der Komik.) Mit einer kratzfußartigen Bewegung wurde Brett für Brett, Kante für Kante bearbeitet, wobei der ausgeübte Druck für das Gelingen ausschlaggebend war: Geriet er zu schwach, dann löste sich der Schmutz auf den Laufflächen unzureichend und man riskierte, mit dem Fuß abzurutschen, ein geradezu unverzeihlicher Kunstfehler. Drückte man aber zu stark, so blieb die Tyorka an den Ritzen oder an sonstigen Unebenheiten zwischen den Brettern hängen. Nach dem Scharren wurde der Schmutz mit weiteren Teilgüssen in eine Ecke geschwabbert, anschließend mit einem Putzlumpen aufgenommen und in den leeren Eimer ausgewrungen, – je nach Belegschaft und Besuchern wurde eben mehr oder weniger häufig auf den Boden gespuckt und taute mehr oder weniger Schmutz von den Stiefeln ab. Etwa grau gebliebene Stellen wurden scharrend nachgebessert und das Ganze mit sauberem Wasser nochmals aufgewischt. Das gelang wiederum nur dann reibungslos, wenn mit Hilfe des zweiten Eimers vom Verwaltungsgebäude genügend Wasser vorrätig war. Der Holzeimer der Wache, mit dem der Ofen entschlackt wurde, diente zwar anschließend als Putzeimer, doch leckte er, der gröblichen Behandlung zufolge, hin und wieder beim Wassertragen, und nicht immer fand sich etwas zum Abdichten Geeignetes, um das Wasser am Auslaufen durch auftauende Ritzen zu hindern. Dann musste ich zwischendurch nochmals vom Kesselhaus Wasser holen.

Das Trockenreiben beendete die Reinigungszeremonie. Anschließend waren noch Schlitten und Putzutensilien zurückzubringen, aber nun ohne Zeitdruck. An Tagen, wenn ein unfreundlicher oder schikanöser Wachposten oder ein besonders bissiger Hund das Klima in der Wache beeinträchtigten, vertrieb ich mir noch etwas Zeit in der Fabrik. Meine Abwesenheit erklärte ich, wenn nötig, mit Schwierigkeiten bei der Rückgabe der Putzgeräte und des Schlittens.

Mit der Zeit gewann ich so einen Überblick über die Abteilungen, die verschiedenen Gebäude und Einrichtungen sowie die einzelnen Arbeitsabläufe der Ziegelei. Mein dienstfreier Status und hier und da eine Machorka-Zigarette ebneten den Weg zu manch aufschlussreichem Gespräch mit erfahrenen Spezialistinnen, auch über Wesensart und Neigungen der verschiedenen freien Chefs, die im Nachtdienst abwechselnd den ordnungsgemäßen Produktionsablauf zu überwachen hatten. Die Maschinistin Anya erwähnte unter dem Siegel der Verschwiegenheit als gefährlich oder unheimlich gemiedene einsame Ecken im Bereich der Seilbahn, wo der Geist mehr oder weniger gewalttätig zu Tode Gekommener umgehen sollte. Die Lebenden machten mir da mehr Angst.

Nach dem Abliefern meiner Gerätschaften kehrte ich auf dem Rückweg regelmäßig im Kesselhaus ein, um mir die Hände zu waschen und ein Schwätzchen mit den Heizerinnen zu halten, deren Tätigkeit ich fasziniert beobachtete. Besonders Darya und Olya, zwei junge kräftige Mädchen aus der Westukraine, handhabten ihr Geschäft mit einer gewissen sportlichen Eleganz. Ich bewunderte ihre Könnerschaft umso mehr, als ich bis dahin nur Männern solche Fähigkeiten zugetraut hatte. Darya erklärte und zeigte mir, worauf es beim Heizen ankam. Die Kohle muss mit der Schaufel durch die enge Luke im Feuerloch auf mehrere Quadratmeter gleichmäßig fächerartig verteilt und die Glut wiederholt mit riesigen Schürstangen bewegt werden, um die geforderte Temperatur zu erreichen. „Durch für den örtlichen Bedarf gelieferte minderwertige Kohle entsteht mehr Schlacke, alles verkrustet und die Temperatur fällt. Die Kontrolleure zeigen für diese Zusammenhänge selten Verständnis, drohen bei sinkender Temperatur Konsequenzen wegen Sabotage an, und wir wissen nie, ob und welcher Ärger daraus entsteht", erläuterte Darya die Schwierigkeiten. Ein Jahr später wurde ich zum Heizen der Trockenkammern kommandiert – vierhundert Grad mussten mit etwa zwanzig Schubkarren Kohle gehalten werden – ein zwar privilegierter, aber schwerer Achtstundenjob mit besserer Verpflegung. Darya und Olya hatten mich ihrer Brigadiere vorgeschlagen, und ihr zwangloser Anschauungsunterricht half mir, mich dort einige Monate mit Erfolg zu halten.

Am Fabriktor haben nachts drei Soldaten Dienst, zwei Posten für die Bedienung der Tore und ein Hundeführer, der die Umzäunung der Fabrikanlage abgeht und die Posten in den Wachtürmen kontrolliert. Der Wachraum misst etwa drei mal fünf Meter, ein gemauerter Ofen mit Eisenplatte befindet sich gleich neben der Tür. Das Mobiliar besteht aus einem Tisch, zwei Hockern, einer Pritsche und einer Kiste für Kohlen mit einem Brett darüber, worauf ich nach getaner Arbeit sitzen darf. Neben dem erwähnten Holzeimer, der auch als Notsitz dient, vervollständigen ein Schürhaken und die erwähnte Schaufel für Kohle und Schnee die Einrichtung. In der Regel hat eine Besatzung zwei bis drei Wochen Dienst auf der Wache. Viele dieser jungen Leute, im Alter um die 20, leisten ihren regulären Wehrdienst in der Grenztruppe ab.

Einem Soldaten auf der Fabrikwache bin ich offensichtlich ein Dorn im Auge. Er tritt ungemein aggressiv auf und muss einen enormen Hass auf die Deutschen haben, dem er mir gegenüber ausgiebig frönt. Er redet mich häufig mit ‚Gyeil Gitler' an. „Na, wo ist der Fyurer? Sag doch, wo euer Gefreiter ist, dann kommst du bestimmt aus dem Gefängnis." Diese unangenehme Diskussion läuft meist in der gleichen Weise ab: Nachdem ich zunächst versucht habe, sachlich einzuwenden, dass die Sovjetmacht selbst Hitlers Tod bekannt gegeben hätte, brüllt er unversehens los: „Ach, ihr verfluchten Fritzy, verrecken sollte man euch lassen! Viel zu gut habt ihr es hier. Da erhält die Sovjetmacht solche Parasiten auch noch zu ihrem Schaden. Man kleidet dich und verpflegt dich. Wofür, fragt man sich." „Ich bin ja nicht freiwillig gekommen." „Ja, auch noch die internationale Bourgeoisie stärken." „Ich arbeite doch außerdem." „Zwangsarbeit ist ja eine Belohnung für deinesgleichen", wirft er mir hin, „man hofft eben, dich doch noch zu einer gewissenhaften Arbeiterin zu erziehen. Eine Gefängnisstrafe ist viel schlimmer, gleichbedeutend mit einer TBC-Erkrankung in spätestens einem halben Jahr." „Ich wäre lieber im Gefängnis, dann müsste ich nicht so schwer arbeiten", versuche ich möglichst friedfertig gegenzuhalten, um ihn nicht noch mehr zu reizen. Wenn ich nämlich schweige, kommandiert er: „Stramm stehen und antworten!" Solche ‚Unterhaltungen' beendet er regelmäßig mit der schadenfrohen Feststellung der mir zukommenden Unabänderlichkeit meiner Situation. Nebenbei mäkelt er an allem herum, was ich tue.

Im übrigen gewöhnen sich die Soldaten langsam an mich. Gelegentlich bekomme ich von ihnen auch ein freundliches Wort. Mit der Zeit ist fast so etwas wie eine Vertrauenssphäre entstanden, einige sehen in mir wohl eine Art verlässlichen Kumpel. Sie schimpfen offen über Ärger in der Garnison, spielen in meiner Gegenwart Karten, obwohl das verboten ist, und signalisieren mir, wann Vorsicht geboten ist.

Bei 16 Stunden Wachdienst und daneben nicht wenigen Stunden Instruktion sind sie meist übermüdet. Ab und zu legt einer sich auf die Pritsche, um zu schlafen. Eines Abends eröffnen mir mein Instrukteur und ein Kosak, dass sie eine Stunde schlafen möchten, und dass ich den Ofen bewachen und sie wecken solle, falls eine Kontrolle käme. Auf dem Tisch liegt eine Extraportion Machorka für mich, „damit du nicht einschläfst", meint der Kosak. Dann werden alle Zugänge von innen verhakt. Wenn jemand klopft, wecke ich sie und mache mich geräuschvoll und langsam an dem Türhaken zu schaffen. So haben wir es schon mehrmals beim Kartenspielen gehalten, damit ihnen Zeit bleibt, die Karten wegzustecken, Haltung anzunehmen und die Außentür zu öffnen.

Spaß wird auch mal gemacht: Ein Sibirier bläst Mundharmonika und der Kosak vom Kuban tanzt heimatliche Tänze. Im allgemeinen ist der sehr ruhig, erinnert mich in seiner zurückhaltenden Art an Einhart, meinen ältesten Bruder. Deshalb nenne ich ihn schon mal „Gospodin bratyschka – Herr Brüderchen". Er erzählt mir von zuhause und wie schön das Leben in der Steppe sei. Über die Liebe zu Pferden sind wir ins Gespräch gekommen und die Wache war vergessen. „Weißt du, bei uns die Mädchen, das sind wenigstens noch Mädchen", macht er unversehens seinem Herzen Luft. „Sie haben lange Zöpfe und sitzen auf dem Pferd so sicher wie auf einem Stuhl. Und stolz sind sie! Man muss sie erobern. Mein Vater hat meine Mutter noch entführt, und du glaubst nicht, wie gut ihre Familie sie versteckt hatte. Wir Kosaken haben strenge Regeln. Wir wollen auch nicht dulden, dass unsere Frauen uns betrügen. Das gibt es bei uns nicht. Das Messer sitzt in solchen Fällen ziemlich locker." „Haben Sie auch eine Freundin?", wage ich, das Gespräch in persönlichere Bahnen zu lenken. „Siehst du, es ist lange her, seit ich zuhause war. Man hat mich schon mit 13 Jahren ins Internat geschickt zum Lernen. Auf unserer Staniza gibt es nur eine Schule mit fünf Klassen. Wer mehr lernen will, muss weiter weg von zuhause. Ich bin vom Technikum dann gleich in die Armee gekommen. Nun ja, ich hatte schon eine Bekannte, Schura hieß sie. Das war ein prima Mädchen. Ich habe sie noch einmal getroffen, als ich auf Heimaturlaub war, aber ich weiß gar nicht, ob sie überhaupt ahnt, wie ich zu ihr stehe. Sie hat Augen, die ich nicht vergessen kann, so tief, graublau wie der Himmel über der Steppe, und solch eine Figur." Das Leuchten seiner Augen verrät für einen Augenblick seine Gefühle. „Aber du bist ja ein Mädchen, was hat es für einen Sinn, sie dir zu beschreiben. Immerhin, solch ein Mädchen habe ich nirgends mehr gesehen. Schade, wer weiß, ob sie inzwischen nicht schon längst geheiratet hat. Zwar haben sie von zuhause bislang nichts darüber geschrieben, aber ich traue mich auch nicht zu fragen." Eine kleine Weile herrscht Schweigen, der andere Soldat schläft. „Das Feuer", ruft der Kosak plötzlich, „lässt du es auch nicht ausgehen? Aber bleib sitzen, ich werf schon was drauf." Dann fertigt er für jeden von uns eine Pfeife, eine mich fast kulthaft anmutende Zeremonie, in die er mich einweiht, und die mich an Wasserpfeifen oder indianische Friedenspfeifen denken lässt, unnachahmlich schon wegen Materialmangels: Aus dem schrägen Längsstreifen eines ganzen Zeitungsblattes dreht Herr Brüderchen eine sich zunehmend verjüngende Röhre von etwa 30 cm Länge und knickt sie in Fingerlänge vom dickeren Ende her. In dieses dickere Ende schüttet er den Machorka-Tabak. Im ganzen ein überwältigender Luxus, dieser verschwenderische Aufwand an Tabak und an echtem Zeitungspapier. Geruhsam, fast beschaulich pafft der Kosak vor sich hin.

„Ach ja, weißt du", nimmt er dann das Gespräch wieder auf und gibt ihm eine überraschende Wendung, „überhaupt ist das so eine traurige Sache mit den Mädchen. Du verstehst das vielleicht. Dieses Vorkuta verdirbt eben den Charakter. Es ist einfach unerträglich, was für ein moralischer Sumpf hier wabert. Es gibt nur Gefangene oder Prostituierte." Dieses Thema macht ihn sichtlich wütend. Der Kosak lässt mich an manchem Zweifel teilhaben, mit dem er sich an diesem Dienstort herumschlägt, und wie sehnlich er darauf hofft, endlich wieder in seine Heimat zurückzukehren.

□

In den Wohnbaracken herrscht Hektik, wieder mal abendliche Umsiedlung der Häftlinge nach Brigaden. In den zwei Stunden zwischen Rückkehr von der Arbeit und dem nächtlichen Verschließen der Baracken müssen in größter Eile die Bündel gepackt, die Abendmahlzeit eingenommen und in den neu angewiesenen Baracken die Pritschen bezogen werden. Diese Konzentration erleichtert der Miliz Aufsicht und Kontrolle und schränkt die Bewegungsfreiheit der Sträflinge ein, da sich Besuche in anderen Baracken, die bei Strafe verboten sind, so wirksamer unterbinden lassen. Durch Umgruppierungen und Erkrankungen, bei denen die Baracken gewechselt werden, lässt die Ordnung dann wieder nach bis zur nächsten allgemeinen Umsiedlung.

Durch meine Arbeit auf der Fabrikwache bin ich eine Art Außenseiter und erfahre meist erst in der letzten Minute von solchen Ereignissen. Die Barackenälteste hält mich an: „Heute ist Umsiedlung! Du musst sofort packen und deinen Platz frei machen, es kommen Neue. Frag gleich in der Administration, wohin du verlegt wirst. Du kannst dein Bündel solange neben meine Pritsche legen. Beeil dich, ich kann nicht lange darauf achten."

Auf der Verwaltung komme ich ungelegen, sie haben vergessen, Platz für mich vorzusehen. In der Baracke für das Zonenpersonal sind alle Pritschen belegt. Schließlich nach einigem Hin und Her schicken sie mich zu den Fabrikbrigaden. Auch hier herrscht heftiger Betrieb, sind die an Kräften oder Protektion Überlegenen der Brennofen-Brigade noch dabei, mit Geschrei und Handgreiflichkeiten die ihnen genehmen Plätze zu belegen. Überall liegen Bündel herum. Freie Plätze sind nicht erkennbar. Meine Unruhe wächst, es wird schon bald Zeit für mich, zum Abmarsch an der Wache anzutreten. Innerhalb der nächsten Viertelstunde müsste ich einen Platz finden; denn das Bündel auf einer Pritsche zu lassen und wegzugehen, bevor alle ihren Platz haben, bedeutet, dass die Nächstbeste einfach alles herunterwirft, um sich selbst dort niederzulassen. Zwar haben hier im Lager alle Sträflinge einen politischen Paragraphen, dessenungeachtet ist Diebstahl an der Tagesordnung, und ein quasi herrenloses Bündel fordert dazu heraus. Der Fußboden in den Wohnbaracken wird gewischt, wenn die Tagschicht fort und die Nachtschicht noch nicht wieder da ist, also auch bevor ich zurückgekehrt bin. Wenn mein Bündel dann noch auf dem Fußboden liegt, ist zu befürchten, dass es in der schmutzigen Brühe herumgeschoben wird. Gegen einen Pfosten gelehnt, muss ich mich abwartend in Geduld üben, bis endlich alle ihre Plätze eingenommen haben. Die acht Eckplätze sind besonders begehrt und deshalb alle zuerst belegt. Obwohl es dort nach Karbol stinkt, gibt es nur auf einer Seite Nachbarschaft, man kann in der hinteren Ecke leichter etwas verstauen, sich beim Sitzen gegen die Wand lehnen und sich wegdrehen, wenn man keinen sehen will.

Ich kenne hier niemanden. Wer wohl hier die Barackenälteste sein wird? Die letzte hat mich ausnahmsweise in Ruhe gelassen, war ganz erträglich, aber so etwas gehört zu den seltenen Glücksfällen. Unterdessen bleiben meine Augen an einer hübschen, schwarzlockigen KTR-Frau hängen, die ich zum ersten Mal sehe. Sie ist für Lagerverhältnisse ungewöhnlich schick, wie eine Diebin, angezogen, hat ihre

Hände in den Taschen ihrer mit einem Pelzkragen geschmückten Wattejacke vergraben und verfolgt das Treiben in der Baracke zwar distanziert und unbekümmert, aber doch mit jenem aufmerksam beobachtenden Ausdruck, den ich früher oft bei Blatnoy-Frauen gesehen habe. Unter dem weiten Rock trägt sie Flanellhosen und zusammengeschobene Stiefelschäfte. Vielleicht weil sie mich ein wenig an meine Zigeunerfreundin Rayka erinnert, gehe ich spontan auf sie zu, halte ihr meinen Tabaksbeutel und ein Stückchen Zeitungspapier hin und eröffne das Gespräch mit einem Blatnoy-Ausdruck: „Was für ein Schalman! Komm, dreh dir eine Zigarette, ich denke, du könntest das jetzt auch brauchen." Erfreut lächelnd bedient sie sich. „Mensch, und wie! Das kommt mir wie gerufen. Ich bin total abgebrannt. Hoffentlich hast du auch selber genug. Ich habe wirklich solche Lust zu rauchen. Verflucht, was für ein Elend, dass es mich allein hierher unter die Faschisten verschlagen hat, meine ganze Bande ist im Zweiten Bergwerk geblieben. Die KTR hängt mir immer mehr zum Halse heraus mit diesem Anhängsel von einem politischen Paragraphen. Mir nichts, dir nichts bist du plötzlich mit den Faschisten auf eine Ebene gestellt. Alle sind dir fremd, nichts Gemeinsames hat man mit ihnen. Ach, es ist direkt zum Erschießen." Zoya zieht an ihrer Zigarette und starrt eine Weile vor sich hin. Dann fragt sie: „Woher kommst du?" „Ich war im UDS und davor im Ersten Kilometer." „Hm, hör mal, da müsstest du Galka Tigrica kennen, die war doch im UDS!" „Ja, freilich kenne ich sie, wir waren eine Weile in einer Brigade." „Weißt du", erzählt Zoya, „sie ist ein prima Mädchen. Im Zweiten Schacht habe ich zwei Jahre mit ihr zusammen gegessen." „Galka war damals mit Sasha Ryzhyj zusammen", fällt mir ein. „Ja genau", bestätigt Zoya lebhaft, „aber Sasha schlug sie sehr häufig." „Nun, weißt du, was das angeht, hat es mich gewundert, dass sie so eine Behandlung hinnahm." Zoya zuckt die Achseln. „Wenn sie sich doch lieben. Was soll man machen? Er war ein großer Blatnoy." „Na ja, so interessant fand ich ihn auch wieder nicht", äußere ich vorsichtig meine Meinung; ich hatte den rothaarigen Sasha gesehen, als er Galka besuchte. „Weißt du, sie kannten sich eben schon lange aus einer früheren Strafsache", erzählt Zoya. „Er war ja schon freigekommen. Übrigens, inzwischen haben ihn Ssuki umgebracht. Galka hat jetzt Vovka, der ist auch ein ‚ehrlicher' Dieb, aber im übrigen, kein Vergleich zu früher. Nach den Messerstechereien mit den Ssuki letztes Jahr und den großen Etappen nach Sachalin sind nicht mehr viele der Unsrigen da. Was soll's, zum Zeitvertreib mag es ja hingehen mit Vovka, jedenfalls besorgt er ihr, was sie braucht. Es wird ja immer schwieriger, einigermaßen ‚anständig' durchzukommen. Die Miliz hat inzwischen bei den Paketen so scharf hingesehen, dass wir kaum mehr Prozente nehmen konnten. Und hier erst! Dieses verfluchte ‚Regime' kann einem den letzten Nerv rauben. Mein Muzhik hat mehr Zeit im Karzer verbracht als außerhalb. Ich habe ihn ermahnt, mehr an seine Gesundheit zu denken. Aber was nützt das schon. Er muss immer was unternehmen. Ich hoffe, er kommt mich bald mal besuchen." „Wie heißt er denn?" „Fedya Tschornyj Katorzhanin." „Wie alt ist er, 1915 geboren?" „Ja! Kennst du ihn denn?", fragt Zoya erstaunt. „Ist er nicht 1948 nach Vorkuta gekommen?", vergewissere ich mich noch. „Ja, im April." „Fedya und ich kamen nämlich mit der selben Etappe von Kirov nach Vorkuta, er lag mit Volodya im angrenzenden Abteil, weißt du, in der mittleren Ebene, wo keine Trennwand ist. Damals kam ich frisch aus dem Gefängnis, war völlig schimmerlos, verstehst du. Fedya und Volodya klärten mich sehr nett auf und rieten mir, ich sollte mich im Lager immer an die Leute vom ‚Prestupnyj Mir' halten. Fedya hat auch dafür gesorgt, dass ich wieder bekam, was mir zwei ‚Bossatschki' stibitzt hatten. Aber, entschuldige, ich muss jetzt sofort los ans Tor, ich arbeite in der Nachtschicht." „Du musst mir noch mehr erzählen, wie es damals bei euch war", sagt Zoya dann. „Wo sind deine Klamotten? Ich bin hier Barackenälteste, ich sorge dafür, dass du einen anständigen Platz kriegst. Wo willst du liegen?" „Was, das ist aber großartig. Ich mag möglichst ruhige Nachbarschaft, die nicht ständig quasseln muss." Im Nu sind alle unbehaglichen Gefühle verflogen. Ohne es zu ahnen, habe ich die richtige Beziehung angeknüpft.

Zoya hält Wort: Bei meiner Rückkehr morgens zeigt sie mir eine obere Pritsche sogar an einem Durchgang, auf der mein Bündel bereits wartet. „Ich habe es untersucht, dort können sie keine Bretter zwischenschieben. Du hast deinen Platz für dich, auch wenn sie mehr Leute in die Baracke stopfen wollen." Meine Nachbarin ist eine ältere Russin, die in den ersten Tagen den Mund überhaupt nicht aufmacht. Morgens, wenn ich zurückkomme, ist die Baracke leer. Oft wartet Zoya schon mit ‚Tee'. Dann trinken wir und rauchen und erzählen. Eines Morgens ist Zoya ganz niedergeschlagen. „Fedya Tschornyj war hier, ich war ja vorgewarnt, aber es gab keine Möglichkeit, auch nur ein paar Worte zu wechseln oder etwas zu übergeben. Die Miliz am Lagertor blieb einfach stur. Ein paar Worte hatten wir durchs Tor rufen können, dann haben sie ihn schon verjagt. Am Zaun hinter dem Lazarett haben wir es noch versucht, aber die Posten auf den Wachtürmen haben gleich Wind gekriegt und mit Schießen gedroht. Es war so schwierig und aufwendig für ihn, überhaupt hierher zu kommen, und dann so eine Enttäuschung. Ach, dieses Leben ist doch total aussichtslos. Allein für den politischen Paragraphen soll ich 20 Jahre brummen."

Um sie abzulenken, spekulieren wir über Möglichkeiten, wie sie ins Ausland gelangen könnte. „Vor allem musst du eine Fremdsprache lernen, möglichst Englisch, damit kommst du sicher besser vorwärts. Wie wär's, wenn ich dir Englisch beibringe?" „Ich habe ja nur vier Klassen abgeschlossen, dann hatte ich keine Lust mehr", meint Zoya etwas zweifelnd. „Ach was, ich sage dir einen Satz auf Englisch und dazu, was es auf Russisch heißt, und dann wiederholst du das solange, bis du es auswendig kannst." „Na gut, versuchen wir es mal", willigt sie ein, obwohl die Beschäftigung mit Fremdsprachen wie Englisch verboten ist.

Zoya gibt sich wirklich Mühe, die für sie so fremden Laute auszusprechen, und sie würzt ihre Anstrengungen mit saftigen Ausdrücken aus der Blatnoy-Sprache. „Ich muss doch sehen, wie das geschrieben aussieht, sonst kann ich es mir nicht merken", meint Zoya und organisiert Zementsack-Papier. Ich schreibe ihr auf: „Good morning, how are you? Would you like to have tea. Please, take a cigarette. Thank you." Wir erfinden zusammen eine Lautschrift mit russischen Buchstaben, damit sie es auch ohne mich lesen kann. Etwa 10 Unterrichtsstunden geht es gut, dann holt uns die Wirklichkeit wieder ein. Eines Abends singt Zoya zur Gitarre, die sie von der KaVeTsche, der Kultursektion im Lager, ausgeliehen hatte, schwermütig-freche Blatnoylieder. Es wird ein Abschiedsabend. Am nächsten Morgen wird sie wegen ihres hohen Strafmaßes mit einer Brigade in die Tundra geschickt und in eine andere Baracke verlegt. Die mit allen Schlichen vertraute Blatnoy-Frau ließ sich wohl kaum zur Erfüllung der Arbeitsnormen zwingen, doch die vielen Stunden Zwangsarbeit forderten ihren Tribut. Die Banschica Mascha erzählte mir wenig später, man habe Zoya auf Etappe geschickt, wohin wusste sie nicht.

□

Eines Tages ist wieder Wechsel auf der Wache. Ein Neuer, etwas älter und ranghöher als die anderen, sitzt am Tisch und betrachtet mich ungewöhnlich forschend. „Dich kenne ich schon", meint er dann. „Russland ist weit, Vorkuta ist groß", bemühe ich eine russische Redensart und überschlage dabei mein mögliches Sündenregister. Oft war ich fasziniert, wie auch wenig wortgewandte russische Frauen vom Lande, wenn ihnen Offizielle verfängliche Fragen stellten, einen schier unerschöpflichen Fundus an Redensarten oder Sprichwörtern bemühen, um Zeit zu gewinnen.

„So, also du erinnerst dich nicht, woher wir uns kennen? Hm, rauchst du?" Ich zögere mit der Antwort. Eigentlich darf ich auf der Wache nicht rauchen und warte immer, bis die Soldaten es mir erlauben. Statt meiner sagt ein anderer Soldat, „Ja ja, sie raucht." „Was ist das Leben, Geist oder Materie? Weißt du jetzt, woher ich dich kenne? Neben dem Bergwerk Vier hast du am Postenfeuer deine Zigarette angeraucht." „Das ist ja schon ein Jahr her", versuche ich das Ganze herunterzuspielen. „Ich habe es aber nicht vergessen. Du musst mir das jetzt beantworten."

„Ja, ich weiß doch keine Antwort darauf. Nur glaube ich nicht, dass man wissenschaftlich beweisen kann, welcher Prozess oder welche Substanz Leben hervorruft. Ich erkläre es mir so, dass eine Kraft über uns Leben gibt und nimmt, also wahrscheinlich doch Geist. Aber ich muss jetzt Kohlen holen und dann putzen, als Scheuerfrau kann man nicht philosophieren." Damit bin ich zur Tür hinaus.

Unterwegs denke ich über diese Begegnung nach. Damals mussten wir in der Tundra Schotter in Selbstentlader-Waggons laden. Der Schotter aus dem Flussbett war als Vorrat in zwei Depots neben die Gleise gekippt. An dem einen arbeiteten Männer, großenteils wohl deutsche verurteilte Kriegsgefangene mit militärischer Bewachung, während wir noch Kriminelle als Selbstschutzposten hatten. Die Posten wärmten sich abwechselnd an einem gemeinsamen Feuer.

Ausnahmsweise konnte ich einmal mein Pensum schneller als die anderen schaffen. Es gelang mir, den Schotter mit dem Spaten etwa drei Meter hoch direkt in den Waggon zu werfen, während die übrigen alles über eine Zwischenplattform aus Brettern zweimal schaufelten. Acht Kubikmeter waren als Norm vorgegeben und als meine Waggonecke gefüllt war, ließ mich sogar meine Brigadiere in Ruhe, anstatt mich als Hilfe zu den anderen zu kommandieren. So konnte ich unbehelligt eine Rauchpause einlegen. Mit der fertig gedrehten Zigarette näherte ich mich auf sieben Meter dem Postenfeuer, um vorschriftsmäßig die Erlaubnis zum Anrauchen zu erbitten. Einer der Soldaten fragte: „Warum rauchst du?" „Es hilft gegen golod, cholod, gorye – Hunger, Kälte und Kummer – und man kann dabei nachdenken." „Was denkst du?", wollte er dann wissen. „Ich denke, ob das Leben Geist oder Materie ist." Meine Zigarette brannte und ich wandte mich zum Gehen. Er rief mir noch etwas hinterher, aber das Brausen des Windes verschlang es.

„Merkwürdig, so ein Wiedersehen, und dass er noch weiß, was ich damals gesagt habe", dachte ich beim Beladen meines Schlittens. Heute klappte alles ganz erstaunlich gut. Die Kohlelager waren voll und beim Schlittenziehen half mir eine freundliche Seele. Auch der Ofen war nicht ausgegangen. Beim Bodenscheuern sagte der Neue: „Lass mich mal an die Tyorka." Er kratzte höchst eigenfüßig und sehr behende und meinte dann: „Wisch schnell fertig auf, es ist nicht so wichtig." Kurz nach Mitternacht war meine Arbeit schon getan. Ich wusste gar nicht, wie mir geschah. Soviel Entgegenkommen und Hilfe. Aber der Neue ließ mich nicht lange sinnieren. „Setz dich, ich will mit dir reden. Da hast du Tabak und Zeitung, dreh dir eine Zigarette." Angenehm überrascht kam ich der Aufforderung nach. Dann machte er mir eine überraschende Eröffnung: „Du bist doch ein intelligentes Mädchen, warum bist du keine Materialistin? Es ist ein Jammer, dass du in solcher Verblendung und Finsternis herumirrst. Ich will versuchen, dich aufzuklären.

Wenn du erst das Programm des Sozialismus und den dialektischen Materialismus begriffen hast, dann wirst du bestimmt eine gute Kommunistin."

Nun bin ich an einen Fachmann geraten. Mein Lehrer ist der Politinstrukteur der Division. Er hat den Nachtdienst in der Wache übernommen, um seine Instruktionsstunden in Ruhe vorbereiten zu können. Aus einer dicken Mappe kramt er die Geschichte der KPdSU, Werke von Marx, Lenin und Stalin heraus, gibt mir bestimmte Stellen auf zu lesen, und beginnt, nachdem ich mir einen kleinen Überblick verschafft habe, mit mir zu diskutieren über Kapitalismus, Freiheit, Internationalismus. Mein Gegenüber ist geschult und hat gelernt, seinen Standpunkt systematisch zu untermauern. Logisch und konsequent entwickelt er seine Argumente, seine Überzeugtheit wirkt ehrlich, eine nicht böse gemeinte, aber anstrengende Gehirnwäsche. Gut, dass die Vorbereitung seines Unterrichts ihn beansprucht, so bleibt mir Zeit zum Nachdenken. Mein Lehrer behandelt mich freundlich, lässt mich nicht fühlen, dass ich ein Sträfling der letzten Kategorie, noch dazu Deutsche bin. Er ist fast rührend bemüht, mir mein Los, wo er nur kann, zu erleichtern: Er hilft mir oft bei meiner Arbeit und ein paar Mal steckt er mir heimlich etwas zu essen zu. Rauchen darf ich, soviel ich will, auf dem Tisch liegen immer Machorka und Zeitungspapier, und er ist zuvorkommend, ohne zudringlich zu werden. Einmal, bei der Diskussion des Bildungsprogramms, in dem ich sehr positive Elemente entdecke, unterbricht er sich unversehens und schaut mich kopfschüttelnd an: „Schade, du wärest eine ausgezeichnete Komsomolka geworden."

Mit der Zeit befürchte ich, dass er mein Interesse für Zustimmung halten könnte. Sehr vorsichtig kündige ich deshalb ein paar Fragen an, die er arglos genehmigt. Ich frage ihn, ob er für eine Idee kämpfen würde, ob er auch unter Druck als Einzelkämpfer oder in Gefangenschaft ohne äußere materielle Unterstützung sein Leben seiner Idee widmen würde und bereit wäre, dafür zu sterben. Aus seinen Antworten auf meine Fragen leite ich ab, dass er meinem Verständnis eines Idealisten nahe käme und in seiner vielseitigen Toleranz und mit seiner Auffassung des Internationalismus zum Kosmopoliten neigte. Eine zugegeben etwas krumme Tour. Wie gewöhnlich sitzen wir uns am Wachtisch gegenüber, die anderen schlafen. Aber jetzt ist etwas passiert. Die großen, aufmerksamen Augen in dem blassen slawischen Gesicht drücken plötzlich echte Bestürzung aus. Nach einem kurzen Schweigen sagt er nur leise, mit einer Stimme, in der ich Erschütterung fühle: „Es ist gefährlich, sich mit dir zu unterhalten." Das wiederum betrübt mich doch ein wenig. Gefährlich wollte ich ihm nicht werden, sondern nur einen kleinen Hinweis geben, dass seine Auffassungen auch zu widerlegen wären. Am nächsten Abend kommt ein anderer an seiner Stelle.

Alltag im Retschlag

Geros □ Politoffizier Bassanov □ Geros Tod – Krokodile im Flussbett □ Bücher □ In der Ziegelfabrik □ Tufta

Drei Hundeführer mit deutschen Langhaarschäferhunden wechselten sich im Nachtdienst ab, um zu verhindern, dass sich Hund oder Herr an die Umgebung gewöhnen und an Wachsamkeit und Schärfe nachlassen könnten. Damit hatte es aber offenbar keine Not. Einer der Hunde schnappte im Vorbeigehen nur mal so zum Spaß nach meinem Bein, trotz der Wattehose blieben die Spuren der vier Fangzähne Monate lang sichtbar. Auch der zweite Hund, obwohl noch sehr jung, veranlasste mich, in dem engen Raum möglichst vorsichtig Abstand zu wahren. Der dritte Hund, der Geros hieß, ein besonders großes, stattliches Exemplar, ließ mich erstaunlicherweise existieren, ohne zu knurren. Der zu ihm gehörende Hundeführer schaute nicht unfreundlich aus, gab sich indes ziemlich wortkarg.

Eines Abends haben sich die Soldaten zur Ruhe begeben, einer liegt auf der Pritsche, der zweite schläft sitzend auf den Tisch gestützt. Auch der Hundeführer ist von seinem Kontrollgang zurück und hat sich zum Schlafen gegen die Wand gelehnt. Vor ihm liegt der Hund mir gegenüber in etwa zwei Meter Abstand. Heute ist wieder Geros da, der friedlichste der drei Wachhunde. Er ist innerhalb der Wache nicht angeleint wie die anderen Hunde. Geros lässt mich zwar nicht aus den Augen, wenn ich mir am Ofen zu schaffen mache oder etwas aus meiner Jacke, die neben der Tür hängt, hole, aber mir scheint sein Ausdruck eher interessiert, nicht so bedrohlich oder gar beißwütig wie der seiner Artgenossen.

Jetzt kann ich es mir gemütlich machen. Das Feuer brennt gut. Alle Türen sind zugehakt, die Fenster dick vereist und verschneit. Es herrscht tiefe Stille, nur das Atmen der Schläfer ist zu hören. Ich drehe mir eine Zigarette – die Soldaten haben mir wieder einmal als Entgelt für meine ‚Wache‘ etwas Tabak und Zeitungspapier auf den Tisch gelegt – und ziehe mein Brotbündel aus einem gechlorten Stofflumpen. Die Zigarette entzünde ich an einem glühenden Stück Kohle, das auf dem Schürhaken aus dem Ofen balanciert wird, wie von den Soldaten abgeguckt. Nun setze ich mich behaglich auf meiner Kiste zurecht. Der Hund schläft nicht, sein Kopf ruht leicht gedreht auf seinen Pfoten, und er schaut zu mir mit fast grüblerisch anmutender Aufmerksamkeit. Wir haben schon manche Nachtstunde in der Wachstube miteinander verbracht und uns gegenseitig betrachtet. Diesen großen, schönen Hund werde ich nicht müde anzuschauen. Wie mag sich wohl das herrlich dicke, schwarzgrau-hellbraune Fell dieses Prachtexemplars anfühlen, ob es weich ist? Die Zigarette brennt, ich genieße den ersten Zug und beiße jetzt ein Stückchen von dem Brotkanten ab; die Kombination erinnert mit etwas Phantasie an Räucherwurst; allerdings muss man sich den Wurstgeschmack dazu denken. Inzwischen verrät der Ausdruck der Hundeaugen und die ganz wenig einseitig angehobene Kopfhaltung augenfällig konkretes Interesse: Kaum merklich bewegt er den Schwanz und schaut dabei sehnsuchtsvoll hungrig auf das Stück Brot in meiner Hand. So deutlich hat er das bislang nie erkennen lassen. Vor mir liegt immerhin ein auf meinesgleichen abgerichteter Bluthund, eine freundliche Beziehung zwischen uns dürfte für ihn ebenso ungeheuerlich, ja utopisch sein wie für mich. Angesichts dieser schönen Hundeaugen kann ich jedoch nicht umhin, mein Stück Brot in zwei Hälften zu brechen und ihm die eine anzubieten. Er macht eine kleine, spontane Bewegung. Aber sogleich, als ob er sich inzwischen wieder auf die Realität besonnen hätte, wendet er den Kopf, schaut zu seinem schlafenden Herrn und nimmt ergeben schnaufend wieder die frühere Lage ein. Ich schließe aus seinem Gebahren, dass er einerseits gerne etwas nähme, andererseits ihm jedoch der Konflikt unlösbar erscheint. Wie könnte ich ihm etwas zukommen lassen, ohne sein ‚Hundegewissen' zu sehr zu belasten?

Die Ecke vor dem Ausgang ist durch den vorkragenden Ofen dem Blickfeld der Soldaten entzogen. Das könnte der Ausweg sein. Leise stehe ich auf, gehe um den Ofen herum, lege das ihm zugedachte Brot in die gegenüberliegende Ecke vor die Tür und setze mich erwartungsvoll wieder auf meine Kiste. Und da richtet Geros sich vorsichtig auf, zunächst nur mit den Vorderbeinen, beschnuppert seinen Herrn, betrachtet aufmerksam die beiden anderen, dann erhebt er sich zu voller Größe und geht, wiederum ganz langsam, auf die Tür zu. Sehen kann ich ihn nicht, aber nach einer Anstandspause, wie sie auch unsere Hunde zu machen pflegten, verkündet ein Schmatzen, dass das Geschenk angenommen ist. Hierauf kehrt er unverweilt zu seinem Platz zurück, dreht sich nach Hundeart vorsichtig um seine Achse und nimmt wieder die frühere Haltung ein. Über seine Pfoten schaut er zu mir herüber, ganz einfach wohlwollend will mir scheinen.

Inzwischen kann ich den Wunsch nicht mehr unterdrücken, noch mehr bei ihm zu erreichen. Seinen Namen und diverse Kommandos kenne ich vom Hören. Nun fasse ich mir ein Herz und rufe ganz leise: „Geros, ko mnye – zu mir." Und er reagiert nicht abweisend. Wieder erhebt er sich sehr achtsam. Zunächst schnüffelt er erneut an seinem Herrn und bewegt sich, nachdem er auch die beiden anderen Schläfer sehr eingehend betrachtet hat, langsam, fast zaudernd in meine Richtung. Es kommt mir lang vor, obwohl der Weg ja nicht weit ist. „Hoffentlich bewegt sich jetzt niemand, sonst geht er sicher nicht weiter", denke ich voller Aufregung.

Inzwischen ist er schon in Reichweite. „Ob ich es wohl wagen kann, ihn zu streicheln", immerhin ist Beißen die ihm anerzogene und immer wieder geforderte Reaktion auf Wattekleidung. Ich hole tief Luft und berühre dann ganz vorsichtig seine Kehle mit meiner linken Hand. Er hält still. Ganz vorsichtig kraule ich ihn, lege dabei behutsam den rechten Arm über seinen Rücken und ziehe ihn langsam näher zu mir. Nun legt er sogar seine Schnauze auf meinen linken Arm, und ich kraule ihn am Ohr. Sein wärmlich-feuchter Atem streift mich. Wir halten beide stille. Einen zeitlosen langen Augenblick dauert diese wunderschöne Versunkenheit, unterdessen kraule ich seinen Hals unter den Ohren. Plötzlich bewegt sich einer der Schläfer, wir fahren auseinander und Geros schleicht umgehend, aber sehr vorsichtig auf seinen Platz zurück. Zur rechten Zeit, denn wenige Minuten später sind die Soldaten wach.

Ich kann den dritten Tag kaum erwarten, an dem Geros wieder Dienst hat. Allerdings müssten außerdem die Soldaten während der Hundewache schlafen. Und wirklich, während einiger Wochen haben wir Wachposten, denen das Schlafen am liebsten ist; auch die allfälligen Kontrollen stören uns kaum. Sobald Ruhe eingekehrt ist, hole ich mein Brot heraus, zeige Geros seine Hälfte und lege sie in die Ecke hinter den Ofen. Dieses Zeremoniell behalte ich bei, damit er nicht etwa beim Fressen neben mir erwischt werden kann. Riskant genug ist das Ganze ohnedies. Aber wir haben Glück. Schwanzwedelnd kommt er nun schon aus der Ecke zurück, prüft auf dem Weg zu mir, ob die Luft rein ist und schiebt seine Schnauze auf meine Schulter oder unter den Arm, ich lege mein Gesicht auf sein Fell und finde es wunderbar. Bis dann eines Tages ein neuer Posten auf Wache kommt. Offenbar trauen ihm die anderen nicht. Es wird weder gespielt noch geschlafen.

Ich habe etwas Brot für Geros im Lager organisiert und aufgehoben, aber es findet sich keine Möglichkeit, es ihm unbemerkt zu übergeben. Schließlich, morgens beim Entschlacken des Ofens kurz vor Schichtwechsel, lasse ich hinter mir die Tür etwas offen in der Hoffnung, dass Geros vielleicht hinterherkäme und ich ihm das Brot zuwerfen könnte. Geros kommt auch, aber, oh Schreck, im Moment des Brotwerfens geht die Tür wieder weit auf und im Türrahmen steht der Hundeführer, der indes so anständig ist, sich umzudrehen und so zu tun, als ob er nichts gesehen hätte. Dann tritt er aus der Wache heraus und ruft den Hund zu sich. Bestürzt und regungslos stehe ich im Schnee mit meinem Schlackeeimer. Kurz vor der Tür dreht er sich um und droht mir ganz leicht, aber doch freundlich mit dem Finger. Wieder einmal hat ein Schutzengel das Schlimmste verhütet.

Noch immer in solchen Betrachtungen gefangen, stehe ich mit der großen Kolonne wartend vor dem Lagertor, da des Morgens die kurze und die lange

Nachtschicht gleichzeitig zurückkehren. Pro forma taste ich unauffällig mit den Händen prüfend meine Taschen ab. Zu meiner Überraschung fühle ich ein Päckchen Tabak. Das kann eigentlich nur von Geros' Hundeführer sein; denn weder der fremde Soldat noch der andere Wachposten kommen als Spender in Frage. Aber wohin jetzt mit diesem unerwarteten Reichtum? Fünf Aufseherinnen kommen zwecks Leibesvisitation bereits auf uns zu. Ich stehe im zweiten Glied der Fünferreihen. In Erinnerung an einen Blatnoy-Trick stecke ich das Päckchen schnell in einen Handschuh, nehme beide Fäustlinge in eine Hand mit der Öffnung nach unten und dem Tabakpäckchen im Griff von drei Fingern. Außerdem halte ich in jeder Hand einen Zipfel der geöffneten Wattejacke, um ja nicht die Geduld der Polizistinnen zu strapazieren, weil sie einen dann in der Regel noch genauer abtasten. Als Sondertrupp der 23-Uhr-Schicht werden wir am Anfang der Kolonne als erste abgefertigt, die Leibesvisitation fällt je nach Laune oder Befehl mehr oder weniger gründlich aus. Der Trick gelingt, so ist auch diese Fährnis überstanden und für heute alles noch mal gut gegangen.

Nach drei Tagen kommen zwar Geros und sein Chef wieder, aber das Wetter ist schlecht und es steht ungünstig um die Kohlevorräte. Heftiger Wind treibt mir Schnee, Kohlestaub und Schweißtropfen in die Augen, ich muss lange suchen und wühlen, bis endlich der Schlitten mit der geforderten Qualität beladen ist. Dann plötzlich ist es wieder ganz still, die Purga hat unvermittelt aufgehört. Der Himmel ist wolkenverhangen, das Licht am Eingang zum Kohlelager ist funzelig. Plötzlich höre ich Schritte. Wer hat jetzt hier hinten am Kohlelager zu tun? In mir steigt Angst hoch. Ich halte meine Schaufel fest in der Hand, für alle Fälle. Die Schritte kommen näher, ich höre ein seltsames Schnaufen. Was für eine Überraschung: Im funzeligen Licht des Eingangs tauchen an der Ecke der Bretterwand die Umrisse eines Hundes und gleich dahinter die eines Uniformierten auf, Geros und sein Herr, obwohl das doch innerhalb bewachter Zonen verboten ist. Er sagt freundlich: „Lange bist du heute mit der Kohle zugange? Wir haben schon gedacht, es sei etwas passiert im Sturm." „Heute ist es sehr schlecht um die Kohle bestellt. Sehen Sie, bis jetzt habe ich wühlen müssen, um das zusammenzubringen." „Nun, dann ruh dich mal kurz aus, ich drehe dir inzwischen eine Zigarette. Der Wind stört immer noch." Damit dreht er uns protokollgemäß den Rücken zu, ich hocke mich nieder im Schnee und streichele den aufgeregt schnaufenden Hund ein Weilchen, Brot habe ich ja nicht mit hierher genommen. „Wie kommt es, dass Sie mit dem Hund hier sind, das ist doch verboten." „Ja, die Purga hat da eine Schneewehe am Zaun angeweht und könnte ihn vielleicht passierbar machen. Ich muss gleich Meldung erstatten, dass sie dorthin ein Räumkommando schicken. Aber ich brauchte den Hund, um vorsorglich etwaige Spuren zu sichern." Er lächelt. Klar, dass diese Art, den Dienst auszuüben, auch für ihn nicht ohne Risiko ist. Ein Weilchen reden wir miteinander. Ich danke ihm, dass er mich vor drei Tagen wieder so freundlich beschenkt hat. Wieder ein kleines, fast verlegenes Lächeln. Während ich Geros, der mich heute sogar schnaufend und schwanzwedelnd anstubst, als ob es ihm erlaubt wäre, zum Abschied noch mal streichele, kommen mir plötzlich die Tränen. Da fährt mir der Soldat unversehens mit einer fast scheuen, sehr zärtlichen Gebärde über den Kopf und legt den anderen Arm für einen Moment ganz leicht um mich. „Du bist ein gutes Mädchen, halte dich nur weiter so tapfer, es wird sicher alles noch mal gut." Dann gibt er mir die Hand und wendet sich zum Gehen. „Ach so, fast hätte ich es vergessen. Bitte nimm." Ein Päckchen Tabak und ein zusammengelegtes Stück Zeitung wechseln den Besitzer. Bis ich es mit meinen steifen Fingern in der Tasche vom Buschlat verstaut habe, hat ihn die Dunkelheit verschluckt.

□

Die Wochen und Monate auf der Wache vergehen schnell. Die tägliche Routine geht mir inzwischen ohne Aufregung von der Hand und meine kleinen Chefs sind in der Mehrzahl harmlose, mitunter richtig gutmütige Kerle. Zur Zeit sind besonders freundliche Posten auf der Wache, der Kosak und ein blonder Sibiryake. Nichts Böses ahnend komme ich abends ans Lagertor, da ruft mich der wachhabende Offizier. „Hier, nehmen Sie den Schlüssel für den Arbeitsraum des Bevollmächtigten. Heizen Sie dort den Ofen."

Oh Schreck! Der Bevollmächtigte, das ist der gefürchtete Politoffizier, der Oper. Dabei bedrückt mich nicht nur, dass ich noch ein Feuer mit zusätzlichem Kohlevorrat unterhalten soll. Vor allem fürchte ich, mit ihm dort womöglich zusammenzutreffen. Auf dem Weg zur Ziegelei steigern sich meine Aufregung, Angst und Wut, so dass ich beim Betreten des Wachraums den Schlüssel mit solcher Wucht auf den Tisch feuere, dass er gleich auf der anderen Seite wieder herunter fällt. Die beiden Wachsoldaten schauen erstaunt: „Was ist los? Warum wirfst du mit dem Schlüssel um dich? Was ist das für ein Schlüssel?" Bei ihnen wage ich meine Gefühle etwas freier zu äußern, sie waren bisher immer ganz freundlich. „Der Schlüssel zum Arbeitsraum des Opers. Auch das noch! So viele Jahre bin ich bemüht, diesen Brüdern nicht ins Blickfeld zu geraten, und jetzt muss ich dort heizen." Aber der Sibirier meint begütigend: „Das ist doch nicht so schlimm, heute hat er keinen Dienst. Wenn du hier fertig bist, nimmst du Glut mit zum Anheizen. Kohle ist sicher genug da. Wenn er doch noch kommen sollte und das Feuer verloschen ist, dann sagen wir ihm schon, dass das nicht an dir gelegen hat." Der Kosak kommt mit zu dem abgelegenen Blockhäuschen. Es liegt an den Bahngleisen, in der Nähe des Tors. Von der Wache ist es nur über das Fabrikgebäude zu erreichen oder man muss am Zaun entlang durch den tiefen Schnee stapfen. Der Kosak wählt den direkten Weg und hat auch etwas Glut im Eimer mitgenommen. Er springt schnell und leicht durch den dicken Schnee, ich kann kaum hinterher kommen. Dann bringt er im Handumdrehen das Feuer in Gang. „Schau, es ist doch ganz gemütlich hier", neckt er mich. „Willst du nicht noch ein bisschen hier bleiben?" Darauf mag ich nicht eingehen und kann es kaum erwarten, dass er wieder abschließt. Erst nachdem wir die Wache wieder erreicht haben, ohne dem Oper begegnet zu sein, beruhige ich mich.

Kaum zwei Wochen sind verstrichen. Seit Stunden wütet starker Schneesturm, sogar das Licht brennt trübe und schwankend. Es ist unruhig, Leute gingen mehrfach ein und aus, die Posten konnten kein Auge zutun. Meine Arbeit ist getan, ich hocke dösend auf meiner Kiste und warte auf den Schichtwechsel. Drei Uhr ist vorbei, da klopft wieder jemand, der aus dem Werk hinaus will. Ein Posten entriegelt die Tür und ruft im gleichen Augenblick: „Achtung!" Alle drei Soldaten springen auf und stehen stramm, ich auch. Herein kommt der Politoffizier Bassanov, ein Asiate aus Kasachstan. Bisher habe ich ihn nur von weitem gesehen. Der Anblick des schneeweißen Pelzes, der den Offizieren vorbehalten ist, und der sich rasch umschauenden Schlitzaugen weckt in mir Alarmgefühle. Vorsichtig versuche ich, mein Kopftuch möglichst tief ins Gesicht zu ziehen, und halte den Kopf gesenkt.

Der Oper begrüßt jeden Soldaten persönlich mit Handschlag, er kennt sie alle. Inzwischen hat er ‚Rühren' befohlen und ich lasse mich wieder auf meiner Kiste nieder, immer noch hoffend, dass er von mir keine Notiz nehmen möge. Aber schon richtet der Kasache das Wort an mich. „Was sitzen Sie dort in der Ecke so nachdenklich?" „Es gibt genug, über das nachzudenken ist", antworte ich in möglichst gleichgültigem Ton. „Woher sind Sie?", folgt sofort die nächste Frage. „Aus Westdeutschland." „Ich verstehe, man hat Sie dort verhaftet, aber in welcher sowjetischen Oblast sind Sie geboren? Übrigens, sehen Sie mich an, wenn ich mit Ihnen spreche!" Dem Befehl muss ich Folge leisten. Ein glattes, flaches Gesicht mit lebhaften, intelligenten Schlitzaugen mustert mich interessiert. „In Westdeutschland bin ich geboren." „So, so, woher sind denn wohl Ihre Eltern?" Bassanov zwinkert belustigt mit den Augen. „Dann können Sie sicher auch Deutsch", kommt seine nächste Frage auf Deutsch. „Doch ja, soweit man Deutsch als Muttersprache zuhause und in der Schule lernt." Dann fragt er mich nach meiner Schulbildung und wo ich Russisch gelernt haben will. Meine Antworten scheinen ihn nicht so ganz zu überzeugen. „Nun ja, meine Teuere, das klingt ja alles ganz ausgezeichnet. Aber mir können Sie doch nicht weismachen, dass Sie nicht sowjetischer Herkunft sind. Ich meine, Ihrem Akzent nach zu urteilen, stammen Sie aus der Gegend um Woronezh. Übrigens, schieben Sie mal Ihr Kopftuch zurück. Sieh mal einer an, wie jung sie noch ist. Ich würde Sie Ihrem Typ nach für eine Landsmännin halten oder für eine Uzbekin." „Warum nicht für eine Chinesin oder Japanerin", versuche ich in möglichst gleichgültigem Ton zu kontern, um bloß keine Gemeinsamkeiten zuzulassen. „Kommen Sie mich in meinem Arbeitszimmer besuchen", kommt das befürchtete Ansinnen in deutscher Sprache. Ich brumme einen Ton als Antwort, um nicht ja sagen zu müssen. „Ich werde Sie rufen lassen." „Warum denn", versuche ich abzuwehren, „habe ich etwas verbrochen? Nach der Arbeit muss ich schlafen und anschließend wieder arbeiten gehen." „Nein, darum geht es nicht. Ich will mit Ihnen sprechen, und zwar nicht hier!" Dann wendet er sich in betont jovialem Ton wieder auf Russisch an die Soldaten. „Ja, Jungens, ein Hundewetter herrscht da draußen. Aber ich muss ja doch mal nach Hause gehen." Er verabschiedet sich, nicht ohne deutsch „Auf Wiedersehen" gesagt zu haben.

Ziemlich verstört lasse ich mich auf meiner Kiste nieder, lege den Kopf auf die Arme und sinne diesem Unheil nach, das mir gerade noch gefehlt hat. Da stößt mich der Sibiryake an: „Hier hast du eine Zigarette, ich habe sie dir gedreht. Rauch mal." Mit leicht zitternden Fingern nehme ich die aus Zeitungspapier gedrehte und mit Spucke verklebte Zigarette dankend an. „Ja, ja", fährt er augenzwinkernd fort, „das Kabinett wolltest du nicht heizen, und jetzt bist du ihm direkt in die Fänge geraten. Ich verstehe auch Deutsch, aber das weiß er nicht." „Danke", ist alles, was ich herausbringe. Der Soldat fühlt offenbar, was in mir vorgeht. „Lass man", fügt er hinzu, „alles hängt von dir ab. So, wie du ihm antwortest, dementsprechend wird er sich verhalten." Mit diesem freundschaftlichen Rat hat er die Grenzen seiner Möglichkeiten eigentlich schon überschritten. Seine ehrlich gemeinten Worte tun mir wohl.

Niedergeschlagen komme ich ins Lager. Auch die heiße Suppe, die mir sonst nach der langen Nacht höchst willkommen ist, will nicht rutschen. Schließlich fordert der Schlaf sein Recht. Aber beim Aufwachen höre ich bereits meinen Namen, die Aufwartung der Administration bestellt mich zum Lagerchef, damit die anderen nicht merken sollen, wer ruft. Beim Hinausgehen fragt mich die Barackenälteste erstaunt: „Nanu, hast du was verbrochen?" „Das weiß ich nicht", lautet meine hilflose Antwort. Beim Betreten des Verwaltungsgebäudes versuche ich in meiner Verzweiflung auf die Tür des Lagerchefs zuzugehen, aber die Aufwartung zieht mich unsanft am Ärmel weiter zum Zimmer des Opers. „Hier hinein." Im

Zimmer sitzt der Oper wie in den Verhörsräumen in der Untersuchungshaft hinter seinem Schreibtisch in der Ecke, davor steht ein zweiter Tisch längs ins Zimmer hinein mit Stühlen. Auch der Schemel in der Ecke für die Untersuchungsgefangenen fehlt nicht. Bassanov steht auf, kommt um seinen Schreibtisch herum, gibt mir die Hand, begrüßt mich mit Vornamen und lässt mich am Tisch für Dolmetscher oder Beisitzer Platz nehmen. „Schreiben Sie Ihren Lebenslauf." Ohne Widerrede nehme ich den Federhalter und beginne langsam, bedächtig und möglichst ungelenk zu krakeln, meinen Namen, den Geburtsort, den Namen der Eltern, die Schulbildung.

„Schreiben Sie auch noch Ihre politische Überzeugung, dann ist es genug." Ich schreibe „demokratisch-sozial". Mit dergleichen Fremdwörtern aus der Politik stehe ich von jeher auf Kriegsfuß, aber die beiden Worte scheinen mir in dieser Reihenfolge das auszudrücken, was ich verantworten, wofür ich geradestehen kann. Dann beginnt Bassanov Fragen zu stellen: In welcher Baracke ich lebe, in welchen anderen Lagern ich war, welche Disziplinarstrafen ich bekommen habe. Es folgen Fragen nach Freunden und Feinden. „Freunde habe ich keine." „Aber Feinde müssen Sie doch haben. Jeder Mensch hat Feinde, Sie sind unaufrichtig." Welchen Namen soll ich bloß angeben, ohne jemandem zu schaden und noch etwas glaubwürdig zu erscheinen? „Dascha Kirste", fällt mir ein; das ist die schizophrene Geisteskranke, die mich für eine Hexe hält. „Ach die", gelangweilt winkt er ab. „Ja, ja", beteuere ich, „sie kann mich nicht ausstehen." Ohne weiter darauf einzugehen, sagt Bassanov nun: „Ich habe den Eindruck, dass es für Sie als Studentin doch nicht passend sein kann, den ganzen Tag mit der Schaufel auf schwerer Arbeit zu verbringen. Sie gehören doch an den Schreibtisch. Sicher würde das Ihren Fähigkeiten mehr entsprechen. Ich könnte Ihnen behilflich sein, das zu erreichen." Ich schweige und überlege, welche Falle er vorbereitet. Was soll ich antworten? „Was soll ich denn am Schreibtisch tun?" „Ja, Sie könnten bei mir als Dolmetscherin arbeiten." „Hier gibt es genug Russinnen, die Deutsch können und Sie selbst sprechen gut deutsch. Andere Fremdsprachen werden nicht gebraucht." „Ja, aber Sie besitzen die Fähigkeit, mit Menschen Kontakt aufzunehmen." „Das ist ein Irrtum", verwahre ich mich, „im Gegenteil, ich kann überhaupt nur schlecht mit Menschen auskommen, besonders mit Frauen." „Sie haben Einfühlungsvermögen und wissen, wie die Stimmung im Lager ist." „Oh, ich glaube, Sie wissen das viel besser, Sie haben mehr Gelegenheit, etwas darüber zu erfahren." Hier bin ich zu weit gegangen. „Wie meinen Sie das?" Sein Ton ist plötzlich scharf. „Nun, hier in der Administration arbeiten doch viele Häftlinge", versuche ich, meine Anspielung abzumildern. Er lässt es gelten. „Nun ja, aber sie sind hier und nicht zwischen den Arbeitern." „Wenn ich als Dolmetscher hier arbeitete, wäre ich auch hier und nicht bei den Arbeitern." „Nun, Sie würden eine kürzere Arbeitszeit haben, und könnten dann anschließend Ihre Freunde besuchen." „Na, und", fährt mir eine russische Ungezogenheit heraus. Bassanov behält aber die Ruhe. „Es ist alles interessant, es ist doch möglich, dass es Ihren Freunden an irgendetwas fehlt. Ich könnte ja Abhilfe schaffen." „Oh, ich bin überzeugt, dass es niemandem hier im Lager an etwas fehlt, was erlaubt ist. Sicherlich wird doch alles nach Vorschrift vollzogen. Wie sollten wohl Unregelmäßigkeiten möglich sein?" Meine Bemerkung trifft den Punkt und ist gerade deshalb gewagt, weil erst kürzlich Freien erhebliche Diebstähle an unserer Lagerverpflegung nachgewiesen worden waren. „Ja, aber dennoch. Man kann nie genug vorbauen." Bassanov spinnt den Faden beharrlich weiter. Mir scheint es indes dringend an der Zeit, reinen Tisch zu machen: „Ich muss Sie enttäuschen. Ich eigne mich in keiner Weise für die von Ihnen vorgeschlagene Tätigkeit. Alle Stellen in der Administration, für die Häftlinge in Frage kommen, sind besetzt. Außerdem habe ich erst kürzlich wieder gehört, dass ich als Deutsche ,sozial' ungeeignet bin für gehobene Tätigkeiten. Ich darf deshalb auch nicht als Krankenpflegerin arbeiten, obwohl ich darin ausgebildet bin." „Ich würde Sie eben außerplanmäßig als Aufwartung einsetzen", beharrt der Oper zäh. „Ach, und Sie glauben, dass die Leute sich nicht wundern, wenn ich als Deutsche plötzlich einen Druckposten in der Verwaltung innehabe. Es würde doch sofort bekannt, dass Sie mich eingesetzt haben, und die Konsequenzen können Sie sich sicher denken." „Welche Konsequenzen?" Hinterhältig zieht er seine ohnehin schmalen Augenschlitze zusammen. „Nun, ich würde ebenso viel hören wie Sie, wenn Sie sich in einer Baracke erkundigen würden. Außerdem ist es wirklich Zeitvergeudung, weiter darüber zu reden. Ich kann Ihnen nur sagen, dass ich nicht in der Administration arbeiten will. Das bisschen Bildung von zuhause ist seit Jahren von Schippe, Hacke und ,Mat' verschüttet worden. Sie sehen es doch selbst, ich kann gar nicht mehr richtig schreiben." „Wie können Sie es wagen, in meiner Gegenwart diesen unanständigen Fluch zu gebrauchen", erregt sich Bassanov ebenso künstlich wie heftig. „Das ist mir im Arbeitsumerziehungslager beigebracht worden." „Ich lasse Sie einsperren", droht er verärgert. „Es ist für mich kein Unterschied, ob mich vier oder fünf Reihen Stacheldraht einschließen. Was wollen Sie mir dort noch beibringen? Noch einige Flüche der Aufseher? Es tut mir leid, ich liebe die russische Sprache, aber seit ich in Russland, Verzeihung, ich meine, in der Komi-ASSR bin, ist mein Wortschatz nur um ,Mat' und den Verbrecherjargon bereichert worden. Der Chef der Ziegelei flucht auch, sogar am Telefon. Warum soll ich das dann nicht auch lernen? Wie soll ich beurteilen, ob es richtig ist, diese oder jene Worte zu gebrauchen? Bücher gibt es so wenige. Auch ist wohl die mir von früher bekannte Sprache nicht mehr aktuell. Während der Besatzung der Roten Armee in Deutschland hat kein einfacher Soldat mir gegenüber solche Ausdrücke gebraucht. Doch von meinem Untersuchungsrichter musste ich eine Flut von Schimpfworten ertragen. Er hatte damals richtig angenommen, dass er mich damit verletzen würde, obwohl ich nicht einmal die Hälfte davon verstand. Aber inzwischen habe ich mich an das zeitgemäße Russisch der Vorgesetzten und Erzieher gewöhnt. Wahrscheinlich lag es an der mangelnden Bildung der einfachen Soldaten, dass sie diese progressive Sprache nicht gebrauchten." Der Asiate beherrscht sich. Mit ruhig sachlicher Stimme sagt er: „Ich glaube, dass viele Unregelmäßigkeiten vorgekommen sind, aber wir wollen ja ausgleichen, bessern." „Ja wirklich, dann lassen Sie mich doch einmal nach Hause schreiben, einen Gruß, dass ich noch lebe. Seit Jahren bin ich für sie verschollen." „Darüber ließe sich reden, wenn Sie sich bewährt haben." „Wie das?" „Nun, es ist eine ehrenvolle Aufgabe für einen Häftling, in den Organen der Staatssicherheit mitarbeiten zu dürfen." Damit hatte er die Angelegenheit eindeutig beim Namen genannt. Aber jetzt ist es mir schon einerlei. „Ich bin dieser Ehre nicht wert, als Ausländerin schon gar nicht. Außerdem eigne ich mich nicht für inoffizielle Aufträge, sonst wäre ich sicher eine gute Spionin geworden und säße nicht hier. Zwar bin ich keine Spionin, nichtsdestoweniger aber doch, obwohl schuldlos, mit dem entprechenden Paragraphen hierher gebracht worden. Das ist alles, was ich dazu zu sagen habe." Bassanov erhebt drohend die Stimme: „Ab sofort dürfen Sie nicht mehr in der Wache arbeiten. Ich schicke Sie auf die schwerste Arbeit an den Fluss zum Schotter. Dann werden Sie eher einsehen, was ein Befehl bedeutet." „Bitte sehr, von mir aus auch 24 Stunden. Nur darf ich Sie noch auf meine Halbinvaliden-Kategorie aufmerksam machen." „In solch einem Fall spielt das keine Rolle. Sie sind ein unverbesserlicher Vasall Adenauers und des zersetzten Westens und keine Arbeit ist zu schwer, um Sie zur Vernunft zu bringen."

Der Oper ist aufgesprungen und steht direkt vor mir. Jetzt zieht er eine Schachtel Zigaretten aus der Tasche und hält sie mir entgegen. Dazu redet er mich nun unvermittelt in äußerst liebenswürdigem Ton erneut mit dem Vornamen an: „Sie sollten nicht so widerspenstig sein. Sehen Sie, ich habe ein ganz persönliches Interesse daran, gerade mit Ihnen zusammenzuarbeiten. Wenn ich Sie ansehe, denke ich, ich habe eine Landsmännin von mir, noch dazu eine so anziehende." Unmittelbar nach diesen Worten beugt er sich vor und wird ganz einfach zudringlich, presst mich zwischen den Stuhl und sich. „Bitte, arbeiten Sie mit mir, sonst kann ich Sie doch nicht sehen. Haben Sie doch Verständnis für mich. Ich kann Ihnen mit vielem helfen." Im ersten Moment fühle ich mich wehrlos. Dann lasse ich mich mit einem Ruck einfach unter den Tisch gleiten, um auf der anderen Seite wieder herauszukriechen, und springe hinter den dort stehenden Stuhl, den ich mit beiden Händen packe, um ihn zur Abwehr zu benutzen. „Wie wagen Sie es als sowjetischer Offizier, eine politische Gefangene zu belästigen. Schämen Sie sich. Kommen Sie mir nicht näher, sonst handle ich in Notwehr. Sie können mich ruhig dafür einsperren lassen." In seinen Augen glitzert jetzt echte Wut. Einen Moment herrscht Stille. Mir zittern die Knie, wie lange muss ich das noch durchhalten? In diesem Augenblick schellt sein Telefon. Offenbar wird Bassanov zu einer Sitzung gerufen; in mürrischem Ton sagt er sein Kommen zu. Dann wendet er sich mir wieder zu. Inzwischen habe ich erleichtert tief Luft geholt. „Ich werde Sie zwingen, meinem Befehl Folge zu leisten. Sie werden von mir hören." „Ich werde keine inoffizielle Arbeit tun." „Gehen Sie!"

Noch einmal ging ich als Aufwartung auf die Wache. Am nächsten Abend rief mich die Ala. „Auf Befehl vom Oper sollst du ab sofort in der Schotterbrigade am Fluss arbeiten. Was der Alte nur hat? Gräm dich nicht, geh ein paar Tage hin, ich will sehen, dass ich dich dann wieder leichter unterbringe." Beunruhigt schaffte ich es tagelang nicht, meine ohnehin knappe Brotration aufzuessen. Jedoch der Oper Bassanov rührte sich nicht. Ich musste zwar weiter im Flussbett arbeiten, aber nach ein paar Wochen beruhigte ich mich wieder.

☐

Eines Tages sollte ich Brechstangen aus der Werkstatt holen, mit denen wir Sprenglöcher in den gefrorenen Flussschotter bohren mussten. Die Werkstatt lag etwa einen halben Kilometer flussabwärts. Zahlreiche Schneewehen musste ich überqueren. Auch Soldaten durchstreiften das durch die Schneemassen unübersichtliche Flussgebiet, in dem mehrere Brigaden arbeiteten. Plötzlich stand mir in einer engen Mulde der freundliche Hundeführer von Geros gegenüber. Gerade wollte ich erfreut grüßen, da fiel mein Blick auf den Hund an der Leine. Das Wort blieb mir jäh im Halse stecken. „Das ist doch nicht Geros?", fragte ich fast tonlos vor Schreck. Er schüttelte langsam den Kopf, wie um Zeit zu gewinnen, während er irgendetwas in seinen Taschen suchte. Der Hund knurrte. Nach einer Weile, die mir endlos vorkam, sagte er langsam: „Sie haben Geros erschossen, er hat beim Training die Watte nicht mehr greifen wollen." Mit einem ernsten, eigentlich traurigen Blick streckte er mir schweigend die Hand verbotenermaßen entgegen, die ich ebenso unerlaubt ergriff. Ich spürte seinen festen Druck. Im nächsten Moment war er schon hinter der Schneewehe verschwunden. In meiner Hand lag ein Päckchen Tabak.

Dann wich die Starre von mir und die Tragweite des soeben Vernommenen drang in mein Bewusstsein. In der Kuhle zwischen den beiden Schneewehen liefen mir die Tränen herunter. Weinend stolperte ich durch den Schnee, im Frost gefroren die Tränen auf der Haut. Mein Blick irrte durch die öde Schneelandschaft, die ich im Schlaf zeichnen konnte: Die Baracken der Garnison, die Wachtürme, die das Lager umgaben, im Hintergrund die Silhouette der Ziegelei. Hinter mir das Geschrei der Arbeitenden, das Mahlen und Knirschen der Bagger, die unaufhaltsam und nimmersatt hinter uns herkrochen und mit ihren riesigen Zähnen immer neuen Schotter fressen wollten. Wie Krokodile lauerten sie im Flussbett, und mit ihnen die erbarmungslose Kälte, die sich zu dieser Jahreszeit um minus 50 Grad bewegte. Alles das war unentrinnbar wirklich, symbolisch für den gleichförmigen, hoffnungslosen, erdrückenden Alltag eines Sträflings, der nichts besaß außer seinen Erinnerungen. Und doch, wie sehr empfand ich diesen Verlust. Mein schweigsamer, zärtlicher Freund war tot, für unsere Freundschaft gestorben.

□

An die inoffizielle, schöngeistige Privatliteratur kam ich im Lager nur auf Umwegen, indem ich mich bei Gleichgesinnten erkundigte, wer welches Buch gerade las oder gelesen hatte und wann es mal zu haben wäre. Für die ‚Ausleihe‘ eines begehrten Buches für ein oder zwei Nächte bezahlte ich öfter mit Tabak. In der Lagerbücherei mangelte es nicht an öder weltanschaulicher Makulatur, an wortreichen Erläuterungen zu Werken der großen vier Klassiker des Kommunismus – Marx, Engels, Stalin und Lenin. Dagegen freute ich mich, wenn ich mich mal für ein paar Stunden in einen Band russischer Schriftsteller aus dem 19. Jahrhundert vertiefen konnte. Puschkin und Turgenyev hatte ich zuhause am liebsten gelesen. Solche Werke waren in der Lagerbücherei nur spärlich vorhanden und entsprechend gefragt. Immerhin, es gab sie. Auch manches ins Russische übersetzte Werk der Weltliteratur tauchte mitunter auf. Sogar Goethes Faust in russischer Übersetzung hatte sich dorthin verirrt. Solche Bücher mussten aber vor den Augen der Miliz versteckt werden, die sie aus Schikane nicht selten konfiszierte. Es bedurfte langwieriger Bittgänge, um sie wieder zu erlangen. Andererseits funktionierte merkwürdiger Weise auch hier noch der Austausch interessanter Bücher mit anderen Lagern. Die Männer, vor allem die Spezialisten, organisierten über ihre Arbeitsplätze mit Hilfe freier Kollegen Büchersendungen aus Russland und mitunter sogar den Austausch von interessanten Neuerscheinungen. Über persönliche Beziehungen und Freundschaften der Häftlingsprominenz zirkulierten Bücher zwischen den Lagern und innerhalb derselben, und auch unter Paketempfängern, die von Angehörigen Bücher geschickt bekamen. Im Laufe der Jahre verhalfen mir gelegentlich auch Strickkundinnen zu Lesestoff.

Von Natalya Lvovna Bryun erfuhr ich mitunter, welche lesenswerten Bücher gerade im Lager kursierten. Oder sie gab mir auch einen Tipp, bei wem ich ein Buch ausleihen konnte. Über sie lief wohl ein Teil des inoffiziellen Bücherverkehrs, denn sie war stets bestens informiert. Natalya Lvovna war eine sehr distingiert, wenn auch wenig weiblich wirkende Dame in mittleren Jahren von marmorartig kühler Schönheit mit regelmäßigen, überaus markant geschnittenen klassischen Gesichtszügen, hoher Stirn, Adlernase und eindrucksvollen großen, dunklen Augen. Reiches, dunkles Haar trug sie in Zöpfen als Kranz auf dem Kopf zusammengesteckt. Sie pflegte fast altmodisch anmutende höfliche Umgangsformen, war stets gut gekleidet, musste nie auf Zwangsarbeit gehen und hielt im Lager die persönlichen Habseligkeiten der Gefangenen unter Verschluss in der ‚kamera okhraneniya', dem Aufbewahrungsraum, neben dem sie auch eine Einzelkabine bewohnte. Sie verkehrte mit Privilegierten und Intellektuellen im Lager. Warum sie inhaftiert war, kam nie zur Sprache. Regelmäßig erhielt sie Pakete, oft auch mit Büchern, aus ihrer Heimatstadt Leningrad und war sehr belesen. Studiert hatte sie nicht. Indes war mir ihr gewähltes Russisch mit dem unvergleichlichen Petersburger Akzent stets ein Ohrenschmaus.

Seit Evgenya Makova in der Zweiten Ziegelei die Lagerbücherei betreute, wurde ich sogar bevorzugt mit Büchern versorgt. Die kleine, drahtige, dunkelhaarige, jüdische Polin, die mit einem Russen verheiratet war, bemühte sich wohlwollend, meine Bildungslücken ein wenig auszugleichen. Hin und wieder lieh sie mir sogar mal ein begehrtes Buch, bevor sie es an die Lagerprominenz ausgab. Die Moskauerinnen lasen immer zu mehreren gleichzeitig, deshalb dauerte es oft lange, bis man an die Reihe kam. Evgenya erwartete allerdings, dass ich auch zeitgenössische sowjetische Autoren, zum Beispiel Gorki, läse. „Zhenetschka, er macht mich so traurig." Aber meine Einwände wollte sie nicht gelten lassen: „Hella, es gehört einfach zur Bildung. Sie müssen Gorkis Werke kennen, er ist der größte sowjetische Schriftsteller." Immerhin vermittelte sie mir doch einen ganz guten Überblick über die modernen Schriftsteller, indem ich immer wieder begründen musste, was mir nicht gefiel, und zwischendurch belohnte sie mich mit Lesestoff aus der Klassik. Und eines Tages entdeckte ich in einem Regal ein Buch, das ich dort nie vermutet hätte, nämlich einen Lateinlehrgang in 50 Kapiteln für russische Studenten aus dem Jahre 1928, wahrscheinlich aus dem Besitz eines Verbannten der ersten großen Stalinschen Säuberung 1937. Evgenya forderte es nicht zurück, niemand interessierte sich dafür. Viele Monate konnte ich es behalten. Jeden Abend nach der Arbeit in der Untertageförderung von Lehm beschäftigte ich mich auf der Pritsche mit dem Lateinbuch. Gegen die Müdigkeit musste eine Marchorkazigarette helfen. Die elegante, unprofane Sprache entrückte mich in eine andere Welt, waren es doch keine übersetzten kommunistischen Zeitgenossen, sondern Originaltexte klassischer römischer Schriftsteller, von Sallust, Caesar, Livius u. a., die in mir vielfältige Erinnerungen erweckten an die Zeit, als ich zuhause Latein zu lernen begann. Mich erfreute die Ästhetik der Sprache, sie wirkte wie ein Balsam auf viele kleine Wunden, wie eine Stütze im Sumpf der Stumpfheit und Hoffnungslosigkeit.

Aber eines Abends wurde plötzlich wieder einmal gefilzt. Es ging so schnell, dass ich das Buch nicht mehr verstecken konnte. Die große, blonde, lesbische Milizbeamtin griff nach dem Buch, betrachtete den Titel, warf mir einen vielsagenden Blick zu und nahm es fort: „Ne polozheno – nicht zugelassen." Auch später beschied man meine Bitte um Rückgabe abträglich. Das Buch wurde sogar aus der Bücherei entfernt. So etwas gehörte nicht ins Retschlag.

□

Seit über drei Jahren war ich schon in der Zweiten Ziegelei und hatte praktisch überall gearbeitet: In der Formovka, wo die rohen Ziegel geformt und auf Stellagen gepackt und anschließend in den 90 Trockenkammern der Ssuschilka heißluftgetrocknet wurden. Aus Gründen der Zeit- und Energieersparnis mussten die Kammern sofort nach Öffnung ausgeladen werden. Zur Abkühlung wurde von unten Polarluft hereingepumpt, während sich die Hitze in der oberen Hälfte länger hielt. Die ungefilterte Heizluft mit Rauch und Ruß schwärzte die verschwitzte Haut in wenigen Minuten. In der Hofmanka, wo die Ziegel danach gebrannt wurden, hatte ich mich nicht lange halten können und war seit einiger Zeit in der Lehmförderung untertage. In den Produktionsbrigaden wurde acht Stunden in drei Schichten gearbeitet. Alle sonstigen ‚nichtproduktiven' Arbeiten mussten die Hilfsbrigaden in zwei Schichten erledigen, sie arbeiteten drei Stunden länger bei schlechterer Verpflegung. Das beste Los hatten die Spezialisten an Maschinen, in der Planung oder in der Buchhaltung.

Eines Tages wurde ich ganz unerwartet als Maschinistin an die oberste Winde in der Lehmförderung kommandiert, mit denen man die Lehmloren von untertage über eine schräge Galerie hinaufzog. Zwar war mein Arbeitsplatz in der Galerie kalt und zugig, jedoch brachte der Posten als Maschinistin einen bemerkenswerten Prestigegewinn mit sich. Seitdem grüßten mich vorbeikommende Ingenieure und Mechaniker, hielten schon mal einen kleinen Schwatz mit mir und ich lernte Freie und privilegierte Gefangene kennen, die in der Fabrik das Sagen hatten.

Direktor der Zweiten Ziegelei war Oberleutnant Krutov, obwohl bereits in mittleren Jahren von sich und seinem militärischen Rang sehr eingenommen. Demgegenüber verstand er aber vom Fabrikbetrieb weniger. Ab und zu machte er vorangemeldete Blitzbesuche in den wichtigen Abteilungen und fluchte gerne und viel, wenn es Schwierigkeiten gab, wiewohl meist über nebensächliche Dinge. Er ließ sich nirgends länger aufhalten. Fragen oder Beschwerden beantwortete er mit „der Plan muss erfüllt werden" oder „wir werden das untersuchen". Mit solcher Feststellung hatte sich dann auch sein Interesse für den Fall erschöpft.

Stellvertreter des Direktors war der Chefingenieur Loksteyn, ein gutaussehender, stets elegant gekleideter Jude aus Odessa, der fast nie unanständige Ausdrücke gebrauchte. Als freiwilliger Spezialist erhielt er hier im Hohen Norden die ziemlich hohe Polarzulage. Loksteyns herablassende Höflichkeit wirkte so unpersönlich und glatt, dass sie jeden näheren Kontakt mit seinen Kollegen von vorneherein ausschloss. Er war der Schwarm vieler Frauen in der Fabrik; jede, die er einiger Worte würdigte, lächelte beglückt, und wenn er vorbeiging, duftete es nach seinem Parfum. Im Kontor arbeiteten immer hübsche Mädchen, indes wusste die Fama nie genau, mit welcher er liiert war. In den Besprechungen fielen seine Stellungnahmen so geschickt aus, dass er auch bei Schwierigkeiten nie anzugreifen war, er galt als kühler Rechner, und während der Direktor tobte, zeigte der Stellvertreter nur ein kleines, ironisches Lächeln. Eigentlich wirkte Loksteyn wie ein gepflegter Herr aus gutem Hause – fast befremdlich in unserer Umgebung. Hier an der Winde nahm auch er mich zur Kenntnis, bot mir eine seiner teueren Kasbek-Papyrosy an und fragte nach meiner Herkunft und Schulbildung. „Waren Sie schon mal im Ausland?", wollte er wissen. „Ich nicht", gab ich zurück, „aber meine Eltern mehrfach." „Ja, Auslandsreisen sind bei euch wohl einfacher möglich. Bei uns ist die Grenze eben geschlossen." „Woher sind Sie?", fragte ich ihn nun. „Aus Odessa, warum?" „Das ist doch am Schwarzen Meer. Gibt es denn dort keine Möglichkeit für eine Auslandsreise?" „Nun ja", ließ er mich nach einer ganz kleinen Pause wissen, „ich bin eben auch ein Deutscher. Deutsche haben kein Glück." Dann mit einem kleinen Lächeln nickte er mir zu und ging weiter.

Kossov, der Chef an der Hofmanka, war ein Freier, der sich äußerlich wie ein Blatnoy trug. Er sah gut aus, schaute aber meist ziemlich finster drein. Seine schwarze, pelzgefütterte Tuchjacke mit üppigem Kragen, den er bei Sturm hochschlug, saß wie maßgeschneidert. Die Seitenklappen seiner Mütze aus feinem schwarzen Pelz standen leicht ab. Auch die Blatnoy stellten zum Schutz ihrer Ohren in großer Kälte nur ihre Kragen hoch und schlossen nie die Mützen unter dem Kinn. Kossov schob auch seine Stiefelschäfte nach unten zusammen, wie ich es früher oft bei den Kriminellen gesehen hatte. Überraschend und fast lautlos pflegte er aufzutauchen, machte mit unbewegtem Gesicht meist schweigend seine Runde oder beobachtete versteckt aus einer Ecke die Arbeitsabläufe. Die Hofmanka, der Brennofen, war kreisförmig angeordnet: Auf der einen Seite wurden fortlaufend die Ziegel gesetzt, auf der anderen fertig gebrannt, aus der heißen Glutasche herausgeklaubt und dann von Hilfsbrigaden im Freien gestapelt. An Planbesprechungen nahm Kossov nur höchst selten teil; die Hofmanka schaffte immer ihren Plan und wenn nicht, dann lag das an den anderen Abteilungen. Seine Arbeiterinnen waren ausgesucht kräftig und arbeiteten gerne dort. Die Temperaturen zu kontrollieren, damit die Ziegel nicht zusammenbackten oder halbroh blieben, war die Aufgabe von Kossovs Freundin Lonja, einer hübschen Russin, mit der er schon lange liiert war. Bei den häufigen Razzien, die der Politruk auf Pärchen veranstaltete, hatte man sie indes nie zusammen erwischt; denn das hätte das Ende der Beziehung bedeutet.

Der langjährige politische Häftling Lev Lazarevitsch Fruschkin leitete die Lehmförderung. Intelligent und vielseitig gebildet, wirkte dieser etwa mittelgroße Mann äußerlich wenig anziehend. Eine unschöne Nase beherrschte das spitz zulaufende, stark verknitterte Gesicht. Die tiefliegenden Augen blickten, eingebettet in Falten, misstrauisch und fast stechend. Um seine heruntergezogenen Mundwinkel hatte sich ein Zug tiefer Bitterkeit eingegraben. Als Sohn einer gebildeten jüdischen Familie aus Leningrad studierte er dort Maschinenbau. Ob er selbst eine Familie gegründet hatte, war nicht bekannt. Als Opfer der Säuberung wurde er 1937 verurteilt und nach Vorkuta geschickt. Den berüchtigten Bau der Bahnstrecke Kirov-Vorkuta hatte er überlebt. Von der Lagerbibliothekarin wusste ich, dass er viel las. Seine Kleidung war diskret veredelt: Ein breiter Pelzkragen und eine warme Kapuze am Buschlat sowie Beinkleider aus zivilem Stoff ließen seine Zugehörigkeit zu den privilegierten Lagerinsassen erkennen. Lazarevitsch war schon über ein Jahrzehnt in der Ziegelei und einer der beschlagensten Fachingenieure. Darum durfte er auch bleiben, als anstelle der deutschen Kriegsgefangenen ab 1950 weibliche politische Häftlinge die Arbeit übernahmen; die Direktion wollte auf seine Erfahrung nicht verzichten. Lazarevitsch zeichnete verantwortlich, dass der für die Planerfüllung benötigte Lehm für die Formovka rechtzeitig herangeschafft wurde, bei den abnehmenden Lehmvorkommen eine schwierige Aufgabe. Der Stolleneingang, aus dem wir von untertage Lehm förderten, lag auf dem Gelände der Fabrik. In den Sommermonaten wurde auch vom Lager Besymenka auf der anderen Seite des Flusses Lehm, meist Permafrost, im Tagebau gefördert, mit einer Seilbahn über den Fluss in die Ziegelei transportiert und in beheizten Trommeln aufgetaut. Überschüssiger Lehm wurde im Vorratslager gespeichert. Lazarevitsch war stets mit hübschen Ukrainerinnen befreundet, die sich aber als Brigadiere in ihrer Stellung nur halten konnten, wenn ihre Brigaden genug Lehm förderten. Wenn die Lehmbrigaden das Plansoll nicht erreichten, pflegte Lazarevitsch ihnen mitunter großzügig die für die Arbeitsnorm fehlenden Kubikmeter Lehm aus dem Vorratslager zuzuschießen oder gab sie im Rapport als angeblich dorthin gelagert an.

Für den reibungslosen Arbeitsablauf zwischen den Abteilungen der Ziegelei war der freie Ingenieur Ivan Vasilyevitsch Buyankin, verantwortlich. Anfang 50, etwa gleichaltrig mit Lazarevitsch, unscheinbar und von gedrungener Statur, ging er leicht vornübergeneigt. Er war ständig in Bewegung und brummelte häufig, besonders wenn er sich aufregte, halblaut vor sich hin. Manchmal wirkte er fast ein bisschen trottelig, aber das war eine Täuschung. Seine kleinen, flinken Augen sahen alles und doch wiederum nur das, was sie sehen wollten. Seine große Nase verstärkte den melancholischen Ausdruck seines Gesichts. Seine winterliche, ziemlich abgeschabte Pelzmütze rutschte ihm ständig ins Gesicht, im Sommer trug er stets eine Wollmütze von unbestimmbarer Farbe. Überhaupt hatte sein Aufzug etwas zeitlos Schäbiges, aber das störte nicht. Seine Familie hatte er im Krieg verloren und er ersäufte angeblich seine Einsamkeit in Wodka; indes sah man ihn während der Arbeit nie angetrunken. Er war kein Intellektueller wie Loksteyn und Lazarevitsch, verfügte aber über vielseitige Betriebserfahrung und ein besonderes Geschick, bei Engpässen Abhilfe zu schaffen ohne Menschenschinderei, die bei Zwangsarbeitskräften sonst an der Tagesordnung war. Bei den Sträflingen war Vasilyevitsch beliebt. Obwohl äußerst wortkarg, gab er unauffällig mal ein gutes Wort oder eine kleine Hilfeleistung und zeigte trotz aller Verbote und seiner äußeren Rauheit echtes Gefühl für Menschenwürde. Der ständige Druck der Planerfüllung provozierte immer wieder Unglücksfälle, die nicht selten tödlich ausgingen. Als an der Seilbahn eine Ukrainerin von einer entgleisten, vollbeladenen Seilbahnlore erfasst und von der Taille abwärts zerquetscht worden war, sah ich, dass, wie meist, Vasilyevitsch als erster am Unglücksort zur Stelle war und energisch die Unfallhilfe verlangte. Trotz allen Drängens, weiter Lehm zu liefern, ließ er die Seilbahn so lange anhalten, bis die Sterbende wegtransportiert war. Nach zusätzlichen Anstrengungen bemühte Vasilyevitsch sich stets um einen Ausgleich bei anderer Gelegenheit und stellte sich bei Schwierigkeiten vor uns. Erstaunlich, wie korrekt Vasilyevitsch in dieser Hölle mit Vorgesetzten und Untergebenen umging, und wie unbeirrbar und dickköpfig, wenn er eine Entscheidung gefällt hatte. Deshalb war er der Direktion mitunter recht lästig, aber er lebte für den Betrieb und so ließ man ihn gewähren.

Vasilyevitsch kam mitunter durch meine Galerie. Einmal blieb er neben der Winde, die gerade schwieg, stehen. Aus der Jackentasche zog er ein Machorkapäckchen: „Dreh dir eine, Papier hast du wohl selbst." Vasilyevitsch rauchte selber nicht, darum empfand ich diese Geste als besondere Freundlichkeit. Dann holte er noch Streichhölzer heraus und während ich genießerisch die ersten Züge machte, begann er unversehens ein Gespräch: „Du bist ja aus dem Westen von dahinten aus Deutschland. Man hat mir erzählt, wie dicht da die Menschen nebeneinander leben. Ich kann mir nicht vorstellen, wie man freiwillig in solcher Enge leben kann. Ihr habt ja schon oft Kriege gehabt und dann ist es eurem Hitler auch noch eingefallen, gegen uns zu ziehen. Aber Russland ist so riesig, uneinnehmbar, alle haben sich die Zähne daran ausgebissen. Wir Russen sind eben, als es in den Städten zu eng wurde, nach Sibirien gegangen. Darum brauchten wir keine Kriege zu führen", erklärte er mir sein Geschichtsbild. „Ich wollte auch nicht in den dichtbesiedelten Gebieten im europäischen Bereich der Union leben, wo sie sich gegenseitig nichts gönnen. Darum war ich lange in Sibirien und im Fernen Osten. Schade, dass meine Frau nie mitkommen wollte. So habe ich immer wieder versucht, bei ihr in der Stadt zu leben. Aber lange habe ich es in der Enge nie aushalten können. Seine Nachbarn kann man sich nicht aussuchen und reden soll man noch mit ihnen, ganz gleich, ob es über Politik oder Klatsch geht, oder ihr Gejammer anhören. Das führt doch zu nichts. Das Leben ist nun mal so. Ich will freie Weite haben und eine Arbeit, bei der etwas herauskommt. Schwierigkeiten schrecken mich nicht, man muss eben Auswege suchen. Wenn man Interesse hat, finden sich auch Möglichkeiten. Der Plan soll klappen und die Leute sollen auch zufrieden sein." Vasilyevitsch sprach aus Überzeugung, das hatte die Erfahrung mit ihm als Chef immer gezeigt. „Du bist eine gute Maschinistin", machte er mir nach kurzem Schweigen ganz unerwartet ein Kompliment. „Bei der Lehmförderung warst du schlechter, vielleicht warst du auch zu schwach für die Arbeit. Ich habe übrigens gesehen, dass du ein Holzstückchen unter die Bremse der Winde geschoben hast." Mir wurde heiß, erlaubt war solche Manipulation nämlich nicht. „Der Motor zieht zu heftig an, dann entgleisen die Loren so leicht", glaubte ich erklären zu müssen. „Ja, ja, das habe ich schon verstanden. Neulich hatte dich jemand bei mir angezeigt, dass du Sabotage machst, und dann habe ich dich bei der Arbeit beobachtet. In der nächsten Schicht habe ich selber die Winde bedient und dann wusste ich, warum du das Holz darunter legst, auch wenn es nicht in den Vorschriften steht. Du hast es recht gemacht. Man muss sich anpassen, der Plan muss erfüllt werden. So, nun habe ich genug geschwatzt." Vasilyevitsch setzte seinen Weg fort. Der eigentlich wortkarge Mann hatte so freundlich und persönlich mit mir geredet. Es war das einzige längere Gespräch mit ihm, doch gab es mir Anlass zum Nachdenken und zur Dankbarkeit.

Kuzmitsch, der Obermechaniker, lud mich großzügig, aber ausnahmsweise zu einer Zigarette ein. Er war zu 25 Jahren Zwangsarbeit verurteilt, weil er während der deutschen Kriegsgefangenschaft als Flugzeugschlosser tätig gewesen war. Wegen seiner unentbehrlichen Erfahrung durfte er auch weiter als Spezialist in der Ziegelei arbeiten. Im Vertrauen erzählte er mir, dass es ihm bei den deutschen Fliegern doch sehr gut gefallen hatte: „Die Arbeit war interessant, das versteht sich von selbst, und gute Kumpel waren sie auch." Diese positive Meinung tat mir gut, denn im allgemeinen wurde ich mit dergleichen deutschfreundlichen Feststellungen nicht gerade verwöhnt.

Kuzmitsch war der eigentlich Verantwortliche für Maschinen und Elektroanlagen in der Ziegelei, denn der freie Chef der Schlosserei und Werkstatt, Katakidze, war selten dort anzutreffen und tauchte auch bei größeren Schäden meist erst gegen Ende der Reparatur auf. Allem Anschein nach hatte er wenig Interesse an der Lösung technischer Schwierigkeiten. Der riesige blasse Grusine erinnerte an einen Blaubart. Aus seinen großen, schwarzen Augen unter dichten Augenbrauen über einer höckerigen Nase schoss er wilde Blicke, und überragte mit seiner grauen, einer Tiara ähnlichen Pelzmütze alle anderen an Körpergröße. Zur Erledigung von Verwaltungsvorgängen, Bestellung von Ersatzteilen oder ähnlichem trug er lediglich mit seiner Unterschrift bei. Kuzmitsch hatte auf diese Weise viel Bewegungsfreiheit und Möglichkeiten, mit ‚Privataufträgen' – Extradienstleistungen für die Freien – sein Budget erheblich aufzubessern. Sein Wohlstand ließ sich ebenso an seiner Kleidung wie auch an seiner Wohlgenährtheit erkennen. Seine dichten, blondlockigen Haare waren offensichtlich sein Stolz und auch ein Privileg; Häftlinge mit langjährigen Strafen wurden in der Regel geschoren. Untersetzt und äußerst muskulös war Kuzmitsch, nicht hässlich, wenn auch mitunter ziemlich launisch.

Eines Tages hörte sich meine Winde seltsam an. Ich verstand nichts von ihrem Innenleben, aber an ihre Geräusche hatte ich mich mittlerweile gewöhnt. Beim Umschalten schepperte und klirrte es plötzlich höchst ungewöhnlich. Ich stellte den Motor wieder ab und betrachtete die Maschine von allen Seiten. Von außen war nichts erkennbar, was auf einen Schaden schließen ließ. Dann versuchte ich es nochmals, aber beim Einkuppeln der Winde kam wieder das unangenehme Klirren. Ich stellte ab und lief ohne Rücksicht auf die bereits wartenden Loren in die Werkstatt: „Kuzma Michailowitsch, bitte kommen Sie, die Winde ist nicht in Ordnung." Aber Kuzmitsch war schlecht gelaunt. „Na, was soll damit sein", gab er reichlich mürrisch zur Antwort. „Sie klingt so seltsam", erläuterte ich, nicht gerade ermutigt durch seinen Ton. „Ach nee, sie klingt seltsam", äffte er mich nach. „Sonst fällt dir nichts ein? Geh weg, ich habe keine Zeit, auf Motorenmusik zu hören." „Ach bitte, kommen Sie doch, ich traue mich nicht mehr, sie anzuziehen." „Keine Zeit", lautete die barsche Antwort. Mir stieg die Angst hoch. Wenn die Winde einen Schaden hätte, dann würde mir die Verantwortung dafür, womöglich sogar Sabotage, in die Schuhe geschoben. Die damit verbundene perspektivenreiche Aussicht gab mir den Mut zu beharren. „Wenn Sie ziehen wollen, dann bitte sehr! Ich werde nicht ziehen. Ich habe es Ihnen gemeldet", versuchte ich mit dem letzten Mittel, der Arbeitsverweigerung, Eindruck auf ihn zu machen. „Na, meinetwegen", gab er endlich nach, „aber warte nur, wenn es bloß Phantasie war, dann wirst du was erleben. Schau mal an, wer da schon alles versammelt ist!" In der Tat hatten sich inzwischen außer den Lorenbegleiterinnen und der Arbeiterin vom Beschicker noch eine Kontrolleurin und sogar der Formovka-Chef an meiner Maschine eingefunden. Sie empfingen mich mit lauten Vorwürfen. „Zieh", befahl Kuzmitsch. „Nein, bitte, besser Sie", versuchte ich, ihn höflich zu überreden. Mit einem kaum unterdrückten Fluch nahm Kuzmitsch die Eisenstange zur Hand und schaltete die Winde ein. Die Loren hingen bereits am Tross und im ersten Moment beim Anziehen schien alles in Ordnung. „Weiter, weiter", schrie ich aufgeregt. Dann klirrte es wieder in der Winde und verdichtete sich zu einer Art Klappern. Kuzmitsch machte noch zwei Rucke. Dann stellte er die Maschine ab. „Ja, der Motor ist nicht in Ordnung. Ich muss ihn inspizieren." „Na, dann schiebt ihr eben die Loren, solange die Reparatur dauert", ordnete die Kontrolleurin an. Ungemein erleichtert machte ich mich an das durchaus anstrengende Geschäft, war mir doch jetzt die Verantwortung für den unberechenbaren Motor abgenommen. Nach zwei Stunden winkte mich Kuzmitsch wieder zu sich an die Maschine: „So, jetzt versuch's, sie geht wohl wieder." Er wischte sich den Schweiß ab. „Was war's denn?", wagte ich doch, mich zu erkundigen. „Ja, zunächst war es gar nicht zu finden. Aber einer der beiden Hauptbolzen, der die Zahnräder zusammenhält, hatte sich gelockert. Es hat nicht viel gefehlt, dann wäre das ganze Ding auseinander geflogen." Ganz zufrieden stellte ich die Maschine wieder an. In Ermangelung weiterer Sensationen verliefen sich die Zuschauer. Ich war froh, dass meine Ohren mir Schlimmeres erspart hatten.

Jeden Morgen nach der Nachtschicht fand die abschließende Chefbesprechung über die Arbeitsergebnisse der Ziegelei in Lazarevitschs Raum statt. Dort nahm er mit dem Hauptingenieur Loksteyn den Bericht der jeweiligen Schichtverantwortlichen entgegen. Sie pflegten um den kleinen Holztisch herum zu sitzen. Meist war auch Buyankin dabei. Eine Birne erhellte den finsteren kahlen Raum. Diese Versammlung strahlte dennoch eine eigentümliche düstere Farbigkeit und dramatische Gespanntheit aus: Lazarevitsch, grau und finster, Loksteyn, bereits am Morgen wie aus dem Ei gepellt, distanziert, ein Fremdkörper in der Umgebung, und daneben das Urgestein, Buyankin. Jeder wirkte auf seine Art ungemein verschlossen, ja ablehnend und unwillig, Kommunikation aufzunehmen. Um die Zeit musste ich auch den Rapport – den Arbeitsbericht unserer Brigade – zu Schichtende schreiben anstelle unserer neuen Brigadiere Lisa, die zwar sehr kräftig war, aber nicht russisch schreiben konnte. Für den Rapport waren vorgedruckte Formulare mit mehreren Spalten auszufüllen: Die Arbeitszeit, die geleistete Arbeit in Kubikmetern, die dafür geforderte Norm und etwaige Bemerkungen. Die Formulare lagen in Lazarevitschs Arbeitsraum gleich über dem Beschicker. Diese Ebene war durch eine Galerie direkt mit der Formovka verbunden. Ein Stockwerk höher lag die Seilbahnstation. Eine ganz schmale Eisenstiege verband alle Ebenen miteinander. Die Chefs konnten von dort ungesehen beobachten, was in den einzelnen Stockwerken vor sich ging. In dieser äußersten Ecke der Fabrik herrschte ein ohrenbetäubender Motorenlärm. Die Barabany, große Trommeln, in denen der von der Seilbahn gelieferte Permafrostlehm auftaute, drehten sich laut polternd und dröhnend. Hinzu kam das schrille Getöse der Seilbahn und das dumpfe Rumoren des Beschickers und der Förderbänder, die den Lehm zur Ziegelschneidemaschine in der Formovka transportierten. Hierher kamen sonst nur Mechaniker und freie Heizer.

In Lazarevitschs Arbeitsraum gab es keinen Stuhl für unsereins, ich hockte in einer Ecke neben der Tür auf dem Boden, das Formular für die Arbeitsergebnisse füllte ich auf einem Brettchen mit einer Art Tintenstift aus. Dabei ließ ich mir Zeit und horchte mit halbem Ohr, was die drei beratschlagten, um die vielfältigen Schwierigkeiten bei der Planerfüllung zu bewältigen. Mit einem Bein standen sie wohl nicht selten im Knast; denn in Vorkuta war immer ‚Tufta‘ angezeigt, d. h. man musste mogeln. Loksteyn, Fruschkin und Buyankin waren die wirklichen Manager der Ziegelei: Hier in Fruschkins Büro wurden die wichtigen Entscheidungen getroffen. Die offiziellen Beratungen im Kontor beim Fabrikdirektor waren eher Formsache. In der letzten Zeit stand das Lehmaufkommen im Mittelpunkt der Auseinandersetzungen. Die Diskussion wurde trotz der unterdrückten Stimmen zunehmend erregter. Loksteyn mahnte zu Ruhe und Sachlichkeit. Inzwischen ertönte die Schachtsirene, das Zeichen für mich loszugehen, damit ich rechtzeitig zum Abmarsch am Fabriktor war. Fast tat es mir Leid, dass ich gehen musste. Was würden sie wohl beschließen?

An einem der nächsten Tage blieb freundlich grüßend ein fremder Mann mit einer braunen Mütze neben der Winde stehen. „Ich bin der neue Chef für die Lehmförderung", stellte er sich vor und fügte nach einem Blick auf meine Gefangenennummer hinzu: „Vor ein paar Monaten wurde ich aus dem Lager entlassen." „Jetzt herrschen aber gerade schlechte Zeiten in der Lehmförderung", entgegnete ich noch harmlos spontan, „wir schaffen den Plan nicht. Überall sind Kiesbänke." „Nun, das macht nichts", versetzte der Neue ganz locker und bot mir eine Zigarette an. „Im Vorratslager sind 600 Kubikmeter. Das dürfte schon für eine Weile reichen." „Haben Sie das Vorratslager gesehen?" „Nein, aber ich habe dafür einen Vertrag unterschrieben", meinte der Neue, seiner Sache offenbar sicher.

Das Vorratslager ist doch leer, schoss es mir da durch den Kopf. In der letzten Zeit wurde das Plansoll mehrfach wegen schlechter Lehmvorkommen nicht geschafft und deshalb Lehm aus dem Vorratslager auf das Förderband für die Formovka geladen. Und der Lehmvorrat war ja ständiger Streitpunkt in Fruschkins Büro gewesen. Ich ließ meine Blicke schweifen. Eigentlich durfte ich den Arbeitsplatz nicht verlassen und herumgehen, aber gerade war niemand zu sehen. „Kommen Sie mal schnell mit mir." Mir tat der Mann Leid, er hatte praktisch seine nächste Verurteilung in der Tasche für Veruntreuung oder ähnliches. So schnell ich konnte, lief ich vor ihm her in die Galerie, die zum Vorratslager führte, voller Angst, dass mich jemand sehen könnte. Dann standen wir in dem riesigen Raum, auf dessen leergekratztem Fußboden nicht eine Schaufel Lehm zu entdecken war. „Sehen Sie, das ist das Vorratslager!" „Oh, mein Gott!" Er war ganz fahl geworden. „Ich weiß nicht, ob Sie hier Chef werden wollen. Ich muss schnell zurück." Damit rannte ich los.

Gerade noch rechtzeitig zum Signal war ich zurück, um die nächsten Loren heraufzuziehen. Einen Tag später kam der Mann mit der braunen Mütze noch einmal des Weges und steckte mir in einem unbeobachteten Moment eine Schachtel Zigaretten zu. „Nimm sie bitte, leider habe ich nicht mehr. Ich werde hier nicht arbeiten. Dieser Laden hat mir gerade noch gefehlt. Es gab zwar Krach, aber ich bin doch noch losgekommen. Dank dir." „Nitschevo", lächelte ich ihm freundlich zu. Ich musste die Winde wieder anstellen und er verschwand. Wenige Minuten später kam Lazarevitsch vorbei, ich war irgendwie froh, dass er den Fremden nicht bei mir gesehen hatte.

Wochen waren vergangen. Es stand unverändert schlecht um die Lehmförderung. Das beginnende Tauwetter behinderte die Außenarbeiten zusätzlich und untertage gab es viele Kiesbänke, die die Lehmförderung blockierten. Inzwischen war es ein offenes Geheimnis, dass hunderte von Kubikmetern Lehm fehlten, die laut Leistungsberichten gefördert worden waren. Verantwortlich dafür zeichnete der Chef der Lehmförderung, Lev Lazarevitsch, dessen bevorstehende Entlassung nach 15 Jahren Haft in Frage stehen dürfte, wenn dieser Betrug herauskäme.

Eines Morgens ging es wie ein Lauffeuer durch die Fabrik: „Buyankin ist tot. Fruschkin hat ihn von der Seilbahn durch die Luke hinuntergestoßen. Ein freier Mechaniker hat ihn gefunden. Buyankin hat noch Fruschkins Namen gestammelt." Lazarevitsch kam nicht zur nächsten Schicht, er stand unter Mordverdacht. Uns war es selbstredend streng verboten, über den Fall zu sprechen; dennoch wurden insgeheim Neuigkeiten und Meinungen ausgetauscht. Die Ukrainerin, die zuletzt mit Lazarevitsch befreundet gewesen war, flüsterte unter Tränen: „Die beiden haben sich am Abend furchtbar gestritten. Immer wieder ging es um den fehlenden Lehm. Lev Lazarevitsch hat einen Vorschlag gemacht, aber Buyankin hat wohl nicht mitmachen wollen. Was es war, weiß ich nicht", sagte sie mit zitternder Stimme, „Lev Lazarevitsch hat mich hinausgeschickt, als Buyankin kam." In ihrem Gesicht spiegelten sich Trauer und ohnmächtiges Entsetzen, und sie bekreuzigte sich.

□

Am Beschicker, wo die Lehmmischung mit Sägemehl für die Formabteilung aufbereitet und per Förderband weitergeschickt wurde, kontrollierte eine Ukrainerin die Anzahl unserer von untertage mit Lehm gelieferten Loren. Bis zur nächsten Lieferung schaltete sie das Förderband für den getauten Lehm aus den Barabany, den großen Trommeln, ein. Sie war mit der Formovka-Brigadiere befreundet und nahm ihre Aufgabe sehr genau. Wenn wir mit Loren kamen, steckte sie auf einem Brettchen höchst gewissenhaft die gelieferte Menge ab, aber auch nicht mehr. Ich grübelte natürlich darüber nach, wie ich meiner Brigade mit ‚Tufta' zusätzlich etwas Lehm im Rapport verschaffen könnte. Mir kam zu Hilfe, dass Parasya, untypisch für eine Ukrainerin, das gleiche Laster hatte wie ich: Auch sie rauchte. Wir teilten uns hin und wieder eine Zigarette aus Machorka, und da sie an sich sehr sparsam war, gewann ich ihr Wohlwollen mit kleinen Tabakgeschenken. In den Produktionsbrigaden mit einer Achtstundenschicht waren wir in der Regel schon nach 10 Stunden wieder im Lager zurück. Dann machte ich Strickarbeiten für wohlhabende Häftlinge, die mich mit Rubeln oder Waren aus dcm Lagerkiosk bezahlten. Solange die Zweite Ziegelei den Plan erfüllte, wurde der Kiosk im Lager besser beliefert, auch Machorka und Zucker waren zu haben. Nach einigen Wochen Zusammenarbeit besaß ich Parasyas Vertrauen soweit, dass sie, wenn wir uns eine Zigarette gedreht hatten, selbst zum Anrauchen ging. Die Feuerstelle der Trommelheizung bot eine willkommene Möglichkeit in der Nähe, die Zigarette anzuzünden und sich sogar etwas aufzuwärmen. Eine Art ungeschriebenes Gesetz erlaubte es einem Raucher, für die Zigarettenlänge irgendwo rauchend herumzustehen, ohne weggejagt zu werden. Die Loren wurden in unregelmäßigen Abständen geliefert; denn die Brigade musste nebenbei ebenso die Förderstrecke abstützen wie auch die Gleise weiter verlegen. Und so hoffte ich, erfolgreich ‚Tufta‘ zu bewerkstelligen: Kaum war Parasya um die Ecke, dann steckte ich drei Loren mehr auf dem Brettchen ab. Sie hatte sich überzeugt, dass ich mittels des wenn auch nicht ungefährlichen Überkippens die Loren allein entladen konnte. Anderthalb Kubikmeter Lehm zusätzlich, das bedeutete eine Aufbesserung unserer Lehmförderung auf 110%, alle bekamen den besten Verpflegungssatz und wurden satt. Allerdings hatte ich nicht mit Spitzeln in den eigenen Reihen gerechnet.

Eines Tages kam eine Kontrolleurin, eine Russin aus Moskau, und stellte sich eine Zeitlang neben mich an die Winde. Ich kannte sie von früher, bei Normstreitigkeiten hatte sie korrekt zu unseren Gunsten entschieden. „Na, wie steht‘s denn so mit der Förderung“, fragte sie zunächst ganz beiläufig. „Oh, gut, wir haben noch nicht Halbzeit der Schicht, aber mehr als die Hälfte vom Tagessoll ist schon oben.“ „Na, das ist gut“, rückte sie unversehens heraus, „ich muss euch heute nämlich genau kontrollieren. Ich kenne dich ja schon lange. Im Vertrauen gesagt, angeblich fördert ihr weniger, als in eurem Rapport steht.“ „Wie ist denn das möglich“, verwahrte ich mich, so gut ich konnte, „schließlich wird doch auch am Beschicker kontrolliert.“ „Ja, wie das zusammenhängt, weiß ich auch nicht so genau. Aber wie oft sitzt Judas zwischen uns. Nun, ihr werdet es schon schaffen: Dieselbe Leistung wie alle Tage!“

Es stimmte ja, dass ich gemogelt hatte, aber es hatte mich doch niemand erwischt. Bei Ankunft der nächsten Loren bat ich Tonja, eine zuverlässige Ukrainerin, eiligst die Brigadiere Lisa zu mir zu schicken. Lisa erschien umgehend, obwohl uns keinerlei freundschaftliche Gefühle miteinander verbanden. „Wer kommt da in Frage?“, schloss ich meinen Bericht, nicht ohne zu erwähnen, woher meine Informationen stammten. Lisa wollte mir zunächst nicht glauben, aber die versteckt stehende Kontrolleurin, die trotz Standortwechsels unsere Galerie nicht aus den Augen verlor, überzeugte sie dann doch. Sie arbeitete daraufhin selber mit beim Laden der Loren, auch war das Lehmvorkommen gerade günstig. Wir schafften es, die 78 Loren regulär zu beladen. Aber die Frage, wer der Spitzel war, blieb offen. In der Brigade gab es drei Ukrainerinnen, zwei Estinnen und sechs Deutsche und Österreicherinnen. Schließlich fiel der Verdacht auf eine Deutschsprachige, die erst vor kurzem in Vorkuta angekommen war. Ich bestand darauf, dass nachgeforscht wurde, ob der Verdacht stimmte, obwohl ich mich damit bei der wütenden Brigadiere nicht gerade beliebt machte.

Der Zufall kam uns zu Hilfe, weil beobachtet wurde, dass die als Denunziantin Verdächtigte von einer Russin aus der einschlägigen Verwaltungsabteilung gegrüßt wurde. Wenn man im Lager nur erst eine Spur hatte, ließ sich manches herausfinden. Nach wenigen Tagen waren wir uns sicher. Dann wurde die Strafe beschlossen. Weil sie noch nicht lange im Lager war, wollte ihr die Brigadiere persönlich nur zwei Maulschellen verpassen. Ich würde aufpassen, dass sie nicht zuviel Prügel kriegte, und zwei Verschwiegene mussten Wache stehen, da es uns verboten war, uns untereinander auch nur einen Schubs zu geben. Nach der Arbeit rief die Brigadiere die Nichtsahnende hinter die Galerie, brüllte sie an: „Du Petze", und stieß sie nach ein paar kräftigen Ohrfeigen aus dem Raum in Richtung Fabriktor. „Damit du weißt, was du dem politischen Offizier erzählen kannst", rief ich erklärend hinterher. Gleich nach Ankunft im Lager begab sie sich in Schutzhaft und tauchte erst nach zwei Tagen wieder auf. Niemand beachtete sie weiter. Für uns Beteiligte hatte die Sache ein Nachspiel: Am selben Abend wurde die Brigadiere für fünf Tage wegen Schlägerei eingesperrt, am nächsten Tag die beiden Aufpasserinnen für 10 Tage, und vier Tage später unterschrieb ich zwei Monate Karzer für ‚beabsichtigte Rüpelhaftigkeit'. Von dieser Strafe saß ich zwar nur 20 Tage ab, ging aber der privilegierten Stelle als Maschinistin an der Winde verlustig, und musste nun wieder 12 Stunden in einer Hilfsbrigade arbeiten.

Insgesamt hatte sich meine Lage damit wieder erheblich verschlechtert. Die neue Brigadiere Nadya Vasilyeva, mit einem wohl zufällig politischen Paragraphen, war ein Neuling in Vorkuta. Zwar trat sie recht selbstsicher auf, wurde aber von anderen erfahreneren Brigadieren bei der Wahl von Arbeitsplätzen und -geräten übervorteilt. Durch rüdes Antreiben versuchte sie, die geforderte Leistung zu erbringen. Nur die Paketempfänger behandelte sie etwas rücksichtsvoller. Mir brachte sie besondere Abneigung entgegen und schikanierte mich, wo sie konnte. In ihrem gehässigen Verhalten erinnerte sie mich an meine Intimfeindin von früher, die Diebin Soya Vinogradova.

In den letzten Monaten hatten wir vier bis fünf Meter tiefe Gräben für Grundmauern ausgehoben, eine ziemlich gefährliche Arbeit, bei der der Permafrostlehm mit 12 kg schweren Vorschlaghämmern und stählernen Keilen losgeschlagen wurde. Der gefrorene Lehm federte wie Gummi, Hämmer und Keile waren vom langen Gebrauch rund geworden. Wenn man nicht den richtigen Punkt des Keiles mit der richtigen Stelle des Hammers traf, rutschte man ab und gefährdete die Hände derjenigen, die den Keil halten musste. Gelegentlich saßen auch die Hammerköpfe locker und flogen vom Stiel. Häufige Unfälle waren die Folge. Das Tagespensum bei dieser Arbeit war überdies höchstens mit ‚Tufta‘ – Mogelei – zu schaffen: Der Kontrolleur musste von der ungünstigen Bodenzusammensetzung überzeugt werden, etwa mittels eines kunstgerecht mit Kies und Schlacke an den Wänden überdeckten Schneelochs.

In diesen Gräben erlebte ich die Meldung von Stalins Tod: „He, ihr da unten, fünf Minuten schweigen, der Führer und Lehrer Stalin ist gestorben." Das war's.

Die Sträflinge reagierten unterschiedlich, von Tränen bis zu kaum verhohlener Freude. Ich fühlte mich unsagbar erleichtert: Eine böse Energie weniger beherrschte diese grauenvolle Welt.

Der Kreis schließt sich

Post aus Sibirien □ Intellektuelle mit und ohne Marx □ Nina Denzer □ Der 15. Juni □ Abfahrt über Tapiau nach Berlin □ Heimkehr

Inzwischen war es Juni 1953 geworden. Warmes Sonnenwetter herrschte jetzt im Polargebiet, der Schnee war geschmolzen. Gestern hatte ich frei gehabt, nichts zu tun, meine Klamotten gewaschen, in etwa geflickt und auch keinen Strickauftrag. Die Frau an der Essensausgabe war gut gelaunt gewesen, gab mir ohne Brigade im fast leeren Speiseraum das Essen. An solch einem Tag konnte man dort wie ein Mensch sitzen und normal essen ohne Geschrei, Gedränge und ohne dass die Nächste bereits mit Suppe und Brei ungeduldig wartend hinter einem von einem Fuß auf den anderen trat. Ich spazierte dann bis zum Ende der Lagerzone. Der Fluss Vorkuta führte Hochwasser und rauschte großartig und ganz nah unterhalb des Zauns vorbei. Wenn es weiter stiege, wie in manchen Jahren, müssten die vier letzten Baracken geräumt werden; bislang fehlte noch ein halber Meter. Vereinzelte Eisschollen belebten mit verspielten Eigendrehungen die Wasserfläche eigentümlich und entrückten mich beim Zuschauen für eine Weile meiner Umgebung. Sogar etwas friedvoll Tröstliches vermittelten mir der Fluss und der strahlend blaue Himmel über der frühlingshaft ergrünenden Tundra.

Mit Mutters Geburtstag in diesen Tagen begann der jährliche Zyklus der neun Familiengeburtstage, an denen ich mir jeweils Geburtstagsfeste und besondere Vorkommnisse ins Gedächtnis zu rufen pflegte. Ein bisschen wollte ich im Gedenken feiern mit echtem Tee und Zucker. Sogar Machorka und Zeitungspapier zum Rauchen war vorhanden. Erst am Spätnachmittag hatte die Ofenplatte in der Baracke genügend Hitze, um Wasser zum Kochen zu bringen. Im Lagerkiosk stand Tee nur als Tretyj Sort – dritte Wahl – zum Verkauf. Die fast geruchlosen Teeblätter setzte ich mit kaltem Wasser auf; denn durch das Aufkochen wurde das Getränk zwar bitter, schmeckte aber stärker nach Tee. In Erwartung eines ruhigen, ungestörten Teestündchens in der jetzt noch stillen Baracke hatte ich gerade den dampfenden Aluminiumbecher sicher auf der Pritsche abgestellt, da wurde es unversehens laut: Die Postbotin war gekommen, Anwesende drängten sich erwartungsvoll um den Tisch, auf den sie wie üblich ihr Säckchen legte, um nun ein Stößchen Briefschaften hervorzuziehen, ein für mich seit eh und je bedeutungsloser Vorgang. Indessen hörte ich sie diesmal sogar als ersten meinen Namen rufen. Ich antwortete gar nicht erst. Sie musste sich doch verlesen haben. Woher sollte ich wohl Post bekommen? Niemals hatte ich nach Hause schreiben dürfen, seit mehr als sechs Jahren war ich verschollen.

Dann hörte ich meinen Namen erneut: „Ist sie nicht da?", fragte die Postbotin ungeduldig. „Ja doch, ich komme." Unwillig wegen der vermeintlichen Verwechslung kletterte ich von der Pritsche. „Schneller", rief die Postbotin, „ich werde nicht drei Jahre auf dich warten." Über die Köpfe der anderen hinweg reichte sie mir tatsächlich eine Postkarte. Ich starrte darauf, merkte kaum, dass mich die anderen unsanft beiseite schoben. Wirklich, da stand mein voller Name in russischen Buchstaben und unterschrieben hatte Tamara Alexandrovna, meine liebe silberhaarige Freundin. Welch ein Wunder, dass mich dieser Gruß von weit her aus irgendeinem Dorf in Sibirien erreichte, und auch sie hatte meinen Brief erhalten, den einzigen, den ich vor Wochen aus dem Lager geschrieben hatte. Einer Polin, die wie sie auch aus Wilna stammte, hatte Alexandrovna ein Päckchen geschickt, dem ein Staubkamm und eine winzige Palette mit sechs Wasserfarben nebst Pinsel für mich beigelegt waren. Tief gerührt über diese Geschenke hatte ich ihr damals geschrieben, wenn auch voller Skepsis, ob ein Brief von mir überhaupt an sein Bestimmungsziel befördert werden würde. Freude und Tränen waren mir gleichzeitig hochgestiegen: Wie wunderbar, von ihr Post zu erhalten. Indessen wollte ich die Lektüre dieser Kostbarkeit in Ruhe in mich aufnehmen, kletterte auf die Pritsche, legte mich auf den Bauch und lehnte die Postkarte gegen mein Kopfkissen. Dann gab ich mich der Lektüre hin. Die unansehnliche Standardpostkarte verkörperte ein Lebenszeichen im wahren Sinne des Wortes von dieser lieben, alten Freundin. Hilflos war sie nun jener Freiheit ausgeliefert, vor der sie sich nicht zu Unrecht gefürchtet hatte. Ihrem Gesuch, sie zu Verwandten ins Baltikum zu entlassen, war nicht stattgegeben worden. In einem entlegenen Dorf hatte man sie in einer Ecke bei Kolchosarbeitern für 20 Rubel monatlich einquartiert, auch Tiere gab es im Raum. Fernab von allem, was ihr wichtig, vertraut oder lieb war, musste sie ihr Leben fristen, fernab auch von der nächsten Bibliothek, von Kirche, Musik oder sonstigem Kulturleben ganz zu schweigen. Die klaglose lapidare Schilderung ihres Milieus konnte nicht darüber hinwegtäuschen, dass sie sich unter den ihr fremden, ungebildeten Menschen noch viel einsamer fühlte als im Lager. Zu den großen Feiertagen versuchte sie zwar noch immer, bemalte Postkarten zu verkaufen, aber nur selten fände sich Kaufinteresse. Die Versorgung mit dem Nötigsten wäre wesentlich schwieriger als im Lager, auch Schuhwerk kaum zu beschaffen. Aber das Leben ginge eben doch weiter, immer wieder einmal käme ihr eine mitfühlende Seele zu Hilfe. Ich sollte nicht traurig sein, Gott werde uns alle weiter schützen und leiten.

Aus dieser Postkarte sprach ihre liebenswürdige, hochherzige Persönlichkeit. Die Intellektuellen im Lager hatten sie, vielleicht nicht einmal unzutreffend, Fantaseurka – Phantastin – genannt. Sie orientierte sich wirklich an einer schöneren Welt und konnte so über viele Härten und Hässlichkeiten hinwegsehen. Wärme, Verständnis und liebevollen Trost hielt sie stets für ihre Umgebung bereit, unverbrüchlich hatte sie in Zeiten der Verleumdung und sonstiger Missgeschicke zu mir gehalten. Und wieder kam mir ihr Gedicht zu meinem 21. Geburtstag in den Sinn, in dem sie mir wünschte, bald wieder zuhause mit meiner Mutter an einem Flügel musizieren zu können. Es schloss mit den Worten: „Ich bin Ihnen, mon p'tit garçon, in herzlicher Liebe zugetan und bitte Sie, mich nicht zu vergessen. – Mon p'tit garçon, ya otchen' Vas lyublyu, a obo mne ne zabyvat' proshu." Mit allerlei freundlichen Vorstellungen schlief ich ein.

Aber am Tag danach traf mich der Alltag doch wieder mit voller Wucht, lag mir schwerer Druck auf der Seele, nervte mich das Gleichmaß der täglichen Unerträglichkeiten. Nach Stalins Tod hatte es eine Amnestie für Sowjetbürger mit Strafmaß unter 10 Jahren gegeben; sonst waren keine Änderungen zu erkennen.

Die Kontrolle an der Wache vor dem Abmarsch zur Arbeit zog sich in die Länge. Ringsumher trotz des Sonnenscheins sah ich nur grau und die in trostloses Grau gehüllten Gestalten. Gerade des Morgens lastete die Hoffnungslosigkeit bleiern, wenn man wieder zur Arbeit getrieben wurde, wenn wieder die unerfüllbare Tagesnorm wie ein Riesenberg vor einem stand. Schon der Kampf gleich nach dem Wachwerden um die Arbeitskleidung aus der Trockenkammer, das Geschrei und die Drängelei bei der Abfütterung, die Hetze von der ersten bis zur letzten Minute vor dem Antreten. Dann an der Wache die Durchsuchung vor dem Abmarsch in Kolonnen: In Reihen zu fünft antreten, vorwärts, vortreten, warten, Kleidung aufschnüren, Arme über den Kopf halten, sich den suchenden Händen der Polizistinnen aussetzen, die ihrem jeweiligen Charakter entsprechend mehr oder weniger schikanös und aggressiv an Körper und Gliedern entlangglitten. Bloß nicht an die große, muskulöse Lesbe mit dicken, weizenblonden Zöpfen und aggressiven blauen Augen geraten! Sie tastete und drückte an unfairen Stellen und beobachtete genau die Reaktionen ihrer Opfer, um sich für Protest bei jeder Gelegenheit, bei Durchsuchungen oder Karzeraufenthalten zu rächen. In diesen ersten Stunden des Tages fühlte ich mich mitunter so müde und hoffnungslos im Herzen, dass ich sogar guten Freunden auswich, um nicht antworten zu müssen, wenn mich jemand ansprach.

Plötzlich fiel mir das markante Profil von Elena Ilsen in den Blick. Unsere letzte Begegnung lag schon wieder Jahre zurück. Diese außergewöhnliche Bekanntschaft hatte für mich im Durchgangsgefängnis Kirov durch ein Gespräch über die moderne Malerei eine echte Verbindung mit meiner Vergangenheit bedeutet.

„Elena, seit wann sind Sie hier?" rief ich sie an. „Oh, Hella! Vorgestern angekommen. Bitte, kommen Sie doch heute Abend zu mir in die 14!" „Einverstanden", gab ich noch schnell zurück, weil die Kontrollbeamtinnen nicht mehr weit waren. Während dieser Prozeduren hatte bei Strafe Schweigen zu herrschen, der Blick sollte geradeaus gerichtet sein. Ich nahm mir vor, Elena unbedingt nach ihrem Verlobten Sascha zu fragen, und außerdem musste ich ihr erzählen, dass ich Post von Tamara Alexandrovna bekommen hatte.

□

Elena Ilsen wohnte in der Baracke der Moskvitschki, der Damen der hauptstädtischen Intelligenz. Die meisten kannten sich wenigstens über Dritte von ‚draußen', und wenngleich die Gesichter ab und zu wechselten durch Etappen, so fand eine Neuankommende auch im Lager umgehend Übergangshilfe und Betreuung. Die Moskauerinnen erhielten regelmäßig Pakete, aus denen sie sich gegenseitig bewirteten, und hielten ihre eigene Welt aufrecht mit guten Manieren wie auf einer Reise; das hatte mich schon in Kirov beeindruckt. Sie blieben nie lange auf Zwangsarbeit und erfuhren über verschiedenste Kontakte interessante Neuigkeiten über kulturelle und mitunter politische Ereignisse in den Metropolen. Faszinierend fand ich es auch, wenn vom Theaterleben in Moskau berichtet wurde. Mangels eigener Pakete konnte ich mich für Einladungen nicht revanchieren; so folgte ich ihren freundlichen Aufforderungen, sie zu besuchen, nur von Zeit zu Zeit.

Elena Ilsen bewohnte die Pritsche gleich neben Nadezhda Markovna, einer Dozentin von der Frunse-Akademie, bei der man sich an den Abenden traf.

Bei meiner Ankunft war schon ein lebhaftes Gespräch im Gange. Die Damen diskutierten über das letzte Buch von Ilya Ehrenburg, die *Neunte Welle*, das vor kurzem ins Lager gekommen war. Ehrenburg ließ sich unterschiedlich interpretieren, je nachdem was man der Lektüre zu entnehmen wünschte. Auch mir gefiel sein amüsanter, leicht eingehender Stil. Gerade rief Rima von der Pritsche gegenüber dazwischen: „Nun, ich war seinerzeit auf einem Empfang mit Ilya, aber was soll's mit all seiner subtilen Kritik? Es geht doch alles so weiter wie bisher." Rima, die einzige, verwöhnte Tochter offensichtlich sehr gut gestellter, prominenter Eltern, hielt sich auch auf den guten Arbeitsplätzen im Lager nicht lange, derzeit war sie Gehilfin der Badefrau.

Szara Karik, ehemals rechte Hand eines hohen ungarischen Parteifunktionärs (Kadar) und häufig Gast in diesem Kreis, widersprach ihr: „Nein, Rimotschka, Kritik ist überhaupt das Einzige, was zählt. Man muss doch weiter denken, auch wenn sich nicht gleich etwas ändert." Szara war von beweglicher Intelligenz, beherrschte mehrere Sprachen und es war amüsant, ihr zuzuhören. Mit unbewegtem Gesicht und einem starken ungarischen Akzent, der eigentlich liebenswürdig verspielt klang, sprudelte sie mitunter ein wahres Feuerwerk sarkastischer Bemerkungen über prominente sowjetische Parteibosse hervor; viele hatte sie persönlich gekannt. Die ehemals überzeugte Kommunistin ließ inzwischen nur noch nihilistische Logik neben ihren eigenen Erfahrungen gelten. Gleichwohl studierte sie jede Zeitung, deren sie habhaft werden konnte, sehr eingehend. Kürzlich auf der Arbeit beim Zementmischen hatten wir zusammen eine Zigarette geraucht und ich hatte sie gefragt, was sie vom Leben hielte: Der eigentliche Sinn des Lebens läge nur in der Zerstörung, war ihre Antwort gewesen.

Nadezhda Markovna Ulanovskaya, die Dozentin, hatte vor ihrer Verhaftung im Moskauer Büro für akkreditierte ausländische Korrespondenten gearbeitet, wo sie unter anderem Jesse Blonden, einen Australier, traf. Blonden veröffentlichte nach seiner Rückkehr ein Buch, in dem er mit seiner Enttäuschung über den Sowjet-Kommunismus nicht hinter dem Berg hielt. Der KGB führte dies auf den Umgang mit Markovna zurück und verurteilte sie, eine linientreue Kommunistin, zu 15 Jahren. Markovna stammte von jüdisch orthodoxen Eltern ab aus einem winzigen Dorf in der Ukraine. Mit 15 brach sie mit ihrer Familie, folgte ihrem anarchistisch orientierten Mann und arbeitete nach dem Bürgerkrieg jahrelang mit ihm zusammen für die Profintern im politischen Untergrund des westlichen Auslands, Anfang der 30er Jahre auch in den USA.

Markovna sprach fließend Englisch. Die kleine, zarte Frau mit weißlockiger Löwenmähne und stets ernst blickenden klugen, dunklen Augen deutete selten ein Lächeln an. Sie trat mit natürlicher Würde und Höflichkeit auf und fand sich mit vorbildlicher Haltung in die Umstände. Auch war sie immer ordentlich gekleidet. Ihre Halbinvalidenkategorie wurde respektiert, sie arbeitete als Latrinenbeauftragte ohne Brigade im Lager und machte mit einer anderen zusammen diesen Job mit bewundernswerter Gelassenheit. Ich hörte Markovnas korrektes Russisch zwar ganz gerne, war aber immer wieder enttäuscht von ihrer ideologischen Einstellung. Die Betrachtungen endeten regelmäßig in der Verherrlichung des Marxismus, der ihr, und nicht nur ihr, Religionsersatz bedeutete. Für die Unfreiheit im Lande und das GULag trug in ihren Augen nicht Stalin, sondern seine korrupte Umgebung die Verantwortung. Als er starb, sah ich sogar Tränen in ihren Augen. Ihre Bemühungen, die Dinge philosophisch ‚dialektisch' zu sehen, in anderen Worten: die heutigen Unzulänglichkeiten würden morgen überwunden sein, konnte ich nicht nachvollziehen. Und doch zog es mich immer wieder zu den Moskauerinnen in der Hoffnung auf interessante Neuigkeiten.

Svetlana Korytnaya, eine Philosophiestudentin aus Moskau, nur wenige Jahre älter als ich, war in der Buchhaltung im Lager tätig. Eine aparte Erscheinung mit kurzem, dunklem Lockenhaar und zarten orientalischen Gesichtszügen, geprägt von Schwermut und Missmut. Trotz des tragischen Schicksals ihrer Eltern – Svetlanas Vater, ein prominenter Kommunist, fiel der Verhaftungswelle 1937 zum Opfer, ihre Mutter wurde verbannt – konnte Stella nach Schulabschluss studieren, wurde dann aber ungeachtet hervorragender Leistungen während des Abschlussexamens verhaftet. Meine Bemühungen um einen nachhaltigeren Gedankenaustausch mit ihr waren nicht sonderlich erfolgreich, weil sich kein Thema von gemeinsamem Interesse fand. Musisches lehnte sie als verspielt ab, Religion war für sie gleichbedeutend mit Aberglauben, Gefühle blockte sie ab. Während ich die Trennung von der Familie schmerzlich empfand, erklärte mir Svetlana: „Die Erinnerung an das Familienleben bedeutet mir nichts. Was soll das alles? Man hat mal einen Freund, dann muss man sich wieder trennen. In der Literatur des 19. Jahrhunderts ist das zur Genüge analysiert. Solch glückliche, harmonische Familien und Beziehungen zwischen Menschen sind doch unreal. Es erscheint mir nicht erstrebenswert, verheiratet zu sein. Was sollte man sich auf die Dauer zu sagen haben? Und Kinder sind doch auch nur eine Belastung. Meine Mutter schreibt mir ja und schickt mir Pakete. Aber was habe ich mit ihr gemeinsam? Gar nichts. Sie schreibt mir so sentimental, sie hätte Sehnsucht nach mir. Ich kann das überhaupt nicht nachempfinden. Sie ist mir doch ganz fremd."

Von Histomat und Diamat war Svetlana erfüllt, ja besessen und jederzeit bereit, dafür eine Lanze zu brechen. Sie argumentierte fundiert und logisch, aber mir kam es kahl und formalistisch vor. Eigentlich wollte sie mich doch nur auf ihre Weltanschauung festlegen. „Wissen Sie, Hella, die Menschen müssen lernen, politisch zu denken. Die leninistische Idee muss verwirklicht werden, damit die Uneinigkeit der Menschen endlich aufhört. Es wird noch viele Menschenopfer kosten, aber der Materialismus wird siegen und die Welt beherrschen, Technik und Naturwissenschaften werden die Lehre stützen und beweisen." „Aber Svetlana, viele Menschen lehnen doch den Kommunismus ab", versuchte ich, an die Wirklichkeit zu erinnern. „Ach ja", winkte sie ab, „wie oft wird etwas Gutes beabsichtigt, aber die Menschen erkennen es nicht und schließlich entsteht daraus etwas Schlechtes. Dabei ist die kommunistische Lehre doch so einfach und so überzeugend. Trotzdem verschließen sich viele Menschen eben gegenüber dem Richtigen. Wer weiß, ob das Gute am Ende siegen wird." Für Svetlana war ausschließlich das marxistische Dogma richtig und gut, andere Auffassungen bedeuteten Irrlehren. Ungeachtet ihrer radikalen Ansichten galt sie als politisch integer.

Anya, eine junge Leningrader Journalistin, die erst seit kurzem inhaftiert war, argumentierte auch mit dem Enthusiasmus der jungen Komsomolka, besonders bei dem immer wieder erörterten Thema, unter welchen Voraussetzungen ein sozialistisches, kommunistisch geprägtes Gesellschaftssystem in Zukunft konkret zu verwirklichen wäre. „Zunächst muss das Hergebrachte zerstört werden, um Neues aufbauen zu können. Mit konsequenteren Menschen in der Führung wird sich auch ein höherer Lebensstandard verwirklichen lassen, und dann werden die Menschen besser und zufriedener sein." Aber an diesem Punkt musste ich doch widersprechen: „Ich glaube nicht, dass die Menschen durch einen höheren Lebensstandard besser werden, sie werden dann noch weniger Interesse für einander aufbringen. Eine ausgebeutete Arbeiterklasse gibt es doch nicht mehr, und warum kann man nicht behutsamer aufbauen, ohne soviel Bewährtes zu zerstören." Nur, damit stand ich allein und bekam die offiziellen formalistischen Argumente der derzeitigen Machthaber entgegengehalten.

Eine hervorragende Diskussionspartnerin mit journalistischem Schliff war Elena Ilsen. Außerordentlich belesen und kritikfähig diskutierte sie sachlich mit mehr Substanz und Disziplin als manche ihrer emotionaleren Partnerinnen. Sie suchte den Sinn des Lebens in einer Bilanz aus Gut und Böse, aus Erfolg und Misserfolg. Transzendentale Bezüge lehnte sie als rückständig ab. Ihre eigene Vereinsamung versuchte sie mit ihrer fairen, gradlinigen Art zu überspielen und nahm menschliche Unzulänglichkeiten höchstens zum Anlass, darauf hinzuweisen, dass das Leben nur mit Resignation und unter Verzicht auf jegliche Bindungen richtig und sinnvoll bewältigt werden könnte.

In diesem Kreis wurden immer wieder marxistisch-philosophische Themen diskutiert, denen ich nur wenig abgewinnen konnte. Indes bereicherte Elena die Diskussion zu meiner Bewunderung mit vielen Argumenten und Beispielen aus der Literatur des 19. Jahrhunderts: Nur mittels Bildung könnten Freiheit, Gerechtigkeit und Wahrheit als Bausteine für den Kommunismus wirksam werden, der letzten Endes auch nur mit Hilfe von Bildung zu realisieren sein würde. Zu meinem Bedauern war aber für sie Bildung identisch mit Ausbildung. Darüber stritt ich mit ihr, ohne sie allerdings überzeugen zu können. In meinen Augen war sie ein lebendiges Beispiel dafür, wie sich gerade in solcher Lage aus Bildung Kraft ziehen ließ, während ihre Ausbildung ihr das nur bedingt ermöglichte. Im Laufe der Jahre war sie sehr pessimistisch geworden. An diesem Abend hatte mich trotz der umgänglichen Atmosphäre doch wieder irgendetwas eigenartig berührt, wie ein Windstoß aus einem eisigen Abgrund.

Die Diskussion endete, weil die Baracken abgeschlossen wurden. Elena begleitete mich zum Barackenausgang. Beim Abschied fragte ich sie: „Elena, bekommen

Sie noch Post von Sascha?" „Ach nein, Hella, schon lange nicht mehr. Wir hatten uns doch nichts mehr zu sagen. Er war immer so gefühlsduselig, auf mich wirkt so ein Verhalten primitiv. Vor Jahren schon habe ich ihm das brieflich dargelegt, seitdem haben wir keinen Kontakt mehr." Sachlich und wie selbstverständlich sagte sie das in ihrer trockenen Art. Sie bemerkte meine Betroffenheit und fügte dann hinzu: „Hella, so ist das Leben, daran muss man sich gewöhnen."

Auf dem Rückweg kam ich an der Baracke vorbei, in der die liebenswerte Madame Smichovskaya, die Dozentin für Romanistik, wohnte. Ich müsste sie mal wieder besuchen. Nadezhda Smichovskaya-Yastrebova hatte nach dem Ersten Weltkrieg zunächst in Paris studiert. Sie verwitwete früh und auch ihr zweiter Mann, ein Professor in Prag, starb noch im Zweiten Weltkrieg, ihr einziger Sohn war gefallen. Ein tieftrauriger Zug beherrschte ihr ungemein faltiges Gesicht, aber sie war stets bemüht, tapfer zu sein, und brachte immer wieder einmal ein kleines Lächeln zustande. Mit den sowjetischen Intellektuellen pflegte sie mangels gemeinsamer Interessen, wie sie das nannte, keinen Umgang. An freien Tagen trafen wir uns mitunter. Sie besaß im Gedächtnis einen großen Schatz an französischer Poesie und die Zeit verging wie im Fluge, wenn sie Gedichte rezitierte. Zwischendurch erläuterte sie mir Nichtverstandenes aufs liebenswürdigste und trug die Stelle dann erneut vor. Zum Abschluss kam auf meine Bitte oft das Verlaine-Gedicht: *Il pleure dans mon coeur... .*

Noch eine Tochter russischer Emigranten aus Frankreich war kürzlich wieder aufgetaucht. Mary Krasnova aus der Familie des Generals und bekannten antisowjetischen Schriftstellers; seine Bücher lagen in meinem Zimmer, als die Sowjets mich abholten. Mit eingehenden Schilderungen der Schönheiten von Paris hatte sie mir schon in einem früheren Lager manche Stunde verschönt, bis sie wegen schwerer Erkrankung für lange Zeit in ein Sonderlazarett verlegt wurde. Ihr gepflegtes Französisch und ihr Tonfall erinnerten mich an die feinen Damen von früher, wiewohl sie nur wenige Jahre älter als ich war. Die moderne Lagersprache war ihr zwar durchaus vertraut, indes bediente sie sich, wenn sie von früher erzählte, auch eines anderen, altmodischeren Russisch, das sie von ihrer Kinderfrau gelernt hatte und das mich an die Welt von Turgenyev erinnerte. Die aparte und anziehende Mary bewegte sich unvergleichlich elegant und gelassen. Ihre katzenhaft schräg stehenden grünlichen Augen hatten einen distanzierten, spielerisch wechselnden Ausdruck, der in seiner Hintergründigkeit große weibliche Anziehungskraft ausstrahlte.

Viel gegenseitige Sympathie verband mich mit Ssudin, der chinesischen Zahnärztin aus Dairen im damaligen Mandschukuo. Sie litt immens unter der Trennung von ihrem Mann und ihren drei Kindern, die noch nicht im Schulalter waren, als man sie verschleppte. Auch durfte sie nicht in ihrem Beruf arbeiten. Grazil, fast zerbrechlich wirkte sie und konnte mit ausdrucksreicher Gestik vieles mitteilen, wo die sprachliche Verständigung nicht ausreichte, da sie kein Russisch und kaum Englisch gelernt hatte. Zum Geburtstag schenkte sie mir einen Beutel, den sie mit einer chinesischen Dame mit Sonnenschirm bestickt hatte.

□

„Hella! Hörst du, Hella!" Auf dem abendlichen Rückweg von der Kantine zur Baracke ruft jemand meinen Namen. Nein, vor lauter Erschöpfung will ich nichts hören. Ich fühle mich nicht angesprochen, ich bin auch nicht da. Dieser Arbeitstag an der Wand aus Stahlbeton ging wieder über meine Kräfte, die physischen und die psychischen. Mein Blick ist auf den Boden gerichtet, um niemanden sehen zu müssen. Todmüde setze ich einen Fuß vor den andern. Jede Bewegung ist mir zu viel, alles tut weh, am schwersten lastet auf mir die Auswegslosigkeit, an der ich verzweifele. Indes lässt die Ruferin nicht nach. Schließlich schaue ich doch auf, um zu sehen, wer da so beharrlich nach mir verlangt.

„Hella, komm mal eben herein zu mir, ich habe was für dich." Nina Denzer steht vor der Chleboreska – der Brotschneiderei – , einem kleinen, etwas abseits liegenden Einzelgebäude, und winkt mir eifrig. Sie ist als ‚sozialgefährliches Element' zu nur drei Jahren verurteilt und darf deshalb auf diesem privilegierten Posten arbeiten. Nina hatte Glück im Unglück gehabt; wenige Monate vor Kriegsende war sie noch unter deutsche Besatzung geraten, hatte aber ihre jüdische Abstammung geheim halten können und durfte wegen ihrer guten Deutschkenntnisse nach Kriegsende an der Kommandantur in Leipzig als Dolmetscherin arbeiten. Erst vier Jahre später wurde sie für den unfreiwilligen Aufenthalt bei den Deutschen ins Lager nach Vorkuta geschickt. Obwohl wir uns in Leipzig nicht persönlich begegnet waren, verband Nina mit mir eine ihr sehr teure, quasi gemeinsame Erinnerung an einen Major Goldin dort.

Kurz nach ihrer Ankunft in unserem Lager hatten wir einige Tage in der gleichen Brigade gearbeitet. Auf das Stichwort ‚Leipzig' hin erkundigte sie sich damals: „Haben Sie die Offiziere der Kommandantur gekannt?" „Außer dem Stadtkommandanten nur wenige". „Und Major Goldin?" „Ja, den schon," äußerte ich vorsichtig. „Ein toller Mann, finden Sie nicht auch? Ach, wissen Sie, Goldin und ich – wirklich, das war eine große Liebe!" Und Übereinstimmung meinerseits voraussetzend, begann sie höchst beglückt von der schönen Zeit in Leipzig zu erzählen, beschrieb mir das Haus, das sie mit ihm bewohnt hatte, und wie sehr sie ihren Goldin schätzte und noch immer liebte.

Meine Begegnung mit Major Goldin hatte unter dem Zeichen ärgerlicher Fruchtlosigkeit gestanden: Sowjetische Uniformierte hatten am Weihnachtsabend 1945 auf der Autobahn bei Leipzig den offenen Lkw der Ofenfabrik Lange aus Radis überfallen und ausgeräumt, mit dem auch mein Vater, Bruder Ingo und ich nachhause ins Heidehaus fahren wollten. Den Lkw hatten sie dann freilich mangels Erfahrung mit Holzgeneratoren stehen gelassen. In alter Anhänglichkeit an seine bisherige Herrschaft hatte das Auto ihre Startversuche müde ignoriert, sprang aber nach ihrem Verschwinden mit geschürter Glut brav wieder an. Frau Langes Entsetzen über den für damalige Verhältnisse äußerst herben Geld- und Warenverlust war groß. So waren Bruder Ingo und ich in der Hoffnung, etwas von den gestohlenen Dingen sicherstellen zu können, sofort nach Leipzig zurückgekehrt, um in völliger Fehleinschätzung der Lage dort auf der Kommandantur von dem Überfall Meldung zu machen. Diese Meldung nun hatte eben jener Major Goldin entgegengenommen und sich dann ziemlich unfreundlich erneute Nachfrage verbeten, da ein solcher Fall nicht weiter verfolgt werden könnte. So ging ich Nina gegenüber nur auf Besuche beim Stadtkommandanten ein.

Durch die Lagerjahre hatte Nina ihr ausgeglichenes Wesen bewahrt und ihr relativ geringes eigenes Strafmaß ließ keine Hoffnungslosigkeit hochkommen. Ich hielt sie für linientreu, aber nicht für eine hinterhältige Denunziantin, sie lebte in der Brotschneiderei ziemlich isoliert; möglicherweise gab sie Berichte weiter. Unsere Beziehung zueinander beruhte auf gegenseitigem Respekt und war auf Grund unserer unterschiedlichen politischen Auffassungen begrenzt, aber berechenbar, darüber hinaus ganz locker und nicht ohne gegenseitige Anteilnahme.

Vor nicht so langer Zeit hatte sie im Gespräch in einem belanglosen Zusammenhang den Namen einer Informantin erwähnt, um dann wenig später wie beiläufig zu bemerken, dass meine politische Beurteilung doch ziemlich schlecht wäre. Ninas Offenheit hatte mich angenehm berührt, so erklärte ich ihr ebenso rückhaltlos: „Meine politisch neutrale Einstellung wird bereits als gegnerisch bezeichnet. Ich orientiere mich demokratisch und sozial, nicht kommunistisch, und werde mich nicht ändern. Schon 1947 in Potsdam hat der Generalstaatsanwalt beim Abschluss der Untersuchung auf meine Frage, was man mir konkret vorwürfe, gesagt: ‚Du hättest sehr viel schaden können. Aber du bist noch sehr jung, deshalb können und müssen wir dich umerziehen.' OSO machte es möglich. Und hier in Vorkuta ging es so weiter; damals, 1951 zum Beispiel, sperrte mich Bassanov, der Politoffizier, als Aufwartung für die Fabrikwache und schickte mich stattdessen ins Flussbett zum Gleisbau. Du kannst dir sicher denken, warum!"

Unbefugten war der Zutritt zur Brotschneiderei streng verboten, deshalb durfte Nina eigentlich keine Besucher haben. Schon aus Neugierde folgte ich ihrer Einladung in diesen nie von innen gesehenen Raum, neben dem sie eine Kabine bewohnte. Sie bot mir Platz an auf einem Hocker neben dem Arbeitstisch mit der Brotwaage. An den Wänden liefen Regale, in denen die kantigen, länglichen Brotlaibe und die Tabletts mit den Portionen für die Frühschicht gestapelt waren. Diese Regalwände, die nur von dem Schiebefenster, der Außentür und der Tür zu Ninas Schlafkoje unterbrochen waren, schienen mir wie aus dem Schlaraffenland. Nina baute zwei Tagesrationen Brot vor mir auf, ein höchst ansehnliches Geschenk für mich, die ich in der letzten Zeit mit der Betonwand und Strafkessel, der knappsten Verpflegungskategorie für mangelhafte Arbeit, drangsaliert wurde und deshalb ständig hungrig war.

„Setz dich ein bisschen", sagte Nina. „Magst du einen Tee?" Ich nickte erfreut. „Wie geht es dir? Wo arbeitest du jetzt?" „Ach, Ninotschka, zur Zeit ist es kaum mehr auszuhalten. Seit Tagen muss ich Stahlbeton zerklopfen mit dem Vorschlaghammer. Es geht kolossal über die Hände, sie schmerzen unerträglich. Es ist schlimmer, als wie damals 22.000 nasse Ziegel in der Achtstundenschicht auf die Stellagen für die Suschilka zu werfen. Aber jetzt, an dieser Mauer! Da schlägst du den ganzen Tag mit der schweren Kuwalda – Vorschlaghammer – auf einen Stahlkeil, und wenn du hinschaust, ist kaum mehr zu sehen, als wenn eine Maus gekratzt hätte. Ich stehe den ganzen Tag mit den Füßen im Wasser, quäle mich ab mit einer sinnlosen Arbeit, für die die Vasilyeva, meine Brigadiere, mich auch noch genüsslich auf Strafkessel hält, denn sie kann mich nicht ausstehen. Na ja, es beruht auf Gegenseitigkeit. Außerdem kriege ich keine Pakete, kann ihr nichts ‚auf die Pfote' geben. Eine Kriminelle ist sie, hat zufällig einen 58er Paragraphen erwischt. Sie hat ja ein hübsches Gesicht, blond mit großen, blauen Augen und einer kleinen, schmalen Nase. Aber wenn sie den Mund aufmacht, ist alles klar und jeder Charme verloren. Mich erinnert sie an die kriminellen ‚Barfüßer' früher, weißt du, so nannten die Blatnoy solche Maulheldinnen unter den nicht prominenten Diebinnen", erklärte ich Nina, die nie unter Kriminellen war. „Sie flucht ‚Matom' die Latte rauf und runter und quer durch, aber im Gegensatz zu den Blatnoy damals versteht sie es nicht, für ihre Leute erträgliche Normen und Arbeitsergebnisse auszuhandeln. Zu meinem Glück kennen mich die Ingenieure in der Fabrik nun schon seit Jahren – wo habe ich nicht gearbeitet! – und schreiben mir auf den Hilfsarbeiten doch meist anständige Prozente gut. Aber die Vasilyeva will sie nicht mir anrechnen, sondern lieber anderweitig verschachern. Einmal habe ich mich beim Prorab mit Erfolg erkundigt, wieso ich so wenig Prozente bekomme, danach ist sie kurzzeitig vorsichtiger geworden. Im übrigen beschimpft und bedroht sie mich bei jeder Gelegenheit und würde mir am liebsten Otkas – Arbeitsverweigerung – anhängen. Heute sind wieder mehrere Natschalniki dagewesen. ‚Was soll das, wo bleibt die Norm? Willst du Sabotage betreiben?' verzapfen sie einem ihre Moral, du kennst ja die Leier. Ich habe nur gebeten, mir zu zeigen, wie und mit welcher Technik die Betonwand zu bearbeiten wäre. Einer von ihnen hat es sogar selbst versucht, ist aber schnell wieder verschwunden: Sein Ergebnis war um nichts besser. Die Mauer aus Stahlbeton ist so einfach nicht kaputt zu kriegen. Wahrscheinlich echt deutsche Wertarbeit, vor uns waren hier doch deutsche Kriegsgefangene.

Übrigens, stell dir vor, die Vasilyeva kann meinen Blick nicht vertragen. Wenn sie mich so ungerecht und infam abkanzelt, schaue ich sie wortlos an. Das bringt sie erst recht in Wut: ‚Schau mich nicht an mit deinen Augen', schreit sie dann in schrillem Diskant. Meine Taktik zeigt aber Wirkung, denn sie verzieht sich daraufhin umgehend, lässt mich für eine Weile in Ruhe und schaut nur ab und zu von weitem, ob ich auch am Platz bin. Wie dem auch sei, die Betonwand in ihrer aussichtslosen Härte oder harten Aussichtslosigkeit ist für mich ein realisierter Albtraum von altägyptischer Sklaverei."

Ich zeigte Nina meine dick angeschwollenen Hände, mit denen ich nur mühsam den Becher halten konnte. „Du Arme", meinte sie mitfühlend. „Aber weißt du, ich glaube, dass es nicht mehr lange so weitergeht." „Wie meinst du das, Nina?" „Ich denke, dass jetzt nach Stalins Tod bald eine Amnestie kommt", sagte da die eher nüchterne Nina. Ihrer Bemerkung maß ich keine Bedeutung bei, aber ihr Tee hatte mir gut getan. Etwas gelassener suchte ich meine Pritsche auf.

☐

An diesem 15. Juni 1953 hatte mich die Arbeit an der Betonwand wie an den vorigen Tagen der kalten Verzweiflung nahegebracht. Abends aber, kaum waren wir am Lagertor angekommen, rief mich der Diensthabende aus der Kolonne heraus und eröffnete mir, dass ich sofort bei der Lageradministration zu erscheinen hätte. Auch das noch. Ohnmächtige Wut kam mir hoch. Was sollte das jetzt wieder? So, mit verkappter Adresse, hatte mich damals auch Bassanov, der Politoffizier, holen lassen.

„Ich gehe nicht", erklärte ich dem Milizbeamten. „Du kriegst nichts zu essen, wenn du nicht gehst." „Satt werde ich so auch nicht." „Gut, dann eben in den Karzer", drohte er. „Nicht zum ersten Mal, na und?", bringe ich heraus. Der Milizbeamte löste das Problem. Er verdrehte meinen Arm im Polizeigriff: „Gehst du jetzt mit?" Ich setzte meine Beine in Bewegung, mein Widerstand half ja doch nichts. Der Griff lockerte sich. Wir erreichten das Verwaltungsgebäude und dann nahm eine Reihe unglaublicher Begebenheiten ihren Anfang:

Der Milizbeamte führte mich an den Türen der gefürchteten Politabteilung vorbei bis zum Büro des Lagerchefs, des Majors Korneyev, auch Tschornyi Uzhas – Schwarzer Schrecken – genannt. An der Tür klopfte er und meldete mich mit Namen, während er mich nicht einmal unsanft vorwärts schob, um die Tür hinter mir von außen zu schließen. Ich blieb auf der Stelle stehen, fühlte mich aber schon besser, weil es wenigstens nicht der Politoffizier war, zu dem ich befohlen wurde.

„Guten Abend, wie geht es?", hörte ich den Lagerchef sagen. Ich traute meinen Ohren nicht recht, in all den Jahren hatte er mir weder je die Tageszeit gewünscht noch eine derartige Frage gestellt. Total verblüfft fiel mir nur „Nitschewo" als Antwort ein. „Wo möchtest du arbeiten?", kam die nächste Frage, ebenso unerhört für mich als langjährige Zwangsarbeiterin. Ich hatte noch keine Antwort gefunden, da stellte er beharrlich eine weitere Frage: „Etwa in der Wäscherei?" Das hörte sich konkret an. Ich überschlug schnell: In der Wäscherei gäbe es genügend Seife und Wasser. Man könnte für das Küchenpersonal waschen und bekäme dafür Extraportionen zu essen, die Arbeit wäre im Warmen und viel leichter als die Zwangsarbeit. Aber die Intrigen und der Neid, wenn ich als Deutsche einen besseren Arbeitsplatz hätte, waren mir von der Zeit in der Schneiderei noch in Erinnerung. Auf mein etwas langgezogenes „Ach nein" erkundigte er sich unverändert höflich: „Was hast du denn vorher gemacht?" „Gleisbau, Straßenbau, Heizer, Maschinistin", begann ich verschiedene Tätigkeiten aufzuzählen. „Nein, nicht hier, ich meine vorher, bevor du ins Lager gekommen bist." „Je nun, da ging ich in die Schule und habe Klavier gespielt." Der Lagerchef warf mir einen echt nachdenklichen Blick zu. „Dann", sagte er langsam, „eignest du dich wohl nicht so zur Wäscherin. – Togda Ty v pratschki pozhaluy ne godishsya." Diese seine Aussage blieb mir unvergesslich.

„Nun, weißt du, geh jetzt in deine Baracke, und morgen kommst du wieder zu mir und sagst mir, wo du arbeiten möchtest. Gute Nacht!" Damit war ich verabschiedet und doch so überrumpelt, dass ich diesmal mit dem gleichen Gruß antwortete.

Wie in Trance betrat ich meine Baracke. Nadya, die Brigadiere, stand am Eingang und fuhr mich sofort an: „Wo treibst du dich bloß herum, das Essen steht in der Kantine. Solange kann man es nicht beaufsichtigen!" „Es interessiert mich nicht." Diese Antwort verschlug ihr die Sprache, während ich sofort auf meine Pritsche kletterte. Ich hatte noch Brot von Nina und überhaupt keinen Hunger.

Dann wurde die Baracke abgeschlossen und Stille kehrte ein. Lange hockte ich aufrecht auf der Pritsche. In mir wühlte eine tiefsitzende Aufregung, das Herz klopfte langsam, aber laut und schwer, ich konnte nicht einschlafen. In der hellen Juninacht ging die Sonne nicht unter, mit dem wandernden Lichteinfall vergingen die Stunden. Kurz nach dem Wecken schrie Nadya unfreundlich: „He, du bist nicht mehr in meiner Brigade", und legte gleich nach: „Warte nur, woanders wirst du es auch nicht besser haben." „Aber auch nicht schlechter."

Als erste von 45 Ausländerinnen aus Satellitenländern war ich aufgerufen worden – im russischen Alphabet ist W der dritte Buchstabe – und wurde nicht mehr zur Arbeit geschickt. Auf Etappe vorbereiten, hieß es. Ich machte Abschiedsbesuche. Fragen über Fragen: Ob es wirklich nach Hause ginge und wenn ja, wann würden die anderen nachkommen? Ob es ein Wiedersehen gäbe? Ein paar Erinnerungsstücke behielt ich: Kamm und Palette von Alexandrovna, der Silberhaarigen, den Tabaksbeutel, die Spiegelscherbe und die Reste von Mutters Kopftuch, das passte alles in Ssudins Beutel von 10 x 20 cm. Außerdem nahm ich das unter Parassyas Anleitung gestickte Männerunterhemd, den Rest der Decke von Potsdam und mein kleines Kopfkissen mit.

Zwei Tage später wurden wir isoliert in der kleinen Zone mit neuer Lagerkleidung ausgestattet und noch einmal sorgfältig durchsucht. Die lesbische Milizbeamtin mit den dicken, blonden Zöpfen entdeckte den Farnabdruck aus Schiefer, 3 x 3 cm, den ich vor Jahren beim Schieferabladen für den Gleisbau in der Tundra lange gesucht hatte, und warf ihn mit einem rachsüchtig schadenfrohen Ausdruck schnell über den Zaun in die Todeszone als letzte unmissverständliche Geste.

Abmarsch zum Tor. Die Brigaden waren noch auf der Arbeit. Auf der Lagerstraße hielt sich um diese Zeit kaum jemand auf. Nur Nina stand vor ihrer Brotschneiderei und winkte mir zu. So schnell war ihre Voraussage in Erfüllung gegangen; vielleicht hatte sie es schon gewusst. In herrlichem Sommerwetter fuhren wir dann auf einem offenen Lastwagen zur Peresylka.

Der Kreis schließt sich: Damals im April 1948 nach der Ankunft in der Peresylka Vorkuta hatte mich am ersten Abend die Krankenschwester Galina Dal, die Enkelin des berühmten Sprachforschers aus Kiev, liebenswürdig spontan mit einer Teeeinladung verwöhnt. Und diesmal lud mich die immer noch schöne, freundliche Feldscherin Dina Bogatschenko aus Lemberg, damals die Freundin des Sanitätschefs im Ersten Kilometer, zum Abschiedstee ein. Sie war ganz die alte optimistische und charmante Dina und hatte wieder Protektion. „Ich bin sicher, dass du bald nachhause fahren wirst", meinte Dina und gab mir die Adresse ihrer Mutter in Lwow. „Weißt du, es wird noch mehr Änderungen geben. Vielleicht können wir später noch einmal Kontakt miteinander aufnehmen. Man weiß es nie, vielleicht gibt Gott uns noch einmal ein Wiedersehen. Weißt du eigentlich, dass der Jakob inzwischen geheiratet hat und zwar die Valya, auch eine Jüdin, die wegen Unterschlagung zu drei Jahren Haft verurteilt und zu unserer Zeit Buchhalterin im Ersten Kilometer war." „Ja, ich habe davon gehört." Absonderliche Geschichten hatten über diese Eheschließung kursiert. Nachdem Dina schließlich fortgeschickt und Valya selbst freigekommen war, hatte Valya sich offenbar mit größter Beharrlichkeit um Jakob bemüht, so dass er sie schließlich heiratete. „Übrigens, vor ein paar Monaten habe ich ihn gesehen", erinnerte ich mich. „Wir beluden in der Nähe Waggons mit Kalksteinen, da kam er gerade aus seinem Haus. Aber er ist so alt geworden und geht so gebeugt, dass ich ihn kaum erkannt habe." „Ja", meinte Dina mitfühlend, „der arme Kerl wirkt sehr enttäuscht." „Nun, Dina, wundert's dich? Dich kann man bestimmt nicht so leicht vergessen. Damals im Ersten Kilometer sah er ganz glücklich aus." „Er war auch ein sehr anständiger Mensch." „Dina, gerade euch beiden verdanke ich manche Freundlichkeit. Es freut mich, dass ich dir noch mal persönlich danken kann. Und alles Gute dir." „Danke, dir auch alles Gute und erinnere dich meiner nicht im Bösen", fügte sie den alten russischen Abschiedswunsch hinzu. Wir drückten uns die Hand. Bei der Abfahrt stand sie winkend in der Tür ihrer Krankenstation.

☐

Wieder mit Lastwagen wurden wir zum Lager Erster Kilometer neben dem Achten Bergwerk Rudnik gebracht. Damals, 1948, hatte ich diese meine erste Station in Vorkuta nach einem äußerst mühsamen Fußmarsch durch tiefen Schnee und in Eiseskälte erreicht. Auch im goldfarbigen abendlichen Sonnenlicht erschienen die leerstehenden, verfallenden Baracken unverändert trostlos grau, der Lagerzaun nicht so bedrohlich wie im Retschlag, der Fluss vertraut in seiner unnahbaren melancholischen Kargheit, ohne Aufhebens am Horizont entschwindend. Ebenso unverändert und offenbar auch nicht mehr in Betrieb die damals so gefürchtete Perewalka – Umladestation -, wo die Breitspur von Russland endete und seinerzeit Tag und Nacht Holzstämme, Kalkstein, Schienen und Stahlträger aus dem Süden für Bergwerke und Fabriken auf schmalere Gleise daneben umgeladen wurden, um dann umgekehrt Kohle für Leningrad mitzunehmen. Jetzt standen auf der Breitspur einige von Soldaten bewachte, geschlossene Güterwaggons bereit.

Nach erneuter Kontrolle am Lagertor werden wir noch einmal nacheinander durch eine Baracke geschleust. An mehreren Tischen sitzen Offiziere, vor ihnen liegen Listen und die bekannten grauen Begleitakten. Einzeln wird man an den ersten Tisch gewinkt, höflich sachlich werden die üblichen Angaben zur Person abgefragt und am nächsten Tisch die Akten und Listen verglichen, von der Nummer ist nicht mehr die Rede. An einem weiteren Tisch sitzt einer allein, beobachtet das Geschehen. Ein Generalsstern ziert die Epauletten. Ich stutze. Das Gesicht, ein gutgeschnittenes Gesicht mit intelligentem Ausdruck, aber merkwürdig unbewegt, habe ich früher schon gesehen.

Aber wo? Dann verdichtet sich das Bild, die Erinnerung an Torgau kommt hoch, an die Soldatenfestung, von der aus in einem großen Transport mit 1300 verurteilten Sowjetbürgern im Februar 1948 die Odyssee in die Sowjetunion begann. Damals trug der gut mittelgroße, elegante Offizier einen Mantel ohne Aufschläge und beobachtete den Abmarsch der Gefangenen aus der Festung. In Gruppen von jeweils 20 weiblichen Häftlingen warten wir nach ermüdenden und demütigenden Kontrollen in einer Gruppe seitlich neben dem Tor über dem Festungsgraben. Ich betrachtete die alte Festungsmauer mit dem Graben. Dann streifte mein Blick den Offizier, der zu mir hinüber schaute. Im nächsten Moment winkte er mich aus der Kolonne heraus. „Iditye tuda – gehen Sie dort hinüber", wies er mir die Richtung nach draußen und ging mit mir durch das äußere Tor. Dann blieb er etwas abseits stehen und stellte mir in überraschend höflicher Form Fragen zu Herkunft und Schulbildung, ob ich ein Instrument gespielt hätte und welche Komponisten.

Merkwürdig auch, dass mein Gegenüber mit mir so selbstverständlich und nicht wie mit einer Verurteilten sprach. Und dann fiel es mir wie Schuppen von den Augen. Ich hatte diesen Offizier schon einmal gesehen, beim Klavierspielen 1945 im Juni bei Vaters Chef, dem Obersten Nikitin. Er hatte sich damals im Hintergrund gehalten und auch kaum an der Unterhaltung beteiligt. Ungeachtet meiner Skepsis gegenüber seinesgleichen glaubte ich einen Anflug von echtem Bedauern in seinem Blick zu erkennen. „Leider ist hier nichts mehr zu machen, wir haben nichts davon gewusst. Vielleicht später", stellte er dann ebenso abrupt wie scheinbar zusammenhangslos fest. Immerhin aber ersparte er mir damals viele Stunden des Wartens, Frierens und Marschierens, indem er veranlasste, dass mich ein Pkw zum Zug brachte.

Jetzt hat er also einen Generalsstern. Inzwischen hält er meine Akte in der Hand: „Nun, wie geht es?" Er deutet sogar ein Lächeln an. „Nitschewo." Ich lächle nicht, sondern versuche, ein unbeteiligtes Gesicht zu machen. „Alles Gute", sagt er deutlich vernehmbar, während ich schon an ihm vorbei zum Ausgang gehe. Ich schaue schweigend auf, unsere Augen treffen sich, dann habe ich die Tür erreicht. Draußen atme ich tief. Ob er an der frühen Entlassung mitgewirkt hat? Wer weiß. Ich kenne nicht einmal seinen Namen.

Die Fahrt nach Süden im Viehwagen war nicht zu vergleichen mit der Herfahrt. Sauberes Stroh lag auf dem Boden und den Pritschen, die Tür stand einen breiten Spalt offen, die vorbeigleitende Landschaft war zu sehen und im Südosten erhoben sich bläulich die Ausläufer des Urals. Nach einigen Stunden war die Taiga erreicht, dem zunächst bescheidenen Baumbewuchs folgten immer stattlichere Exemplare, ein lang entbehrter Anblick. Die Wachmannschaften verhielten sich korrekt, fast höflich, keine Flüche, keine Püffe oder Tritte. Große Schüsseln mit einer guten, dicken Suppe und Holzlöffel gab es. Nach zwei Tagen fuhren wir in der Abendsonne durch Leningrad und dann durch das Baltikum. Aus Buchstabenresten an einer halbzerschossenen Ziegelruine ließ sich Tilsit erraten. Am 1. Juli erreichten wir das ehemalige Zuchthaus in Tapiau.

Zwei Tage nach der Ankunft hatte mir der sowjetische Kulturoffizier im Zuchthaus in Ostpreußen schlicht eröffnet: „Man bestellt Sie zum musikalischen Direktor der Frauenzone. Sie haben Klavier studiert. In drei Tagen ist ein Vortragsabend. Die musikalische Einleitung geben Sie. Noten brauchen Sie nicht, Sie können das auswendig. Im Hof steht ein Steinway-Flügel und Sie haben täglich zwei Stunden Zeit zum Üben." „Ja, aber ich bin doch keine Pianistin", wandte ich bestürzt ein, „und ich habe so viele Jahre keine Taste angerührt, meine Finger sind eckig und steif von der Zwangsarbeit." Darauf entgegnete er: „Sicher erinnern Sie sich von Mithäftlingen, welche Strafen auf Sabotage stehen. Überlegen Sie sich gut, ob Sie eine solche Beschuldigung nicht besser vermeiden. Machen Sie sich an die Arbeit!"

Was blieb mir anderes übrig? Als geeignet fiel mir das Chopin Prelude Op 89 ein mit seinen choralartigen Akkorden. Ich suchte nach dem Gehör die Harmonien zusammen, weil ich mich nicht an die Noten, sondern an die Harmonien der Töne erinnerte, und ich fand am ersten Tag nur vier Takte. Am dritten Tag sollte abends die Veranstaltung sein. Gegen Ende der Übungszeit hatte ich zwar das Stück vollständig rekonstruiert, aber für Geläufigkeitsübungen war keine Zeit mehr. Zudem fehlten dem Flügel das zweigestrichene C und der Dämpfer, das Pedal war durch eine Drahtschlaufe ersetzt. Schweren Herzens stieg ich abends auf das Podest im Freien, vor dem etwa tausend Personen, Gefangene und Freie, saßen. Und dann auf einmal sah ich eine Szene in Bonn vor mir: Etwa 14-jährig hatte ich Onkel Hans Prieger, den ich damals bereits beim Singen oder zur Geige begleiten durfte, erklärt, dass ich das Prelude op 89 nun spielen könnte. „Technisch beherrschst du es wohl", war sein Kommentar gewesen, „aber der Ausdruck fehlt noch. Komm, den wollen wir beide jetzt studieren." Die Umgebung war versunken. Ich kam erst wieder zu mir, als kräftiger Beifall erscholl. Neben mir stand der Kulturoffizier:

„Nein, was sind Sie doch für ein kokettes Wesen", äußerte er in vorwurfsvollem Ton. „Fast hätte ich es geglaubt, dass Sie wirklich nicht spielen können, denn ich hatte Sie beim Üben beobachtet. Aber Sie haben großartig gespielt. In drei Tagen ist die nächste Veranstaltung. Dann wollen wir mehr hören."

Nun bekam ich mehr Zeit zum Üben und bestritt mit Schubert und Bach noch einige Abende. Dann wurde eine Band aufgestellt, denn es hatten sich bei den Männern inzwischen vier Berufsmusiker und acht gute Laien gefunden. Ich wurde zur Pianistin der Band ernannt und lernte Unterhaltungsmusik zu spielen, was mir großen Spaß machte. Unser Repertoire setzte sich aus Schlagern, Operetten und verbotenem amerikanischen Jazz zusammen, den wir als ‚deutsche Volksmusik – Komponist unbekannt'– deklarierten, darunter *Lady be good*, *Green Coffee*, *In the Mood* und andere langentbehrte Musik der Freiheit. Dieses letzte halbe Jahr gestaltete sich für mich durch das Musizieren erträglicher. Grauenvoll war es allerdings, wenn mitunter während solcher Veranstaltungen die Miliz erschien und jemand aufgerufen und abtransportiert wurde, wieder zurück nach Russland, wie wir vermuteten.

Eines Tages sprach mich in Tapiau in einer Konzertpause ein Landsmann an. Er hätte im Straflager ‚Kalkwerk – Izvestkova' in Vorkuta einen gewissen Alexander Dmitritsch Denisenko, einen ehemaligen Fliegeroffizier, getroffen, der von mir erzählt hätte. Dieser Russe wäre wenige Monate nach seiner Freilassung wieder festgenommen worden. Offenbar ohne Verhandlung hätte das berüchtigte Sondergericht OSO sein Strafmaß aufgrund der ‚Merkmale seines Paragraphen' für weitere fünf Jahre verlängert; allerdings mit dem Unterschied, dass er von da an unter erschwerten Bedingungen Zwangsarbeit in einem der verrufensten Straflager leisten musste. „Wie entsetzlich", war mein Kommentar diesem Mann gegenüber, der mir jedoch so unsympathisch war, dass ich ihn nicht einmal nach Einzelheiten fragte.

□

Von Ostpreußen aus wurden wir endlich zwei Tage vor Weihnachten über Wilna und Warschau nach Westen transportiert. In Frankfurt/Oder übergaben die sowjetischen Begleitoffiziere ihre russisch geschriebenen Namenslisten an Uniformierte der DDR. Wir fuhren in den nämlichen Viehwagen weiter nach Fürstenwalde. Dort wurden Zivilsachen ausgegeben, freilich ohne dass man sie anprobieren konnte. Zwar sollte die Lagerkleidung dort abgegeben werden, ich behielt aber meine Wattejacke, wählte von weitem das einzige hellgraue Kostüm, leider Größe 46, und band den Rock mit den ohne Strumpfhalter verabfolgten Strümpfen um den Bauch fest. Die Schuhe blieben etwa um zwei Nummern unter der von mir angegebenen Schuhgröße, so dass ich kaum gehen konnte; auch hier war Umtausch nicht zugelassen. Ich erhielt eine Fahrkarte, die nicht bis Berlin ausgestellt war, nahm dennoch einen Zug nach Berlin und fuhr vom Stadtrand mit der S-Bahn, bis ich Zehlendorf erreicht hatte, um sicher zu sein, dass ich wirklich im Westsektor war. Allerdings musste ich Strafe zahlen, weil die Fahrkarte nicht die Strecke abdeckte, und wurde so meine 50 Mark Überbrückungsgeld bis auf 30 Pfennige los.

In Zehlendorf stand ich lange unschlüssig vor dem Bahnhof; denn ich wusste nicht mehr genau, wo Onkel Otto Dibelius, der Bischof, wohnte; die Füße in den zu engen Schuhen schmerzten und außerdem war mein Restgeld dürftig. Ein Polizist näherte sich mir und fragte, ob ich auf jemanden wartete. Nach dem ersten Schreck über den Uniformierten brachte ich heraus: „Ich möchte zu meinem Onkel, dem Landesbischof. Ich glaube, er wohnt in Lichterfelde." Der Polizist schaute etwas überrascht. „Ich sehe etwas ungewöhnlich aus", versuchte ich nun, meinen Aufzug zu erklären. „Ich bin gerade aus Russland zurückgekehrt." Über verknotete Zöpfe waren Fußlappen als Kopftuch gebunden. Unter der Wattejacke sah man den mit Strümpfen gegürteten Rock. Die Füße steckten nackt in den Schuhen. „Ich musste Strafe zahlen und habe deshalb nur noch 30 Pfennige, die reichen sicher nicht aus, um die Fahrt zu bezahlen", ergänzte ich noch. „Ja, wenn das so ist", meinte der Polizist nun sehr freundlich. „Hier der Bus fährt nach Dahlem und hält direkt vor dem Haus Ihres Onkels. Und das mit dem Geld, da lassen Sie sich mal keene grauen Haare wachsen, det langt schon für die Fahrt. Faradeyweg 10 wohnt Ihr Onkel jetzt, von Lichterfelde ist er schon lange verzogen. Der Busfahrer sagt Ihnen, wo Sie aussteigen müssen." Der Polizist sprach mit dem Busfahrer, ich brauchte nichts zu bezahlen und wurde richtig zum Faradeyweg gebracht.

Ich zögerte zu klingeln. Ungeachtet des unermesslichen Gefühls der wiedergewonnenen Freiheit drückte die Last des ungewissen Familienschicksals vehement. Als dann die Tür geöffnet wurde, erkannte mich meine schwerhörige Kusine Christel, die ihrem Vater seit dem Tode seiner Frau den Haushalt führte, sofort wieder. Ihre Antwort auf meine etwas stockende Frage nach der Familie: „Sie sind im Westen, es geht allen gut, soweit ich weiß, aber warte, nachher kommt der Vater und sagt dir alles genau", konnte mich nur oberflächlich beruhigen. Zu tief saßen Misstrauen gegenüber vielleicht tröstlich gemeinten Auskünften und die Angst vor möglichem Unheil. Mehrere eiserne Ringe um mein Gemüt mussten noch gesprengt werden.

Indes überließ Christel mich nicht meinen Grübeleien. Es war gegen 14 Uhr, wenige Minuten später saß ich am Mittagstisch. Es gab mein Lieblingsgericht, Pfannekuchen mit Apfelmus. Anschließend brachte mich Christel in ein Appartment im Souterrain mit einer gekachelten Badewanne und versorgte mich mit einer Nagelfeile, alles lang entbehrter Luxus. Dann kam mein Onkel und kaum zwei Stunden später bekam ich telefonische Verbindung mit meinen Eltern. Sie waren ebenso aufgeregt wie ich und erwarteten ungeduldig, dass ich nach Hause kommen sollte.

Der Onkel führte mich zum KaDeWe, um als erstes passende Schuhe zu kaufen. Danach konnte ich es aber kaum erwarten, meinem Vetter Heinz Ullstein einen Besuch zu machen, auf den ich große Hoffnung gesetzt hatte. Ich wollte ihn bitten, mir jetzt die Stelle im Berliner Verlagsarchiv zu geben, die er mir vor meiner Verhaftung zugesagt hatte. Schon auf dem Rücktransport in Richtung Heimat hatte ich mir keine Illusionen gemacht über meine zukünftigen Chancen im Existenzkampf ohne Ausbildung mit meinem Rückstand von sieben Jahren. Irgendwie wollte ich doch noch meinen Lebenstraum, ein Studium, verwirklichen. Die Aussicht, meinen Eltern neben den Geschwistern zusätzlich zur Last zu fallen, bedrückte mich ungemein. Zu meiner Enttäuschung verlangte Vetter Heinz jedoch, dass ich mich zunächst erst einmal erholen sollte.

Am nächsten Tag meldeten sich amerikanische und englische Pressevertreter, die von meiner Heimkehr erfahren hatten, um Genaueres darüber berichten zu können. So unerwünscht uns das auch war, zwei Annehmlichkeiten brachte die Publicity doch: Meine in den USA lebende Schwester erhielt bereits am nächsten Tag durch die Zeitung Kenntnis, schneller, als wir sie hätten unterrichten können. Und Bruder Ingo, der mich in Berlin abholte, konnte bei TWA noch für den Sylvesternachmittag unseren Flug nach Frankfurt buchen. Die Piloten der viermotorigen Maschine luden mich in die Pilotenkabine ein. Mit dieser Erfahrung, gewissermaßen aus einem sowjetisch bewachten Viehwagen in ein amerikanisches Flugzeug umzusteigen und in die Freiheit nach Westen zu fliegen, begannen die emotionalen Höhepunkte meiner Heimkehr.

Am Frankfurter Flughafen erwarteten uns die Eltern und die beiden kleineren Geschwister mit dem VW-Bus von Vaters Institut, den der Verwaltungschef, der gestrenge Amtsrat Germroth, für diesen außergewöhnlichen Anlass großzügig mit Fahrer zur Verfügung gestellt hatte. Wir alle konnten es kaum fassen, dieses Wiedersehen. Vater drückte mir heimlich mit einem Augenzwinkern ein Fläschchen Lavendel in die Hand. Mutter musste ihre mütterliche und ärztliche Besorgtheit zurückdrängen; hatte sie doch, wie sie mir später sagte, in meinem Gesicht

zunächst nur meine Augenbrauen unverändert wiedergefunden. (Diese dystrophie-
bedingten Veränderungen meines Gesichts bildeten sich jedoch innerhalb eines
Jahres zurück.) Zur Stärkung für die Fahrt nach Wehrda tranken wir in der Haupt-
wache noch einen Kaffee. Ich schaute in die Gesichter dieser Runde: An die Stelle
der jahrelangen Zweifel und Ängste, sie je in Freiheit und gesund wiederzusehen,
rückten langsam Gewissheit und ungetrübte Freude.

Gegen 22 Uhr bog der Wagen bei Neukirchen von der Bundesstraße Hersfeld-
Fulda ab und näherte sich dem 1000-jährigen Dörfchen Wehrda, wo im Roten
Schloss das Staatsinstitut für Grünlandforschung untergebracht war.

Welch ein Empfang! Am Dorfeingang begann ein Spalier der Dorfleute, die
Fackeln in den Händen hielten. Langsam rollte der Wagen über die mit Feldstei-
nen gepflasterte Dorfstraße, an der Kirche stiegen wir aus und legten nun unter
Glockenläuten den restlichen Weg zum Schlossplatz zu Fuß zurück.

Mutter sagte leise: „Normalerweise läuten die Glocken, wenn eine Hochzeit
oder ein Begräbnis ist, für dich läuten sie zur Heimkehr." „Ja, ich bin noch einmal
auf die Welt gekommen", antwortete ich ihr, „und du hast auf mich gewartet."

Diesen Sylvesterabend empfand ich überwältigend, ergreifend, die uralten Fas-
saden und Giebel, der Fackelschein, die warme Teilnahme der am Straßenrand stehenden Menschen, im Vorbeigehen drückten sie mir die Hände, vereinzelt
schwebten Schneeflocken herunter. Wunderbar harmonisch und zeitlos berührte
mich diese Heimkehr. Für die bewegende Anteilnahme gab es freilich eine Erklä-
rung: Am Volkstrauertag im November waren jedes Jahr von der Kanzel die
Namen der Vermissten der Gemeinde verlesen worden. Mein Name, beginnend
mit W, war der letzte auf der Liste, und mir war es vergönnt, als erste zurückzukehren.

Am Schlosseingang begrüßten uns Honoratioren, der Landrat überreichte mir
mit einer kurzen, sehr freundlichen Ansprache eine wunderschöne Calapflanze, die
mich viele Jahre erfreute. Dann sprach der Ortsgeistliche Gebet und Segen und
die Menschen, die den Platz füllten, sangen ‚Nun Danket Alle Gott' und ‚Lobe
Den Herrn'.

Hergart nach der Entlassung in Paris, 1954

Hergart an der Moskwa vor dem Kreml, 1967

Slawistikstudentin Lyuba im Gorkipark Moskau, 1967

Mit Albert vor der Peter-Pauls-Festung in Leningrad, 1967

Abenteuer Wissenschaft in Osteuropa – Gibt es Soziologie?

Wieder in Osteuropa – Wie es dazu kam □ Polen 1963: Schulreform und Freizeit □ UdSSR 1965: Studienreise nach Moskau und Leningrad □ UdSSR 1967: Im wissenschaftlichen Austausch: Soziologie gibt es nicht □ Marx und die Freizeit □ Verteidigung einer Doktorarbeit □ Nicht nur Forschung in Leningrad □ Es gibt doch Soziologie

1965

Nach 11 Jahren war ich erneut in das geheimnisvoll widersprüchliche Russische Reich gekommen, nach Moskau, ins berühmt-berüchtigte Zentrum der UdSSR. Diesmal auf einer Studienreise und in einem Hotel der sowjetischen Luxusklasse.

Wie war es dazu gekommen?

1961, in meinem ersten Job als Forschungsassistentin an der Hochschule in Frankfurt, sollte ich osteuropäische allgemeinbildende Schulsysteme im internationalen Vergleich analysieren. Dazu fehlte es an vergleichbaren Daten. Auf der Herbsttagung der Deutschen Gesellschaft für Osteuropakunde (DGO) 1961 in Bonn riet mir ein Volkswirt, hinsichtlich der Beschaffung von sowjetischen Bildungsstatistiken an der Botschaft der UdSSR in Rolandseck persönlich Informationen zu erfragen. Der dortige Kulturreferent, Deyev Michail Michailovitsch, empfing mich mit ausgesuchter Höflichkeit. Auf meine Frage, ob ich angesichts meiner Vergangenheit wohl eine Chance für eine wissenschaftliche Reise in die UdSSR hätte, um wissenschaftliche Fragen direkt mit den Fachkollegen zu erörtern und zur gegenseitigen Verständigung beizutragen, empfahl Deyev, mich bei der Deutschen Forschungsgemeinschaft (DFG) für die Teilnahme am wissenschaftlichen Austausch mit der UdSSR zu bewerben. Der zuständige Referent bei der DFG, Dr. Kasack, später Ordinarius für Slawistik in Köln, übergab mir die Antragsunterlagen für ein Reisestipendium. Nachdem jedoch mein Antrag von der DFG genehmigt war, lehnte die sowjetische Botschaft im Juni 1963 mein Visum mündlich und ohne Angabe von Gründen ab.

Die geplante Reise in die UdSSR hatte ich mit einem Besuch in Polen verbinden wollen, um das Schulwesen und die Freizeitorganisation für Schüler in beiden Ländern vergleichen zu können. Prof. Lemberg hatte mir Einladungen vom Institut für Pädagogische Wissenschaften der Universität Warschau und vom polnischen Ministerium für Volksbildung verschafft, aber auch der Antrag für das polnische Visum blieb unbeantwortet.

Inzwischen war ich in Freiburg als wissenschaftliche Redakteurin tätig und setzte nebenbei meine Untersuchungen über das osteuropäische Bildungswesen mit privaten Forschungsmitteln fort. Mein wissenschaftliches Anliegen, einige Facetten von Russlands Sozialkultur im Alltag auch anderen möglichst unverzerrt nahebringen zu können, setzte voraus, die Entwicklung persönlich in Augenschein zu nehmen.

□

Auf der Tagung der DGO in Berlin im Oktober 1963 empfahl mir Dr. Kasack, wegen des Visums doch einmal persönlich auf der Militärmission der Volksrepublik Polen beim Alliierten Kontrollrat Berlin nachzufragen. Nach einem zunächst schwierigen Gespräch über politische Themen forderte Mitte November die Militärmission telefonisch meinen Pass für die Erteilung eines dreiwöchigen Visums an und am 1. Dezember bestieg ich in Berlin den aus Paris kommenden Zug nach Warschau.

Dort erreichte ich telefonisch Prof. Knyziak von der Hochschule für Planungswissenschaften, der mir noch am gleichen Tage eine Führung durch seine geliebte Stadt angedeihen ließ. Mit ihm und Prof. Okuniewski, der wie mein Vater landwirtschaftliche Betriebslehre lehrte, hatten sich in Kiel freundschaftliche Beziehungen entwickelt. Als Gäste des Instituts für Weltwirtschaft in Kiel wohnten sie 1958/59 im Internationalen Haus Weltclub, wo auch ich als Doktorandin ein Zimmer hatte. Die Wiedersehensfreude war spontan und herzlich.

Beide Professoren hatten bei den obligatorischen gemeinsamen Mahlzeiten im Haus Weltclub in Diskussionen mit uns Studenten zum besseren Verständnis der Wirtschaftspraxis im kommunistischen Block beigetragen. Der in solchem Zusammenhang nicht selten geäußerten Kritik an den Sowjets pflegte Prof. Okuniewski mit der Bemerkung zu begegnen, sie wären eben anders. Im polnischen Widerstand hatte Okuniewski an der Untergrunduniversität in Warschau gelehrt. „Man kennt sich eben," äußerte er lakonisch auf meine Frage nach Denunzianten. Inzwischen hatte man ihn zum Vizeminister in dem brisanten Bereich Landwirtschaft bestellt; er setzte indes seine Lehrtätigkeit fort um der Unabhängigkeit willen, wie er mir sagte. Auch bei meinen späteren Besuchen nahm er sich als Minister Zeit für ein ausführliches Gespräch, in dem auch die behutsamen Modernisierungsansätze der polnischen Landwirtschaft zur Sprache kamen, die in den 70er Jahren zum kaum verhohlenen Ärger des Großen Bruders noch immer zu 75% in privaten bäuerlichen Händen lag.

Dem Assistenten des international bekannten, damals schwer lungenkranken Philosophen Leszek Kolakovski, dessen marxismuskritisches Buch *Der Mensch ohne Alternative* auch im Westen als Bestseller Furore gemacht hatte, verdankte ich interessante Einblicke in das kulturelle Leben Warschaus. Er begleitete mich in die

Cafés der beiden internationalen Hotels, in denen sich Sonntag vormittags Intellektuelle, Journalisten, Literaten und Künstler trafen. In total überfüllten Räumen voller Rauchschwaden und Stimmengewirr schob man sich aufs Höflichste aneinander vorbei, Grüße und Neuigkeiten austauschend, und traf Verabredungen, während an Tischen ältere prominente Vertreter der Gilden zu entdecken waren, um die sich lebhaft Diskutierende scharten. Wie eine höchst aktuelle Kulturbörse erschienen mir diese Treffen, faszinierend und spannungsvoll die Zusammengehörigkeit dieser Menschen unterschiedlichster Denkweisen.

Sowohl die Professoren der Universität wie auch die Schulbehörden zeigten sich bezüglich meiner Fragen außerordentlich entgegenkommend. Mir wurde Einblick in Forschung und Praxis, Besuch von Schulen, Zirkeln und Freizeiteinrichtungen gewährt, offene Diskussionen anstehender Probleme und Beschaffung von Fachliteratur organisiert. Die unermüdliche Bereitschaft der Polen, mich zu informieren, schlug sich in meinen Veröffentlichungen nieder, die auch als Grundlage für den Vergleich mit der sowjetischen Schulreform und Freizeitorganisation dienten.

Die zuständige pädagogische Leiterin für die Freizeitaktivitäten der Kinder im Kulturpalast, Alina Dziewanowska, vermittelte mir einen fundierten und kritischen Einblick in die Schul- und Freizeitreform, die die Sowjets damals im Zuge einer Gleichschaltung von allen Satellitenländern forderten, und wie die Polen sie in der Praxis handhaben, um das eigene Schulprogramm möglichst unverändert beizubehalten. Alina war bezaubernd, voller Mutterwitz und beruflich wie privat ein großartiges Organisationstalent. Mit ihrer halbwüchsigen Tochter Kasia bewohnte sie am Warschauer Stadtrand zwei Zimmer in einem winzigen Häuschen, umgeben von einem kleinen romantischen Garten mit Obstbäumen und –sträuchern, die bei meinem ersten Besuch tief verschneit waren. Ihre Behausung war nur mit dem Notwendigsten ausgestattet, aber man fühlte sich bei ihr sofort wohl. Sie übte eine anheimelnde Gastfreundschaft aus, die ich bei meinen späteren Polenaufenthalten, bei ihr wohnend, in vollen Zügen genießen durfte. Leider erhielt sie trotz aller Bemühungen keine Ausreiseerlaubnis, um uns zu besuchen.

In Alinas Gärtchen, einem beliebten Treffpunkt ihrer Freundinnen, traf ich im Sommer 1967 eine Psychologin, die Ex-Ehefrau eines Soziologen, der mir als hervorragender Fachmann für Freizeitforschung empfohlen worden war. Der nicht anpassungsbereite, etwas weltfremde Aristokrat lebte mit seiner Mutter zusammen, die ihm nicht bekannte oder nicht genehme Besucher und Anrufer fernhielt. Skorzynski war ein großer, hagerer Mann mit sehr prägnant kantigen Gesichtszügen, dunklen Haaren und brennenden Augen, ein sympathischer Don Quijote. Nach einem ungemein informativen Gespräch in der Akademie der Wissenschaften lud er mich für den Abend zu einem Theaterbesuch des ‚Meteor‘ von Dürrenmatt ein. In der Pause der spritzig inszenierten Aufführung fragte Skorzynski mich dann feierlich, wie Dürrenmatt mir gefiele. Ich antwortete offen, dass mir das Absurde des Sujets nicht so läge, auch wenn und vielleicht gerade, weil es um menschliche Eigenschaften und nachvollziehbare Gefühle ginge. Als ob er auf dieses Stichwort gewartet hätte, brach es aus ihm heraus: Ja, genau so absurd wäre das Leben doch überhaupt, die geschichtliche Entwicklung des Jahrhunderts im allgemeinen und die unfreiheitliche Lage Polens und im Lande im besonderen.

☐

Im April 1965 gelang es mir dann, mich einer Gruppe von Gymnasiallehrern und Ministerialbeamten aus dem hessischen Kultusministerium anzuschließen für eine Studienreise von 12-tägiger Dauer, die in Moskau und Leningrad Fachgespräche und Besuche von Ganztagsschul- und Betreuungseinrichtungen sowie Besichtigungen kultureller Sehenswürdigkeiten vorsah. Am Moskauer Flughafen stellten sich zwei Damen und zwei Herren als Dolmetscher und Begleiter unserer Gruppe vor, deren Sprecher, ein unauffälliger, untersetzter Blonder mit auffallend aufmerksamen Augen im rundem russischen Durchschnittsgesicht, meine Aufmerksamkeit erregte, wirkte er doch wie ein ‚Apparatschik‘ mit zusätzlichen Aufgaben und Zuständigkeiten. Wenige Minuten später ließ sich hinter mir eine Stimme in unverkennbar amtlicher Tonlage vernehmen: „Äntschuldigen Sie, aberr bei der Gruppe ist eine Dame, die spricht Rruussisch. Wissen Sie, wer ist das?“ Richtig, eigentlich logisch, der ‚Apparatschik‘ stand hinter mir. „Nun, dabei kann es sich, soweit ich weiß, nur um mich handeln“, gelang es mir, mit einigermaßen fester Stimme in der Landessprache zu antworten. Gleich darauf streckte ich ihm, eingedenk meiner Erfahrungen mit der Psychologie amerikanischer Manager, einfach unter Nennung meines Namens die Hand entgegen. „Sergeyevitsch“, kam etwas überrascht die Antwort mit einem eher unentschiedenen Händedruck, dem sogleich erneut in amtlichem Tonfall die nächste Frage folgte. „Interessant, woher können Sie Russisch?“. „Das habe ich noch als Kind gelernt und es gab in der SBZ, in der ich zwei Jahre verbrachte, Gelegenheit, Russisch zu sprechen. Darüber hinaus war ich in der Zeit des Personenkultes“ – wie die Stalinzeit nach 1956 schamhaft umschrieben wurde – „mit OSO, §58, Strafmaß 10 Jahre, ohne Posterlaubnis, zur Umerziehung in Zwangsarbeitslagern in Vorkuta und wurde nach Stalins Tod vorzeitig nach Hause entlassen.“ Möglicherweise hatte Sergeyevitsch nicht mit meiner vollständigen Kurzfassung dieser ihm selbstverständlich bekannten Daten gerechnet. Er schwieg zunächst. So schob ich nach: „Sehen Sie, danach habe ich Abitur gemacht, Slawistik sowie Sozialwissenschaften studiert und jetzt bin ich wieder hier mit einem staatlichen Stipendium wegen eines wissenschaftlichen Anliegens; dafür möchte ich Fachkollegen sprechen." „Nun, wir werden sehen", meinte der offensichtlich zu einem Kommentar nicht bereite Sergeyevitsch. „Jetzt fahren wir ins Hotel."

Beim Abendessen erinnerte ich Sergeyevitsch an meinen beabsichtigten Besuch bei Herrn Obydyonov im Volksbildungsministerium. „Dann gehen Sie doch hin", meinte er nicht ohne Malice, was ich mit einem Lächeln wörtlich nahm: „Wenn Sie mich anmelden, wird er mich sicher empfangen." Daraufhin musste auch er lächeln. „Nun, an den Wochenenden sind Ministerium und Akademie geschlossen, es gibt keine Gelegenheit für Verabredungen. Aber wir wollen sehen. Erinnern Sie mich am Montagmorgen."

Nach der Erledigung dieser vorläufigen Pflichten konnte ich mich nun der Entdeckung Moskaus widmen. Ein faszinierendes Abenteuer, diese mir aus Geschichte und Literatur vertrauten Schauplätze nun selbst zu erleben. Vor der Silhouette des Kreml der Rote Platz mit der Basiliuskathedrale, das Kaufhaus GUM und das Leninmausoleum mit der ständigen Schlange geduldig Wartender. Hinter der Kremlmauer mit den Grabplatten der Parteigrößen die alte und die neue Architektur nebeneinander, die Kirchen meist geschlossen, noch kaum restauriert. Und der Kremlglockenturm mit der Uhr, deren auch in Vorkuta oft gehörter eigentümlicher Glockenschlag das Ende der Radiosendungen um Mitternacht trotz der Zeitunterschiede überall anzeigte. Und neben dieser eigentümlichen Architektur das elegante Rokokogebäude der Lomonossov-Universität, inzwischen Sitz der Ökonomen, der Gastgeber bei meinem nächsten Besuch.

Bei der Besichtigung der Schätze in der Rüstkammer des Kreml erläuterte Sergeyevitsch der Gruppe unter anderem, welche der prunkvollen, mit Perlen bestickten Kleider welcher Zarin gehört hatten. Im Gegensatz aber zu den darunter nur in Russisch angegebenen Namen schrieb er die Kleider mit schlanker Taille stets Russinnen zu, die Roben für fülligere Maße hingegen deutschen Prinzessinnen. Auf meine amüsierte Frage zu dieser abweichenden Lesart meinte er, die schlanken Frauen gefielen ihm besser, und ich sollte doch großzügig sein und ihn nicht desavouieren. Ich ließ ihm seinen Spaß.

Für das klassische Theater, eine von Moskaus charmanten Besonderheiten hervorragender Qualität, gab es an der Hotelrezeption jederzeit Karten für einen oder zwei Dollars. Nun lernte ich die berühmten Theater der russischen Metropole kennen, das ehrwürdige Theater MCHAT, das Wachtangov-Theater, das sozialkritische Puppentheater Obraszov und andere mehr, deren Geschichte berühmte Regisseure geprägt und von denen mir die Moskauerinnen in Vorkuta vorgeschwärmt hatten.

Beim Frühstück am Montag kam Sergeyevitsch zu mir: „Frau Wilmanns, der von Ihnen gewünschte Gesprächspartner würde Sie um neun Uhr im Ministerium empfangen." Und dann saß ich dem Chef der Auslandsabteilung im Ministerium für Volksbildung gegenüber, einem gesetzten Herrn im dunklen Anzug mit dem vertraut verschlossenen Ausdruck des Verwaltungsbeamten. „Was wollen Sie?", begann er das Gespräch zunächst nicht eben überfließend vor Höflichkeit. Ich nannte mein Forschungsthema und reichte ihm eine Namensliste, auf der ich jeweils Fachgebiet, Gesprächsthema und Veröffentlichung vermerkt hatte, über den Schreibtisch, die er dankend annahm. „Sie bekommen Bescheid ins Hotel, wen Sie wann sprechen können. Hoffentlich werden Sie zufrieden sein", verabschiedete er mich dann merklich umgänglicheren Tones. „Vielen Dank für Ihre Bemühungen", beeilte ich mich, ihm zu versichern, „es ist wirklich sehr liebenswürdig, dass Sie mich gleich empfangen haben." „Nun, Sie haben ja wenig Zeit mitgebracht und ein umfangreiches Programm." Mit der Andeutung eines Lächelns wünschte er mir Erfolg.

Zu den Verabredungen in der Akademie der Pädagogischen Wissenschaften der RSFSR kam ich für die dortigen Gesprächspartner überraschend ohne Dolmetscher. Zu veröffentlichten Arbeiten fragte ich möglichst behutsam, wie angesprochene Probleme weiter behandelt würden. Über das Interesse an meinen Sprachkenntnissen kam auch oft Vorkuta ins Spiel. Harte Realitäten musste man mir nicht erklären und so geriet der Meinungsaustausch wohl umfassender als geplant und sicher ungezwungener. In den wenigen Tagen entstand doch wiederholt eine Atmosphäre, die man russisch mit dem Begriff ‚obschtschi yasyk' – gemeinsame Sprache – umschreibt, und auch heikle Fragen wie die Lehrerfortbildung angesichts mangelnder Reformfreudigkeit und unzulänglicher technischer Ausstattung kamen zur Sprache. Eindrucksvoll fand ich die Programme zur Förderung der Kinder außerhalb des Unterrichts in Freizeiteinrichtungen sowie in Zirkeln, um Begabungen frühzeitig zu entdecken und zu entwickeln.

Dann flogen wir nach Leningrad – ‚Piter', wie die von dort Stammenden im Lager liebevoll die Stadt an der Neva genannt hatten, – das mir in seiner großzügigen städtebaulichen Anlage mit den schönsten Städten der Welt vergleichbar erschien.

Das Akademiemitglied Prof. Darinski informierte mich über Untersuchungen seines Instituts zur Effizienz des Abend- und Fernstudiums, gab mir auch erste wertvolle Hinweise über die vorsichtigen Wiederanfänge der Soziologie und der Freizeitforschung in der Sowjetunion, dem Forschungsthema meiner nächsten Reise.

Gelegentlich eines erneuten Besuchs bei Darinski in Leningrad 1967 übergab ich seinem Kollegen Semyonov ein Exemplar meiner vergleichenden Studie über Freizeit und Schulreform in der UdSSR und in Polen. Mit Semyonov hatte ich in der Zwischenzeit mehrere Briefe gewechselt und ihm auf seine Bitte meine Dissertation *Über das Schulwesen im Alten Russland* zugesandt. Er bot mir seine Begleitung auf dem Rückweg an und kam umgehend auf meine Arbeit zu sprechen, die er bereits durchgelesen hatte. Seine Enttäuschung war nicht zu überhören: „In Ihrer Schrift nehmen sich doch die sowjetischen Pionierleistungen dieser Reformen wenig vorteilhaft und sehr blass aus im Vergleich zu den polnischen Bemühungen. Das empfinde ich sehr schmerzlich." „Nun, bitte verstehen Sie meine Ausgangslage", versuchte ich zu erklären, „die Polen haben mir alles gezeigt, während Besuche in sowjetischen Schulen und Freizeiteinrichtungen kaum möglich waren und ich mich auf Veröffentlichungen beschränken musste. Zitiert habe ich doch alles an Quellen, was mir zugänglich war." Das räumte er durchaus ein, dennoch schien es ihn wenig zu trösten wegen des unvorteilhafteren Eindrucks, den die westliche Fachwelt von der UdSSR gewinnen müsste.

Kurz vor dem Rückflug nach Frankfurt, nachdem bereits Zoll- und Abflugformalitäten erledigt waren, holte Sergeyevitsch mich überraschend aus dem Warteraum heraus. An der Flughafenbar lud er mich zu einem Glas Champagner ein: „Frau Wilmanns, ich muss Ihnen noch etwas sagen, bevor Sie abreisen. Sie haben mir im Laufe der Zeit offen erzählt, was Ihnen so alles begegnet ist. Erstaunlicherweise kann man keinen Hass bei Ihnen entdecken. Im Gegenteil, Sie haben viel Verständnis und Sympathie für uns Russen. Es ist Ihnen doch einiges angetan worden. – Wissen Sie, in Ihrer Nähe befanden sich damals unter ähnlichen Umständen zwei Onkel von mir." Ungläubig wandte ich ein: „Aber Sie waren doch am I.I.Ya.?" Sergeyevitsch hatte Deutsch und Englisch an dem elitären Fremdspracheninstitut, dem Institut Inostrannykh Yazykov in Moskau studiert, das nur Studenten mit politisch einwandfreier Herkunft und Führung aufnahm. Den Abschluss honorierte der Staat mit guten Aufstiegsmöglichkeiten und bei Bewährung mit interessanten Jobs, auch im Ausland. „Ja eben. Deshalb hing mein Studium an einem seidenen Faden. Sehen Sie, darum verstehen wir beide, wovon wir sprechen. Ich bewundere Sie ehrlich. Kommen Sie wieder und bewahren Sie uns Ihre Wohlgewogenheit." Nach einem Handkuss öffnete er Abschied winkend die Tür zum Gate.

□

Am 22. Mai 1967 begann mein nächster Aufenthalt in Moskau. Für mich war es ein besonderes Datum. An diesem Tag vor 20 Jahren hatte man mich vom Heidehaus verschleppt. Diesmal war ich Gast der Universität, im kurzfristigen Gelehrtenaustausch – sonst nur für Ordinarien. Das hatte Dr. Kasack vermittelt.

Am Flughafen in Moskau holte mich der Wirtschaftsreferent der deutschen Botschaft, Herr Gründel, ab. Untergebracht war ich überraschend im Studentenheim des gigantischen Universitätshochhauses auf den Leninbergen. Meine Suite im siebten Stock des riesigen Gebäudes war normalerweise für sechs Studenten vorgesehen, zwei schmale Zimmer mit je drei Betten, drei Tischen und drei Regalen lagen an einem Flur, von dem zusätzliche Türen zu Waschtisch und Dusche und zum WC führten. Das hatte ich alles für mich allein. Bettzeug wurde mir noch abends um 10 Uhr verabfolgt, Handtücher hatte ich im Gepäck. Indes fehlten einige Dinge, ohne die sich schlecht wirtschaften ließ. Ich bat Studenten in meiner Nachbarschaft um Hilfe und fand freundliches Entgegenkommen. Lyuba, eine anziehende, dunkelhaarige Slawistin, etwa Mitte 20, die vom Issykulsee stammte, versorgte mich mit dem Notwendigsten und begleitete mich zu Einkäufen; nur mit Erfahrung und Spürsinn war bei der knappen Versorgung der Geschäfte Notwendiges aufzutreiben.

Bei der gastfreundlichen Lyuba begegnete ich an den Abenden auch Studenten und jungen Wissenschaftlern anderer Fachgebiete. So bekam ich manchen Einblick, der sich in den offiziellen Gesprächen tagsüber nicht ergeben konnte. Ungeachtet meiner privilegierten Lage blieben mir jedoch Alltagsschwierigkeiten nicht erspart. Auf Theaterkarten, Museumsbesuche oder Plätze in Restaurants musste ich wegen der langen Wartezeiten verzichten. So blieb der Tee im Studentenheim die angemessene und verlässliche Gelegenheit für Gespräche und Begegnungen. Zahlreiche Nachtigallen in den niedrigen Strauchrabatten, die das Universitäts-Hochhaus umgaben, erfreuten mich des Abends in meinem Zimmer noch im siebten Stock mit ihren melodischen Stimmen.

Nach Erledigung der Formalitäten in der Internationalen Abteilung der Moskauer Universität empfing mich höflich-jovial der Dekan der ökonomischen Fakultät der MGU, Prof. Solodkov, in seinem schönen, geräumigen Arbeitszimmer, bot mir Zigaretten an und meinte, nachdem er sich nach dem Preis für eine Schachtel in der BRD erkundigt hatte, dass ihm solche Kosten das Rauchen verleiden würden. Diese Dinge wären im Arbeiterparadies eben doch eher zu haben. Daraufhin regte ich an, die Arbeitsstunden zu vergleichen, die ein Arbeiter in der UdSSR bzw. in der BRD leisten müsste, um sich ein kleines Auto zu kaufen. Nach diesem Vorschlag verzichtete er auf weitere Preisvergleiche. Dann nannte er mir Namen und Gebiete der von ihm für mich ausgewählten Gesprächspartner und machte mich mit seinem Vertreter und dem Dozenten Juri bekannt, der mich zu den jeweiligen Gesprächsterminen begleiten sollte. Mein Begleiter, ein Mittdreißiger, stellte auf den Wegen zu den Instituten verschiedenste Fragen, auch über Vorkuta, und interessierte sich unter anderem dafür, wen ich von sowjetischer Prominenz im Lager getroffen hätte.

Die Moskauer Universitätslehrer der Fachbereiche Ökonomie, Statistik und Planung suchten Ursachen für den strukturellen Arbeitskräftemangel und die Fluktuation von Arbeitskräften, die sich vor allem in der Rüstungs- und in der Raumfahrtindustrie störend bemerkbar gemacht hatte. Dafür wurden Zeitbudgets Berufstätiger aufgestellt: Im Zeitraster registrierte man die Beschäftigungen von Personen im Laufe eines Tages und einer Woche, um den Lebensumständen näherzukommen. Bis 1956 waren solche Nutzungsanalysen des Zeitbudgets der Werktätigen, ihrer Freizeit und damit ihrer tatsächlichen Lebensverhältnisse schlicht verboten. Strumilin, ein berühmter Ökonom, hatte wenige Jahre nach der Revolution mit dieser Methode Zeitbudgets von Bauern und von Wissenschaftlern erhoben, die auch im westlichen Ausland Beachtung fanden. Aber Stalin hatte Mitte der 20er Jahre die empirischen Sozialwissenschaften Demographie, Psychologie und Soziologie unterdrückt, die einschlägige Statistik kam unter Verschluss. Wegen dieser Nähe der Sozialstatistiken zum Verschlussbereich zeigten sich manche Gesprächspartner in der Diskussion über Arbeitskräfteprobleme merklich gehemmt gegenüber einer Besucherin aus dem westlichen Ausland. Gleichwohl erweiterten die Gespräche mein Verständnis.

□

Zwei Wochen waren vergangen mit zahlreichen Gesprächsterminen an Lehrstühlen und Laboratorien der MGU, als mich Dekan Solodkov wieder einmal zu sich bat. „Nun haben Sie alle unsere Asse in Wirtschaftswissenschaften und Statistik gesprochen", äußerte er hochzufriedenen Tones, „wen wollen Sie nun noch treffen?" „Einen Fachkollegen." „Das Fach hat hier keinen Lehrstuhl."

Das war mir bekannt, denn das sowjetische Hochschulministerium hatte mir vorab sogar die Zulassung zum Austauschprogramm mit dieser Begründung verweigert. Überdies fände der Austausch von Wissenschaftlern mit der BRD zwischen Universitäten statt und nicht mit der Akademie der Wissenschaften. Mein offizielles Thema hieß deshalb ‚Zeitbudget der Arbeitskräfte'. Erst an Ort und Stelle erkannte ich, wie brisant die Lage der wiedererstehenden Soziologie und damit mein Thema Freizeitforschung noch immer war und wie gewichtig und argwöhnisch die Zensur über der Abschirmung wachte. Die Autoren arbeiteten nur an Einrichtungenen der Akademie der Wissenschaften. Nun setzte ich auf meine letzte Karte: „Ja, dann möchte ich bitte den Präsidenten der sowjetischen Akademie der Wissenschaften – AdW – , Prof. Rumyancev, sprechen." Rumyancev war unter anderem auch Präsident des sowjetischen Soziologenverbandes.

Der Dekan war ein wenig verblüfft, aber diesmal trug meine Beharrlichkeit Früchte. „Akademik Rumyancev ist schon ein älterer Herr und hat wenig Zeit, würden Sie mit seinem wissenschaftlichen Sekretär Vasilyev vorlieb nehmen?," bot er an und bereits am nächsten Tag erschien Vasilyev, der wissenschaftliche Sekretär des Präsidenten und Geschäftsführer des Soziologenverbandes, im Zimmer des Dekans, der uns miteinander bekannt machte und dann allein ließ. Etwa 20 Minuten referierte Vasilyev sehr konzentriert und informativ über Stand und Probleme der sowjetischen Soziologie, die er als ‚noch Untergrundwissenschaft' bezeichnete. Dann machte er umgehend Anstalten sich zurückzuziehen. „Jetzt erzähle ich Ihnen kurz von mir. Wollen Sie?" versuchte ich, ihn aufzuhalten. Daraufhin setzte er sich gemütlich im Sessel zurück, und nach kurzer Schilderung meines Werdegangs und der Zeit in Vorkuta ergab sich ein eingehendes Fachgespräch. Schließlich meinte Vasilyev: „Nun, jetzt sollten Sie doch unsere Soziologen treffen." Und er hielt Wort. Umgehend vermittelte der Sekretär für die internationalen Beziehungen der AdW, Zhenya Zinkovski, Termine mit Soziologen, die im Ökonomie-Institut der Akademie stattfanden.

Die Freizeit als Forschungsproblem war von den Ideologen nach 1956, als die sowjetische Wissenschaft sich langsam von der Stalinschen Unterdrückung befreien konnte, zunächst abgelehnt worden, da der Begriff im Standardwerk *Das Kapital* bei Marx nicht vorkommt; aber er fand sich in seinen handschriftlich hinterlassenen Vorarbeiten. Dieses Marx-Zitat war ins Russische übersetzt und 1939 in der Zeitschrift *Bolschevik* veröffentlicht worden, die kurz darauf ihr Erscheinen einstellte. Die empirische Untersuchung der Freizeit in ihrer Tragweite war nun durch das Marx-Zitat gerechtfertigt, das deshalb in keiner der zahlreichen Arbeiten, die zwischen 1956 und den 70er Jahren das Freizeitproblem berührten, fehlte. Es hat so maßgeblich zur Rehabilitation dieses nun endlich als ‚konkrete Sozialforschung' bezeichneten Wissenschaftszweigs beigetragen.

Ich machte mich auf die Suche nach diesem Marx-Zitat. In der Lenin-Staatsbibliothek hatte ein Exemplar der Zeitschrift überlebt und es gelang mir, dieses einzusehen und eine Kopie zu bestellen, die mir zwei Tage später wirklich ausgehändigt wurde. Die stark zerlesene Broschüre mit der Übersetzung der Marx-Handschrift dokumentierte wissenschaftshistorisch eindrucksvoll den beschwerlichen, Mut heischenden Weg der wiedererstehenden empirischen Soziologie in der UdSSR. Bewundernswert erschien mir vor allem, wieviel persönliches Risiko, politisch gemaßregelt zu werden, die Wissenschaftler auf sich nahmen. Deshalb berührten mich diese Ansätze der empirischen Forschung, ungeachtet ihrer methodischen Unzulänglichkeiten und ihrer lückenhaften Aussagen über den noch immer so eingeschränkten Lebensstandard der Menschen, ganz besonders.

□

Dann wurde ich zu einer besonderen Veranstaltung in der Fakultät eingeladen, zur Verteidigung einer Doktorarbeit. „Der Kandidat verfügt über eine beispielhafte proletarische Biographie. Zunächst hat er sich vom Administrator im Kolchos mit Abendstudium bis zu einer ‚Roten Professur' hochgearbeitet und jetzt legt er dem Wissenschaftlichen Rat der Fakultät der MGU seine Doktordissertation vor. Dieser anspruchsvolle Grad wird in der sowjetischen Universität nur für neue, herausragende Erkenntnisse oder Methoden verliehen", erläuterte mir Juri auf dem Weg zum Hörsaal, in dem sich etwa 20 Leute mittleren Alters versammelt hatten. Die Doktorarbeit, ein riesiges Konvolut, lag auf einem Tisch neben dem Rednerpult. Leider konnte ich nicht mehr blättern; denn inzwischen waren Kandidat und Referenten eingetroffen und nahmen ihre Plätze in der vorderen Reihe ein. „1400 Seiten hat er zusammengeschrieben", flüsterte Juri mir noch zu. „Eigentlich ist die Hälfte das übliche Limit. Nun müssen drei Mitglieder des Wissenschaftlichen Rates der Fakultät die Arbeit bewerten. Danach folgt die geheime Abstimmung."

Zwei Referenten nahmen Stellung zum Thema und seiner Bedeutung für die Politökonomie, die auf der Hand läge bzw. zu seiner gesellschaftlichen Bedeutung, die herauszuarbeiten der Kandidat sich bemüht hätte. Die zusammengetragene Stoffmenge wäre eindrucksvoll, wenngleich manche methodischen bzw. analytischen Schwierigkeiten oder Schwächen nicht völlig bewältigt worden wären. Gleichwohl, so schlossen sie übereinstimmend ihre Ausführungen, sollte man dem Kandidaten den Doktorgrad zuerkennen. Der dritte Gutachter war verhindert und der zweite verlas eine Zusammenfassung seiner ähnlich lautenden Beurteilung. Der Kandidat, von der Statur eines kräftigen Landarbeiters und dem Auftreten eines befehlsgewohnten Aktivisten, erhob sich gewichtig und dankte den Referenten für ihre Mühe und gute Meinung nicht ohne gerührt pathetischen Unterton in der Stimme. Das hohe Gremium hatte ihn wohl nicht unbeeindruckt gelassen; jedenfalls war er während der Sitzung ständig bemüht, mit einem Tuch Kopf und Hals zu trocknen. „Zur geheimen Abstimmung sind nur die Mitglieder des Rates zugelassen", verabschiedete mich Juri nun. Zwei Tage später äußerte Juri auf meine Frage, wie die Verteidigung der Doktorarbeit ausgegangen wäre: „Ach ja, das ist eine traurige, fast peinliche Geschichte. In der geheimen Sitzung des Wissenschaftlichen Rates haben alle ohne Ausnahme gegen den Kandidaten gestimmt."

□

Eines Abends, als der Sechs-Tage-Krieg bereits ausgebrochen, jedoch in der UdSSR noch nicht bekannt gegeben war, erhielt ich über deutsche Theaterwissenschaftler eine Einladung für eine Inszenierung in jiddischer Sprache. Im vollbesetzten großen Saal im Hinterhof eines alten Hotels fand die nirgends offiziell bekannt gemachte Aufführung statt. Zu meinem Erstaunen begleitete ein halblautes ununterbrochenes Raunen die Vorstellung, gegen das jedoch niemand protestierte. In einer kleinen Pause, während der die Plätze nicht verlassen wurden, erklärte mir eine Nachbarin auf meine Frage nach dem Raunen: „Die jungen Leute können nicht mehr Jiddisch, es muss ihnen übersetzt werden."

Die ursprünglich geplanten Reisen nach Novosibirsk und Erivan waren von der Auslandsabteilung der Universität gestrichen worden, nur für Leningrad handelte Dekan Solodkov anstatt der vorgesehenen vier acht Tage aus. Dort, am Institut für konkrete Sozialforschung – IKSI – , das im Jussupov-Palais in der Nähe der Neva untergebracht war, hatte ich Prof. Yadov sprechen wollen, einen profilierten, kritischen Sozialwissenschaftler. Bei meiner Ankunft am Institut teilte man mir indes mit, dass Yadov am Vortage nach Vladivostok verreist war. Stattdessen bemühten sich der Direktor und ein Jurist nach Kräften, mir im Gespräch so wenig wie möglich über die Arbeit des Instituts mitzuteilen. Nachdem ich auf einen wenige Monate zuvor im Journal *Voprosy Filosofii* veröffentlichten Artikel des Instituts über eine Umfrage zum Zeitbudget verwiesen und um Informationen über dort diskutierte Ergebnisse gebeten hatte, stellte man mir zwar einen ausgefüllten Fragebogen in Aussicht, aber zur Einsicht bekam ich doch nur ein leeres Formular. Immerhin war das auch schon informativ; denn diesen unveröffentlichten Fragebogen hatte Yadov mit fortschrittlichen Sozialwissenschaftlern Polens und der Tschechoslovakei erarbeitet. Bereits die dort in Ergänzung zum Zeitbudget gestellten Fragen zu den Lebensumständen illustrierten auf ihre Weise die wirklichen Verhältnisse.

Für den nächsten Tag hatte mich die stellvertretende Dekanin der Philosophischen Fakultät in ihr Institut eingeladen zur wöchentlichen Ergebnisbesprechung von Erhebungen über die Lebensbedingungen von Leningrader Berufstätigen. Das Team junger Wissenschaftler, das Wohnverhältnisse, Jugendclubs und die Betreuung von Kindern und Jugendlichen in einem Mikrorayon untersuchte, diskutierte über die Schwierigkeiten bei der Datenerhebung und -analyse. Einen daran beteiligten Dozenten des Lehrstuhls für Philosophie stellte die Dekanin mir als Begleiter zu weiteren Gesprächsterminen vor. Sogleich entspann sich ein lebhafter Meinungsaustausch. Nachdem ich meinerseits Werdegang und Anliegen erläutert hatte, bot ein Mitarbeiter spontan an, mich zu einem Club für erziehungsschwierige

Jugendliche mitzunehmen. Während man dort eine Vielzahl von kaum lösbaren Problemen und mangelnde Versorgung beklagte, war ich beeindruckt von den verschiedenen Bemühungen um diese schwer ansprechbare Klientel.

Albert, mein Begleiter, lud mich eines Abends zu ‚Touristenliedern‘ ein, die in den 60er Jahren in etwa an die Tradition der Blatnoy-Lieder der Lager anknüpften. Diese verbotenen gesellschaftskritischen Lieder und Chansons kursierten wie Samisdatschriften nur unter Eingeweihten, für mich als Ausländerin unerreichbar. In einer Kommunalka, einem städtischen Mietshaus mit einer Küche und Toilette für etwa sieben Familien pro Etage, suchte Albert neben einer der Türen im dritten Stock den versteckt hinterlegten Schlüssel zu dem relativ geräumigen Zimmer des Künstlers, der selbst nicht anwesend war. Aus einem Regal holte mein Begleiter zwischen Büchern ein Tonbandgerät und Kassetten hervor und setzte es auf einem kleinen Schreibtisch leise in Betrieb. Dieses Privatkonzert beeindruckte mich trotz der Abwesenheit des Künstlers tief.

Durch Albert gewann ich diverse Einblicke, wie man in den 60er Jahren den politisch eingeengten Spielraum für Wissenschaft und Literatur zu unterlaufen und immer wieder neue Netzwerke gegen die Überwachung zu bilden suchte, eine Tradition aus den Zeiten Puschkins und Dostojevskis. An einem Spätnachmittag gingen wir zu einem schönen Altbau an der Neva, dem Ostinstitut der Akademie der Wissenschaften (für östliche, zentralasiatische und fernöstliche Sprachen und Kulturen). Wir nahmen in einem Bibliotheksraum an Einzelpulten Platz. Nach der Begrüßung der etwa 15 Anwesenden warf der Referent anstelle des zu erwartenden Fachvortrags die Frage auf, wie der zunehmenden Wiederkehr von Phänomenen des Stalinismus im Wissenschaftsbetrieb und darüber hinaus konkret zu begegnen wäre. Dabei fielen Namen und Anspielungen auf Situationen mit großer Deutlichkeit. Die Diskussion verlief zwar heftig, aber doch diszipliniert, eher wie bei einer Gerichtsverhandlung. Diese Geheimversammlung im Lande der verbotenen Meinungsäußerung zu beobachten, fand ich zwar sehr faszinierend, aber auch beklemmend. Auf dem Rückweg bemerkte Albert lediglich, dass es sich bei diesem Kreis um eine Art Opposition handelte.

Ein Nachmittag mit dem Akademiemitglied Prof. Igor Kon verflog in fesselndem Gespräch. Er befasste sich mit Problemen der Persönlichkeit und war dank guter deutscher und englischer Sprachkenntnisse in hohem Maße mit westlichen sozialwissenschaftlichen Methoden vertraut. Seine interessanten Untersuchungsergebnisse, die jedoch häufig nicht den offiziellen Erwartungen entsprachen, veröffentlichte er in vorsichtigen Häppchen. Igor Kon war ein Mann von viel Lebensart. Nach einem Imbiss lud er zu Tschaikovskis Schwanensee ein und überraschte mich zum Abschied mit einem Satz Dias von Leningrader Architektur und ausgewählten Werken der Eremitage. „Zur Erinnerung", meinte er, sichtlich zufrieden über meine Freude.

Auch mit der Familie der Dekanin verbrachte ich einen interessanten Abend bei Piroschki, Tee und Rotwein in ihrer Zweieinhalb-Zimmer-Wohnung in einem Neubau, die sie mit ihrem Ehemann, einem Techniker, und ihrem dreizehnjährigen Sohn bewohnte. In späteren Jahren plante sie, ihre Beobachtungen der ‚geschlossenen sowjetischen Gesellschaft und ihrer Werte' in einem Buch niederzulegen.

□

Sie vermittelte schließlich das Entrée bei Prof. Khartschev. Der prominente Familienforscher leitete die bedeutende Leningrader philosophische Sektion der Akademie der Wissenschaften. In seinem Institut ging es um ‚konkrete' Familienprobleme: Untersucht wurden Ursachen der hohen Scheidungsraten, Alkoholismus und Gewalttätigkeit in der Ehe, Drogen und abweichendes Verhalten bei Jugendlichen und bei erbkranken, lernschwachen oder erziehungsschwierigen Kindern, lauter Probleme, die es offiziell und deshalb auch statistisch nicht gab. Nach 1956 hatte Khartschev über die Sowjetunion verteilt mehrere Außenstellen aufgebaut und Methoden sowie Parameter für die Erhebungstechniken aufgestellt. Einer der Assistenten, ein Jurist, begrüßte mich und erläuterte allgemein, dass sie interdisziplinär arbeiteten: Juristen wie er selbst, Psychologen und Philosophen, sozialwissenschaftliche Methoden kämen zur Anwendung. Ich fragte nach Kharchevs letztem Buch *Ehe und Familie*, das ich vergeblich überall gesucht hatte. Ja, das sei bereits in der zweiten Auflage vergriffen, wurde mir bestätigt. „Je nun, so ein interessantes Buch und ein Institut mit so wichtigen Projekten", meinte ich etwas enttäuscht, „und dann kann man sich nur auf Verweise beziehen. Wann kann ich denn wenigstens den Chef treffen? Ich habe Artikel von ihm gelesen und würde ihn gerne dazu befragen." „Soso, aber vielleicht lässt sich nichts weiter dazu sagen." Mit diesen Worten war Prof. Kharchev durch eine Nebentür eingetreten. Ein untersetzter, kräftiger Mann, das Gesicht beherrscht von einem ebenso nachdenklichen wie konzentrierten Augenausdruck sowie einer starken Ausstrahlung von Autorität, verbunden mit fast abweisender Zurückhaltung.

Er begrüßte mich mit einem amüsierten Lächeln. „Sie kommen aus der Bundesrepublik, machen einen Blitzbesuch und wollen unsere Forschung kennenlernen. Gar nicht so einfach! Hier im Institut ist ja nichts zu sehen, die Daten stecken im Rechner und gelten, bis sie zur Veröffentlichung freigegeben sind, als Verschlusssache." „Ich arbeite über sozioökonomische Probleme der Freizeit. In diesem Zusammenhang ist die Familie ja eine zentrale Größe, aber es fehlt mir an Unterlagen, und deshalb bin ich besonders an Ihrem Buch interessiert. Jedoch ist es in den Läden vergriffen. In Ihrem Artikel vom vorigen Jahr erwähnen Sie Probleme, auf die Sie dort wahrscheinlich eingegangen sind."

Es ergab sich ein ausführliches Gespräch und er schenkte mir das begehrte Buch zum Abschied. „Auf Wiedersehen, vielleicht auf dem nächsten internationalen Kongress in Varna", meinte der prominente Professor, „und schicken Sie mir Ihre Arbeit. Zwar kann ich kein Deutsch, aber jemand sagt mir, was drin steht." Er drückte mir herzlich die Hand. Trotz unterschiedlicher Weltanschauungen gab es da ein geistiges Spannungsfeld und menschlich bereichernde Unmittelbarkeit, an die sich bei jeder neuen Begegnung nahtlos anknüpfen ließ und die an Tiefe und Vertrauen zunahmen, ungeachtet der Jahre, die jeweils dazwischen lagen. Der Professor informierte mich über neue Schwerpunkte seiner Forschung und empfahl mich 1970 zur Aufnahme in das Internationale Komitee für Familienforschung. In Vorlesungen an der LMU München berichtete ich über sowjetische und polnische Familien-, Bildungs- und Freizeitprobleme im internationalen Vergleich.

Regelmäßig traf ich Khartschev auf den Weltkongressen für Soziologie, in Varna 1970, in Toronto 1974, dann 1978 in Uppsala. 1980 besuchte ich ihn im neuen soziologischen Institut in Moskau auf der Durchreise zum internationalen sportwissenschaftlichen Kongress in Tiflis und zum letzten Mal sahen wir uns 1982 in Mexiko. Dort leitete ich auf Einladung des Vorsitzenden, des Amerikaners Tallman, das Internationale Symposium ‚Familie und Freizeit', an dem auch Khartschev teilnahm. 1987 starb er ganz plötzlich, kurz vor einem Fachtreffen in Freising, zu dem er sich angemeldet hatte. Am russischen Forschungshimmel war ein heller Stern verloschen.

Nach der Rückkehr von Leningrad berichtete ich Zhenya Zinkovskij, dem Sekretär für die internationalen Beziehungen der AdW, am Telefon: „Morgen in Warschau treffe ich den Polen Szczepanski, den Präsidenten des Internationalen Soziologenverbandes." Zhenya schwieg. „Hallo, sind Sie noch da?" „Ja schon, aber Sczcepanski ist doch hier auf der mehrtägigen internationalen Konferenz der Soziologen Sozialistischer Länder."

Ich erschrak. Damit fielen meine zweitägigen Pläne für Warschau in sich zusammen: Professor Szczepanski, der das Institut für Philosophie und Soziologie an der Polnischen Akademie der Wissenschaften PAN leitete, würde erst zurückkommen, wenn ich Warschau schon wieder verlassen musste. Eine dieser Überraschungen, die unter ‚sozialistischen' Umständen an Katastrophen grenzten. Aber ich hatte wieder einmal Glück, scheinbar unüberwindliche bürokratische Schwierigkeiten lösten sich auf wunderbare Weise mit Zhenyas Hilfe. Das OVIR (die Passbehörde) verlängerte mein Visum, Aeroflot erlaubte, den Abflug hinauszuschieben, und ich bekam für zwei Tage ein Zimmer in dem kleinen preiswerten Hotel Armenya im Zentrum.

Professor Szczepanski traf ich am Morgen vor Konferenzbeginn in seinem Hotel in Moskau, um einen Termin in Warschau zu verabreden. In seiner Begleitung war der Soziologe Zygulski, der wenige Jahre später polnischer Kulturminister wurde. Dann traf der Fahrer der AdW ein, um die Herren zur nächsten Konferenz abzuholen. Als ich mich für das Treffen bedankte, meinte Professor Zygulski plötzlich auf Russisch: „Ja, gut, dass wir uns nicht auf ,allgemeiner Arbeit' trafen", und stieg zu Szczepanski in den Dienstwagen. Als ich ihn in Warschau im Palast Staszica, dem vornehmen Institutsgebäude der Polnischen Akademie der Wissenschaften PAN wiedertraf, lächelte er bei meiner Frage, woher ihm der Begriff der ,allgemeinen Arbeit' bekannt wäre. „Sie waren dort bis 1953 sieben Jahre lang, ich verbrachte dort bis 1956 elf Jahre, und Szczepanski war auch vier Jahre interniert." Was für ein Treffen, 22 Jahre Knast beieinander!

Noch am letzten Tag in Moskau vermittelte Zhenya mir zwei wichtige Begegnungen.

Ein besonders mutiger Redakteur und Sozialforscher lud mich in die Redaktion der Komsomolskaya Pravda in Moskau ein. Auf seine fundiert ausgearbeitete Zeitungsumfrage damals in den 60er Jahren, der ersten ihrer Art zum Thema ,Wie verbringen Sie Ihre Freizeit?', hatten Leser aus allen Teilen der damaligen UdSSR lebhaft und mit interessanten Antworten reagiert. Vorsichtig und behutsam ging er nun an die schrittweise Veröffentlichung der Ergebnisse. Als erstes hatte er eine populärwissenschaftliche Broschüre herausgebracht, um die Reaktion der Zensoren zu testen.

Am Nachmittag traf ich Dr. Schubkin von der renommierten Filiale der Akademie in Novosibirsk, der als Vizepräsident des sowjetischen Soziologenverbandes zu der internationalen Konferenz, an der auch die Polen teilnahmen, angereist war, fast romantisch am Puschkin-Denkmal in Moskau. Er kam sogleich auf mich zu, obwohl wir uns nicht kannten. Schubkin, wohl um fünfzig, wirkte zwischen den nervig hektischen Moskauern wie ein in sich ruhender sibirischer Naturbursche. Es wäre zu früh für einen Restaurantbesuch, merkte er bedauernd an, und am frühen Abend müsste er bereits die internationale Konferenz mit Wissenschaftlern der Satelliten eröffnen. So spazierten wir ins Gespräch vertieft durch Moskauer Straßen und Grünanlagen.

Zwischenhinein fragte er, in dessen sachkundigen Büchern weltanschauliche Floskeln fehlen, was ich von den Publikationen von Dr. Andreyeva hielte, die sich doch sehr eingehend mit westlichen Methoden auseinandersetzte. Das bestätigte ich, nicht ohne mein Missfallen an ihrer ungemein aggressiv-polemischen Kritik nichtkommunistischer Fachliteratur zu äußern. Lächelnd meinte Schubkin: „Aber, aber, Sie müssten das doch verstehen. Wie anders sollten wir wohl unseren Fachleuten bei den mangelhaften Sprachkenntnissen eure brauchbaren Methoden nahebringen. Sie referiert sehr genau und drückt sich auch bei schwierigen Zusammenhängen verständlich aus. Ohne die entsprechenden Verweise auf unsere Klassiker, die jeder kennt, würden diese Texte von der Zensur doch nicht zugelassen." Mir kam Adamovnas Unterricht im Lesen sowjetischer Zeitungen in den Sinn.

Schubkin drückte sein Bedauern aus, dass ich wider Erwarten nicht nach Novosibirsk gekommen war, was ich doch baldmöglichst nachholen sollte. Eine Einladung würde er mir jederzeit zukommen lassen. Sibirien sei ein so schönes Land und ich wäre ja vom Norden gestählt, deshalb würde es mir sicher gefallen. Vergnügt über das doch noch gelungene Rendezvous trennten wir uns.

Einige Jahre später traf ich Schubkin auf dem Soziologen-Weltkongress in Varna am Strand wieder, wo er auf einem einfachen Feuerchen Meerestiere grillte, hingebungsvoll und fachmännisch, als ob es nichts anderes für ihn gäbe.

Die Freizeitforscher aus Novosibirsk verwiesen noch in späteren Veröffentlichungen auf meine Arbeit von 1967 und würdigten außerdem in einem anerkennenden Schreiben namens der Akademie der Wissenschaften der UdSSR meine ‚nicht marxistische, aber äußerst sorgfältige Analyse' ihrer Forschungsergebnisse.

Zum Abschied wurde mir als besondere Geste ein Schreiben der Akademie der Wissenschaften der UdSSR an die Deutsche Gesellschaft für Soziologie überreicht, in dem zu einer offiziellen Zusammenarbeit mit dem Sowjetischen Soziologenverband SSA eingeladen wurde.

Es gibt doch Soziologie in der UdSSR!

Wiedersehen in Jerusalem

Auf bemerkenswerte Weise ergab sich nach Jahrzehnten die erste Wiederbegegnung mit einer ehemaligen sowjetischen Mitgefangenen in Jerusalem.

Im Spätsommer 1980 besuchte ich den internationalen Osteuropa-Kongress in Garmisch. Auf der Liste der Teilnehmer war Professor Sid Monas aus USA registriert. 1959/60 hatte ich ein Jahr am Russian Center der Harvard University als Research Fellow des Radcliffe College mit DAAD- und Fulbright-Stipendien verbracht und viele Einladungen zu Vorträgen, Top-Level-Seminaren und Kongressen in den Vereinigten Staaten erhalten. Sid hatte mich damals zu einem Vortrag über Frauen in Vorkuta ans Smith-College, eine renommierte Hochschule für Frauen, eingeladen. Kaum hatte ich Sids Namen gelesen, da richtete sich auf der anderen Seite der Tafel mit der Teilnehmerliste ein hochgewachsener, hagerer Mann mit schütteren graublonden Haaren auf, fast unverändert Sid. „Aren't you Sid Monas, I am Hergart Wilmanns", schob ich noch nach, immerhin lagen 20 Jahre dazwischen. „Oh Hergart, good to see you again. How are you? Why didn't you answer my letter", erinnerte mich Sid umgehend an eine meiner Schwächen bezüglich der pünktlichen Beantwortung von Briefen. Sid, ein einfühlsamer, nachdenklicher Historiker, dessen Vorfahren um die Jahrhundertwende vor den Pogromen in Südrussland nach Amerika geflohen waren, verband europäisches Kulturverständnis mit dem intellektuellen Hintergrund amerikanischer Ivy-League-Universitäten.

„Let's go and have a meal", schlug er vor. Ein Kollege aus Texas schloss sich an. Als das Gespräch auf einen australischen, in der Sowjetunion akkreditierten Journalisten kam, mischte ich mich unvermittelt ein: „Ist er ein Kommunist?" „Ich glaube wohl nicht", meinte der Texaner. „Ach, ja, natürlich", erklärte ich meinen Einwurf, „ich hatte gerade eine merkwürdige Assoziation, es ist ja mindestens 30 Jahre her. Damals hatte ein Australier, auch ein Journalist, nach seiner Rückkehr von einem einjährigen Aufenthalt in der Sowjetunion in einem Buch die Realität kritisch beschrieben und war von seiner ursprünglich kommunistischen Überzeugung abgerückt. Das sowjetische KGB forschte nach Kontaktpersonen und schickte Markovna, eine linientreue Englischdozentin aus Moskau, nach Vorkuta, wo ich sie 1950 traf." „Well", bemerkte da unerwartet Sid: „Markovna kenne ich." „Aber wie ist das möglich?", gab ich verblüfft zurück. Sid berichtete nun von einem Studienaufenthalt in Moskau zu Anfang der 70er Jahre, wo er bei dem Orientalisten Rubin zum Abschiedskonzert eines Geigenvirtuosen, der nach Israel auswanderte, eingeladen war. Dort hatte er Markovna getroffen, die ihm von Abenden berichtete, an denen Solzhenizyn neben laufendem Badewasserstrahl aus seinen Schriften vorgetragen hatte. „Übrigens, Ines Rubin, die Frau des Orientalisten, der damals eingeladen hatte, ist auch hier auf dem Kongress. Sie arbeitet, glaube ich, als Bibliothekarin in Jerusalem. Das Ehepaar ist 1975 dorthin ausgewandert. Heute Abend beim Empfang könnte ich Sie, wenn Sie mögen, miteinander bekannt machen", eröffnete mir Sid überraschend.

Auf dem Empfang kam Sid mir bereits mit Ines entgegen. „Markovna lebt jetzt übrigens auch in Jerusalem. Sie verließ Moskau mit Tochter Maya, Schwiegersohn und einem Enkel etwa gleichzeitig wie wir", berichtete Ines. Vorsichtig fragte ich nach der politischen Akklimatisierung, immerhin wäre Markovna ja eine stramme Kommunistin gewesen. Ines lächelte: „Nun, sie hat wohl ihre Auffassungen, aber sicher hat sie schon manches korrigiert." Anschließend lud ich die sympathische, warmherzige Ines zum Besuch in München ein. Ein spannender Austausch zwischen uns Gleichaltrigen über unsere Eindrücke und Erfahrungen in den verschiedenen Milieus ließ die Zeit verfliegen.

Wenig später kam ein Brief von Ines mit Grüßen von Markovna und der dringenden Aufforderung, sie doch bald in Israel zu besuchen. Kurz darauf konnte ich beim Internationalen Komitee für Familienforschung ein Referat zum Ersten Internationalen Interdisziplinären Kongress ‚Women's Worlds' in Haifa Ende Dezember 1981 und die Ankunft in Jerusalem für Anfang Januar 1982 ankündigen.

Und so wurde in Jerusalem ein Wiedersehen nach fast 30 Jahren Wirklichkeit. Markovna wartete bereits vor der Tür des Gebäudes, in dem sie mit Tochter und Enkel wohnte, eine kleine, zerbrechliche Erscheinung, von weitem unverwechselbar ihre noch immer üppige weißlockige Löwenmähne. Das markante Gesicht schien mir vom Alter kaum verändert. Auch sie hatte mich, das ‚Kind' von damals, auf Bildern von Ines, wie sie mir schrieb, gut wiedererkannt.

Dann erzählte sie. Ihr war die Rückkehr nach Moskau erlaubt worden. Aber anschließend war ihr nicht wenig Leid im Familien- und Freundeskreis begegnet. Eine noch studierende Tochter war in den 60er Jahren in tiefe Depressionen gefallen und gestorben; ein Enkel, an dem sie sehr hing, wollte nicht mit nach Israel emigrieren; der Schwiegersohn konnte sich in Jerusalem nicht eingewöhnen und beendete sein Leben. Auch Svetlana Korytnaya, die mir von Vorkuta bekannte Studentin der Philosophie, hatte wenige Monate nach der Heimkehr aus dem Lager den Freitod gewählt. Trotz geschwächter Gesundheit ertrug Markovna diese Schicksalsschläge mit bemerkenswert distanzierter, ähnlich unbeirrbarer Haltung wie in Vorkuta.

Durch weltweite, fachlich-freundschaftliche Verknüpfungen war ein bewegendes Wiedersehen in Jerusalem zustande gekommen.

Ce n'est pas toi, mais c'est tous que tu me rapelles.
Die Erinnerung zählt, nicht so sehr an dich, wie vielmehr an all das, woran du mich erinnerst.

GLOSSAR

AdW	Akademie der Wissenschaften der UdSSR
Banschiza	Badefrau
Barabany	Große Trommelöfen zum Auftauen gefrorenen Lehms
Basa OOS	Zentrale Güterversorgung der Lager
Basa Vorkuttorga	Zentrale Güterversorgung der Geschäfte und Kantinen für die Freien; Großhandel
Beschicker	Aufbereitung und Transport des Lehms zur Formovka
Besprisorniki	Verwahrloste Kinder nach dem 1. Weltkrieg
Blatnoy	Mitglied der organisierten Verbrecherwelt
Bossatschki	Barfüßer: Diebe der unteren Ränge
Buschlat	Winterwattejacke
Chleboreska	Brotschneiderei für die täglichen Brotzuteilungen
Desjatnik	Kontrolleur der Arbeitsleistungen
DFG	Deutsche Forschungsgemeinschaft, fördert wissenschaftliche Vorhaben
Diamat	Dialektischer Materialismus und Historischer Materialismus, Lehren zur Begründung des Kommunismus
Dysenterie	Ruhr, infektiöse Durchfallerkrankung
Dystrophie	Lebensbedrohliche Hungerkrankheit
Feldscher	Hilfsarzt, oft ohne abgeschlossene Ausbildung
Fidibus	russ.: *Fitil*, Jargonausdruck für stark abgemagerten Menschen
Formovka	Ziegeleiabteilung, in der Ziegel geformt werden
Frunse-Akademie	Politische Institution in Moskau vor der Wende
Gestapo	Geheime Staatspolizei in Deutschland 1933-1945
GO-Erkrankung	Tripper, Geschlechtskrankheit
Gonokokken	Erreger der Gonorrhöe = GO-Erkrankung
GULag	Hauptverwaltung der Lager = Glavnoe Upravlenie Lagerey
Histomat	siehe *Diamat*
Hofmanka	Kreisförmig angelegter Ziegelbrennofen
I.I.Ya	Institut inostrannych yazykov = Elitäres Spracheninstitut in Moskau
IKSI	Institut für Sozialforschung = Institut konkretnych sozialnych isslodovanii in Leningrad
Intrud	Einstufung für leichte Arbeiten durch ärztlichen Beschluss
JM	Jungmädchenorganisation in der Hitlerjugend unter 14 Jahren
Kapussta	Kohl

Kassiber	Illegaler Brief im Gefängnis
Katorga	KTR = Kettenhaft
Katorzhanin	Zuchthäusler, die früher mit Eisenkugeln beschwerte Ketten tragen mussten. Nach dem 2. Weltkrieg trugen sie Nummern an der Mütze, auf dem Rücken und oberhalb des Knies, die politischen Häftlinge trugen Nummern am Arm. Im Retschlag ab 1950 waren die Bedingungen im Strafvollzug die gleichen.
KGB	Komitet Gosudarstvennoy Bezopasnosti = Staatssicherheit; früher Tscheka, dann NKWD, GPU; ab 1946 MVD, später KGB
Komi ASSR	Nördlichste europäische autonome Sowjetrepublik
Komsomolka	Weibliches Mitglied im Komsomol - Organisation der sowjetischen kommunistischen Jugend
Komsomolsk. PRAVDA	Zeitung der Kommunistischen Jugendorganisation
Konvoi	Bewaffnetes Begleitpersonal außerhalb des Lagers
Krankenpalata	Krankenraum
KTR	siehe: Katorga
Kubanka	Pelzmütze ohne Ohrenklappen
KVTsch	Kultur- und Erziehungsabteilung im Lager
Lager Besymenka	Lager jenseits des Flusses
Lager UDS	siehe UDS
Lager WMZ	Maschinenfabrik Vorkuta
Lapa	Schmiergeld
LFT	Einstufung zu leichter körperlicher Arbeit
LMU	Ludwig-Maximilian-Universität München
Machorka	russischer Tabak, der in Zeitungspapier geraucht wurde
Maloletka	Unmündige
Mat	äußerst grobes Sexualschimpfwort
Matom	siehe: Mat
MCHAT	Moskauer Künstlerisches Akademietheater
Mech-Zech	Reparaturwerkstatt
MGU	Staatsuniversität Moskau
Miliz	Vollzugsbeamte innerhalb des Lagers
Muzhik	Lagermann
Nicht-produktive Arbeiten	kommunistischer Wirtschaftsterminus
Nitschewo	mehrdeutig: nicht/s, macht nichts, geht schon
Oblast	Region, Bezirk, heute Gouvernement

Oper	Bevollmächtigter Operativ = Politischer Offizier
Oper Sektor	Operativer Sektor des KGB
OSO	Sondergericht des KGB in Moskau
Palais Schaumburg	Ehemaliger Sitz des Bundeskanzlers in Bonn
PAN	Polnische Akademie der Wissenschaften
Papyrosy	Zigarette mit Pappmundstück
Peresylka	Verteilerlager
Perevalka	Umladestation für Holz, Stahl, Kohle etc.
Permafrost	ewig gefrorener Boden im Polargebiet
Pleuritis	Rippenfellentzündung
Podzan/podzanka	Jugendliche/r
Poroda	Abraum bei Kohlebergwerken
Prestupnyj mir	Verbrecherwelt
Profintern	Kommunistische Geheimorganisation im Ausland
Prorab	Kontrolleur der Arbeitsleistung
Prostitutka/prostitutki	Prostituierte, käuflich
Prozharka	Entlausungsofen
Purga	Schneesturm
Raswod	Abmarsch zur Arbeit
Regime	verschärfter Strafvollzug
Retschlag	Deckname: Lager am Fluss, mit verschärften Haftbedingungen für politische und KTR-Sträflinge
Rezidivist	rückfälliger (unverbesserlicher) Sträfling
Rote Professur	Lehrbeauftragter, ideologisch verdienter Funktionär an Fachschulen
RSFSR	Russische Föderative Sozialistische Sowjetrepublik
Samoochran/a/nik	Bewaffneter Selbstschutz (s. auch *Konvoi*)
Samoochrana	Bewaffneter Selbstschutz in gemischten Lagern
SBZ	Sowjetische Besatzungszone
Schalman	Ganovenausdruck für Durcheinander
Schalman-Baracke	Baracke, in der nur Blatnoy wohnen
SFT	Einstufung für schwere körperliche Arbeit
Sicherheitsdienst SD	Politische Polizei 1933-1945
Ssuka/Ssuki	Schimpfwort; Bezeichnung für abtrünnige ehemalige Blatnoy
Ssuschilka	Trockenraum
STALAG-Verwaltung	deutsches Kriegsgefangenenlager im 2. Weltkrieg
Staniza	Kosakendorf
Stolypin-Waggon	W. mit Stahlabteilen für gefährliche Gefangene

SU	Sowjetunion; Aufdruck SU zur Kennzeichnung auf den Jacken sowjetischer Kriegsgefangener in Deutschland
TFT	Einstufung für körperliche Schwerstarbeit
Tschekist	Angehöriger der Tscheka (s. *KGB*)
Tschuny	Wattierte Stoffstiefel
Tufta	Mogelei, Schönung von Arbeitsergebnissen
Tyorka	Kratzinstrument aus grobem Draht
UDS	Straßenbauverwaltung
Villa Hammerschmid	ehemaliger Sitz des Bundespräsidenten in Bonn
Vitaminosen	Erkrankungen infolge Vitaminmangels
Voprosy Filosofii	Fragen der Philosophie, führendes sowjetisches wissenschaftliches Journal für Philosophie und ideologische Probleme
Waggon-Sak	vergitterter Waggon für weniger gefährliche Gefangenentransporte, Saklyutschonnyj = Häftling

INHALT

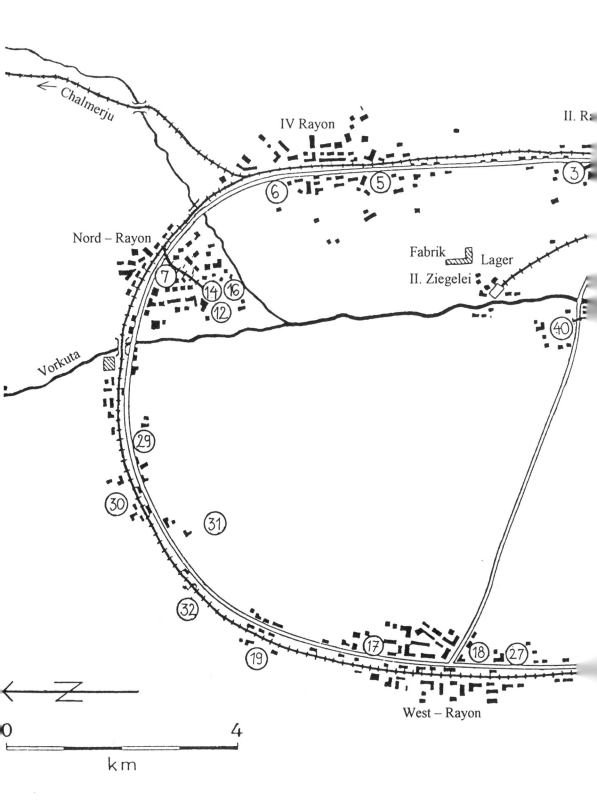